03

世界で一番やさしい 木構造

最新改訂版

山辺豊彦＝著

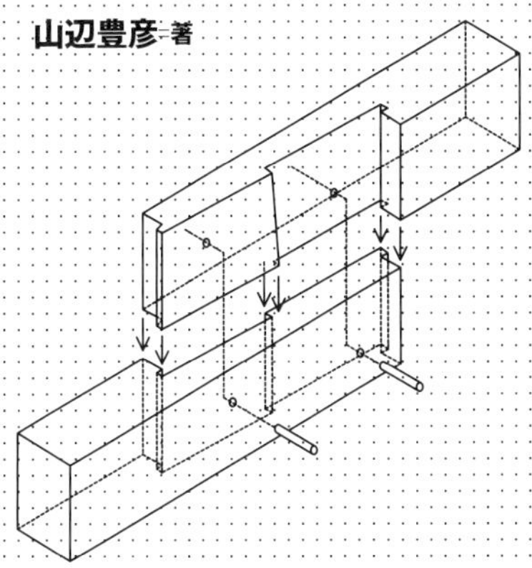

はじめに

２００５年の耐震強度偽装事件が引き金となり、構造基準の強化と審査の厳格化および住宅瑕疵担保履行法の施行など、ここ数年での変化は目まぐるしいものがあります。また、２０１１年3月には東日本大震災で未曾有の被害を受け、新たな課題も山積しています。小規模建築物（いわゆる4号建築物）は建築士が設計すれば確認申請時に構造関係の設計図書を省略してよい、という特例制度の見直しは据置きとなったものの、国は、設計者の思想や判断といったグレーゾーンを排除して、誰が設計しても安全性を確保できる仕組みとする方向へ進んでいます。

このように建築をめぐる諸制度が大きく変化し、構造に関する判定条件の明確化・厳格化が進んでいくなか、最も危惧されるのは、法の存在がますます大きくなることで、設計者が単なる書類づくりに追われて思考停止状態に陥ることです。

言うまでもなく、構造計算は建物の安全性を確保するための検証手段の1つでしかありません。構造計算ソフトは、それを補助する道具にしかすぎません。総合的に考え、判断するという設計行為は、あくまで設計者自身が行うものです。特に木造住宅の設計においては、意匠と構造を同時に考えられる人材が今後ますます求められてくることでしょう。

本書は、「木造軸組構法」の家づくりをテーマに、設計・施工にかかわるすべての人が知っておくべき基本事項を抽出して、その構造的な役割や意味を、できる限り数式を用いずイラストを多用して解説したものです。

実務においては、さまざまな特殊条件が発生します。マニュアルや法律ですべてを網羅することは、到底できるものではありません。設計の考え方を明確にもち、建築主への説明責任を果たすことが、これからの設計活動に求められる課題です。そのためには、設計本来の目的を理解して、見失わないようにすることこそ重要だといえます。

本書がその一助となれば幸いです。

平成25年2月吉日

山辺豊彦

01 木材の特性を知る 007

02 基本は軸組と接合部 049

03 地震・強風に負けない構造は壁がつくる 097

04 床組・小屋組に求められる役割 129

05 木造の架構計画 161

06 軽視できない地盤・基礎 193

01
木材の特性を知る

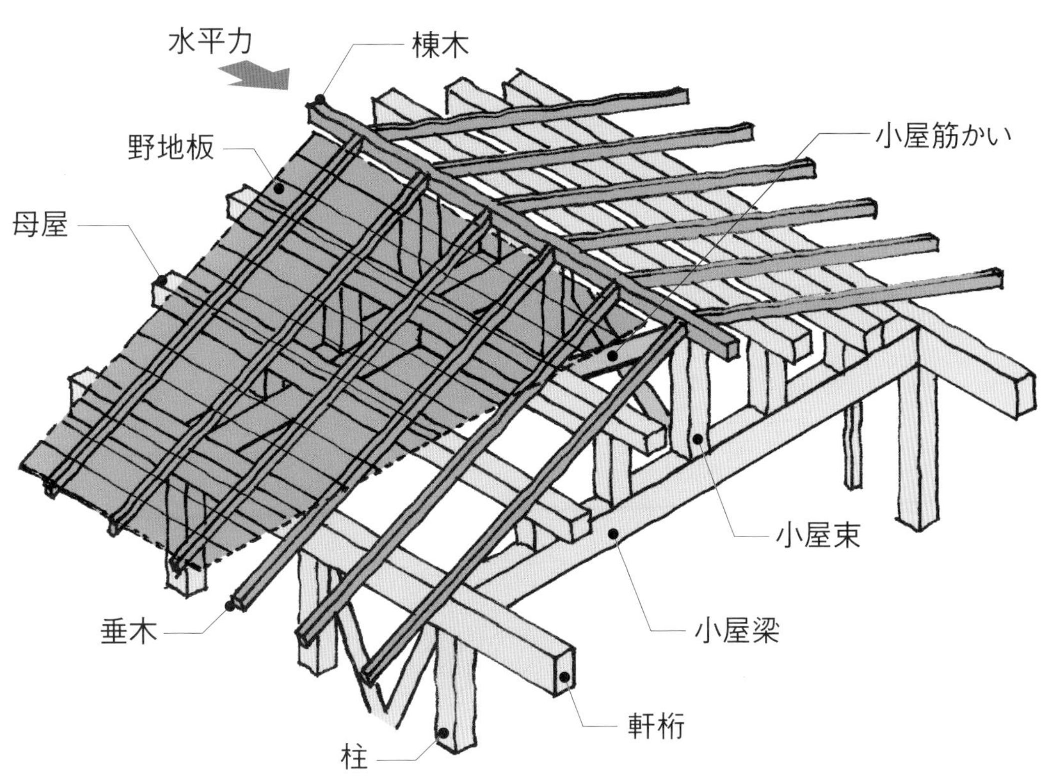
水平力
棟木
野地板
小屋筋かい
母屋
小屋束
垂木
小屋梁
軒桁
柱

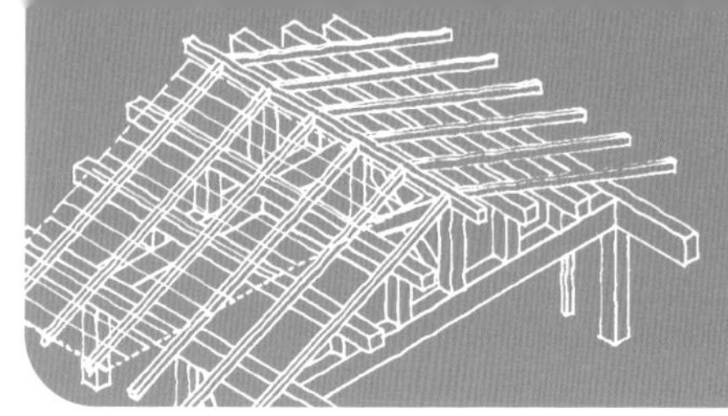

木構造は多種多様

POINT

▶ 木構造にはさまざまな種類がある。住宅では設計の自由度が高い在来軸組構法が多い

木造にはさまざまな構法がある。まずはその代表例を挙げながら、それぞれの特徴を見てみよう（図）。

①伝統構法

社寺仏閣タイプと、住宅タイプに分けられる。前者は、仕口（接合部）の接合に金物を使用せず、太い柱や梁・貫、厚い土壁や板壁などで構成する構法。後者は、居住性や経済性への配慮から、前者に比べ柱、梁などの架構部材が細くなる。両方とも伝統構法と呼ばれるが、構造的にはまったく別物だと認識したほうがよい。

②在来軸組構法

柱と梁を組んで軸組を構成し、そこに壁や床を取り付けていく構法。住宅に最も多く採用されている。伝統構法の住宅タイプよりも部材の断面寸法はさらに小さくなる。接合部の加工も簡略化され、金物が併用される。この構法には、壁や床をパネル化した合理化工法なども含まれ、多様化している。

③枠組壁構法

柱をもたず、枠材に構造用合板などを釘留めしたパネルで躯体を構成する。2×4（ツーバイフォー）構法とも呼ばれ、在来軸組構法に比べると、法的な規制も多い。

④パネル構法

施工性などを考慮して、あらかじめパネル化した構造材を用いる構法。軸組をベースに、パネル化した床や壁を取り付けていく在来軸組構法に近いものから、軸組をもたずにすべての部材をパネル化したものまで、多種多様である。

⑤集成材構法

大空間を構成するために採用されることが多い構法。張間方向は、大きな断面の柱と梁材によるラーメン架構、桁行方向は、耐力壁で水平力に抵抗する構造が一般的である。

⑥丸太組構法

丸太を、木または鋼製のダボでつないで井桁のように積み重ね、壁面を構成する構法。鉛直荷重にも水平荷重にも抵抗できる。ログハウス、校倉とも呼ばれる。

木造の構法｜図

①伝統構法

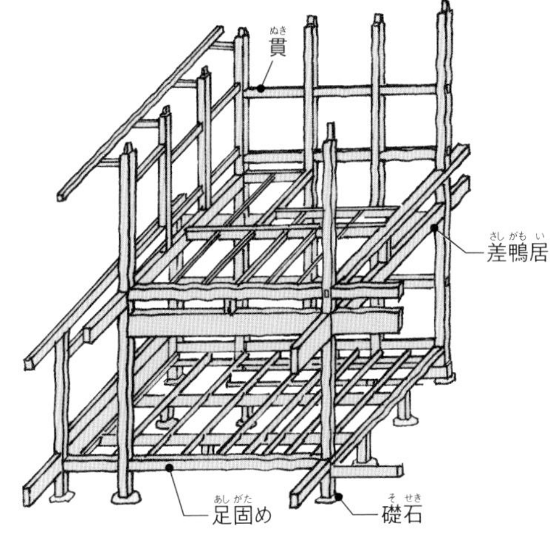

②在来軸組構法

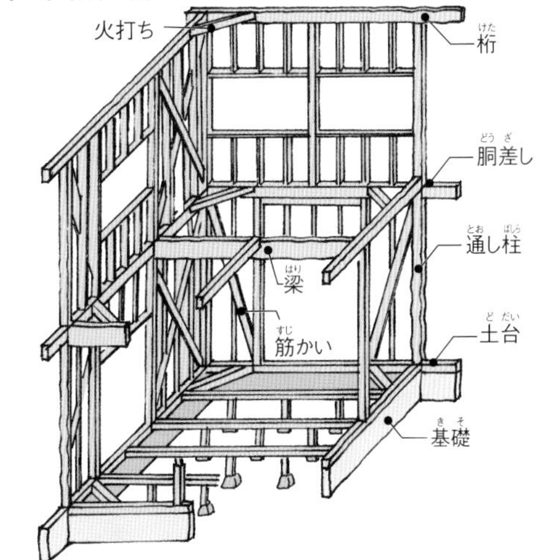

③枠組壁構法

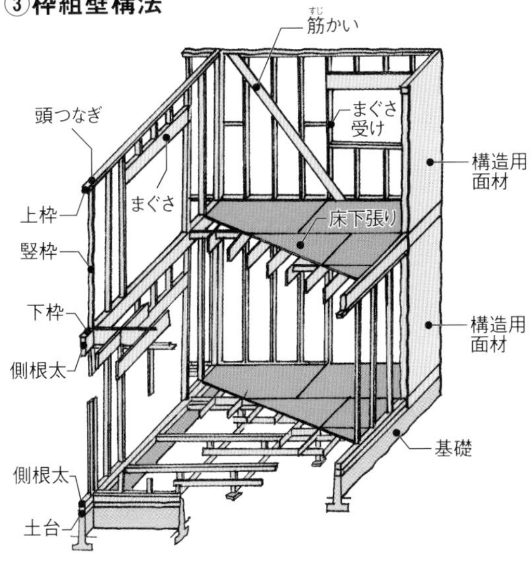

④パネル構法

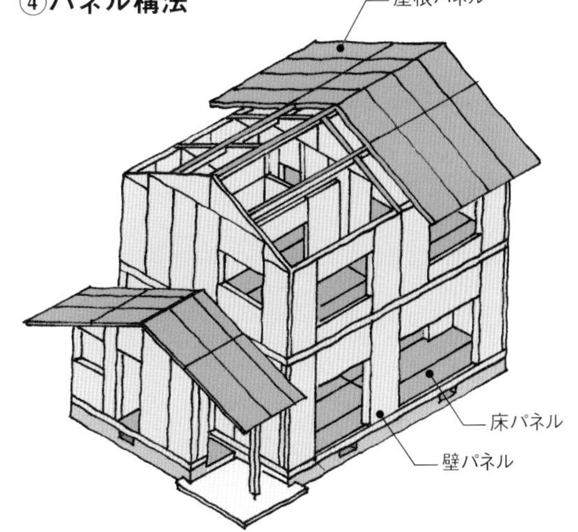

パネル構法の原型は工場生産が基本で、画一的なプランで大量生産しないと割高となるため、日本では在来軸組タイプが主流

⑤集成材構法

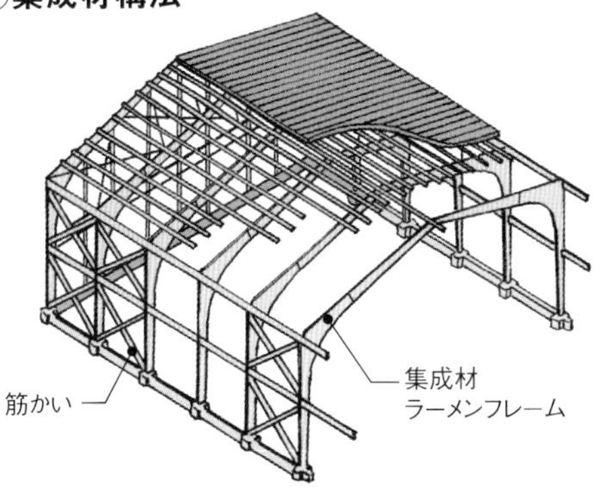

⑥丸太組構法

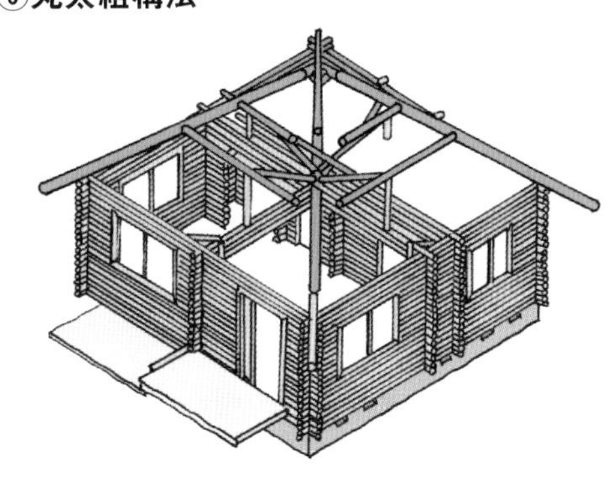

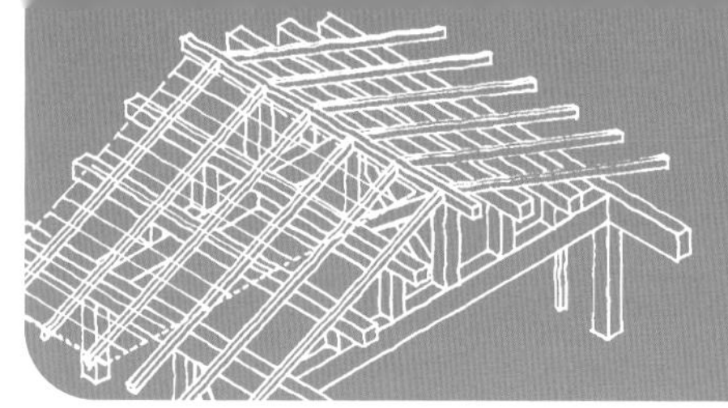

在来軸組構法の基本構成

POINT
▶ 木構造は、軸組・耐力壁・水平構面の３要素を接合部でつなぎ、それを基礎で支えている

わが国で最も多く採用されている木造の構法は、在来軸組構法である。その構造的な特徴を、構成する構造部材ごとに見ていきたい。

部材は、大きく分けると、①基礎、②軸組、③耐力壁、④床組・小屋組、⑤接合部、の5種類からなる（図）。

①基礎

地盤と建物の境界に設けられる鉄筋コンクリート造の部分。建物の重量を支え、地盤との釣り合いをとる役目を担う。

②軸組

鉛直方向に真直ぐに建つ部材を柱、水平に置かれる部材を横架材という。なかでも、断面の寸法が比較的大きな横架材を梁（1階では土台、2階では床梁）という。柱と梁をつないだものを軸組（または骨組み）といい、建物を支える最も基本的な構造材となる。

③耐力壁

壁のなかでも、地震や強風などの水平力に抵抗する壁のことを耐力壁という。軸組の間に斜めに入れる筋かいは、その代表例である。

一般に、軸組だけでは水平力（地震、強風など建物に横から掛かる力）に対する抵抗力が足りないため、耐力壁を設ける必要がある。

④床組・小屋組

床組とは、1階や2階の床のことで、梁の上に根太と呼ばれる小さな断面の横架材を並べ、その上に床板を釘留めして構成する水平面をいう。小屋組は屋根を支えるもので、水平に架け渡された梁（桁梁、小屋梁）の上に束を立て、その上に母屋と呼ばれる水平材を載せ、さらにその上に垂木という細い部材を載せて、野地板という板を釘打ちする。屋根の頂部を支える横架材は、棟木と呼ばれる。床組と小屋組は水平構面とも呼ばれ、耐力壁に水平力を伝達する役割も担う。

⑤接合部

直交する部材どうしの接合部を「仕口」、同じ方向の部材どうしの接合部を「継手」という。木造における構造性能を左右する、重要な部位である。

在来軸組構法の基本構成｜図

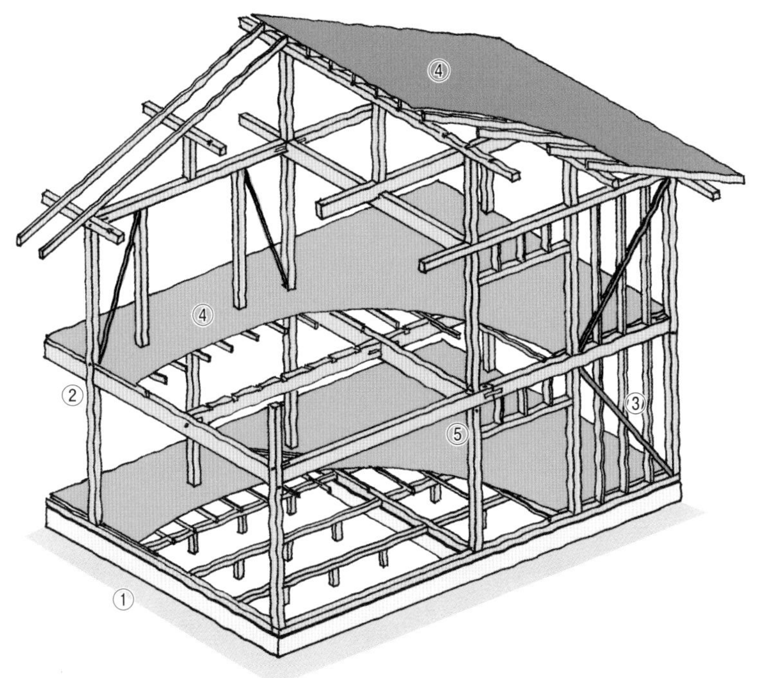

①地盤・基礎

基礎は鉛直荷重を支え、不同沈下を防ぐ。水平力を地盤に伝える役割もある

閉じた基礎

切れた基礎

基礎は地中梁や立上りが閉じた形になるようにする。ブツ切れになっているとひび割れが生じやすい

②軸組

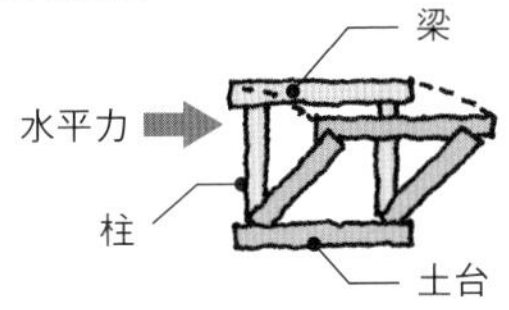

軸組は建物を支える骨格で、柱と梁で構成される。ただし、水平力に対しては軸組だけでは抵抗できない

③耐力壁

軸組にかかる水平力に耐えるためには、筋かいなどの耐力壁が必要になる

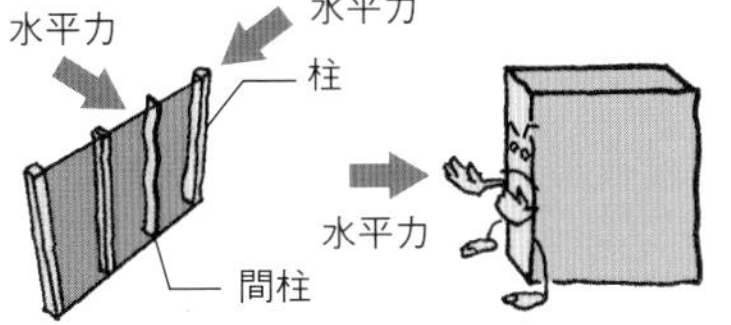

水平力に対しては、壁の長さで耐える。そのため、壁の厚み方向に水平力を受けたときは、倒れやすい

④床組・小屋組

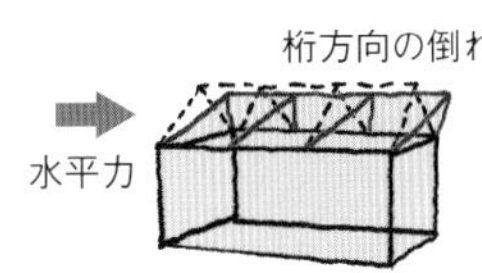

屋根は雨や雪から家を守る。その下地となる小屋組は、床と同じ役割をもつ。よって小屋組内にも筋かいなどの耐力壁が必要になる

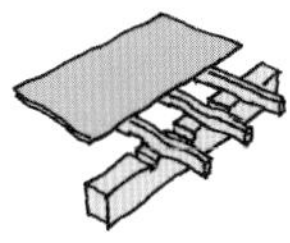

床は人や家具を支える。床板・根太・床梁で構成される

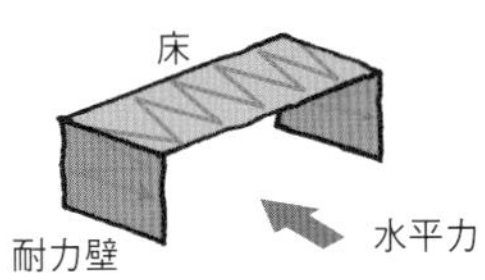

床には水平力を耐力壁に伝える役割もある

⑤接合部

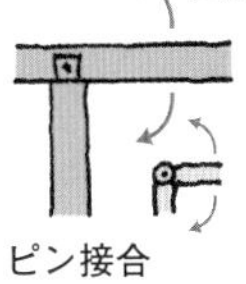

ピン接合

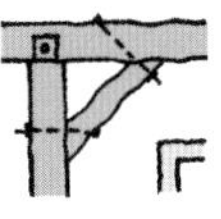

半剛接合

木造の接合部はピン接合で回転しやすい。方杖や火打ちを設けると、接合部が拘束されて回転しにくくなる

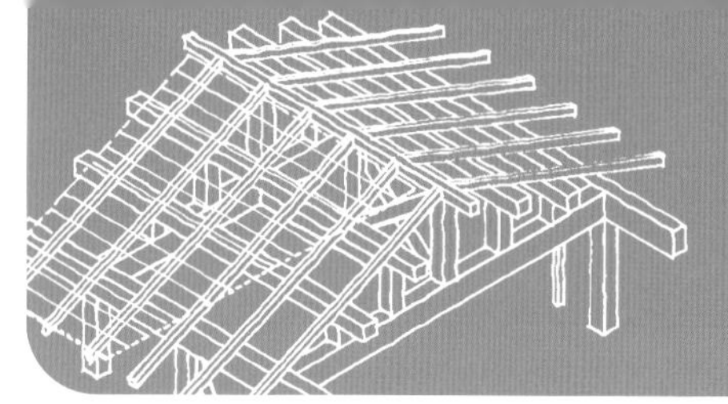

003
建物に作用する力 ①

荷重には方向と時間がある

POINT
▶ 建物に作用する荷重は、作用する方向（鉛直・水平）と、荷重の継続時間（長期・短期）で分類される

建物に作用する荷重

建物には、人や家具などの重量だけでなく、雪・台風・地震などの荷重も作用する。構造設計とは、これらの荷重について条件を設定し、建物を構成する材料の特性をよく把握したうえで、要求される空間に適した架構形式を選択することである。

建物に作用する荷重は、常に作用する建物自体の重量（固定荷重）、移動する可能性のある人・家具などの積載荷重のほかに、雪・風圧力・地震力・土圧・水圧などもある。これらは荷重の方向と作用時間により分類される。

荷重の作用する方向

荷重が作用する方向は、鉛直方向（重力方向）と、水平方向に大きく分けられる（図）。

鉛直方向の荷重には、建物の自重、積載荷重、雪などがある（多雪地域では、雪の単位重量が重くなる場合がある）。風圧力と地震力は鉛直方向にも作用するが、建物への影響は水平力のほうが大きいため、構造設計上は主に水平力として扱う（ただし、どちらも地域差を考慮する必要がある）。

また、地下室や斜面地では土圧、水槽（プールなど）には水圧が作用する。これらは鉛直・水平の両方向に作用する荷重で、土圧は水を含むと水平力が増す傾向にある。

荷重の作用する時間

一方、荷重を作用する時間で分類すると、自重、積載荷重、土圧・水圧は常時作用する荷重といえる。雪は冬季のみで、地域によって差がある。風圧力も常に作用しているが、建物に影響を与える大きな荷重となるのは、年間で数回程度である。地震力は中小規模の地震であれば数年に1回程度、大地震はごく稀である。

構造設計を行う際は、日常的にかかる荷重を「長期荷重」、稀にかかる荷重を「短期荷重」と呼び、それに応じて構造部材の許容値を決めている。

荷重の種類｜図

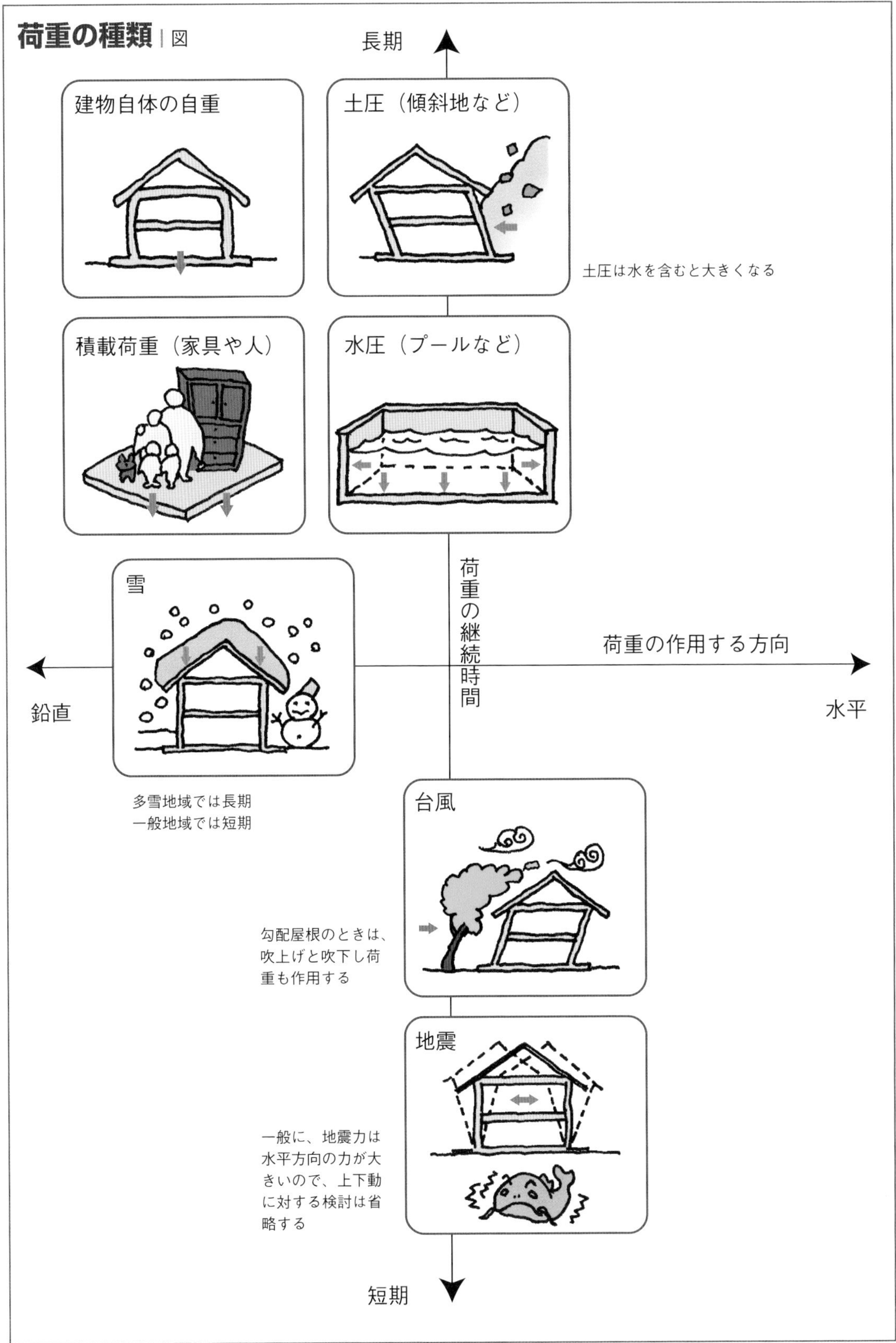
長期
建物自体の自重
土圧（傾斜地など）
土圧は水を含むと大きくなる
積載荷重（家具や人）
水圧（プールなど）
荷重の継続時間
雪
荷重の作用する方向
鉛直
水平
多雪地域では長期
一般地域では短期
台風
勾配屋根のときは、
吹上げと吹下し荷
重も作用する
地震
一般に、地震力は
水平方向の力が大
きいので、上下動
に対する検討は省
略する
短期

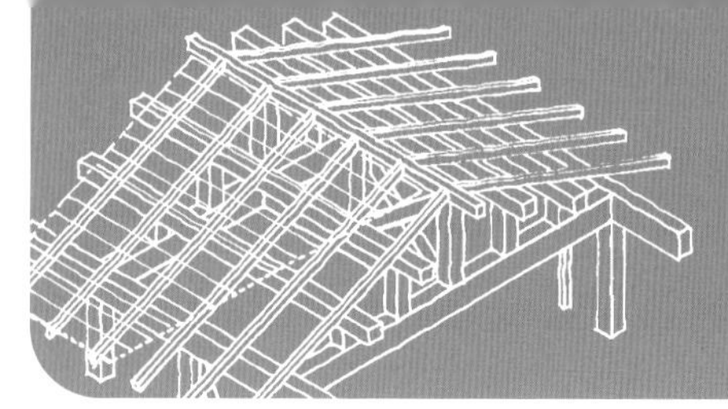

木材の許容応力度

POINT

▶ 部材の許容応力度は、作用する荷重の継続時間に応じた安全率を、基準強度に乗じて求める

建物を構成する部材に力を加え続けると、変形が増大していき、やがては破壊に至る。力（荷重）の作用が短時間であれば、荷重が取り除かれるとすぐ元に戻るが、長時間になると変形が戻りにくくなる傾向がある。そこで建築基準法では、建物にかかる力の継続時間によって、材料の許容応力度（きょようおうりょくど）と材料強度を定めている。

長期荷重と短期荷重

建物に常時作用する荷重を、長期荷重という。一般には、積載荷重を含めた建物重量がこれに該当する（図①）。地下室がある場合は土圧、水槽（プールなど）がある場合は水圧も長期荷重となる。これらの荷重が継続する期間は、50年と想定されている（表）。

垂直積雪量が1m以上となる多雪地域では、積雪荷重も長期荷重となる。ただし、その継続期間は3カ月程度と想定されている（図②、表）。

一方、短期荷重とは、建物に稀に作用する荷重のことで、地震力や風圧力がこれに当たる。これらの水平力は、荷重継続期間を10分（図③、表）としている。また、垂直積雪量が1m未満の地域における積雪荷重も短期荷重で、こちらは3日程度の継続期間を想定している（図④、表）。

応力は許容応力度以内か

これらの荷重が加わることで、個々の部材には曲げや圧縮などの抵抗力（応力）が発生する（20頁参照）。この応力を、部材の単位面積当たりの力に直したものが「応力度」である。構造設計では、部材に生じる応力度が、あらかじめ材料ごとに決められた数値、すなわち「許容応力度」以内であれば問題がないと考える。

許容応力度は、最大荷重（基準強度）に安全率を乗じた値となる。この安全率は、わが国の耐震設計理念、「稀に起こる地震に対しては損傷せず、ごく稀に起こる大地震に対しては、倒壊せず人命と財産を守る」にもとづいて決められている。

荷重継続時間と木材の許容応力度｜図

①長期

50年間対応
木材の長期許容値以下
(基準強度 F × $\frac{1.10}{3}$)
安全率は1.1／3

②積雪（中長期）

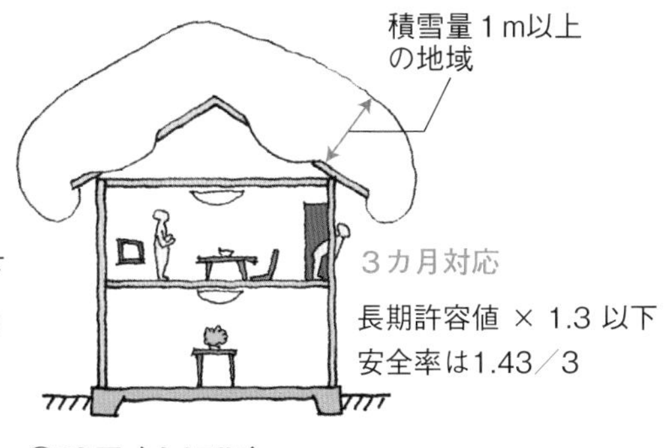

３カ月対応
長期許容値 × 1.3 以下
安全率は1.43／3

③短期

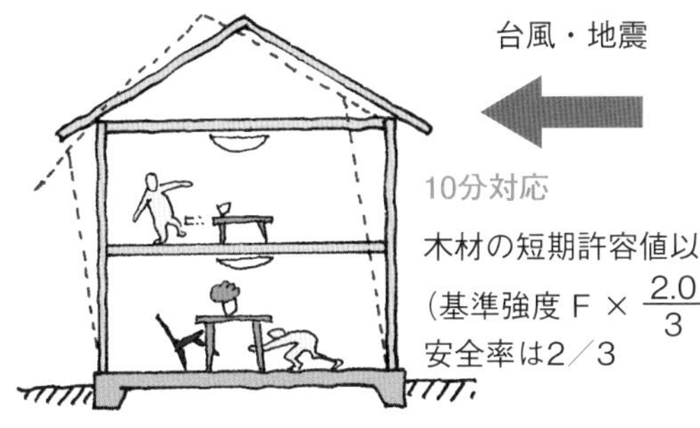

10分対応
木材の短期許容値以下
(基準強度 F × $\frac{2.0}{3}$)
安全率は2／3

④積雪（中短期）

３日対応
短期許容値 × 0.8
以下
安全率は1.6／3

ごく稀に生じる大地震に対する安全率は1.0
(基準強度以下とする)

許容応力度などを定める法令
- 材料の許容応力度…令89条
- 材料強度…令95条および告示1452条
- めり込みなどの特殊な材料強度と許容応力度
…告示1024号

強度比と荷重継続期間の関係｜表

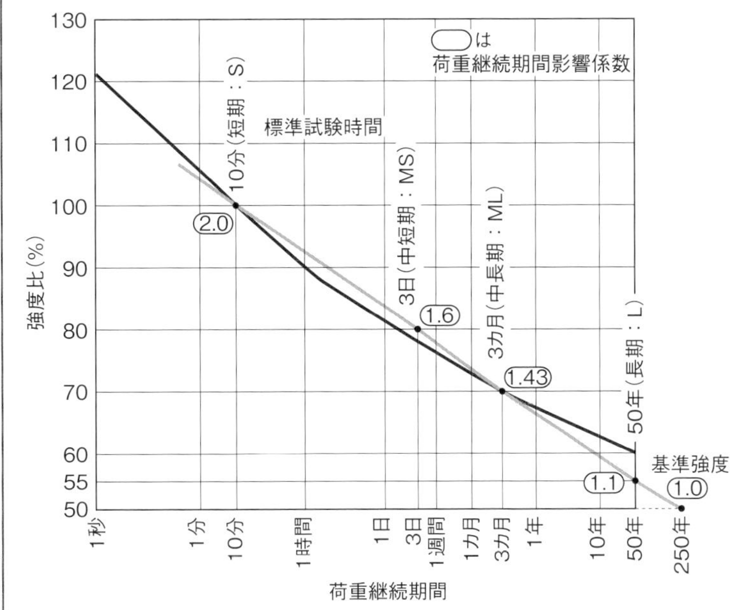

出典：『木質構造設計規準・同解説』
(日本建築学会)

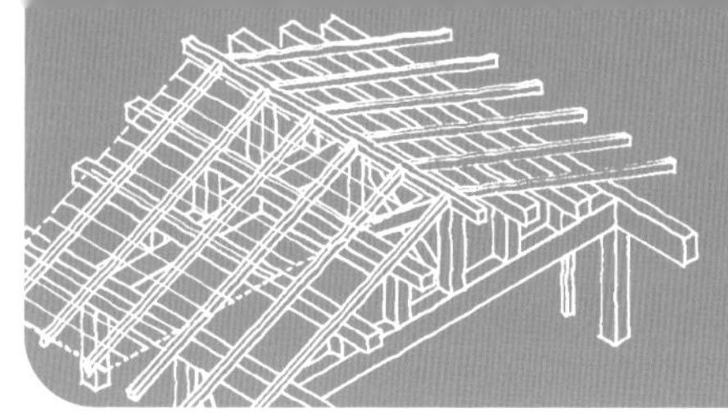

鉛直荷重の流れ方

POINT
▶鉛直荷重は上から下へ、小さい部材から大きい部材へ流れる。ただし、耐力壁には期待しない

全体的な力の流れ

力の流れを把握することは、構造設計の第一歩である。建物にかかる力は、それぞれの部材を支える部材に流れていく。基本的には、上から下へ、断面の小さい部材から大きい部材へ、と流れる。そして、固定荷重(建物の自重)、積載荷重（人・家具など）、屋根に積もる雪などは、すべて鉛直荷重として重力方向にはたらく。流れる方向は、床板・野地板→根太・垂木→梁→柱→基礎→地盤の順である。

①小屋廻りの力の流れ

図①は一般的な和小屋組である。和小屋形式（148頁参照）の小屋組である。和小屋は、屋根面の荷重を小屋梁で受けて柱に伝達する。このとき、屋根葺き材や雪の重量は、まず野地板にかかる。それ以降は、垂木→棟木・母屋・軒桁→小屋束→小屋梁→桁・梁・柱の順で流れていく。

②2階床廻りの力の流れ

床材や人・家具などの重量は、まず床板にかかる。そこから、根太→小梁（こばり）（甲乙梁（こうおつばり））→大梁（おおばり）→柱の順で流れていく（図②）。ただし、床梁の中間に柱が載る場合は、ここに屋根の重量も加算される。

なお、最近では施工の省力化を図るため、根太を設けず床板に24～28㎜厚の構造用合板を用いて、床梁に直接打ち付ける工法もある（132頁参照）。

また、筋かいなどの耐力壁については、一般に水平荷重にのみ抵抗すると考えるため、鉛直荷重は負担させない。したがって、筋かいの設置は軸組を組んだ後になる。

③1階床廻りの力の流れ

2階から流れてきた力は、柱を伝って土台→基礎→地盤へと伝達する。

1階床（人・家具を含む）の重量は床板→根太→大引（おおびき）→床束・土台へと流れ、大引から土台へ流れた力は、基礎→地盤へと伝達される（図③）。

なお、床束を地盤あるいは土間コンクリート上に置いた束石の上に載せた場合は、床束に流れた力は地盤に直接伝わる。

木造住宅にかかる縦方向の力の流れ | 図

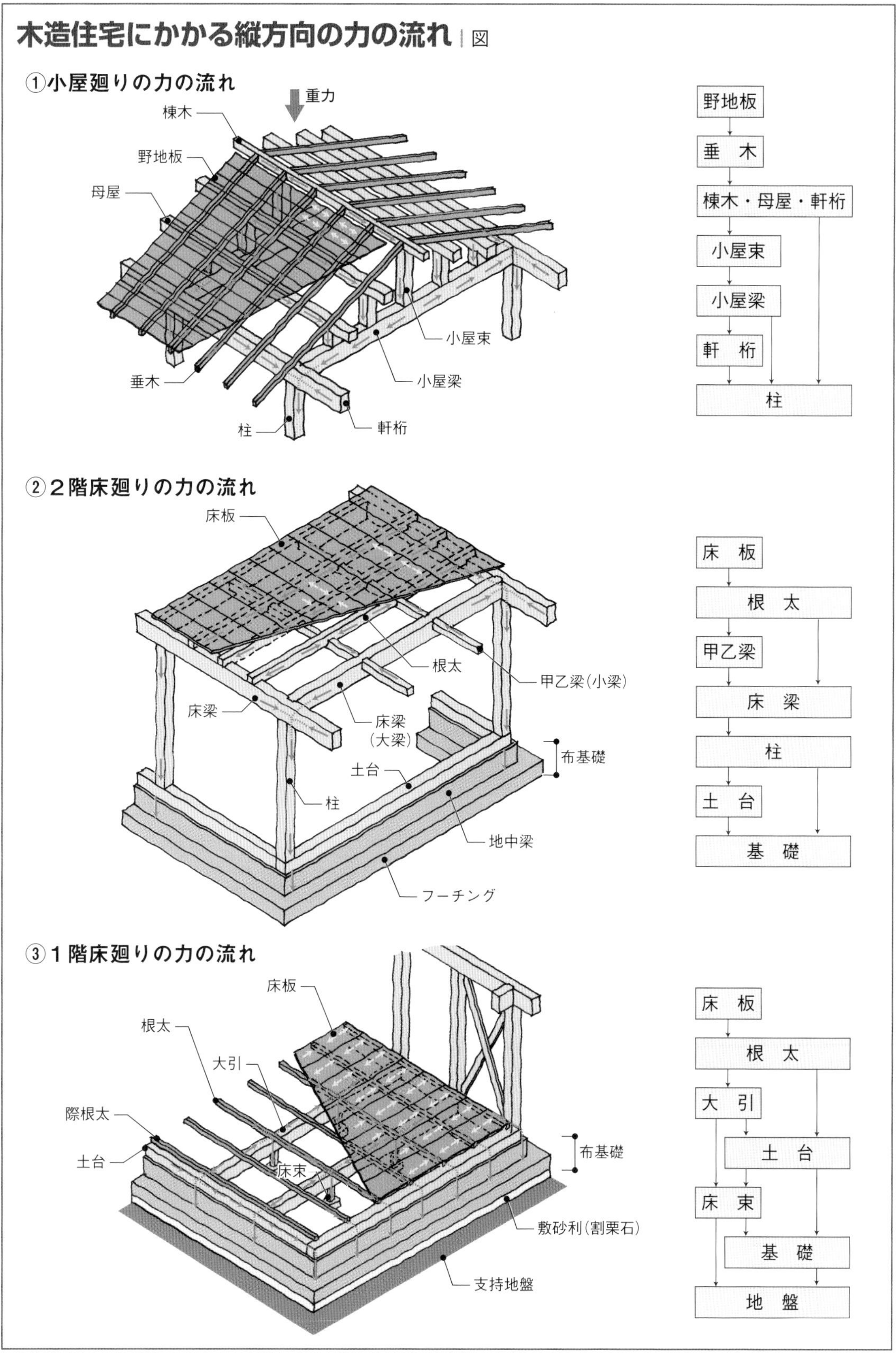
①小屋廻りの力の流れ
重力
棟木
野地板
母屋
垂木
柱
軒桁
小屋束
小屋梁
野地板
垂 木
棟木・母屋・軒桁
小屋束
小屋梁
軒 桁
柱
②2階床廻りの力の流れ
床板
根太
甲乙梁(小梁)
床梁
床梁
(大梁)
布基礎
土台
柱
地中梁
フーチング
床 板
根 太
甲乙梁
床 梁
柱
土 台
基 礎
③1階床廻りの力の流れ
床板
根太
大引
際根太
土台
床束
布基礎
敷砂利(割栗石)
支持地盤
床 板
根 太
大 引
土 台
床 束
基 礎
地 盤

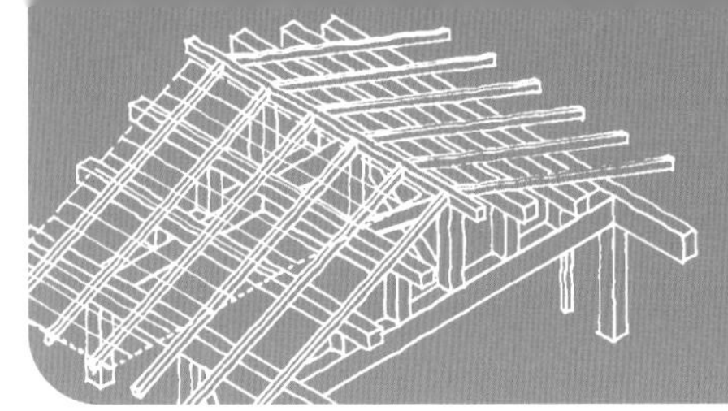

水平荷重の流れ方

POINT

▶ 水平荷重は床面から耐力壁へ流れる。ゆえに、床面と耐力壁は連続していなければならない

水平荷重の考え方

一般的な構造設計では、水平荷重として地震力と風圧力を検討する。地震力は地面が揺れるのだから、本来は下から上へ力が流れるのだが、設計上は便宜的に力を置き換えて考える。地面の移動を0としたうえで、上部構造に水平力が作用しているものとして検討するのである。

水平力は、大まかにいえば床面から耐力壁へ伝達される。そのため、床面が柔らかく歪んだりしていては、耐力壁までスムーズに力が伝達されない。ゆえに、床面はしっかり固めておく必要がある。

①小屋廻りの力の流れ

屋根面に作用する水平力は、野地板→垂木・母屋・棟木・桁梁→小屋筋かい・2階耐力壁と流れていく（図①）。

このとき、小屋廻りに作用する水平力に対しては、2階の耐力壁が抵抗する。そのため、小屋組の内部には小屋筋かいなどの耐力壁を設けておき、屋根面に生じた水平力を2階の耐力壁に伝達できるようにする必要がある。

②2階床・1階床廻りの力の流れ

2階の床面に生じた水平力に抵抗するのは、1階の耐力壁である。よって、2階の床に作用する水平力は、床板→根太→小梁（甲乙梁）・床梁→1階耐力壁へと流れていく。そして、1階の耐力壁が負担した力は、土台を伝って基礎・地盤へと流れる。

そのほか、1階の耐力壁には2階の耐力壁が負担した水平力も伝達される。このとき、1階と2階の耐力壁の位置がずれていると、2階の耐力壁が負担した力は、いったん2階の床面を介して1階の耐力壁へ伝達することになる。したがって、このときの2階の床面は、大きな水平力を伝達できるように固めておく必要がある。

1階の床面に生じた水平力は、床板→根太→大引→土台→基礎→地盤へと流れていく。ただし、1階の床面が高床となる場合は、床束の倒れ止めを設ける必要がある。

木造住宅にかかる横方向の力の流れ | 図

①小屋廻りの力の流れ

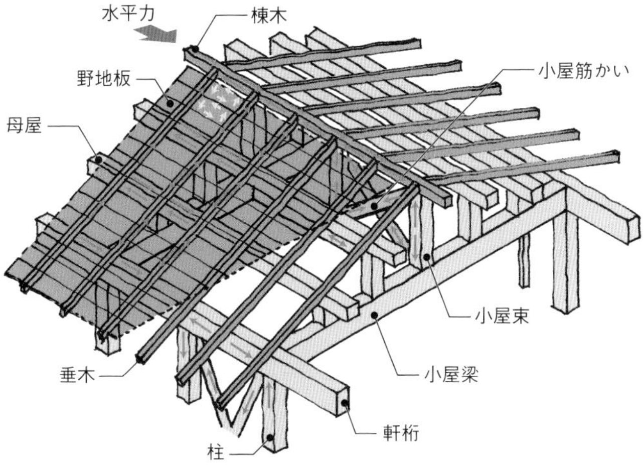

水平力
棟木
野地板
母屋
小屋筋かい
小屋束
小屋梁
垂木
軒桁
柱

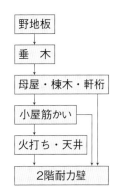

野地板 → 垂　木 → 母屋・棟木・軒桁 → 小屋筋かい → 火打ち・天井 → 2階耐力壁

②2階床～1階床廻りの力の流れ

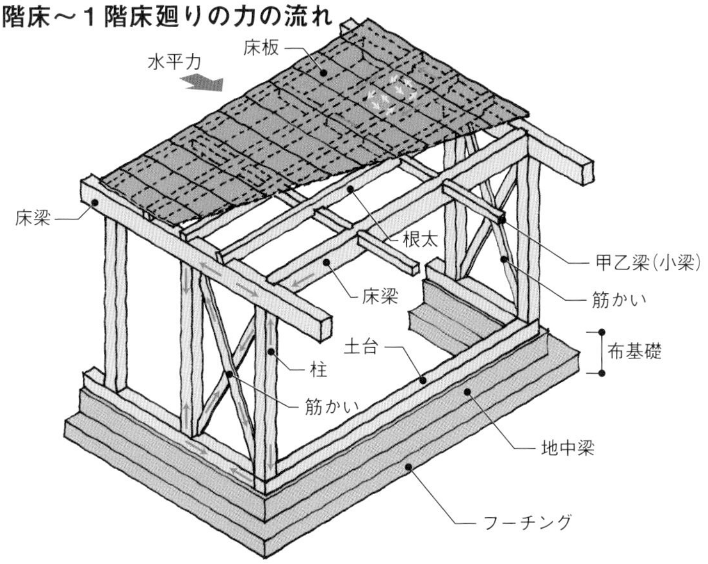

水平力
床板
床梁
根太
甲乙梁（小梁）
筋かい
床梁
土台
布基礎
柱
筋かい
地中梁
フーチング

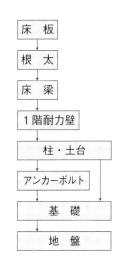

床　板 → 根　太 → 床　梁 → 1階耐力壁 → 柱・土台 → アンカーボルト → 基　礎 → 地　盤

耐力壁はなぜ水平力にきくのか

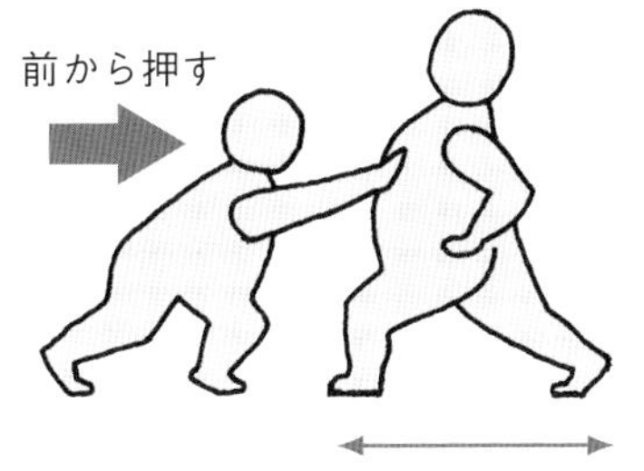

押される方向に対して横に足を広げるよりも前後に広げたほうが倒れにくい。また、足を広げるほどふんばりやすい

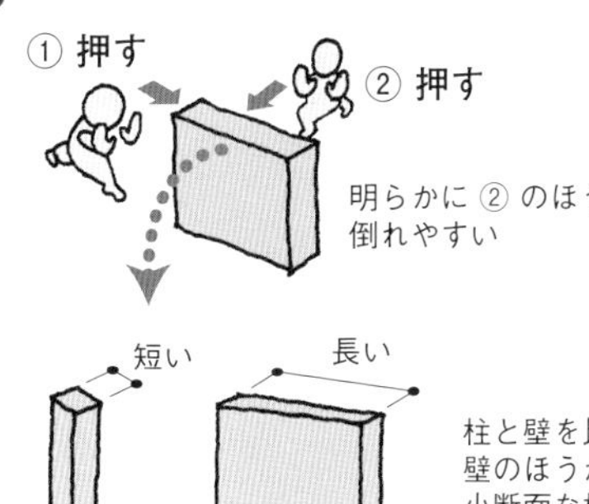

柱と壁を比較すると、長さのある壁のほうが抵抗力が大きい
小断面な柱には水平抵抗力はほとんど期待できない

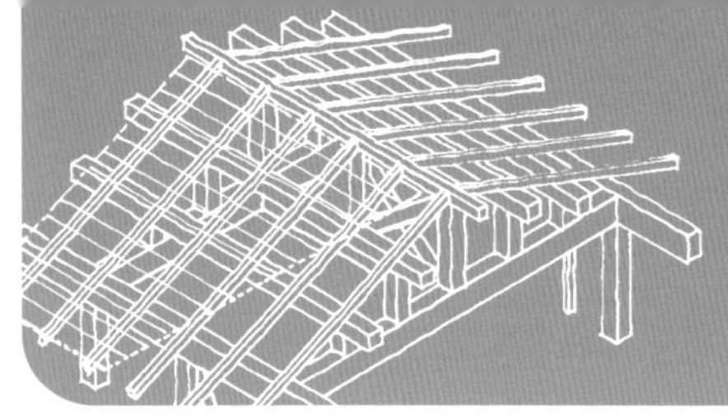

部材に生じる応力の種類

POINT

▶ 応力の種類は、圧縮、引張、曲げ、せん断、めり込み、横圧縮（全面圧縮）の6種類

建物に荷重が作用すると、個々の部材に、圧縮、引張、曲げ、せん断、めり込みなどの力が生じる。これらを「応力」という（図）。

①圧縮とは

部材を押す力のことで、鉛直荷重時は柱に作用する。水平荷重時は、耐力壁の端部の柱や、床面の外周部の横架材などに生じる。材軸（木材の繊維）方向に圧縮力が作用すると、部材の厚みが薄いほうに折れる「座屈現象」を生じる（60頁参照）。

②引張とは

部材を引張る力のことで、水平荷重時の耐力壁端部や床面の外周部などに生じる。木造では、部材そのものの引張抵抗よりも、接合部から部材が抜け出さないことに注意する。

③曲げとは

部材を曲げる力のことで、鉛直荷重を受けた横架材や、建物の外周部で風圧力を受けた柱や横架材に生じる。

曲げについては、部材の強度のほか変形にも注意する必要がある。木材はヤング係数（26頁参照）が低いため、変形に配慮して部材の断面寸法を決めていくことが多い。

④せん断とは

梁に鉛直荷重が作用すると、その支持点には反力（支点反力）が生じる。その部分を拡大してみると、梁がずれ落ちるような力がはたらいている。これをせん断力という。せん断耐力が不足すると、部材は繊維方向に引き裂かれるような破壊性状を示す（42頁参照）。

⑤めり込みとは

繊維と直角方向に作用する圧縮力（横圧縮）のことで、強度は低いが粘り強く、力を取り除くと少しずつ元に戻る性質がある。柱と土台の接合部などで見られる。

⑥横圧縮（全面圧縮）とは

部材を、繊維と直角方向に全面的に押しつぶす力のことで、楔（くさび）など小さな部材に作用する。めり込みと異なり、強度は低く、粘りもない。また、力を取り除いても、つぶれたまま元に戻らない。

部材に生じる応力｜図

鉛直荷重時の架構

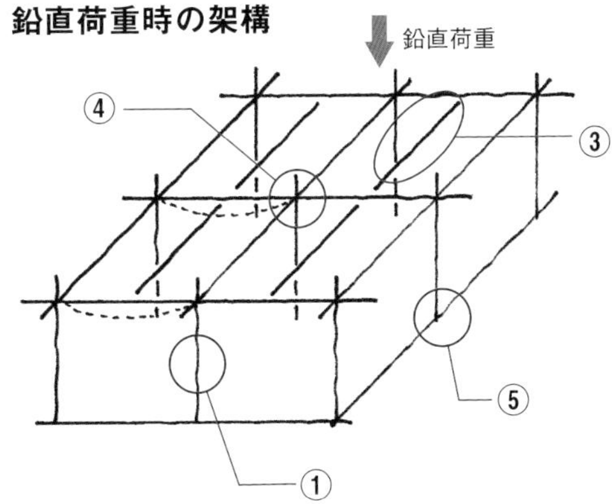

水平荷重時の架構

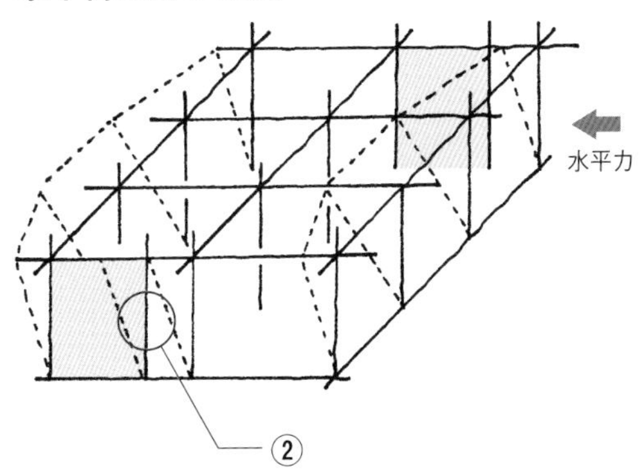

①圧縮力と圧縮破壊

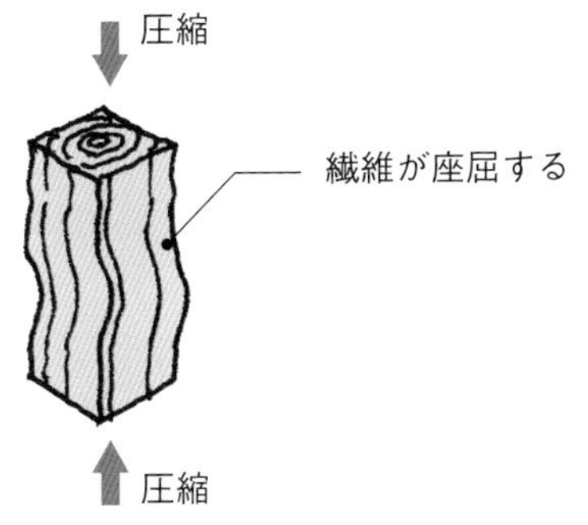

②引張力と引張破壊

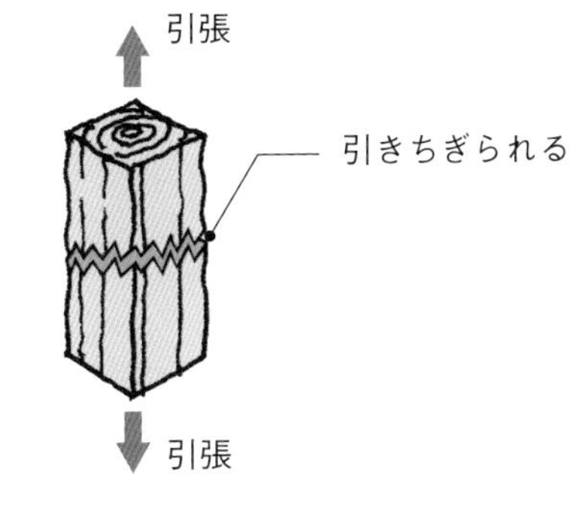

③曲げと曲げ破壊

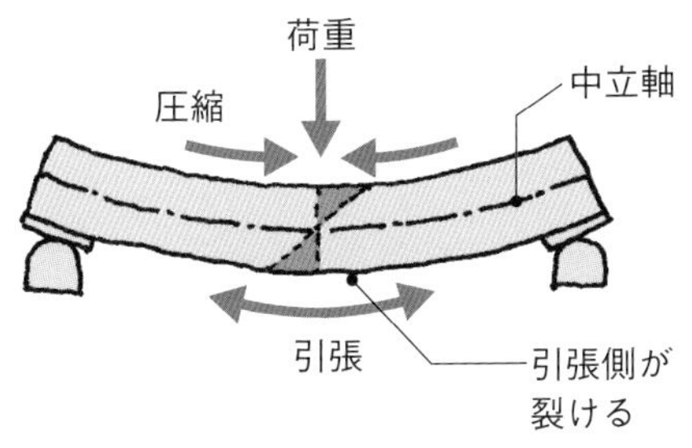

④せん断とせん断破壊

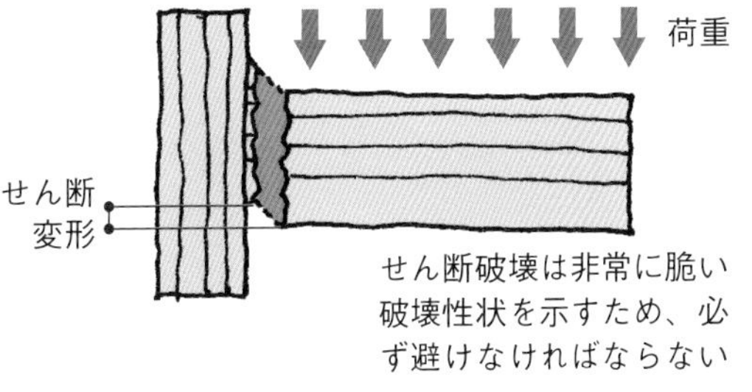

⑤めり込みとめり込み破壊

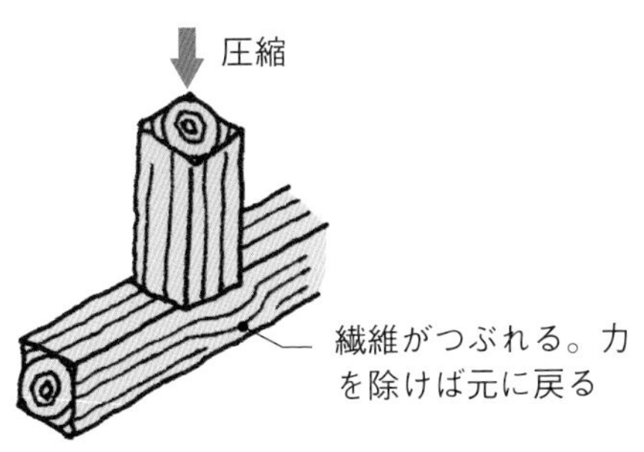

⑥横圧縮（全面圧縮）

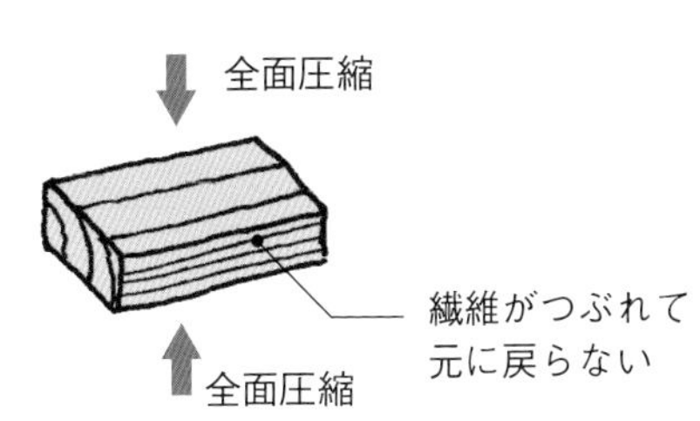

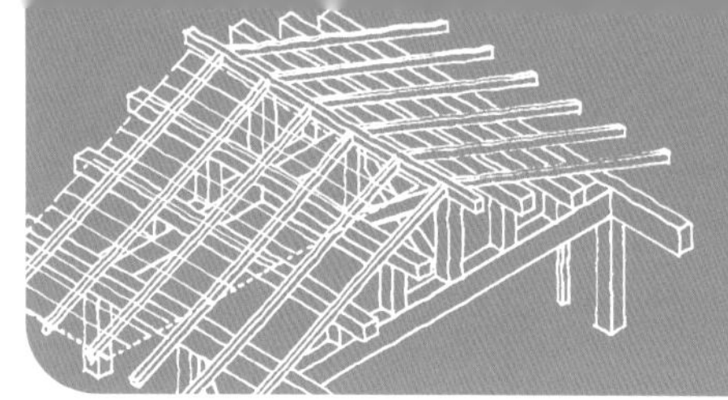

剛接合とピン接合

POINT ▶ 接合は、剛とピンの2種類。実際の構造物では、剛とピンの中間の半剛接合が多い

3種類の接合方法

構造物と構造物とを接続する点を支持点といい、その支持方法は、①固定端、②回転端（ピンまたはヒンジ）、③移動端（ローラー）、の3種類に分けられる。部材と部材の接合点のことを節点というが、その種類は、①剛節点あるいは剛接合、②ピン節点あるいはピン接合の2つに分類される。

①固定端、剛接合

部材の接合部が固定されて動かない状態の接合で、この接合部には圧縮・引張・せん断のほかに、曲げの力も作用する。剛接合の軸組は、軸組だけでも水平力に抵抗できる「ラーメン架構」となる（110頁参照）。RC造やS造は、接合部が一体となるため、剛接合といえるが、木造は切れている部材をつないでいくので、剛接合にするのは非常に困難である。木材をコンクリートや土中に埋め込めば剛接合といえるが、その場合は、木材が水分を含んで腐りやすくなるという欠点がある（図①）。

②回転端、ピン接合

接合部に、鉛直荷重や水平荷重は伝達されるが、曲げは生じない接合をいう。部材どうしをボルト留めするような接合が該当する（図②）。繊維と直角方向に力を掛けるとボルトを中心に回転するが、繊維方向に引張や圧縮を作用させると、ボルトを介して他方の部材へ力を伝達する。なお、ピン接合で組まれた軸組は、各接合部が回転するため、水平力には抵抗できない。

③移動端（ローラー）

鉛直荷重は伝達するものの、水平力がかかると移動してしまう接合をいう。礎石の上に載せただけの柱などが該当する（図③）。支持点がすべてローラーだと、構造体は不安定になる。

実際には半剛接合が多い

剛でもピンでもない、その中間の接合を半剛接合という（図④）。この接合部は、曲げの力にも多少抵抗できるが、いずれも大断面の部材であることが必須条件となる。

部材の接合方法｜図

①固定端、剛接合

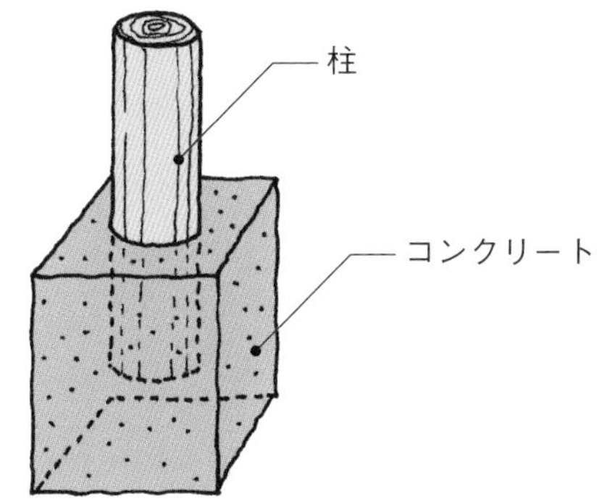

コンクリートに埋め込まれた柱

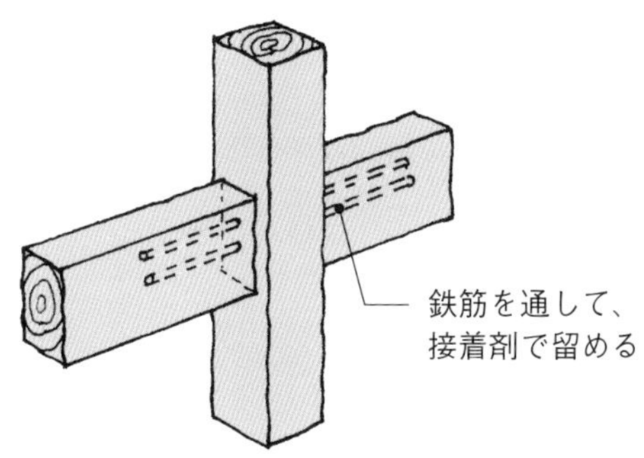

接着剤を用いた接合
（梁材と同強度以上の接合の場合）

②ピン接合

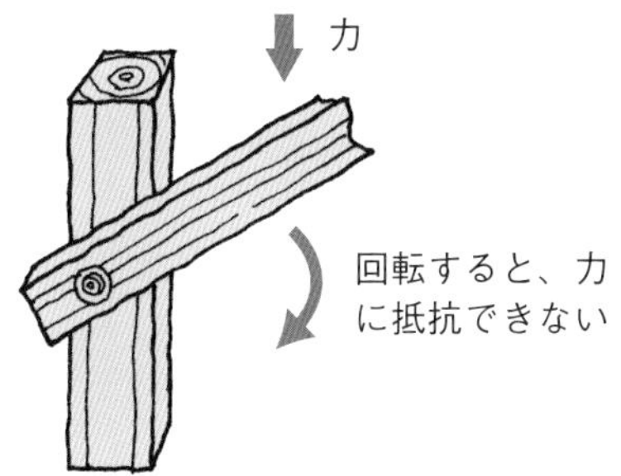

柱側面にボルトで取り付けられた方杖（ほうづえ）

③ローラー

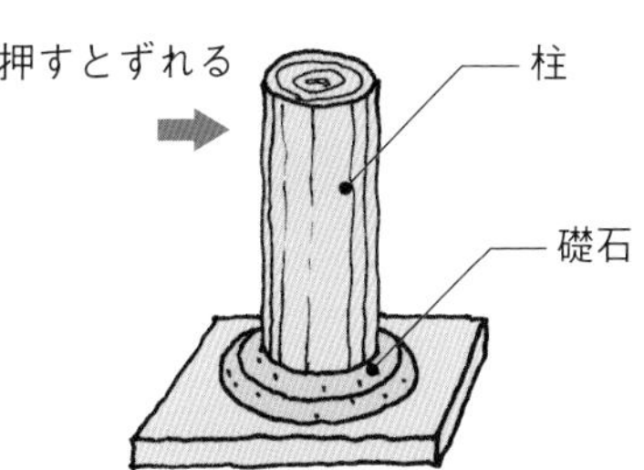

礎石に載せただけの柱

④半剛接合

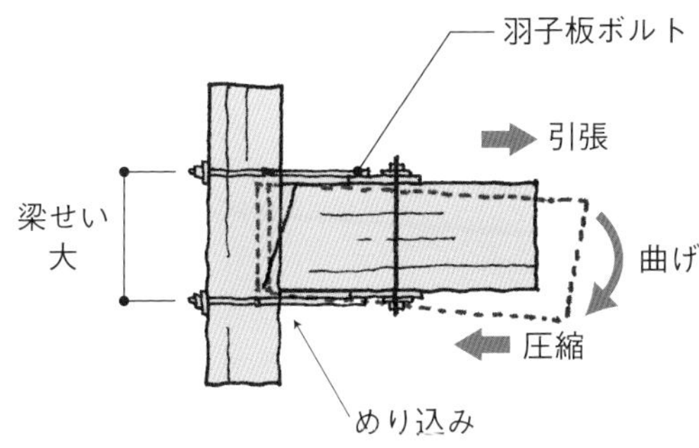

梁の上下を羽子板ボルトで柱に引き寄せる

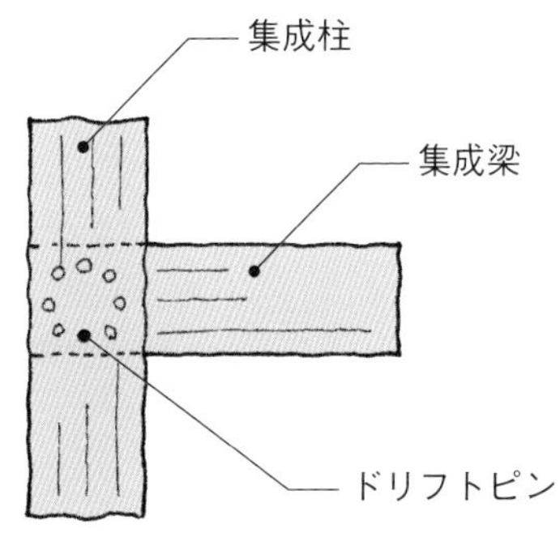

大断面集成材の仕口

厳密に見れば、実際の構造物はほとんどが半剛接合である。しかし、一般の木造住宅は部材の断面が小さいため、接合部は限りなくピン接合に近くなる。ゆえに、木造ではさまざまな荷重に抵抗するため、耐力壁も必要になるのである

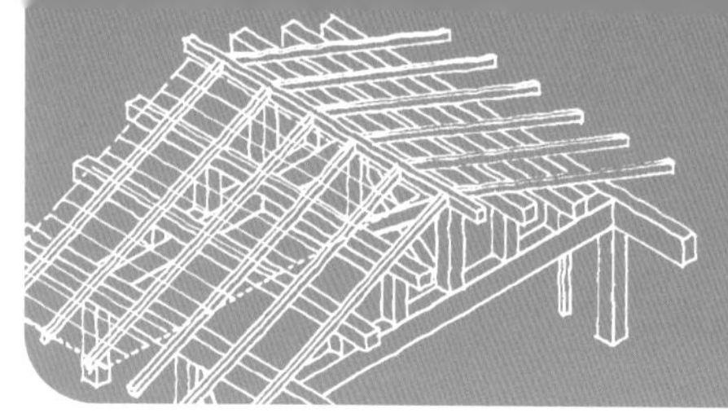

009
支持条件②

単純梁、連続梁、片持梁

POINT

- 部材の支持状況により解析モデルは分類される
- はね出し梁は「引き」を確保すること

部材の解析モデル

部材の断面設計を行うときは、たわみや応力を算出して、それらが設定した許容値以内であることを確認する。このとき、設計を行おうとする部材は、解析しやすいモデルに置き換えて考える。その代表例が、単純梁、連続梁、片持梁の3つである（図1）。

①単純梁

梁の両端部が、ピン支持となっている梁のことを単純梁という。具体的には、大梁に落とし込んだ小梁や、通し柱に差し込んだ大梁（胴差し）などが、これに該当する。

②連続梁

1本の梁に対して、支持点が3つ以上あるものを連続梁という。大梁の上を渡っていく小梁や、通し柱と通し柱の中間に管柱がある胴差しなどが、これに該当する。

ただし、梁に継手を設けた場合は、そこで1度梁が切れたものとして考える。したがって、小梁が大梁の上を渡っていても大梁の直上で継手を設けていれば、それぞれ別の単純梁としてモデル化する。

③片持梁

梁の一端に支持点がなく（自由端という）、もう一端は固定された梁を片持梁という。バルコニーや庇などのはね出し部分がこれに該当する。片持梁は「はね出し梁」とも呼ばれる。

はね出し梁で注意しなければならないのが、固定側の支持状況である。たとえば、通し柱の中間に差し込んだはね出し梁や（図2①）、はね出した長さに対して「引き」の長さが短い梁は（図2②）、構造的に片持梁とはみなしにくい。なぜなら、このような梁に荷重がかかると、よほど支持点をしっかり固定していない限り、不安定で落下してしまうからである。

したがって、はね出し梁は、はね出し長さに対する「引き」の長さを1.5～2倍以上確保し、各支持点が抜けないようしっかりと接合しておく必要がある（図2③）。

梁の分類 | 図1

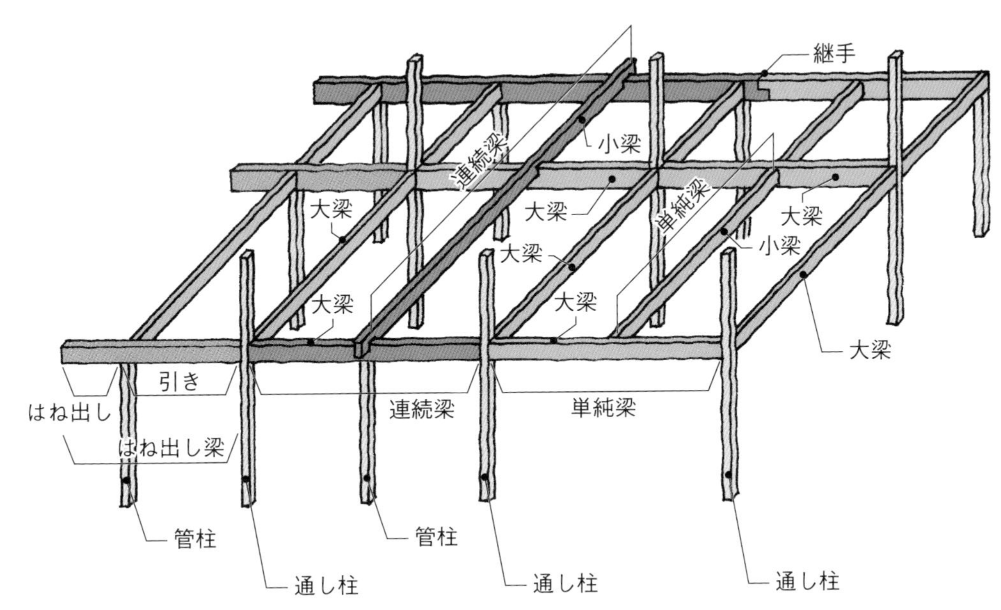

はね出し梁の注意点 | 図2

①通し柱の中間から はね出した場合

柱に曲げの力が作用するので柱断面に要注意

②「引き」が少ない場合

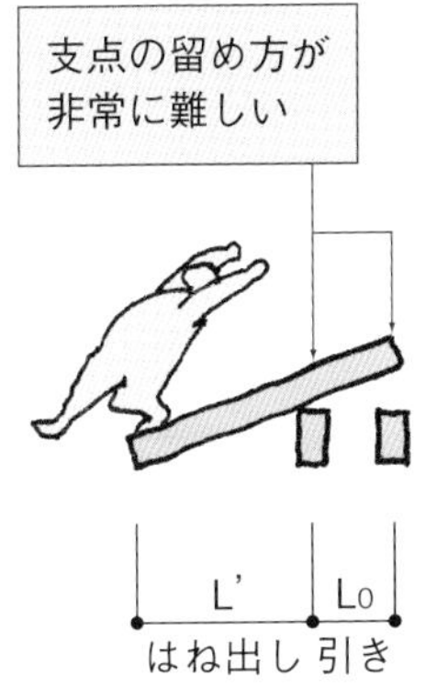

③$L_0 \geqq 1.5 \sim 2 \times L'$の場合

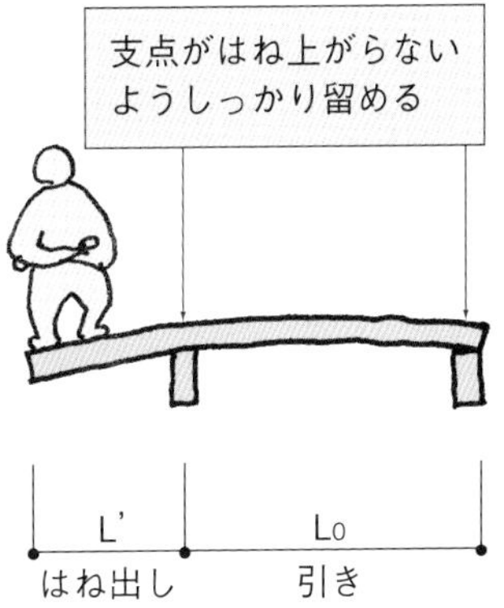

はね出しには「引き」が必要

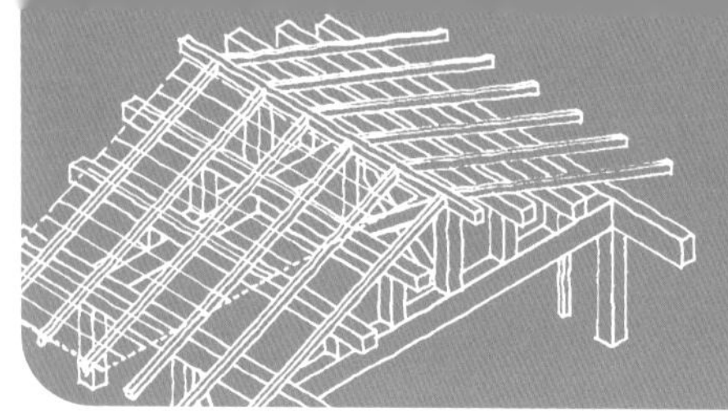

010
構造特性 ①

ヤング係数と剛性・靭性

POINT
- ▶ 曲げヤング係数はたわみに関係
- ▶ 剛性は強度と変形の関係、靭性は変形能力を表す

部材などの構造特性は、強度と変形で評価する。

ヤング係数

部材は荷重をかけると変形する。たとえば、図1のような梁の中心に荷重が載ると、梁は曲げられてたわむ。この変形量は、荷重の大きさと部材のスパンおよび断面形状のほかに、材質が影響する。このうちの材質に該当するのがヤング係数である。ヤング係数が大きい部材はたわみにくく、小さい部材はたわみやすい（図2）。

木材をヤング係数ごとに等級分けする場合は、表のように区分する。

たとえば、実際に測定したヤング係数が6500N／mm²だった部材は、E70に区分される。ただし、表からも分かるように、同じ機械等級に区分されたものでも、下限値に近いものと上限値に近いものでは1.2～1.5倍の開きがある。そのため、設計に当たっては、このようなバラツキがあることを念頭においで、余裕をもった設計を心がける必要がある。

剛性と靭性

剛性とは、強度と変形の関係を表す用語で、「剛性が高い」「剛性が低い」などと表現する。たとえば、2つの部材を同じ力で押したとき、変形量が小さいほうを剛性が高い、変形量が大きいほうを剛性が低い、という。言い換えれば、剛性の高い部材は変形しにくいということである。また、剛性が高い部材は、一定の変形量に達するまでに要する力（耐え得る力＝耐力）が大きいということになる（図3）。

一方、靭性（じんせい）とは、構造体の変形能力を表す（強度は関係しない）用語で、「靭性に富む」「靭性に乏しい」などと表現する。靭性に富む部材とは、破壊するまでに大きく変形する粘り強い部材をいう。逆に、靭性の乏しい部材は、小さな変形ですぐに破壊してしまう。また、このような部材は、突然壊れて、破壊後に急速に耐力が落ちる脆い（もろい）壊れ方（脆性破壊（ぜいせいはかい））をする。

ヤング係数に関連するもの｜図1

梁幅
梁せい
梁の断面
荷重
変形
スパン

(曲げ)ヤング係数は、① 荷重、② 変形、③ スパン、④ 断面から求められる

ヤング係数とたわみ｜図2

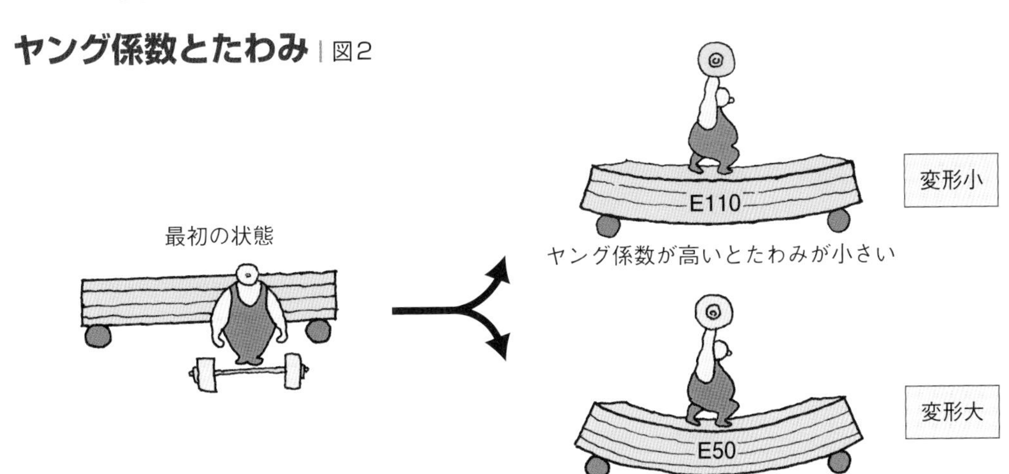

機械等級の区分とヤング係数の関係｜表1

表示ヤング	実際のヤング係数		中間値
	重力単位 [t／cm²]	SI単位 [N／mm²]	[N／mm²]
E50	40 ≦ E ＜ 60	3,923 ≦ E ＜ 5,884	4,903
E70	60 ≦ E ＜ 80	5,884 ≦ E ＜ 7,845	6,865
E90	80 ≦ E ＜ 100	7,845 ≦ E ＜ 9,807	8,826
E110	100 ≦ E ＜ 120	9,807 ≦ E ＜11,768	10,787

構造特性の概念図｜図3

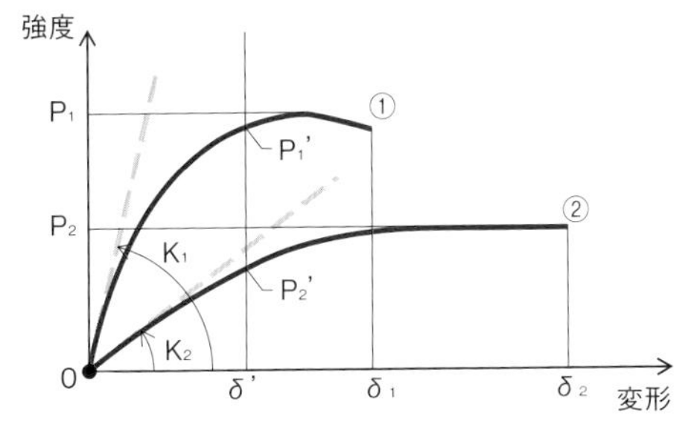

部材や構造体の荷重（強度）と変形の関係は、左図のようなグラフで表される。このグラフから読み取れる2つの部材の構造特性を比較すると、下表のようになる

部材	①		②
ヤング係数	K_1	＞	K_2
強度	P_1	＞	P_2
靭性	δ_1	＜	δ_2
剛性	P_1'/δ'	＞	P_2'/δ'

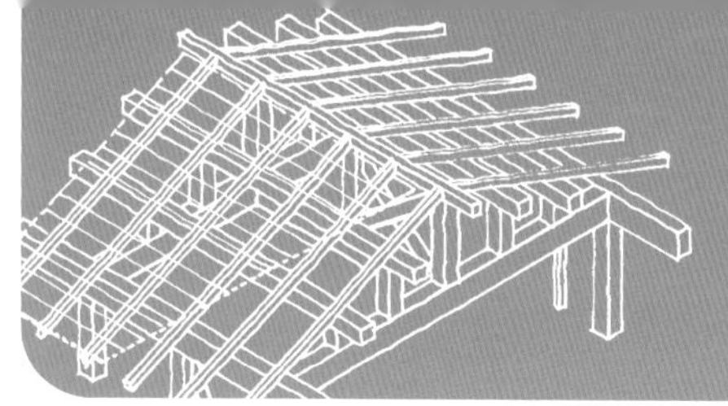

011
構造特性 ②

層間変形角はかたさの指標

POINT

▶ 層間変形角が小さければ建物の揺れは小さい。これは耐震設計の主旨にもとづき制限値が決められている

層間変形角の求め方

建物に水平力が作用すると、その垂直断面は図1のように変形する。このとき、各階の変形する角度を「層間変形角(そうかんへんけいかく)」という。層間変形角は、建物のかたさ(剛性)の指標として用いられる。層間変形角の計算方法は、以下のとおりである。

1階の層間変形角は、1階の床面から2階の床面までの水平変形量の差を、1階の階高で除して求める。一般に、構造解析を行うときは1階の柱脚部を支持点として、2階床面や屋根面に水平力を作用させるので、1階床は移動しないと考える。したがって、1階の層間変形角は、2階床面の水平変形量/1階の階高、ということになる。たとえば、2階床面の水平変形量が3㎝、1階の階高が3mとすると、層間変形角は1/100ラジアンである。

2階については、2階床面から小屋組までの変形量をみる。すなわち、小屋梁または桁梁の水平変形量から2階床面の水平変形量を差し引いた値を、2階の階高で除した値が、2階の層間変形角となる。

層間変形角の制限値

木造の層間変形角の制限値は、震度6弱以下の中地震時では1/120ラジアン以下(令82条の2)、大地震時では1/30ラジアン以下(平12建告1457号)となるよう規定されている。しかし実大実験などによると、伝統的な構法でつくられた建物では、大地震時の層間変形角が1/10を超えても倒壊しないものがある。

大地震は建物が建っている間に1度あるかどうかという、ごく稀に起こる地震であるため、耐震設計の目標も「建物の損傷は免れないが人命と財産は守る」ことを主旨としている。言い換えれば、建物が大きく傾いても倒壊に至らないよう、柱が鉛直荷重を支えられればよいのである。そのためには、梁端部の仕口が抜けないように、しっかり接合されている必要がある。

層間変形角とは｜図1

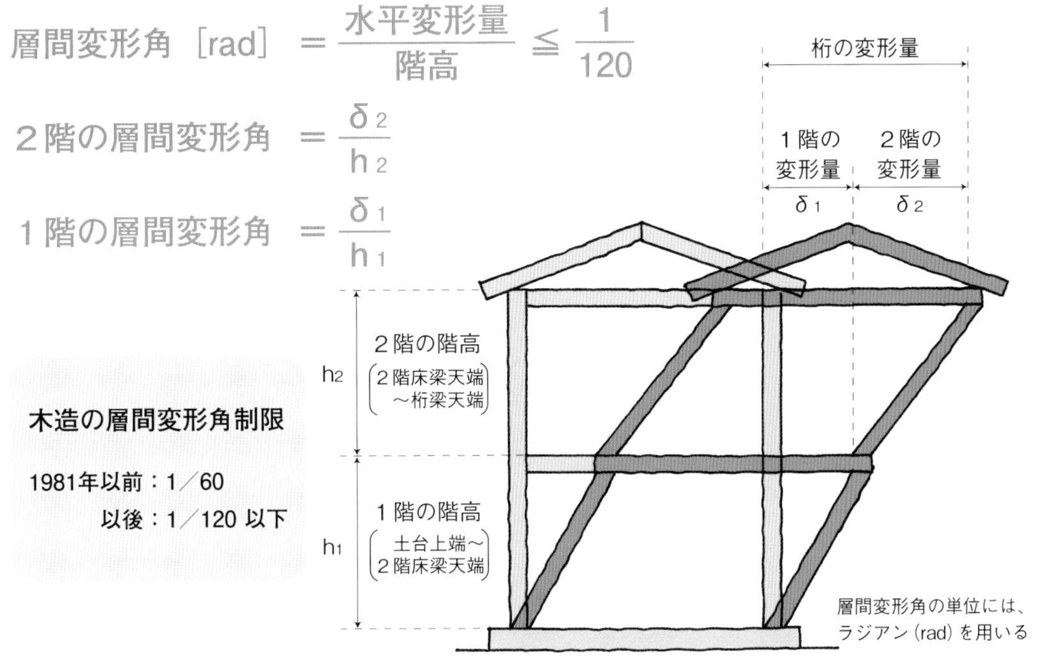

力と変形量の関係｜図2

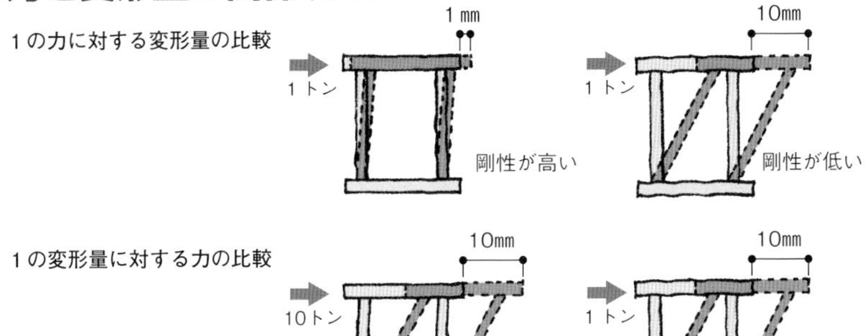

同じ力で押したときの変形量が異なった場合、変形の小さい軸組のほうが剛性は高い

逆に、同じ変形量に達するまでに要する力の大きさが大きい軸組のほうが剛性は高い

耐震設計の基本理念｜表

設計方針	木造の許容変形角
稀に生じる中小地震に対して、建物は損傷しない（1次設計）	1／120rad以下
ごく稀に生じる大地震に対して、建物の損傷は免れないが、倒壊せず人命と財産を守る（2次設計）	1／30rad以下

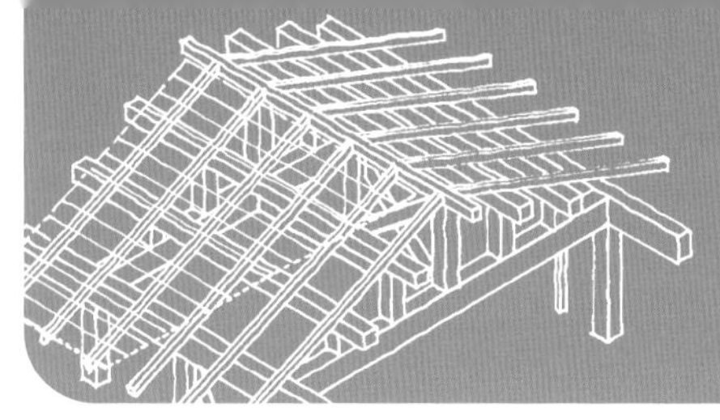

012
構造特性 ③

木構造とRC造・S造の違い

POINT
▶ 木造は接合部を有することで粘り強い構造体となる
▶ 建物重量が軽いので基礎は軽微となる

主な構造材料の特徴

建物の構造体を形成する材料はさまざまだが、代表的なものは、木、コンクリート、鉄の3つである。

木材は強度が低く、脆い壊れ方をする材料で、比重はとても軽い。

コンクリートは、セメントに砂利・砂・水などを混ぜて固めたもので、強度は高いが脆い壊れ方をする。特に、圧縮力に対しては強いが、引張力に対しては弱い。そして、比重は重い。

鉄は、強度が高く粘り強い材料である。しかし、比重がとても重いため、部材の厚みを薄くして軽量化を図り使用している。このように、構造用に成形された鉄材のことを鋼材という。

構造体としての特徴

建物の主な構造形式は、木造(W造)、鉄筋コンクリート造(RC造)、鉄骨造(S造)の3つである(図1〜3)。

木造は、長さ4m程度の木材どうしをかみ合わせて骨組みをつくる。個々の部材は脆いが、接合部を有することで非常に粘り強い構造体となる。建物重量は軽い。構造体の剛性が低いので、揺れやすく(ゆっくり揺れる)、柔らかい建物となる。

RC造は、コンクリートの中に補強鉄筋を入れて骨組みをつくる。鉄筋を組み立てたあとに型枠を組み、その中に液体状のコンクリートを流し込んで固めることで骨組みが一体化する。建物重量は重い。構造体の剛性が高いので、揺れにくく(小刻みに揺れる)、かたい建物となる。

S造は、H形やロ形の鋼材を組み合わせて骨組みをつくる。接合部は溶接かボルト接合で、どちらも構造体としての一体性は高い。建物重量はやや軽い。構造体は剛性・靭性ともに高いため、やや揺れやすい建物となる。

中地震時の層間変形角(28頁参照)の制限値は、木造は1／120だが、RC造・S造は1／200である。このことからも、木造の建物としての粘り強さがうかがえる。

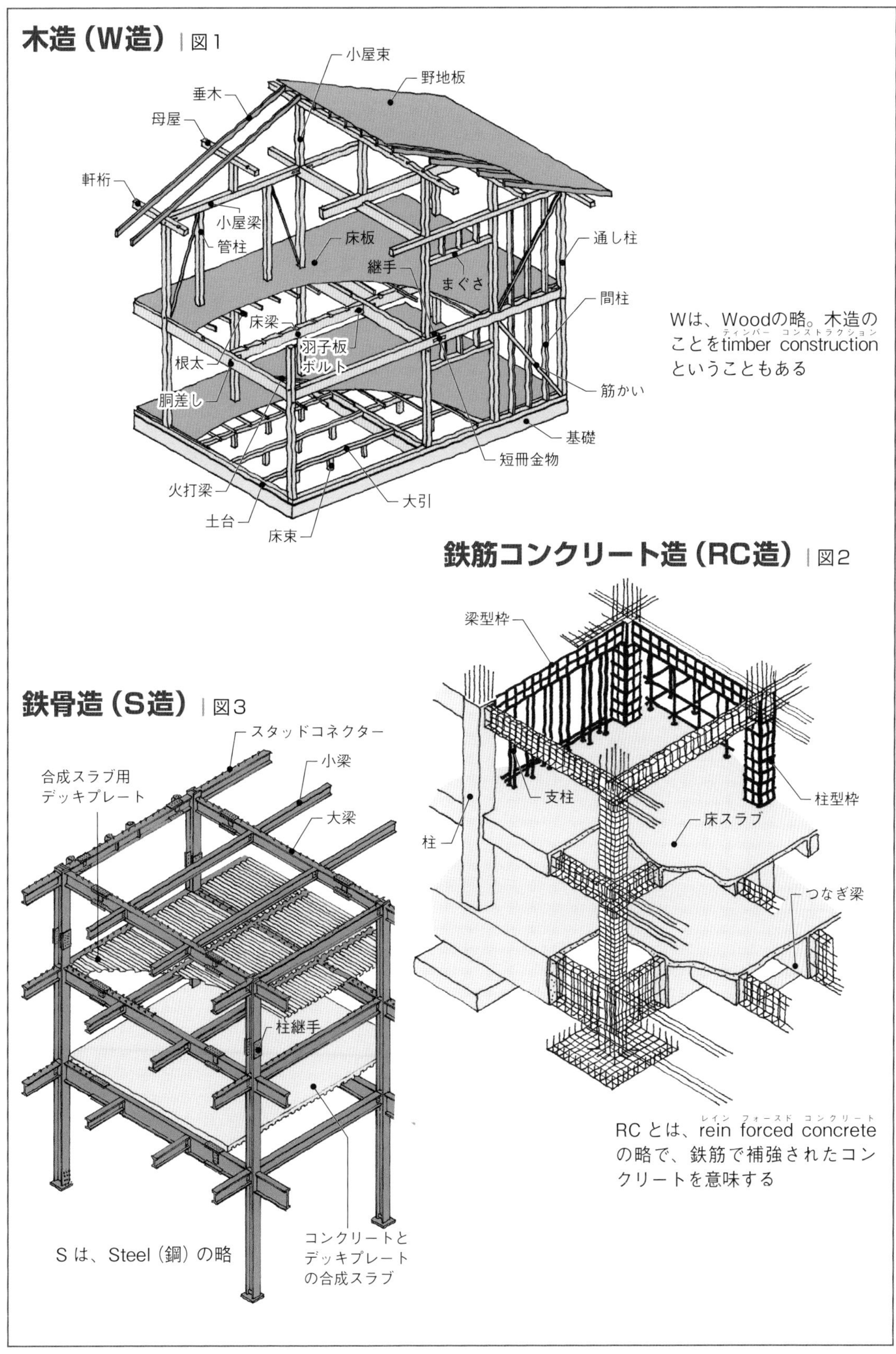
木造（W造）｜図1
小屋束
野地板
垂木
母屋
軒桁
小屋梁
管柱
床板
継手
まぐさ
通し柱
間柱
床梁
羽子板ボルト
根太
胴差し
筋かい
基礎
短冊金物
火打梁
大引
土台
床束
Wは、Woodの略。木造のことをtimber construction（ティンバー コンストラクション）ということもある
鉄筋コンクリート造（RC造）｜図2
梁型枠
支柱
柱型枠
床スラブ
柱
つなぎ梁
RCとは、rein forced concrete（レイン フォースド コンクリート）の略で、鉄筋で補強されたコンクリートを意味する
鉄骨造（S造）｜図3
スタッドコネクター
小梁
合成スラブ用デッキプレート
大梁
柱継手
Sは、Steel（鋼）の略
コンクリートとデッキプレートの合成スラブ

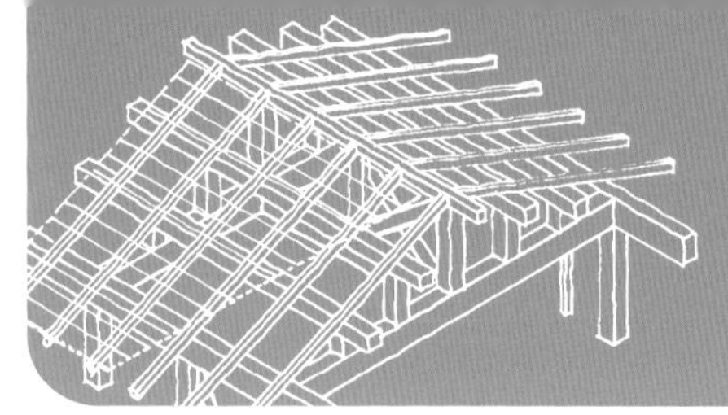

013
木材の種類 ①

樹種が変わると性質も変わる

POINT
- ▶ 樹種や部位による特徴の違いを把握する
- ▶ 使用目的に応じた適材の選択が大切

針葉樹と広葉樹

木材は大別すると、針葉樹と広葉樹に分けられる（図1）。

針葉樹は、木の繊維が真っすぐなものが多く、比較的軽量で加工しやすい。そのため、柱や梁といった構造材だけでなく、家具や建具をつくる造作材にも頻繁に用いられる。主な樹種は、スギ、ヒノキ、ツガなどである。

広葉樹は堅木ともいわれる。加工は容易ではないが、樹種が多く風合いも多様なため、主に造作材として使用される。ケヤキやクリは構造材としても使用されるが、主として、ダボ、車知、楔など、材と材を接合するための部材（接合具）に用いられることが多い。

部位別の呼び方

木材の断面には、①繊維方向、②半径方向（繊維と直角方向）、③年輪の接線方向の3方向がある（図2）。それぞれに呼び名があり、繊維と直角方向に切断した面を「木口面」、髄を通過するように縦に切断した面を「柾目面」、樹皮に近いところで縦に切断した面を「板目面」と呼ぶ。

木は生長していくにしたがい、中心部が赤や黒に変色する。この部分を心材と呼び、外側の変色していない部分は辺材と呼ばれる。強度は辺材部のほうが高いが、辺材部は生長するための栄養分や水分が豊富なため、シロアリや腐朽菌の被害を受けやすい。一方、心材部は腐朽菌や虫害に強い成分を多く含んでいる。

したがって、建物の土台や水廻りなどで使用する場合は、ヒバやヒノキなどの耐久性が高い樹種であっても、心材を用いる必要がある。

木造の建物に使用される主な樹種と、在来軸組構法における使用例は、表のとおりである。構造上は、材料の強度やヤング係数（26頁参照）に応じて断面を設計すれば、どの材料を使用してもよいが、実際には、乾燥後の木材の性質やコスト、流通事情、耐蟻・耐腐朽性なども考慮する必要がある。

針葉樹と広葉樹の比較｜図1

針葉樹は年輪がはっきりしているが、広葉樹は木口面で見られる「管孔」の現れ方によって、環孔材、散孔材、放射孔材の３タイプに分けられる

	針　葉　樹	広　葉　樹
幹の繊維	仮道管（早材は径が大きい。晩材は径が小さく、細胞壁が厚い） ↓ 年輪が明確	道管（水分通道）
幹の断面	年輪	散孔材（サクラ） 環孔材（ケヤキ、クリ、ヤチダモ）
心材と辺材	辺材（白太） 心材（赤身） 道管が辺材から心材に変化するとき、色素やリグニンが沈着して発色する	辺材（白太） 心材（赤身） 原木中の酵素が空気中の酸素に触れて発色する

木材の構成｜図2

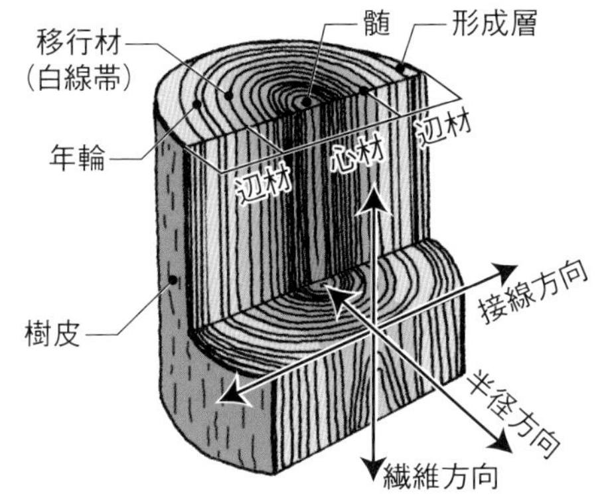

スギやヒノキのシロアリによる食害は、辺材部（白い部分）には見られるが、心材部（赤い部分）には見られない

樹種と使用に適する部位｜表

○：適す　△：部分的に適す

部位	針葉樹									広葉樹				
	国産材					輸入材								
	スギ	ヒノキ	アカマツ クロマツ	ヒバ	カラマツ	ベイヒ	ベイヒバ	ベイマツ	ベイツガ	ケヤキ	クリ	カシ	ナラ	ブナ
柱	○	○							○		△			
梁	○		○		○			○	○	△				
土台		○		○		○	○			○	○			
筋かい	○								○					
根太	○		○		○			○	○					
垂木	○		○		○			○	○					
野地、床	○	○△	○											
大引	○	○	○		○			○	○				○△	○△
火打梁 火打土台	○	○		○	○			○	○					
込栓類												○	○	○

ムク材以外の木質材料

POINT
▶ 木質材料は乾燥した小片木材を接着するため、寸法安定性が高く、性能のバラツキが少ない

代表的な木質材料

丸太を長方形や正方形の断面に切断すること、あるいは、その部材のことを製材という。丸太は、製材後の変形などを考慮しながら、使用部位に要求される性能に見合うよう切断していくが、板材や構造材に使える断面が取れるような丸太は、最低でも50年以上の年月をかけて育てなければならない。

そこで、間伐材などの小径材や廃材の有効利用を図るために、接着などの加工によってつくられる材料（木質材料）が開発されている。代表的なものには、構造用集成材、CLT（184頁参照）、構造用合板、LVL、OSB、MDFなどがある（図）。これらは、木材を裁断し、十分乾燥させてから接着していくため、性能のバラツキが小さく、収縮や反り・ねじれなどが生じにくい寸法安定性の高さが利点となる。

構造用集成材は、挽き板を積層接着して、自由な断面寸法や形状をつくることができ、柱、梁、アーチ材などに用いられる。

構造用合板は、単板を繊維方向が直交するように積層接着したパネルで、主に床、壁、屋根の下地材として用いられる。日本農林規格（JAS）に規格が定められている。

LVL（Laminated Veneer Lumber、単板積層材）は、薄い単板を繊維方向が平行になるように積層接着したもので、梁や根太、I形梁のフランジ材などに用いられる。

OSB（Oriented Strand Board、配向性ストランドボード）は北米で開発されたもので、ストランド状の削片を接着したパネルである。JASでは構造用パネルという名称で規格が定められており、床版や耐力壁（104頁参照）として使用される

MDF（Medium Density Fiberboard、中密度繊維板）は木材を繊維化して接着したもので、日本工業規格（JIS）に規格がある。主に内装材として使用されるが、耐力壁としても認められている。

代表的な木質材料と製造工程｜図

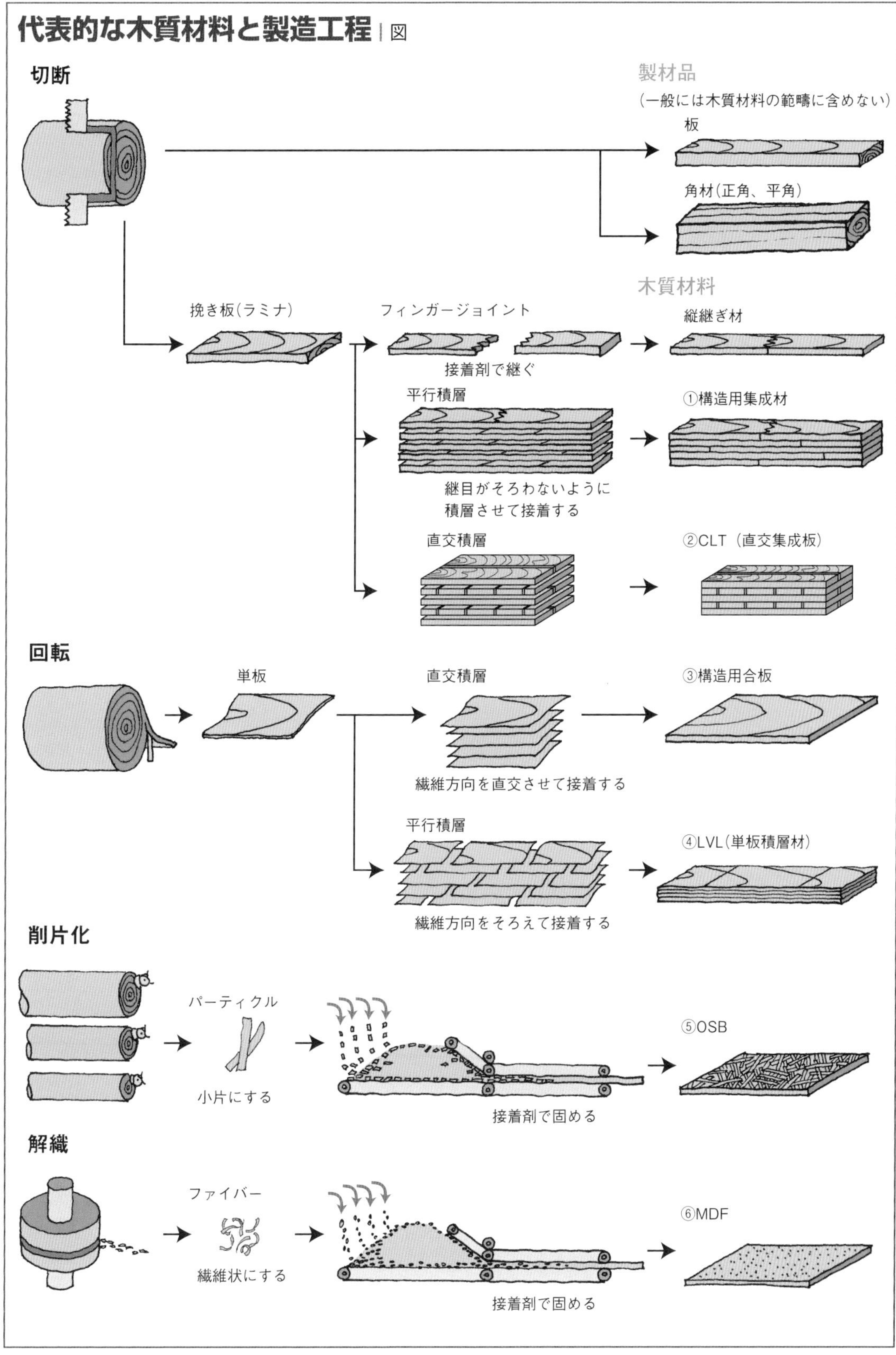
切断
製材品
（一般には木質材料の範疇に含めない）
板
角材（正角、平角）
木質材料
挽き板（ラミナ）
フィンガージョイント
接着剤で継ぐ
縦継ぎ材
平行積層
継目がそろわないように
積層させて接着する
①構造用集成材
直交積層
②CLT（直交集成板）
回転
単板
直交積層
繊維方向を直交させて接着する
③構造用合板
平行積層
繊維方向をそろえて接着する
④LVL（単板積層材）
削片化
パーティクル
小片にする
接着剤で固める
⑤OSB
解繊
ファイバー
繊維状にする
接着剤で固める
⑥MDF

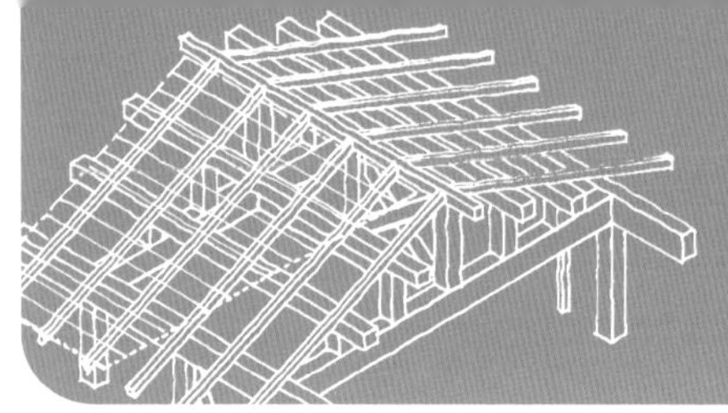

木材最大の特徴は異方性

POINT

▶ 木材は方向によって乾燥収縮と強度が異なる。方向性を理解して、その特徴を最大限活用しよう

異方性による収縮と強度

木材は工業材料である鋼材やコンクリートと違い、その方向によって特性が異なる。これは、木材が有する最大の特性で、「異方性」という。

32頁でも述べたように、木材には繊維、半径、接線の3方向がある。同一部材であっても、この方向によって乾燥収縮や強度・ヤング係数は異なる。

①乾燥収縮

乾燥収縮とは、木材が乾燥時に収縮する現象をいい、接線方向が最も収縮しやすい（図1）。したがって、b・fのような柾目板では、樹皮側の厚みが心側よりも薄くなる。また、dのように木表と木裏をもつ通常の板では、樹皮に近い木表側の収縮率が大きいため、木表側に反りが生じる。角材のときも同様に収縮する。

②強度

強度は、荷重のかかる方向が繊維に平行であるほど高く、直角方向は低い（図2）。ただし繊維に直角方向に圧縮したときは「めり込み」となるため、粘りのある破壊性状となる（20頁参照）。

繊維の方向と構造特性

異方性の実際について、木材に鉄板を差し込み、ボルト留めした接合部を例に考えてみたい（図3）。

①の鉄板を引張ると、ボルトは繊維に直角方向にめり込み、やがては木材がボルト部分から割り裂かれて破壊する。これは非常に脆い破壊性状である。

一方、③の鉄板を引張ると、ボルトは繊維方向にめり込んで、最後はボルト部分から木材が繊維方向に抜けて破壊する。このとき、ボルトから木材の端部までが短いと脆い破壊となるが、距離を十分に確保しておけば、木材特有の粘り強さを発揮する。

②の鉄板を引張ったときは、①と③の中間的な強さとなる。なお、図3における「繊維となす角度が90°」とは①の状態、「繊維となす角度が0°」とは③の状態を示している。

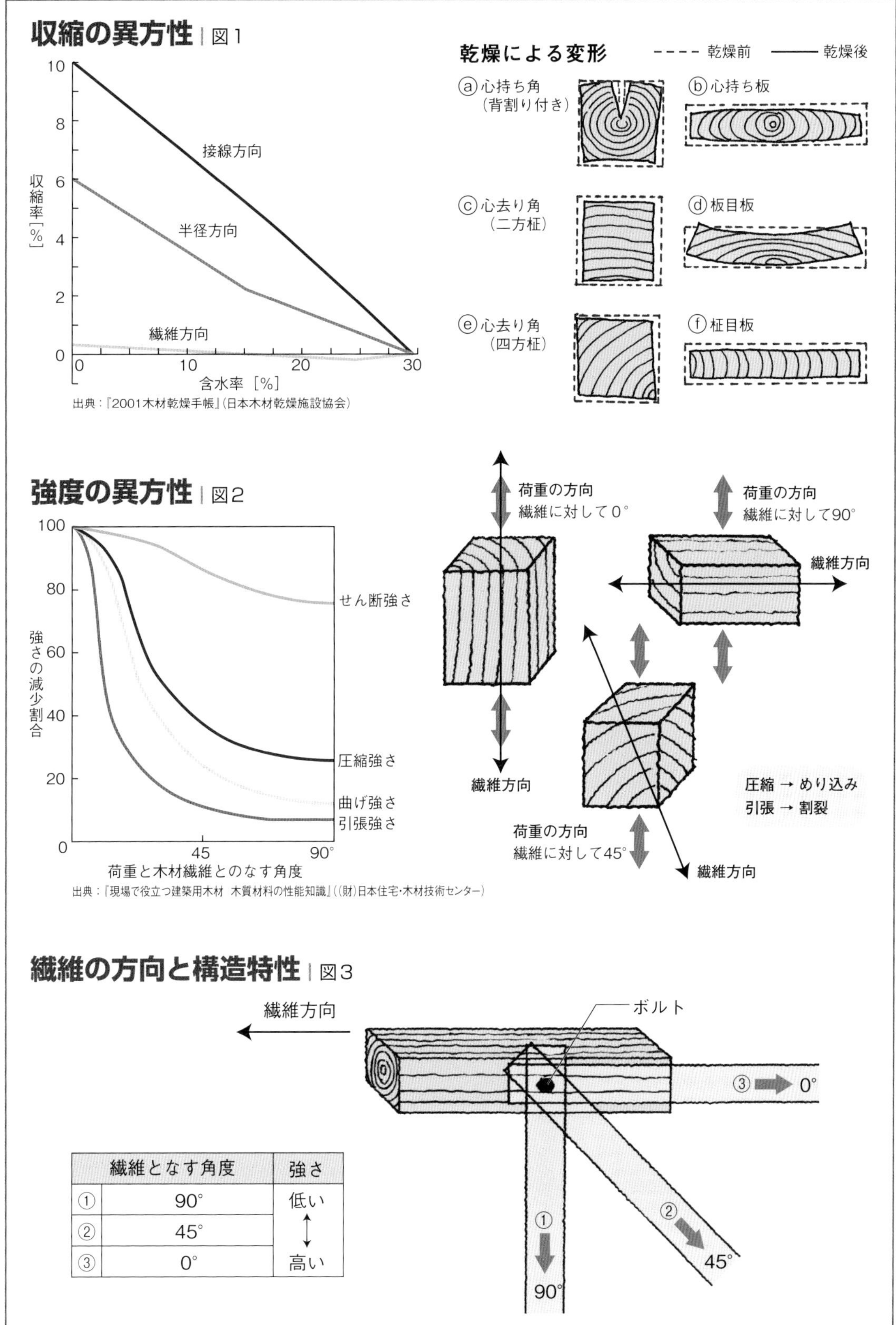
収縮の異方性 | 図1
10
8
6
4
2
0
収縮率［%］
接線方向
半径方向
繊維方向
0
10
20
30
含水率［%］
出典：『2001木材乾燥手帳』（日本木材乾燥施設協会）
乾燥による変形
乾燥前
乾燥後
ⓐ心持ち角（背割り付き）
ⓑ心持ち板
ⓒ心去り角（二方柾）
ⓓ板目板
ⓔ心去り角（四方柾）
ⓕ柾目板
強度の異方性 | 図2
100
80
60
40
20
0
強さの減少割合
せん断強さ
圧縮強さ
曲げ強さ
引張強さ
45
90°
荷重と木材繊維とのなす角度
出典：『現場で役立つ建築用木材 木質材料の性能知識』（(財)日本住宅・木材技術センター）
荷重の方向
繊維に対して0°
繊維方向
荷重の方向
繊維に対して90°
繊維方向
荷重の方向
繊維に対して45°
繊維方向
圧縮 → めり込み
引張 → 割裂
繊維の方向と構造特性 | 図3
繊維方向
ボルト
③ 0°
① 90°
② 45°

	繊維となす角度	強さ
①	90°	低い
②	45°	↕
③	0°	高い

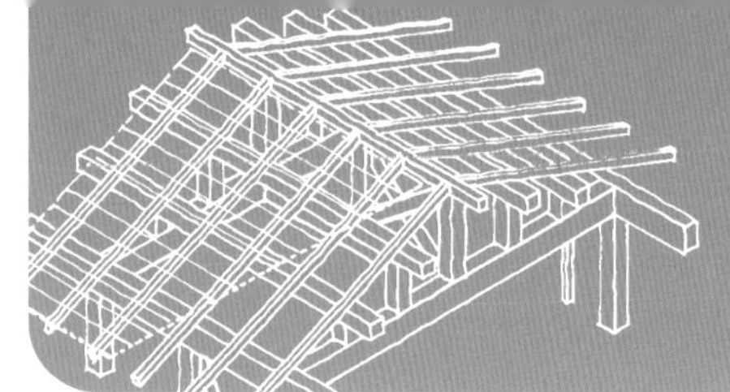

含水率とクリープ変形

POINT
- 含水率が高いと腐朽・蟻害や寸法安定性に影響する
- 未乾燥材はクリープ変形も大きくなる

含水率とは

含水率とは、木材そのものの重さに対する水分の比率をいう（図1）。木材中に含まれる水分には、個々の細胞の間を自由に動くことのできる「自由水」と、細胞壁中にある「結合水」の2種類がある。

そのうち、自由水の量は重量の増減に影響するだけだが、結合水の変化は体積の増減や木材の性質に大きな影響を及ぼす。ちなみに、自由水がなくなり、結合水で細胞が飽和している状態を「繊維飽和点」、完全に水分がなくなった状態を「全乾状態」という。

また、木材は長期間放置しておくと、外気の湿度に対応して、内部の水分を放出したり吸収したりして平衡状態を保とうとする。このときの含水率を「平衡含水率」といい、日本では樹種にかかわらず15％前後の値を示す。

木材を使用する際は十分に乾燥した材（乾燥材）を使用するのが望ましいが、その理由は以下のとおりである。

①腐朽を防ぐ
②シロアリによる食害を防ぐ
③狂い・割れを少なくする
④クリープ変形を少なくする

このうち、①と②は断面欠損の防止を、③と④は寸法安定性の確保を主な目的としている。

クリープ変形とは

木材に長期間一定の荷重が作用したとき、たわみが徐々に増加する現象をクリープという（図2）。クリープ変形、クリープ現象などと呼ぶこともある。木材の場合、施工時の含水率と、使用個所における温湿度がクリープに影響を与える。たとえば、図3はベイマツの未乾燥材と乾燥材によるクリープの試験結果であるが、初期変形1に対して、乾燥材は2～2.5倍、未乾燥材は3.5～4倍弱にもなることが分かる。

なお、建築基準法では、木造の長期荷重による変形の増大係数を2として設計を行うよう規定している（平12建告1459号）。

含水率｜図1

①含水率とは

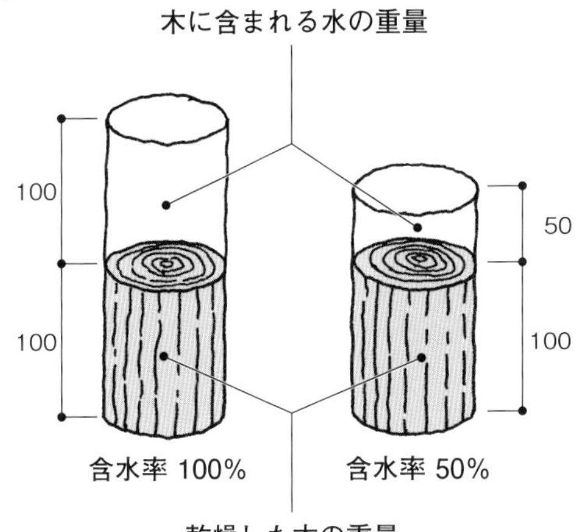

②含水率と木の性質の関係

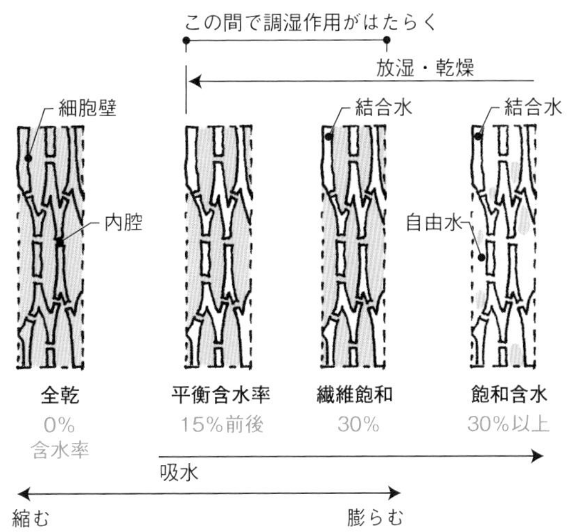

クリープ現象｜図2

同じ荷重でも長期間作用すると、たわみが進行することをクリープ現象という

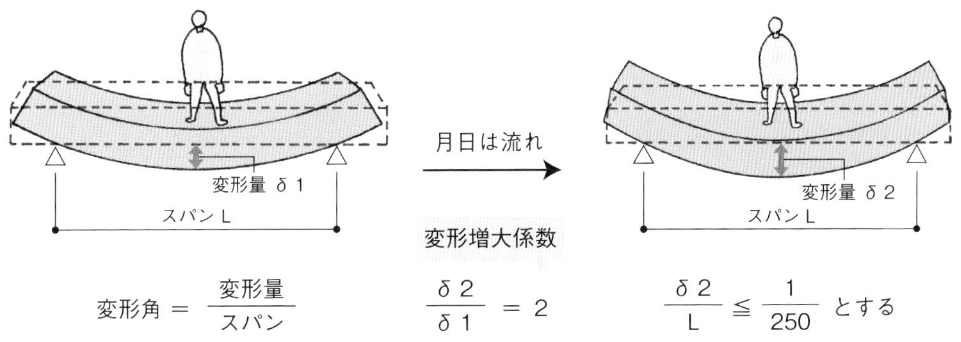

$$変形角 = \frac{変形量}{スパン} \qquad \frac{\delta 2}{\delta 1} = 2 \qquad \frac{\delta 2}{L} \leqq \frac{1}{250} とする$$

乾燥材と未乾燥材のクリープ試験結果｜図3

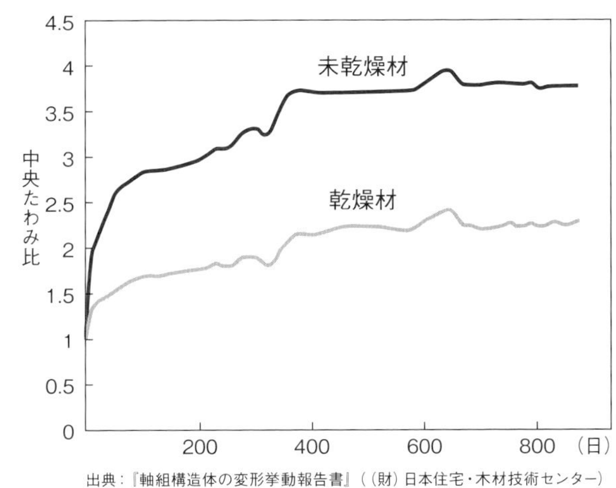

出典：『軸組構造体の変形挙動報告書』（（財）日本住宅・木材技術センター）

初期変形が1のときのクリープ変形は乾燥材なら約2倍、未乾燥材だと3.5倍になっている。このグラフから、木材は乾燥させたほうがクリープ変形は小さくなることが分かる。

もし、やむを得ず未乾燥材を使う場合は、断面を大きくして、初期変形を小さくしておくとよい。そうすればクリープ変形量も小さな値となる。

たとえば、初期変形を0.5としておけば、クリープ変形は0.5×3.5＝1.75となり、乾燥材と同等の変形量で済む。ただし、このときは乾燥収縮に対応できるような接合方法と仕上げとすることが重要になる

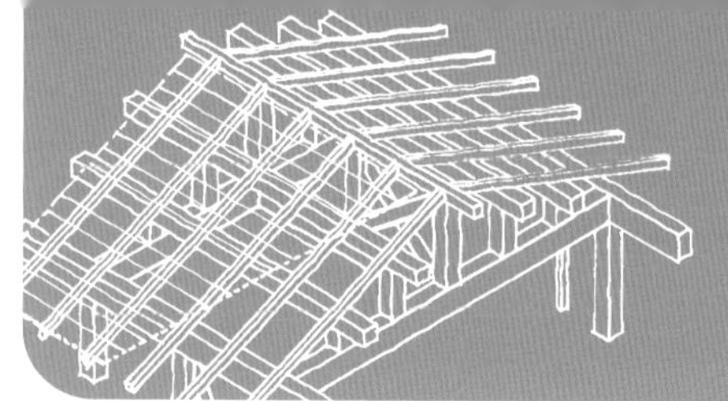

017
木材の特性 ③

乾燥方法の違いによる構造特性

POINT
▶ 木材の乾燥には自然乾燥と人工乾燥がある
▶ 人工乾燥材の良否には乾燥温度と湿度調整が影響

2種類の乾燥方法

木材を乾燥させるには、自然乾燥と人工乾燥の2つの方法がある。

自然乾燥は、丸太から大きめに製材した部材を積み上げて、風通しのよい場所に置き、6カ月程度時間をかけてゆっくり乾燥させる方法で、天然乾燥ともいう。自然乾燥は、表面が乾燥したあとに内部の水分が抜け出すため、表面に干割れが発生する（図1①）。また、断面が大きくなると心部まで乾燥させることが難しくなるため、あらかじめ背割り（62頁参照）を設けることがある（図1②）。なお、乾燥後の含水率は20～25％程度である。

一方、人工乾燥は、人工的に熱を加えて温度や湿度を調整しながら木材を乾燥させるもので、さまざまな方法が開発されている。乾燥までには1週間から1カ月程度を要する。

人工乾燥は乾燥温度により、高温乾燥（100℃以上）、中温乾燥（約80℃）、低温乾燥（50℃以下）などと呼ばれ、温度が高いほど早く乾燥する（温度はおおよその目安）。

高温乾燥を行った木材は、表面の割れはないが、内部に割れが生じやすい（図1③）。木材を高温で熱すると、表面は水分が抜けたあと収縮して固まる性質がある。そのあとで、内部の水分が抜けていくのだが、断面の外形は拘束されていて体積変化ができないため、内部に割れが生じるのである。

構造特性上、高温乾燥材は表面が固まっているため、自然乾燥材より強度が高くなる傾向がある。しかし、場合によっては不安定な破壊をして、自然乾燥材より低い耐力を示すこともある（写真）。近年は施工の合理化から、木材をあまり加工しないで金物で接合することも少なくないが、伝統的な仕口・継手は木材を切り欠いてかみ合わせる接合形式が多いため、内部割れが生じた部分に力が作用すると本来の力を発揮できないのである。

なお、自然乾燥材の干割れは、貫通割れでない限り、強度には影響しない。

各種乾燥法とその特徴（乾燥材の断面比較）｜図1

①自然乾燥

材面に割れが発生する

②背割り

背割り以外の３面には割れなし

③高温乾燥

内部に割れが発生する。
材面は割れなし

スギ心持ち柱材のための各種乾燥法の比較｜表

乾燥方法	温度(℃)	特徴・問題点	乾燥日数(日)
自然乾燥	常温	広い土地と資金が必要、割れ防止は困難	150
除湿乾燥（低温）	35−50	扱いが簡便、長い時間がかかる	28
蒸気式乾燥（中温）	70−80	標準的方法、各種燃料が利用できる。さらに時間短縮が必要	14
蒸気式乾燥（高温）	100−120	乾燥が速い、設備の耐久性に不安がある。内部割れや材色変化が生じやすい	5
燻煙乾燥	60−90	残廃材が利用できる、燃料費が安い、品質管理が難しい、設置場所が限定される	14
高周波・熱風複合乾燥	80−90	乾燥が速い、含水率が均一に仕上がる、一定規模以上でなければ設備費が割高になる	3
蒸煮・減圧前処理 →自然乾燥 →蒸気式仕上げ乾燥	120 10−30 70−80	設備の回転が速い、割れ防止効果がある、屋外放置の時間が長い、材のストックが多く必要	0.5 30 4
自然乾燥 →高周波加熱・減圧乾燥 →自然乾燥	10−30 50−60 10−30	人工乾燥処理が１日で済む、材色がきれい、操作が自動化できる、乾燥処理量が多くないと採算性が悪い、材のストックが多く必要	10 1 10

対象材：スギ心持ち柱、仕上げ寸法105㎜角、背割りなし、仕上げ含水率：20％以下　乾燥日数：概略値

出典：『木材工業.51』（森林総合研究所・久田卓興氏）

梁材の曲げ性能概念図｜図2

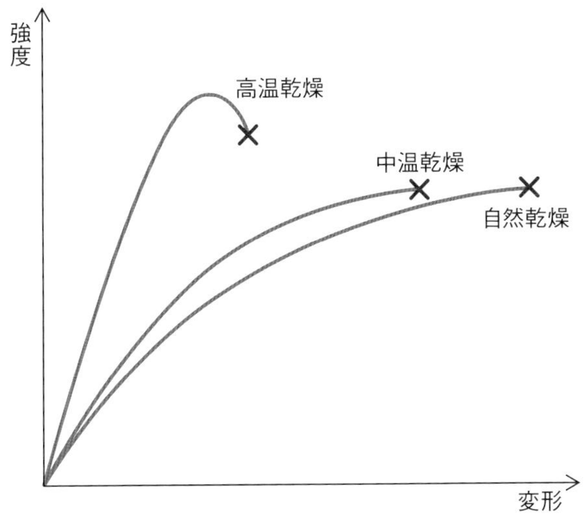

乾燥の違いによるホゾの破壊性状

高温乾燥材は繊維とは関係なく割れる

自然乾燥材は繊維に沿って割れる

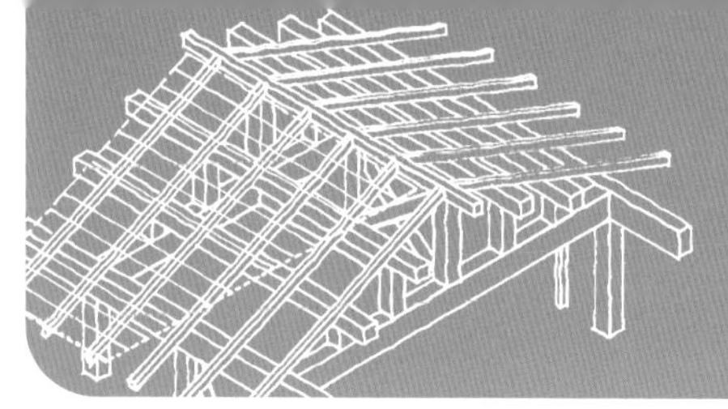

018
木材の特性 ④

欠点と強度への影響

POINT

▶ 大きな力がはたらく場所に節、切欠き・割れ、目切れなどの欠点があると、強度が著しく低下する

代表的な3つの欠点

構造的に問題となる木材の主な欠点は、①節（ふし）、②切欠き・割れ、③目切れ、の3つである。これらの欠点が大きな力の作用する部位にあると、構造上の強度が低下する。

たとえば、梁の中央部には大きな曲げの力が生じるが、この部分を詳細に見てみると、梁の上端には圧縮応力が、下側には引張応力が生じている（20頁参照）。この引張応力が生じる範囲に節があれば、節の部分から割れて破壊する（図1①）。切欠きがある場合にも、その部分から割り裂かれる（図1②）。同様に、目切れがある場合も、そこから割れやすくなる（図1③）。なお、目切れとは、梁を側面から見たとき、横に走っている年輪の筋（繊維）が途切れている部分のことである。

梁の支持点にも大きな力がはたらくため、そこに切欠きがあると割り裂き破壊が生じやすくなる（図1④）。

ところで、実際の建物では、小梁を受ける梁には切欠きが設けられる。そこで、この梁に曲げの力が作用したときの性状を実験で確かめてみた。

すると、図2①のように梁の上端を欠損させたときは、残りの断面が小さいために、圧縮力により梁の上端が潰れ、また強度も著しく低下した。しかし、欠損部分に直交梁を入れると、圧縮に抵抗する断面が確保されているため、強度低下は小さくなった（図2②）。ただし、同じせいの梁を受ける場合は、受け梁の残り寸法に注意が必要なときがある（70頁参照）。

問題となる節、ならない節

節は、もともと枝が取り付いていた部分に見られる。節の目が詰まっているものは「生節（いきぶし）」といい、構造的にはほとんど問題がない（大きさや数にもよる）。しかし、空洞になった節は「死節（しにぶし）」といい、樹木の生長過程で枝が枯れ落ちてできたものである。これは構造的には欠損として扱われ、強度低下の原因ともなる。

木材の欠点による梁の壊れ方 | 図1

①梁中央部下端の節

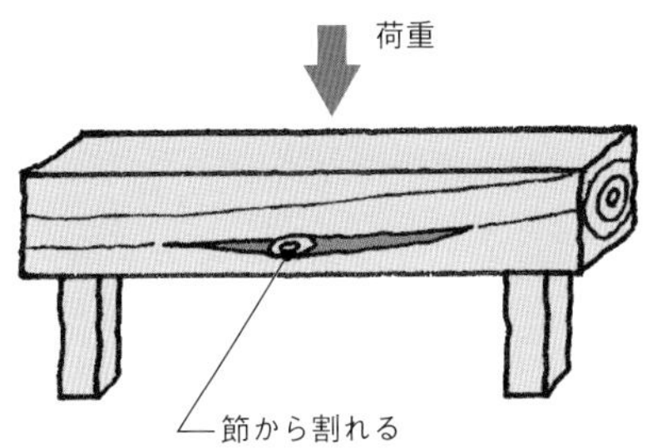

②梁中央部下端の切欠き

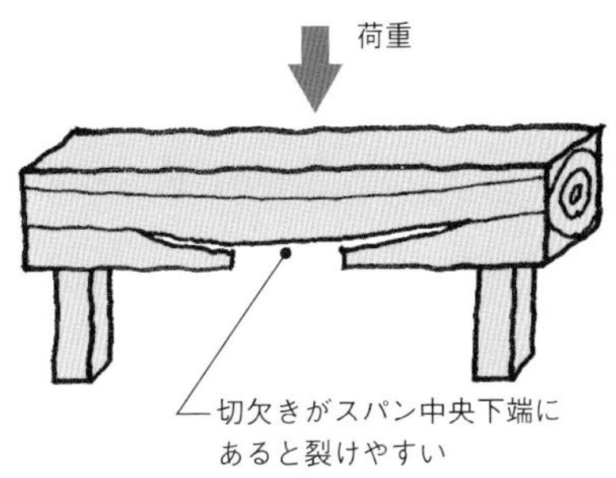

③梁中央部下端の目切れ

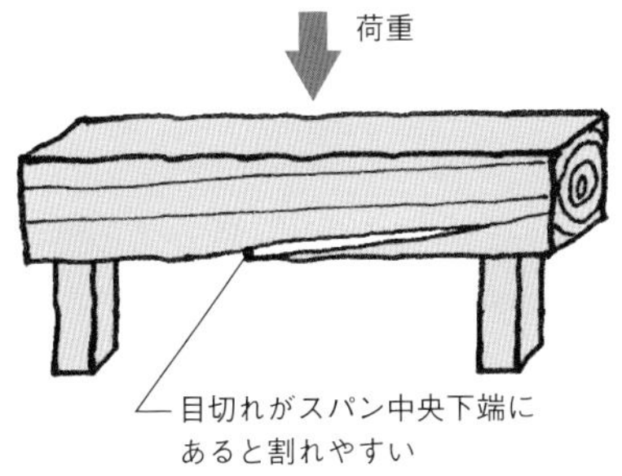

④支持点付近の切欠き

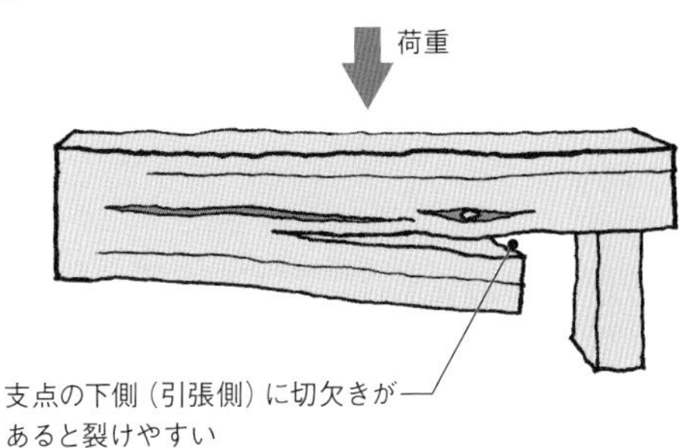

梁の切欠きに関する実験 | 図2

①上端に欠損（切欠き）のみ

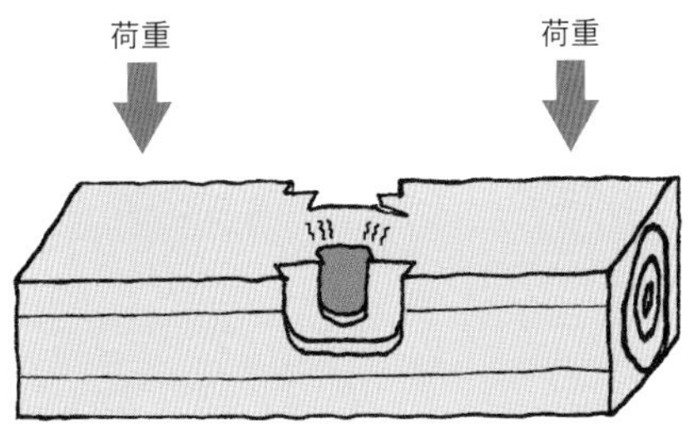

上側の残りの断面が著しく小さいため、圧縮破壊を生じる

②上端に直交梁を入れる

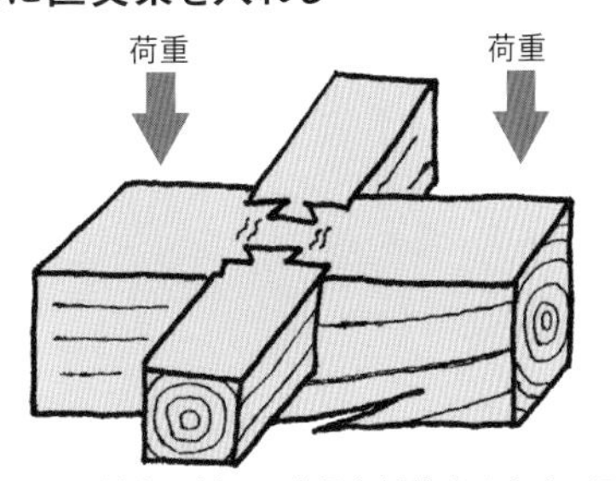

上端に生じる圧縮力に対して小梁も抵抗するため、圧壊しない。最終的には下側の引張破壊で耐力が決定した

節の種類 | 図3

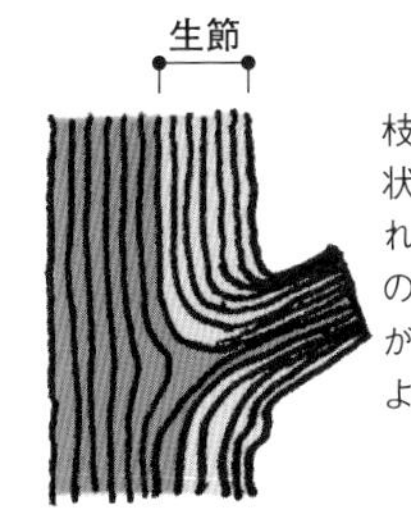

枝が生きている状態で巻き込まれたもの。周囲の組織と連続性があり、色艶がよい

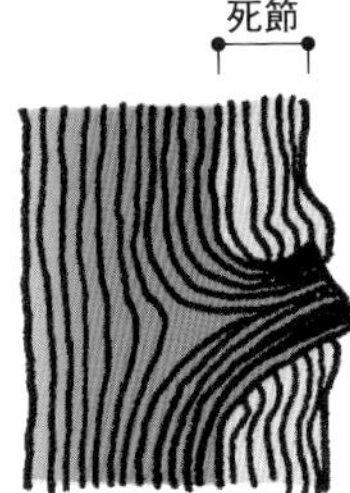

枝が枯れてから巻き込まれたもの。周囲の組織と分断され、黒色に近い。容易に抜け落ちる

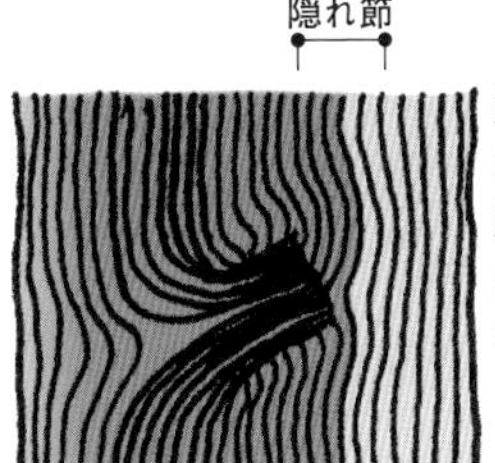

節が樹幹の内側に隠れているもの。節を巻き込む年輪が盛り上がり、乱れている

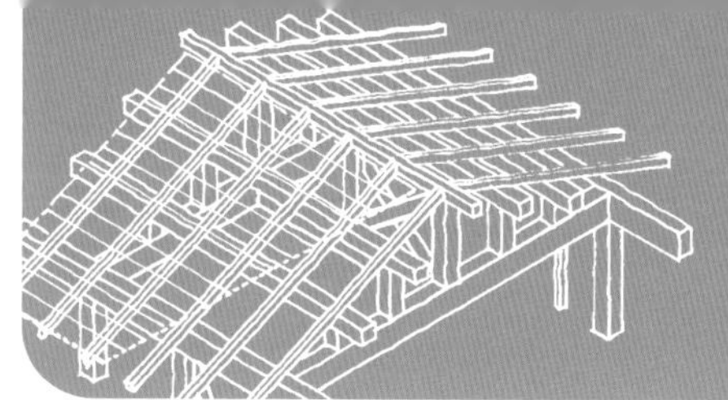

JASによる等級区分

POINT

▶構造用製材のJAS規格は、目視等級と機械等級の2種類。用途に応じて欠点の制限を行っている

製材にはJAS規格（2007年8月改定）が定められているが、そこには、①造作用製材、②目視等級区分構造用製材、③機械等級区分構造用製材、④下地用製材、⑤広葉樹製材の5規格がある。このうち、建築物の主要構造部分に使用される製材には、②と③が該当する。

目視等級区分

目視等級区分構造用製材とは、節、丸身などの欠点を目視により等級分けするもので、構造的に要求される性能に応じて3タイプに区分している（表）。

主として高い曲げ性能を必要とする部分に使用するもの（梁・横架材）を甲種構造材、主として圧縮性能を必要とする部分に使用するもの（柱）を乙種構造材とし、甲種構造材については、断面の大きさによって甲種Ⅰと甲種Ⅱの2種類に区分している。ちなみに、甲種Ⅱとは、木口（こぐち）短辺が36㎜以上かつ長辺が90㎜以上の材をいい、それ未満の小断面材はⅠとなる。

機械等級区分

機械等級区分構造用製材とは、人工乾燥処理材のヤング係数を測定して、その値により等級分けを行うもので、E50から20刻みでE150まである。そのほかに、節、集中節、丸身、貫通割れ、目まわり、腐朽などの欠点や、保存処理、含水率、寸法誤差、表示項目なども規定されている。さらに、従来は造作用製材で定められていた材面の美観の表示（四方無節、上小節など）も、構造用製材に適用されている。

人工乾燥材の含水率は、仕上材は15％以下（SD15）と20％以下（SD20）、未仕上材はD15、D20、D25（25％以下）に区分される。天然乾燥処理材の含水率は30％以下である。

実際の建物は、必ずしもJAS規格品である必要はないが、大きな力を受ける材についてはこれに準じた品質管理を行いたい。また、木材は目視により使い分ける能力も必要である。

JAS による「目視等級区分構造用製材」の規格 | 表

乙種構造材（柱対応）の材面の品質基準

区分		基準 1級	基準 2級	基準 3級	備考
節		径比が30%以下（円柱類は26%以下）	径比が40%以下（円柱類は35%以下）	径比が70%以下（円柱類は62%以下）	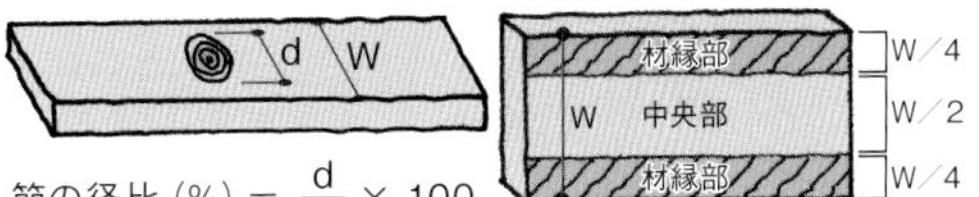 節の径比（%）＝ $\frac{d}{W}\times 100$
集中節		径比が45%以下（円柱類は39%以下）	径比が60%以下（円柱類は53%以下）	径比が90%以下（円柱類は79%以下）	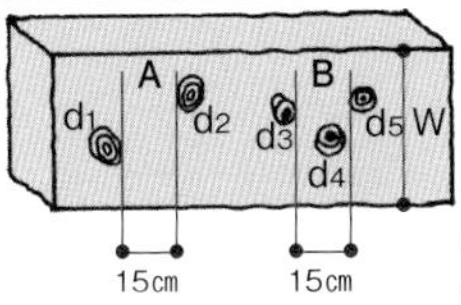 Aの集中節径比＝ $\frac{d_1+d_2}{W}\times100$ Bの集中節径比＝ $\frac{d_3+d_4+d_5}{W}\times100$ 15cm区間にかかわるすべての節を集中節とし、AとBのいずれか大きいほうを集中径比とする
丸身（円柱類を除く）		10%以下	20%以下	30%以下	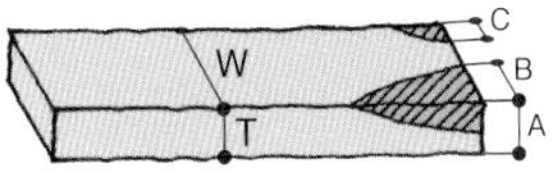 短辺の丸身 $m_T=\frac{A}{T}\times100$ 長辺の丸身 $m_W=\frac{B+C}{W}\times100$ 丸身（%）＝max（m_T,m_W）
貫通割れ	木口	木口の長辺寸法以下	木口の長辺寸法の1.5倍以下	木口の長辺寸法の2.0倍以下	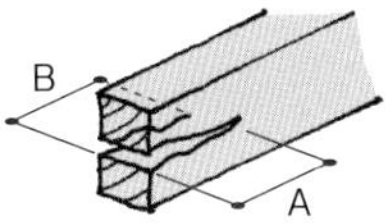 A、B ＝ 割れの長さ 割れの長さ ＝ $\frac{A+B}{2}$ 両木口にあるものについては、両木口の最長のものの長さの合計とする
貫通割れ	材面	ないこと	材長の1／6以下	材長の1／3以下	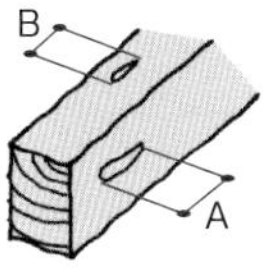 A、B ＝ 割れの長さ 割れの長さ ＝ $\frac{A+B}{2}$ 同一材面に2個以上の貫通割れがある場合には、最も長いものの長さを測定する
目まわり		木口の短辺寸法の1／2以下	同左	―	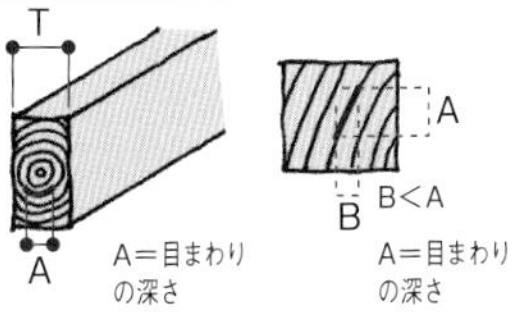 基準では、1級、2級に限り木口面における短辺の長さの1／2以下の深さとし、3級は制限しない。ただし、両端に存する場合は各端における最も深いものの合計とする
繊維走向の傾斜比		1：12以下	1：8以下	1：6以下	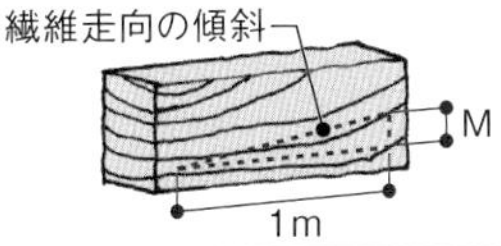 材長方向1m当たりにおける繊維走向傾斜の最大高さの比とする
腐朽	程度の軽い腐れの面積	ないこと	存する材面の10%以下	存する材面の30%以下	―
腐朽	程度の重い腐れの面積	ないこと	ないこと	存する材面の10%以下	
曲がり（たいこ材を除く）		0.2%以下（仕上材は0.1%以下）	0.5%以下（仕上材は0.2%以下）	同左	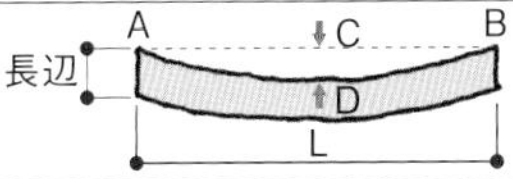 曲がり（%）＝ $\frac{CD}{AB}\times100$ CD：最大矢高
狂いおよびその他の欠点		軽微なこと	顕著でないこと	利用上支障のないこと	―

上記のほかに、平均年輪幅の規定もある
目視等級区分構造用製材の等級は★印で表記し、最も品質の高い1級は★★★となる

JASによる寸法規格

POINT
▶ 構造材の断面形状は90㎜以上で1寸（約30㎜）刻み。長さは柱：3m、6m、梁：4mが基本

製材の寸法と表現方法

JASでは、構造用製材の標準寸法を表のように規定している。

木材の断面寸法は、わが国で伝統的に使われてきた尺・寸・分がもとになっている。梁や柱は短辺（幅）が90㎜以上で、長辺（せい）は1寸（約30㎜）刻みに増える。根太や垂木、筋かい、貫などの厚みは15㎜以上で、1分（約3㎜）刻みとなっている。JASには390㎜まで規格があるが、木材の流通事情を考えると360㎜を限度とし、設計上は極力300㎜以下となるように工夫したほうが現実的である。

75㎜以上の正方形断面は正角、長方形断面は平角と呼ばれる。断面形の表示方法は、構造設計者の場合、柱なら平面のX方向をB、Y方向をD、梁なら水平方向を梁幅B、鉛直方向を梁せいDとして、「B×D」という順で表現する。

設計者によっては、立面的に見たときの「見付け×奥行き」というふうに、構造とは逆の表記をする例もあるため、断面方向には注意が必要である。

丸太の寸法と表現方法

丸太の側面のみを切り落とし、上端と下端は丸太のままとしたものは、太鼓梁、太鼓落しと呼ばれる。これは、小屋組などで木材の曲がりを利用した木組みを見せるときなどに使用される。

丸太材や太鼓梁の断面は、末口180φというように表示する。樹木の根っこ側を元口、先端側を末口という。末口のほうが元口よりも径が細いので、これは断面の最低寸法を指定していることになる。

長さは1m刻みを基本とし、梁材は4mが最も多い。これは一般的な木造住宅の間取りを考慮して、2間（3.64m）まで対応できるようにしたものである。一方、柱は木造住宅の標準的な階高2.7mを考慮して、管柱（58頁参照）用は3m、通し柱用は6mに製材されることが多い。6mを超えると特注になる。

JASによる構造用製材の標準寸法 | 図

①角材

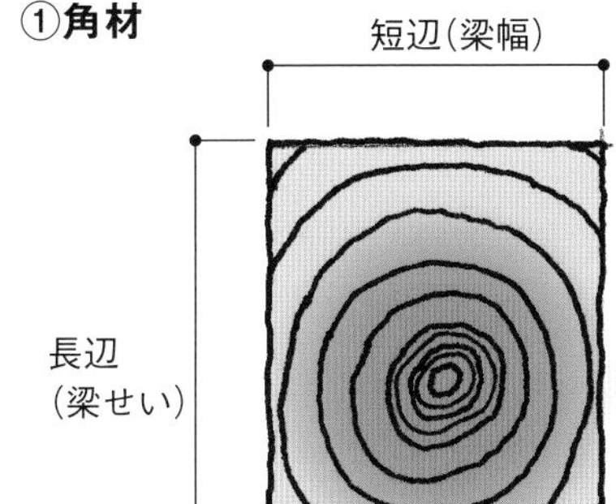

②太鼓梁（太鼓落し）

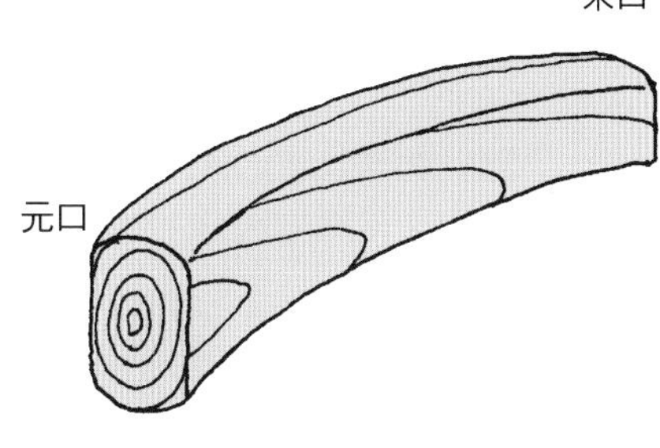

太鼓梁や丸太梁は末口の直径を指定する。太鼓材の長辺とは、末口の直線2辺の短いほうとする

構造用製材の標準寸法 | 表

単位：mm

木口の短辺	木口の長辺																						
15									90		105	120											
18									90		105	120											
21									90		105	120											
24									90		105	120											
27			45		60		75		90		105	120											
30		39	45		60		75		90		105	120											
36	36	39	45		60	66	75		90		105	120											
39		39	45		60		75		90		105	120											
45			45	55	60		75		90		105	120											
60					60		75		90		105	120											
75							75		90		105	120											
80								80	90		105	120											
90									90		105	120	135	150	180		210	240	270	300	330	360	
100										100	105	120	135	150	180		210	240	270	300	330	360	390
105											105	120	135	150	180		210	240	270	300	330	360	390
120												120	135	150	180		210	240	270	300	330	360	390
135													135	150	180		210	240	270	300	330	360	390
150														150	180		210	240	270	300	330	360	390
180															180		210	240	270	300	330	360	390
200																200	210	240	270	300	330	360	390
210																	210	240	270	300	330	360	390
240																		240	270	300	330	360	390
270																			270	300	330	360	390
300																				300	330	360	390

目視等級区分
構造用製材の表示寸法との許容誤差（単位：mm）

木口寸法			辺長<75	75≦辺長<105	105≦辺長
人工乾燥材	仕上材	SD20	−0 ～+1.5	−0 ～+2.0	−0 ～+2.0
		SD15	−0.5 ～+1.5	−0.5 ～+2.0	−0.5 ～+2.0
	未仕上材		−0 ～+1.5	−0 ～+2.0	−0 ～+5.0
人工乾燥未処理材			−0 ～+2.0	−0 ～+3.0	−0 ～+5.0

材長は−0以上とする（+制限はなし）

燃えしろ設計

燃えしろ設計の例

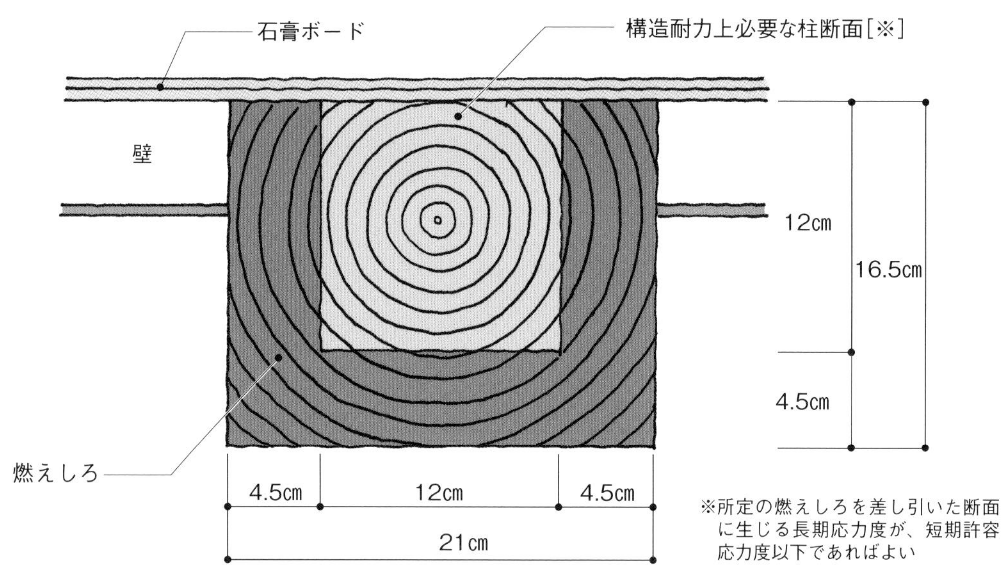

※所定の燃えしろを差し引いた断面に生じる長期応力度が、短期許容応力度以下であればよい

柱・梁の燃えしろ一覧

耐火構造種別	関係法令	集成材・LVL・CLT	製材
大規模木造建築物（30分）	昭62建告1901・1902号	2.5cm	3.0cm
準耐火構造（45分）	平12建告1358号	3.5cm	4.5cm
1時間準耐火構造（60分）	令元国交告195号	4.5cm	6.0cm
75分準耐火構造（75分）	令元国交告193号	6.5cm（8.5cm）	―

・75分準耐火構造の燃えしろは、接着剤がフェノール樹脂などの場合を示し、カッコ内はフェノール樹脂以外の場合を示す。また、燃えしろを差し引いた残りの断面の小径は200㎜以上とする

・令和元年6月25日施行された法21条第1項の改正では、建築物全体の耐火性能を高めることで、構造用部材の木材を露しにすることができる範囲を拡大した。高さ16m超または4階建て以上の建物で、燃えしろ設計と消火設備設計において一定の基準を満たす事務所、劇場、ホテル、共同住宅などを、燃えしろ設計で建築可能とした。具体的な仕様は令元国交告193号に定められており、主要構造部と接着剤の種別に応じて規定している

燃えしろを考慮して断面を割り増す

木材は鋼材に比べて火災時の加熱による強度低下が緩やかで、燃えると表面に炭化層をつくり、酸素の供給を絶ってそれ以上の炭化を遅らせる性質がある。また、火災発生後も骨組みを維持し続け、避難する時間をかせぐことができる。この性質に着目して部材断面を割り増す考え方が、燃えしろ設計である。

燃えしろ設計は、燃え止まりを確認していないため、火災が終了するまで耐えなければならない耐火建築物や耐火構造には適用できないが、準耐火構造には適用できる。たとえば、準耐火構造の建築物で、部材の3面が露出した柱がある場合、上表より、準耐火構造での製材の燃えしろ寸法は45㎜となっているので、3面それぞれにこの寸法を差し引いた残りの断面に対して生ずる長期応力度が、短期の許容応力度以下であることを確認する。

02
基本は軸組と接合部

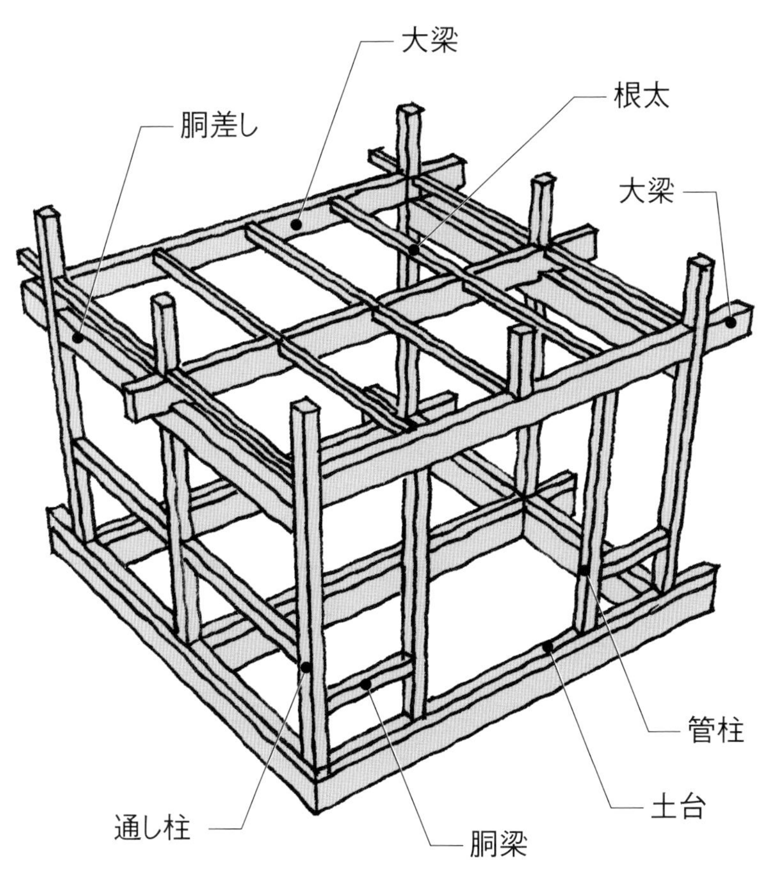

柱・横架材の役割

POINT
▶ 軸組は建物を支える骨組み。柱と梁で構成される
▶ 水平荷重時は引張接合に注意する

軸組とは、建物を形づくるうえで基本となる骨組みのことで、主に柱と梁を組んで構成される。

柱の役割

柱の主な役割は、常時作用している鉛直荷重を支持することである（図1①）。このとき、柱の長さに対して断面が小さいと、重い荷重がかかったときに折れやすい。したがって、大きな力を支えるときは断面を大きくすればよいといえる。

次に重要な役割は、水平荷重時に耐力壁の外周枠に生じる圧縮力や引張力に抵抗することである（図1②）。

柱はこのような鉛直荷重や引抜力を円滑に伝達できるように配置・接合することが重要で、階の上下で連続していることが望ましい。特に引張力に対しては、横架材との接合部の「離れ」に注意が必要である。

なお、柱の水平抵抗力は、社寺仏閣のように直径240㎜以上の太い柱に重い鉛直荷重が作用し、かつ、太い貫（差鴨居・長押など）でつながれていないと、ほとんど期待できないことに注意したい（58頁参照）。

横架材の役割

横架材の主な役割は、床や屋根から伝わってきた鉛直荷重を支え、柱へ伝達することである（図2①）。

木造の場合は、木材のヤング係数が低く、含水率の影響もあって、たわみやすい（38頁参照）。たわみは、雨漏りや床鳴り、建具の開閉など、居住性に大きな影響を及ぼすため、設計時の十分な検討を必要とする。

また、端部の支持点においては、力の伝達に支障が生じないように、接合形状に注意するほか、抜け出しを防止する必要がある（70頁参照）。

水平力に対しては、耐力壁および水平構面の外周枠に生じる引張力や圧縮力に抵抗する役割がある（図2②）。特に引張力に対しては、継手や柱との仕口が外れないように接合する必要がある。

柱の役割 | 図1

①建物の重量を支える

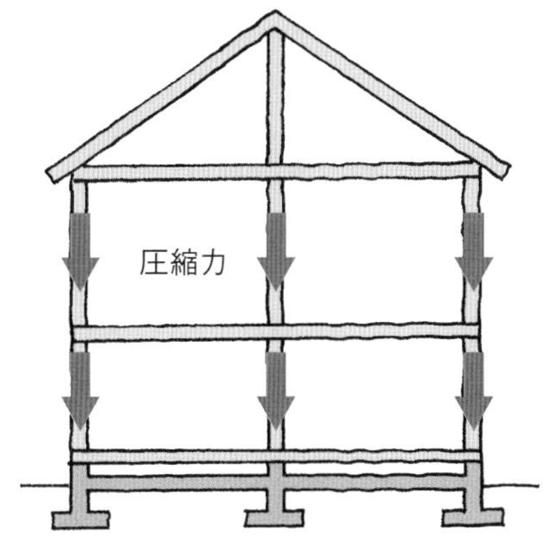

鉛直荷重時：建物の重量を支える

②耐力壁の枠としてはたらく

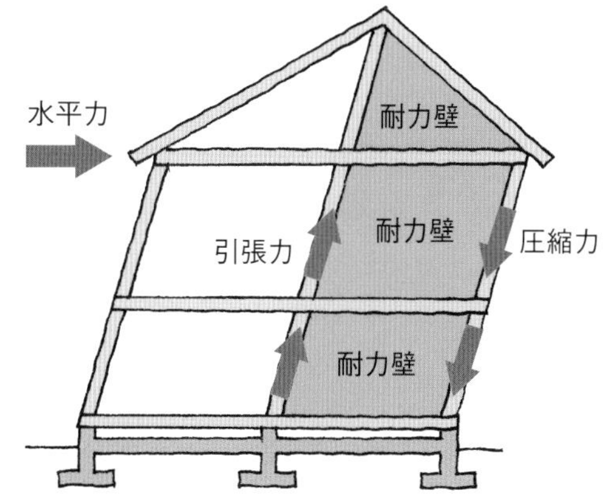

水平荷重時：耐力壁の枠としてはたらく

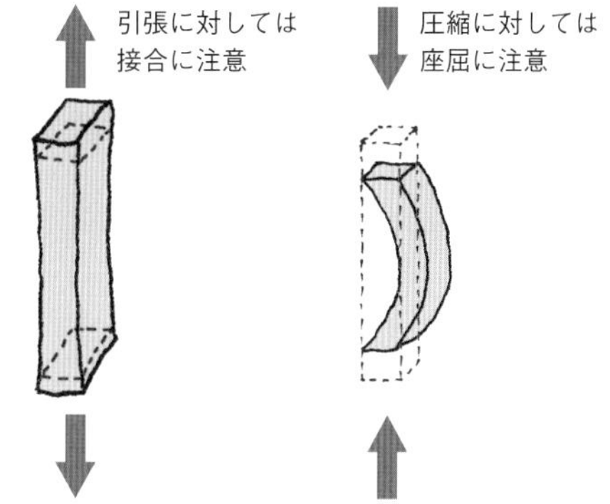

横架材の役割 | 図2

①床の荷重を柱に伝える

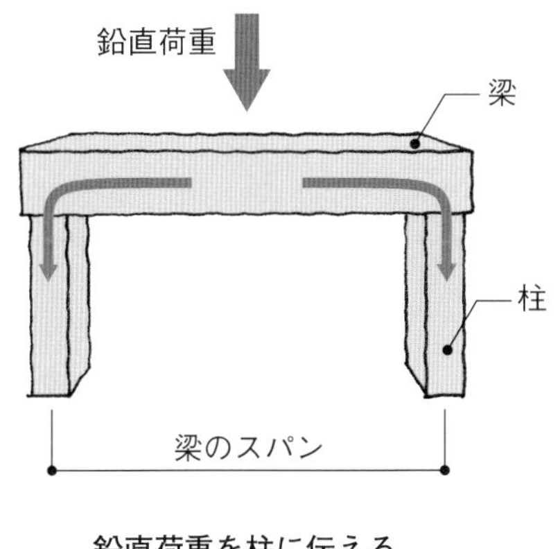

鉛直荷重を柱に伝える

②床の変形に耐える

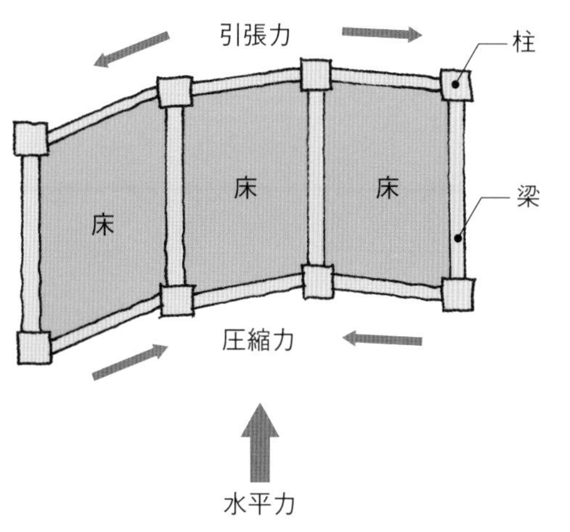

木造軸組の３タイプ

POINT

- 軸組計画は構造計画の第1歩
- 材長や接合方法、耐力壁や床組などを考慮しながら計画

柱を通すか、梁を通すか

住宅の軸組は、構造的な視点からは大きく3タイプに分類できる。

①柱通しの軸組

1本の柱が1、2階ともに通った「通し柱」（58頁参照）に、2階の床梁が差し込まれるタイプを「柱通し」という（図1）。一般に、梁材は4mの長さで製材されるため、2間（3640㎜）間隔で通し柱を配置すると経済性に富む。ただし、柱の中間に梁を差し込むため、建方の順序に配慮したり、梁の差し口における柱の断面欠損に注意が必要。また、直交する梁の天端がそろうため、床面の水平剛性を高められるという利点がある。しかし、受け梁の断面欠損には注意が必要になる。

②梁通しの軸組

梁を優先して通していくタイプで、柱はすべて「管柱」（58頁参照）となる（図2）。柱が比較的多く配置される方向に下梁を通し、その上に直交する梁をかみ合わせて載せるため（これを「渡り腮」という）、仕口の形状や建方は比較的簡単になる。ただし、部材を積み上げることから、床面の水平剛性は低くなる。なお、梁はなるべく長いものを使用したほうが構造的にはよいが、実際には敷地の状況などから継手を設けることになる。この場合は、応力の小さい個所に設けるようにすることが大切である（72頁参照）。

③通し柱と渡り腮の組み合わせ

直交する梁のレベルをずらして柱に差し込むタイプで、通し柱や受け梁の断面欠損が小さくなる。床面の水平剛性に関しては、梁通し構法と同様の配慮が必要である（図3）。

実は、現在建てられている軸組構法の住宅で圧倒的に多いのは、通し柱は通せるところだけに設け、梁はスパンごとに必要最小限の梁せいでブツブツと切っていく場当たり的なタイプである（図4）。これは、間取り優先で全体的な架構計画がなされていないため、材積を減らすことはできても、逆に接合個所が増えて施工手間がかかる。

柱通しの軸組｜図1

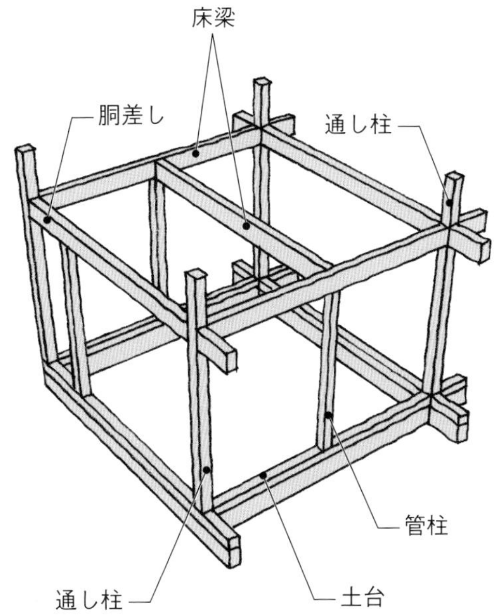

3～4m間隔に通し柱を設け、梁を差し込む

梁通しの軸組｜図2

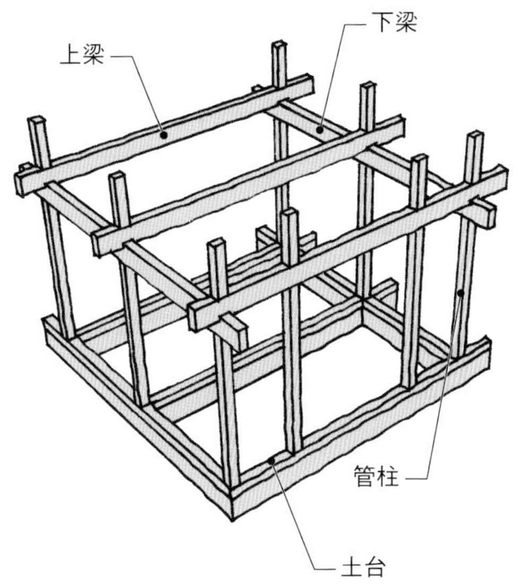

柱をすべて管柱とし、柱が多く建つ「通り」に下梁を架け、その上に直交梁を載せる

ミックスしたタイプの軸組｜図3

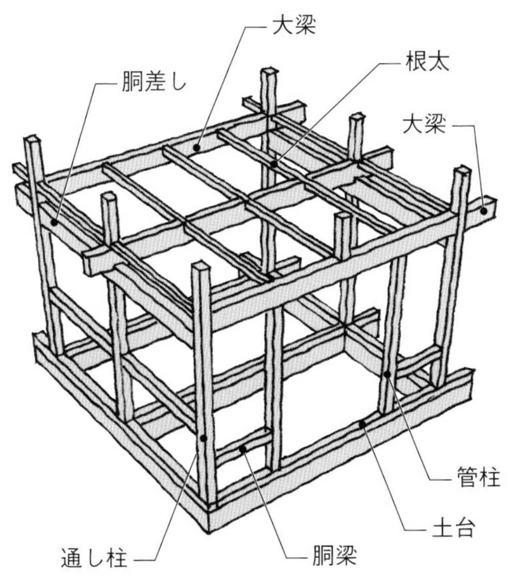

3～4m間隔に通し柱を設け、柱が多く建つ「通り」の梁を下梁とし、直交梁はその上に載せる。通し柱の仕口の断面欠損は少なくなる

場当たり的な軸組｜図4

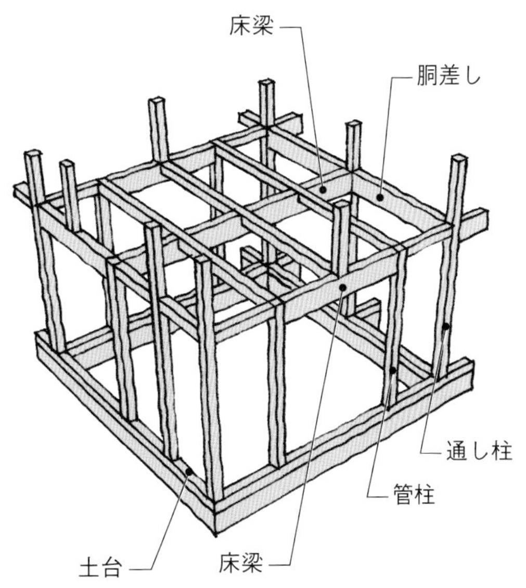

必要最小限の断面寸法で梁をつないでいく。材積は少ないが、接合部は増える

柱通しの架構

POINT
▶柱通しの軸組は部材の規格化と架構の合理化を図りやすいが、接合部の断面欠損に注意が必要

柱通しのメリット

柱を小屋まで優先的に通し、2階の床梁をその中間に差し込む軸組を「柱通し構法」という。この場合、通し柱は2間（3640㎜）、または1間半（2730㎜）間隔に設けるのが一般的である。この基本グリッドを用いた平面計画は、いわゆる田の字プランに適応しやすい（図1）。

このような、通し柱に囲まれた基本形の連続は、梁のせいと長さを一律にそろえることができるため、部材の規格化を図れるという利点がある。

また柱通し構法では、必然的に1、2階とも軸組が途切れずに通ることになるので、力の流れが明快であり、梁どうしの天端が同一なので、床面の水平剛性も高めやすい（132頁参照）。さらに、通し柱を有する軸組を基本構造と考えて、耐力壁をこの軸組内に配置するように平面計画を進めると、基礎も含めた構造計画の合理化も図ることができる。

接合部に注意

柱通しの架構では、同一階の梁の天端をそろえて床を組むのが一般的である。このときの差し口における梁の掛かり寸法（図2①）は、常時荷重を支持する重要な役割を担っている。掛かり寸法を大きくすれば支持力は向上するが、柱の断面欠損は大きくなるので、通し柱は5寸（150㎜）角以上としたい。また、断面欠損への対処法としては、直交する梁のレベルに段差をつけたり、通し柱の近傍に管柱を設けて、差し口にかかる荷重を軽減するというのも一案である（図2②）。

一方、水平荷重時には、軸組が傾いて柱から梁が抜け出そうとするので、梁の掛かり寸法を保持するために、ボルトなどで引いておく必要がある。

また、梁どうしの接合部においても、受ける側の梁（受け梁）の断面欠損が大きくなる。したがって、受け梁は梁せいや梁幅を増しておくなどの配慮が必要になる。

柱通し構法 | 図1

架構の平面計画

①基本グリッドをつくる（2,730〜3,640㎜）
②グリッドの各交点に通し柱を配置する
③通し柱をつなぐ大梁を設ける
④小梁を適宜設ける
⑤通し柱と大梁の軸組内に耐力壁を配置する

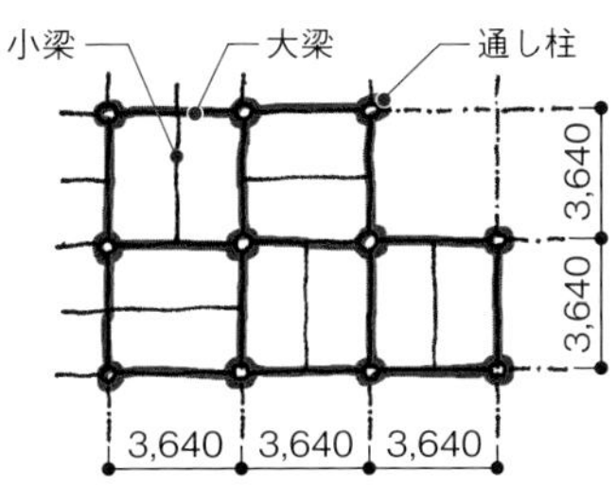

接合部における留意点 | 図2

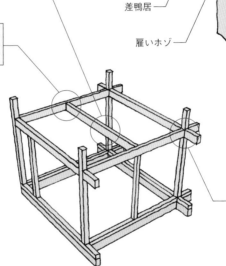

この床の中央部は小梁のたわみと大梁のたわみが加算された値となる

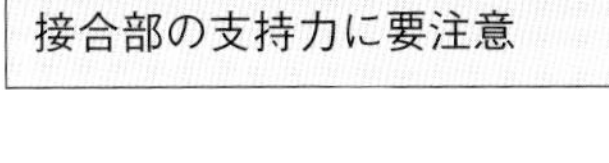

小梁と大梁が同寸となる場合、接合部の支持力に要注意

柱通しの架構の建て方。2間（3.64m）グリッドの四隅が通し柱となる

①伝統的な通し柱の仕口

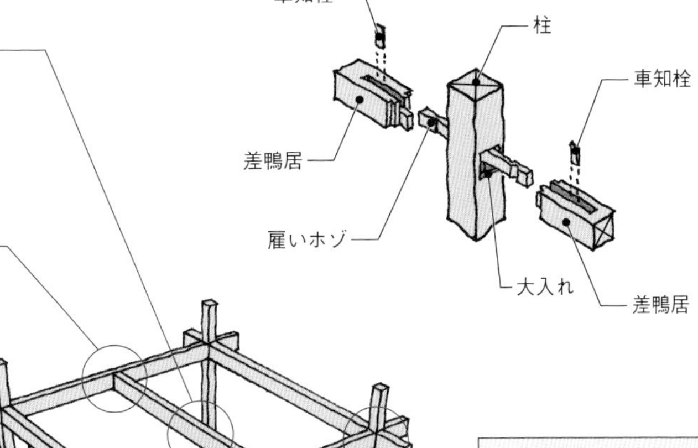

・四方差しは柱の断面欠損が大きくなる
・大入れ部分の面積は鉛直荷重を支持する重要な部分
・軸組が傾いたときに大入れが抜け出さないようにボルトなどで引いておく

②梁に段差を設けた仕口

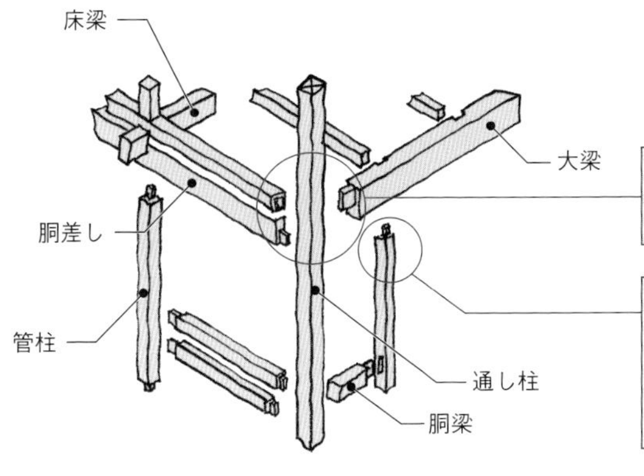

梁に段差を設けて、通し柱の断面欠損を少なくしている

通し柱の近くに管柱を設けておくと、万が一、大入れ部が抜けても、鉛直荷重は支持される

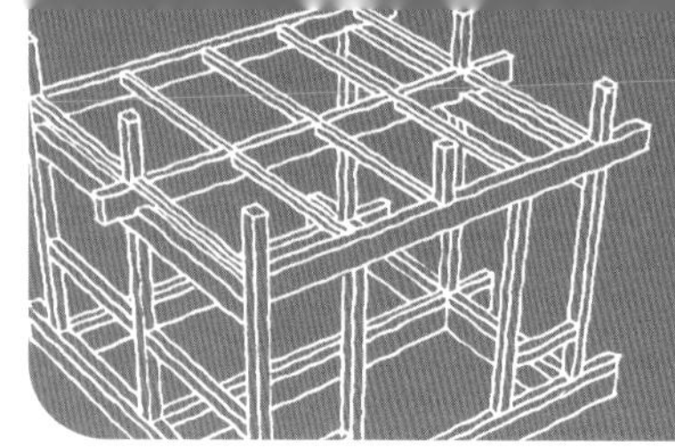

梁通しの架構

POINT
- ▶ 梁通しの軸組は接合が単純で平面計画の自由度が高い
- ▶ ただし、上下階の柱の連続性確保に注意すること

梁通しの長所と短所

柱はすべて管柱とし、梁を優先して通す軸組を「梁通し構法」という。平面図上で、柱が比較的多く存在する通りに下梁を架け、直交する梁は下梁の上に載せ架ける（図1）。この軸組は、平面計画を比較的自由にでき、建方も積み木方式で施工しやすい。その一方、上下階の柱位置が一致せず、力の流れに無理が生じることがある。

梁通し構法は梁に段差が生じるため（図2①）、構造計画を行う際は、床組の水平剛性が低くなる傾向があることを念頭に置いておく（132、140頁参照）。また、火打梁は一方は上梁に差し込み、もう一方は下梁の上に載せるかたちになるため、軸組と同時に建て込む必要がある。

接合部の注意点

柱と梁の接合部は、長ホゾ差し込栓打ち（図2②）、梁どうしの接合部はお互いをかみ合わせる仕口（渡り腮という）になる。平面的に見ると、支持点に載る梁の断面積が大きいので、鉛直荷重の支持能力は高い。また、水平荷重時に傾いても梁が抜け出すおそれがないので、大きな変形にも追随でき、粘り強いという利点がある。

ただし、立面的に見たとき、梁せいに対して欠損寸法が大きいと割り裂きを生じやすくなるため、欠損は梁せいの1／3以下とする（図2③）。また、仕口の支持能力を正しく発揮するには、梁のはね出し寸法を確保する必要がある。そのため、外壁から突出する部分の雨仕舞に工夫が必要となる。

さらに、渡り腮の仕口は、上梁と下梁がかみ合うだけで、上下に引張られると離れてしまうおそれがあるので、ここに耐力壁が取り付くときは、上下の梁の接合に注意する（図2④）。

梁通しの架構は梁を連続させることから、継手が必要になってくる。継手は引張耐力の高いものを採用するほか、曲げ応力の小さい個所に設けるようにしたい（72頁参照）。

梁通し構法 | 図1

架構の平面計画

①管柱を配置する
②柱が多く建つ「通り」に下梁を架ける
③その直角方向は等間隔に上梁を架ける
④耐力壁は2間（3,640㎜）間隔程度に設ける
注）1階と2階の連続性を意識すること！

上梁
管柱
下梁
3,640
2,730
1,820

①柱位置を決める

管柱
等間隔

②下梁を架けていく

下梁
等間隔

③渡り腮で上梁を架けていく

根太を張る方向
上梁を架ける方向
架構の延びる方向
等間隔

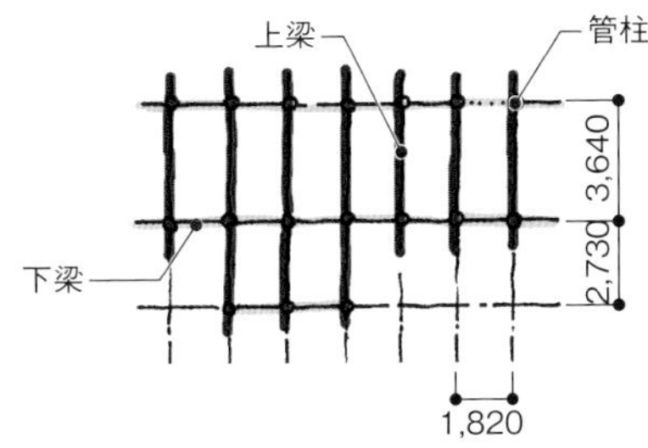

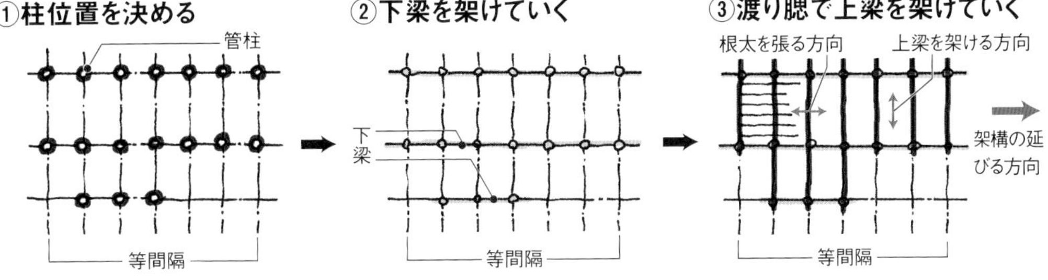

接合部における留意点 | 図2

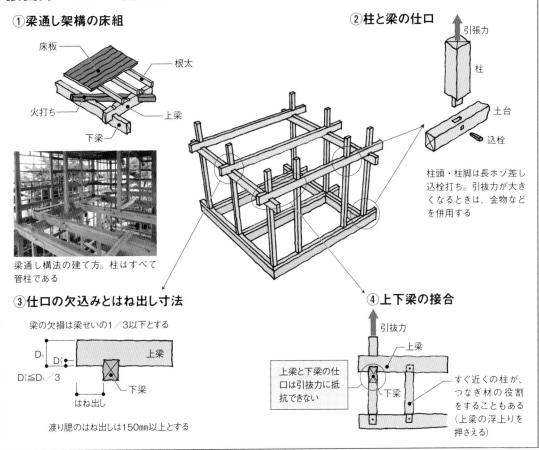

①梁通し架構の床組

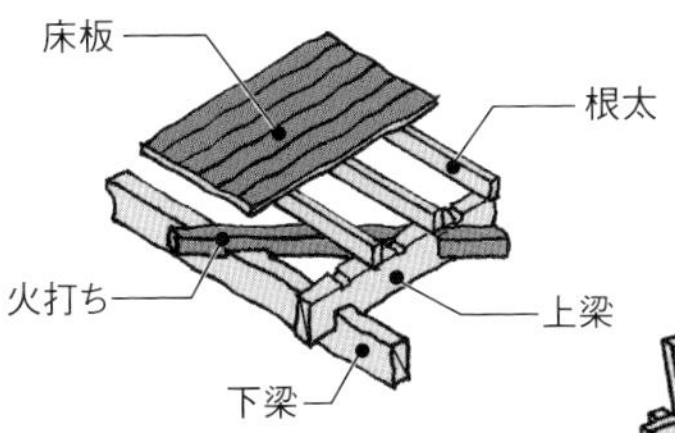

床板
根太
火打ち
上梁
下梁

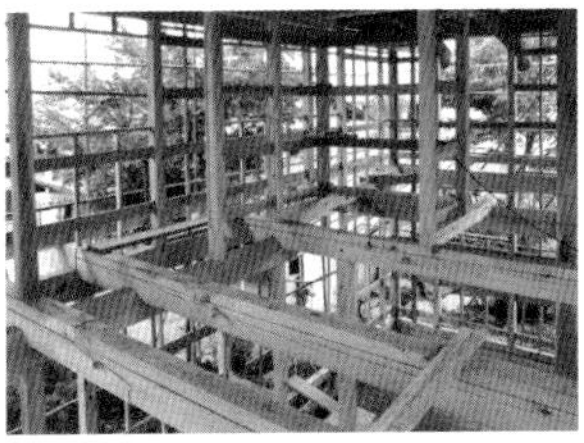

梁通し構法の建て方。柱はすべて管柱である

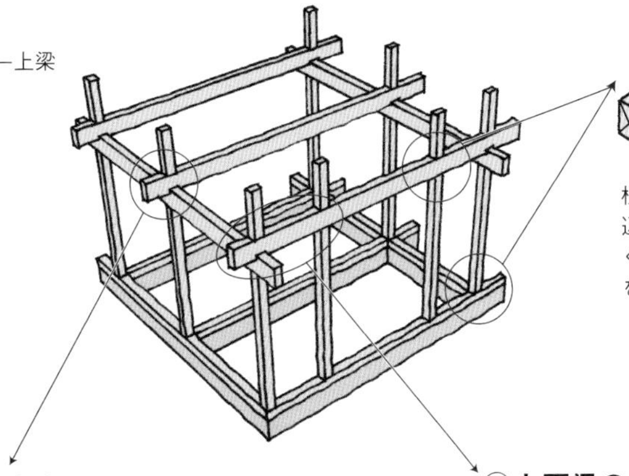

②柱と梁の仕口

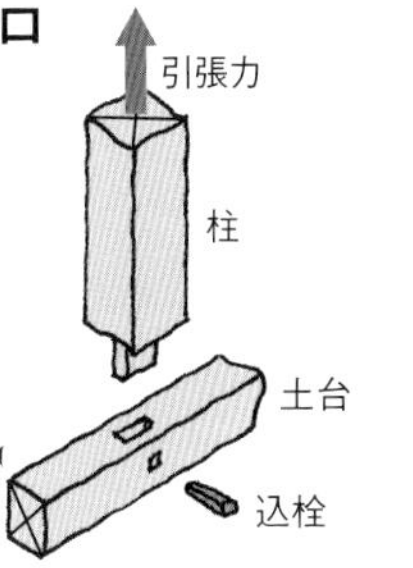

引張力
柱
土台
込栓

柱頭・柱脚は長ホゾ差し込栓打ち。引抜力が大きくなるときは、金物などを併用する

③仕口の欠込みとはね出し寸法

梁の欠損は梁せいの1／3以下とする

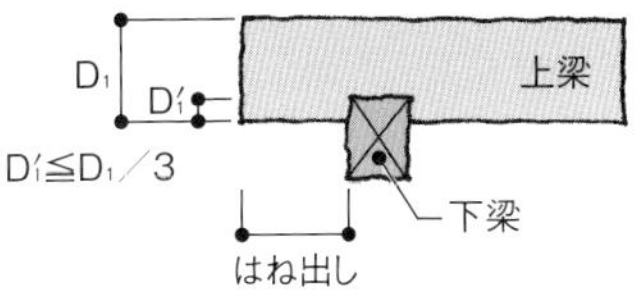

D1
D1'
D1'≦D1／3
上梁
下梁
はね出し

渡り腮のはね出しは150㎜以上とする

④上下梁の接合

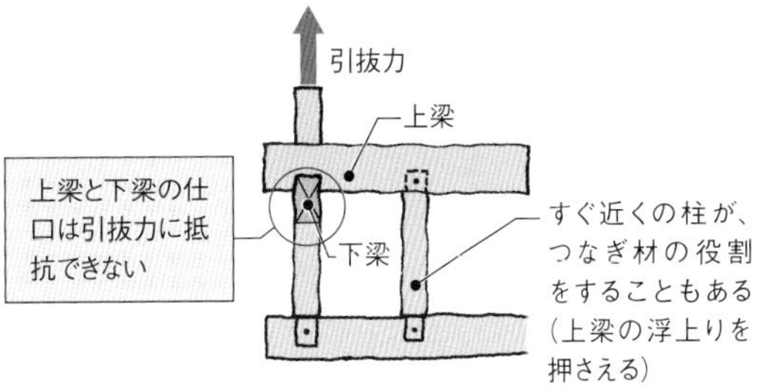

引抜力
上梁
上梁と下梁の仕口は引抜力に抵抗できない
下梁
すぐ近くの柱が、つなぎ材の役割をすることもある（上梁の浮上りを押さえる）

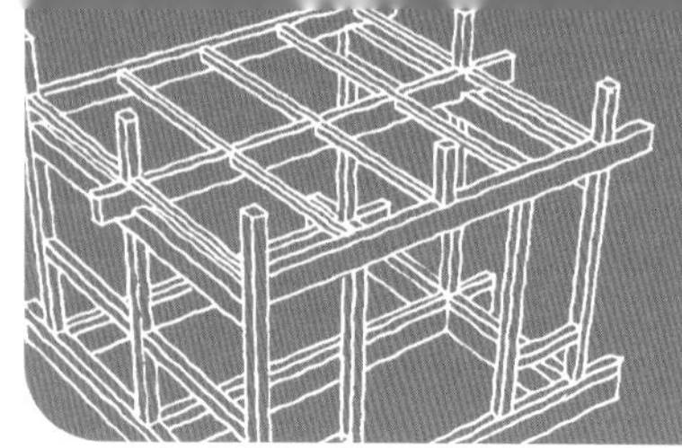

通し柱、管柱、大黒柱

POINT

- ▶ 柱は上下階で同一個所に設けるのが原則
- ▶ 小断面の通し柱は管柱と同等であると認識する

通し柱と管柱

1、2階ともに通っている柱のことを通し柱、その階のみの柱のことを管柱という（図1）。ここでは、それぞれの構造上の注意点について見てみよう。

①柱と梁の接合部

接合部の基本的な目的は、「部材をつなぐこと」である。通し柱の軸組では、床梁が柱の位置で分断されるので、梁どうしをつなぎ、管柱の軸組では上下の柱をつなぐ（図2①）。

ところが、住宅の通し柱は断面が小さいため、床梁との接合部で欠損が大きくなり、水平力を受けると折れる可能性が高い。したがって、4寸（120㎜）以下の通し柱は、たとえ折れても上下の柱が離れないように金物などでつないでおく必要がある。

②筋かいが取り付いたとき

水平荷重時に筋かいに圧縮力が働くと、筋かいが柱と梁の接合部を押すことになる。このとき、通し柱の場合は梁が突き上げられるので、梁が抜け出さないように留めておく必要がある。一方、管柱の場合は柱が外れやすくなるので、抜け出さないように留めておくほか、梁に差し込む断面積を確保して、横ずれを防止する必要がある（図2②）。

③床面の変形

床面に水平力が作用すると、外周には圧縮力と引張力が働く。圧縮力が働いたときは特に問題ないが、引張力が働いたときには接合部が外れやすい。したがって、通し柱の軸組の場合は「床梁と柱の仕口」、管柱のみの軸組（梁通しの軸組）では「梁の継手」に注意が必要になる（図2③）。

大黒柱の抵抗力

古い民家などでよく見られる、建物の中心にある太い柱のことを大黒柱という。8寸（240㎜）以上の太い柱に差鴨居を貫通させると、接合部にめり込みが生じて、小さな値ではあるが水平力に抵抗することができる（図3）。

通し柱と管柱｜図1

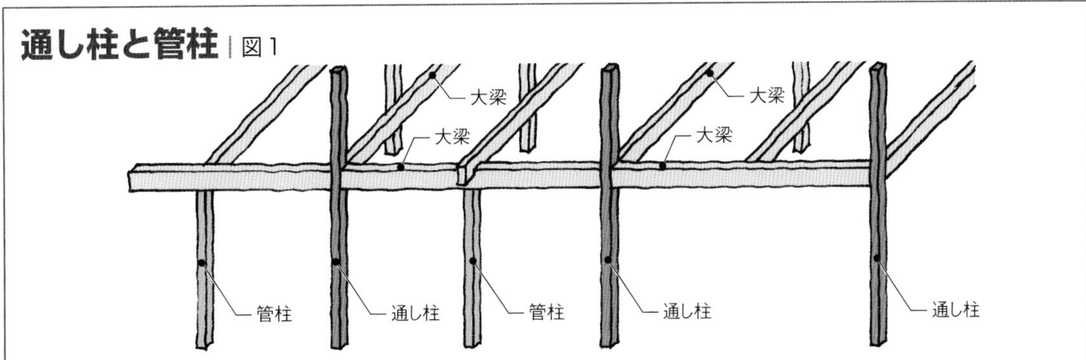

通し柱と管柱の構造上の特徴比較｜図2

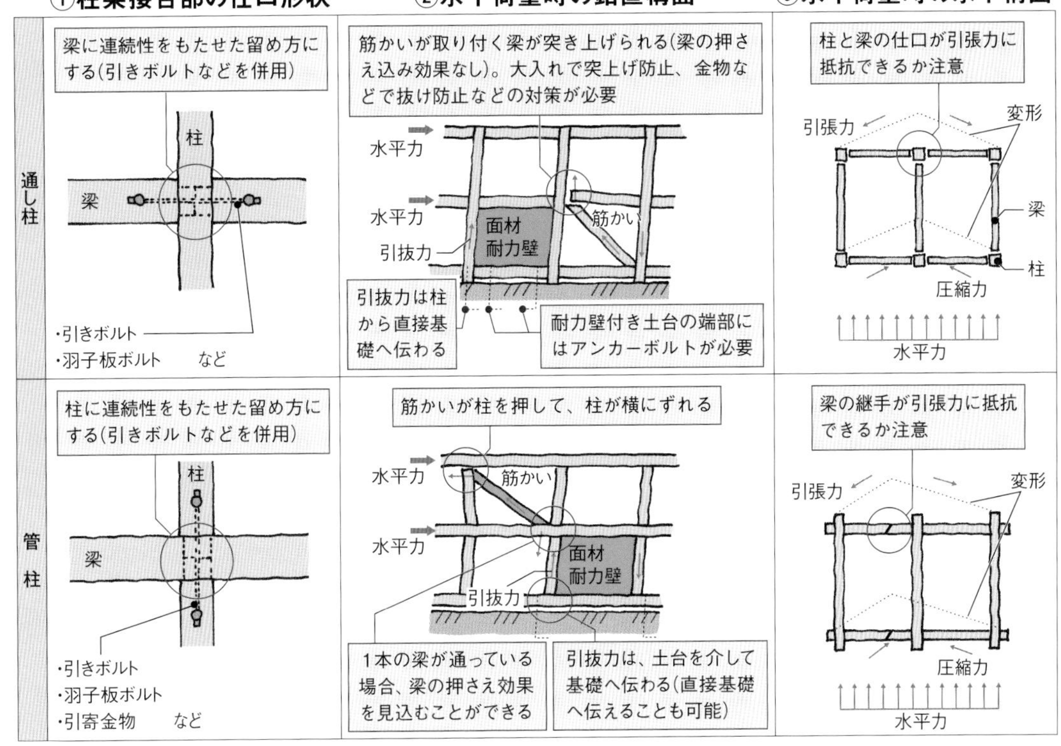

大黒柱の抵抗メカニズム｜図3

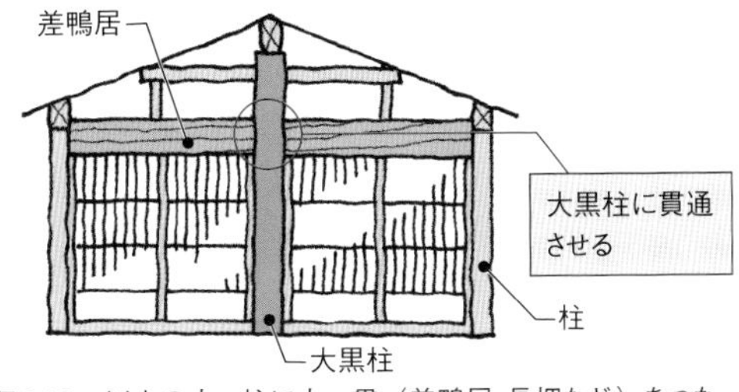

直径240㎜以上の太い柱に太い貫（差鴨居・長押など）をつないでも、その水平耐力は構造用合板片面張り壁の70％程度。水平抵抗力としては、耐力壁のほうがはるかに効率よく経済的

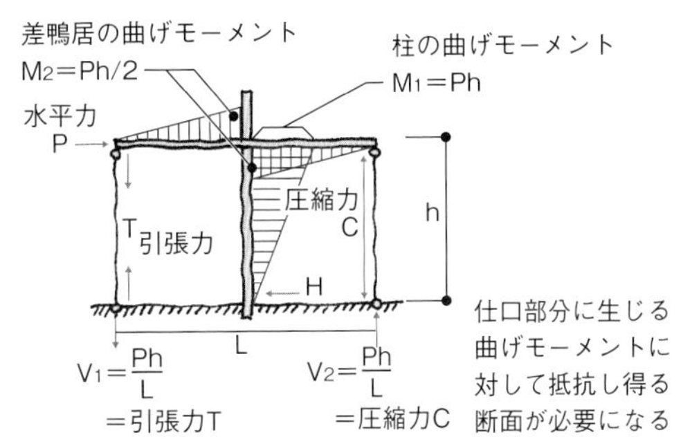

仕口部分に生じる曲げモーメントに対して抵抗し得る断面が必要になる

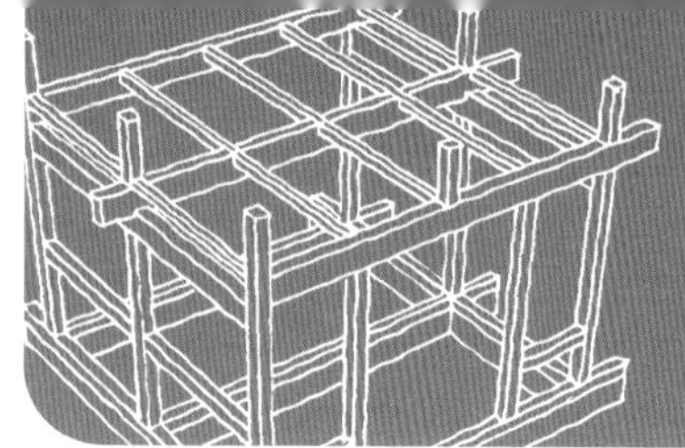

026
柱の設計②

座屈現象

POINT
▶ 座屈に対する耐力は、断面積だけでなく、柱の厚みと長さの比率も影響する

座屈と細長比

細長い柱を長さ方向（軸方向）に押したとき、荷重に耐え切れず曲がる現象のことを座屈という（図1）。

たとえば、同じ断面で長さの異なる2本の柱に、同じ圧縮力をかけると、長いほうが座屈しやすい。また、長方形断面の場合は、厚みの薄いほうに座屈しやすくなる（図2）。

このように座屈に対しては、柱材の厚みと長さが大きく影響する。厚みから求められる係数と材の長さとの比率を「細長比」といい、λという記号で表す。この値が大きいほど柱は座屈しやすくなる。なお、木造の場合、この値は150以下とするよう定められている（建築基準法施行令43条）。

厚みから求められる係数は、断面二次半径といい、iという記号で表す。扁平柱（長方形断面）の場合は薄いほうの厚みから求めた値を採用して設計を行う。材の長さは「座屈長さ」とよび、ℓ_kという記号で表す。これは通常「横架材間の距離」とする（図1）。一般には、階高を横架材間距離とみなしてよいが、吹抜けがあるときは土台から小屋梁までが座屈長さとなることがある。

以上を考慮して、柱などの圧縮材を設計するときは、許容圧縮応力度を細長比に応じて低減する。その際の座屈低減係数はηで表す。λが30以下のときは座屈しにくいので、座屈低減係数ηは1.0である。

筋かいの座屈

柱のほかに座屈に注意しなければならないのが、筋かいである。筋かいは軸組の対角線を結ぶように設けるため、座屈長さは柱よりも長くなるが、住宅で使用される筋かいは厚みが30〜45㎜と薄いため、圧縮力を受けると座屈しやすい。

したがって、柱と柱の中間に間柱を設けて、筋かいの中間点をこれに留め、座屈長さを短くすることで座屈を防ぐ必要がある（102頁参照）。

座屈とは｜図1

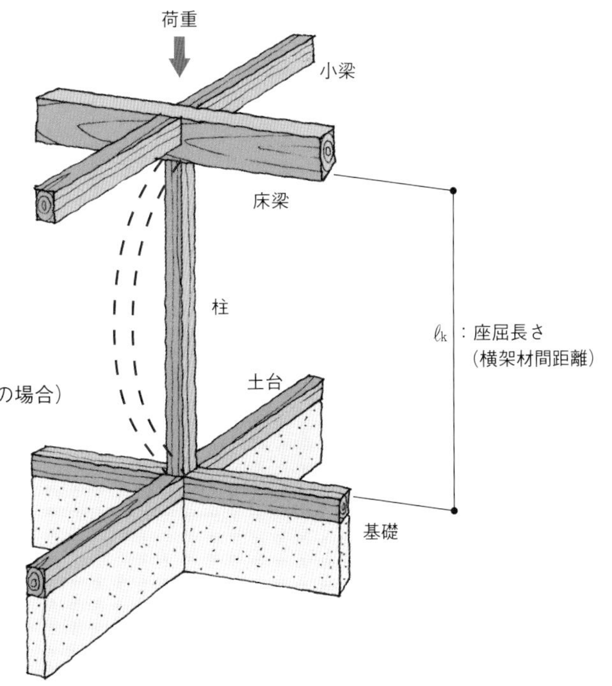

細長比 $\lambda = \dfrac{座屈長さ\ell_k}{断面二次半径 i} \leqq 150$

ℓ_k：座屈長さ（横架材間距離）

i：1辺の長さD／3.46（長方形断面の場合）

材長と座屈の関係｜図2

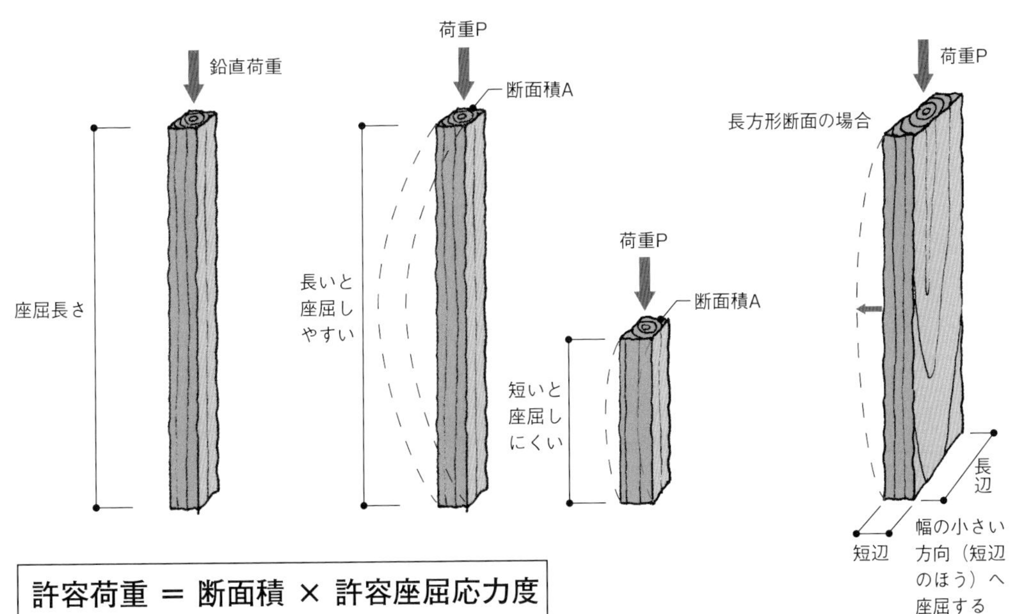

許容荷重 ＝ 断面積 × 許容座屈応力度

許容座屈応力度 $f_k = \eta \times fc$

η：座屈低減係数で、右記による（平13国交告1024号1の一の口）

fc：許容圧縮応力度で、材種ごとに決められている

$\lambda \leqq 30$ のとき、$\eta = 1.0$

$30 < \lambda \leqq 100$ のとき、$\eta = 1.3 - 0.01\lambda$

$100 < \lambda \leqq 150$ のとき、$\eta = 3000 / \lambda^2$

背割りの影響

POINT

- 貫通割れでなければ、構造的には問題なし
- ただし、接合具との干渉には要注意

背割りとは何か

背割りとは、木材のある一面から材心まで人工的に割れ目を設けたもので、木材の乾燥方法の1つである。未乾燥材をそのまま放置しておくと、表面から水分が蒸発し、その後徐々に内部の水分が抜けて、材面に「乾燥割れ」が生じる。乾燥割れは、ランダムに発生して見た目がよくないので、背割りにはあらかじめ一面に割れを集中させて、その他の三面に割れが生じないように制御する意味もある（図1）。

背割りは主に柱材に行うが、断面が大きい梁材にも行われることがある。柱、梁それぞれの部材にかかる荷重の方向を意識すると、柱材については外壁面に直交するように、梁材については天端に、背割りを設けるのがよい。ただし、背割りの部分にボルトなどが干渉すると、接合部の引張耐力に影響するので注意が必要である（図2①）。

また、背割りをして乾燥させると、図2②③のように部材が変形する。中途半端な乾燥状態で使用すると、仕上材に影響するので、十分に乾燥して変形させてから使用するようにしたい。

背割りと強度の比較

ここでは外壁面にある柱を例に、①背割りなし、②背割りあり、③貫通割れ、の3タイプについて、比較してみる（図3）。

外壁面にある柱は、常時の圧縮力（繊維方向の力）と風圧力（XおよびY方向の力）を受ける。これらの力に対する柱の抵抗力は、断面形状から求められるA、i、Z、Iなどの係数（60、66、78頁参照）により決まる。

断面形を見ると、①と②では、いずれの力に対してもほぼ等しい抵抗力をもっているのに対し、③の場合は、完全に断面が分断しているので、見掛けの断面積は同じでも、座屈やX軸方向の曲げおよび変形に対する性能はかなり小さくなる。したがって、貫通割れ以外は、背割りに強度的な問題はないと言える。

干割れと背割り｜図1

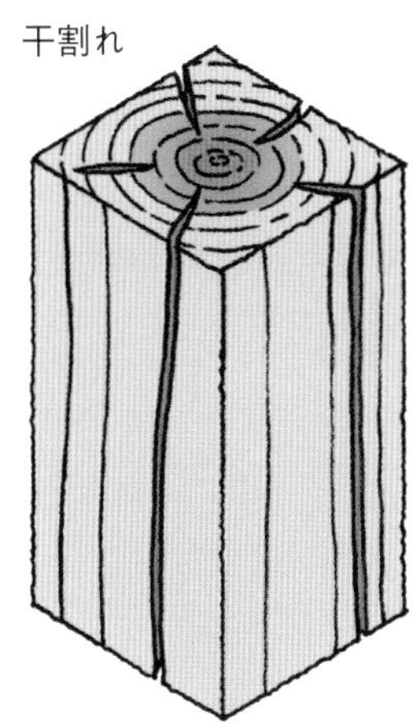

自然に乾燥させると、表面から水分が抜けていく。これに伴って発生する割れのことを干割れ（乾燥割れ）という

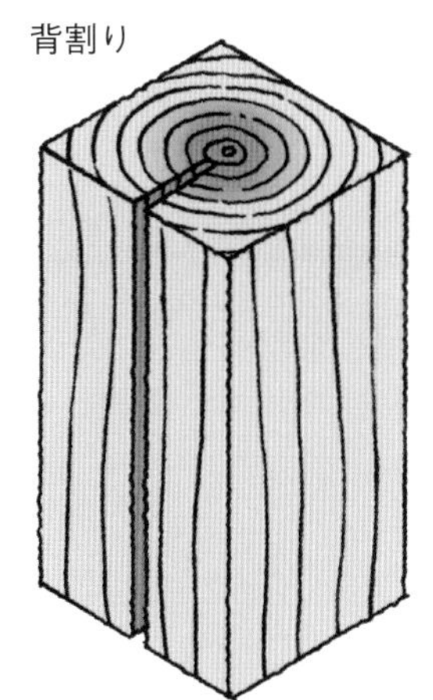

人工的に割れ目をつくって、ひび割れを制御するもの。木材の心まで均一に乾燥させる目的もある

背割りの仕上げへの影響｜図2

①背割りと仕口が干渉する場合

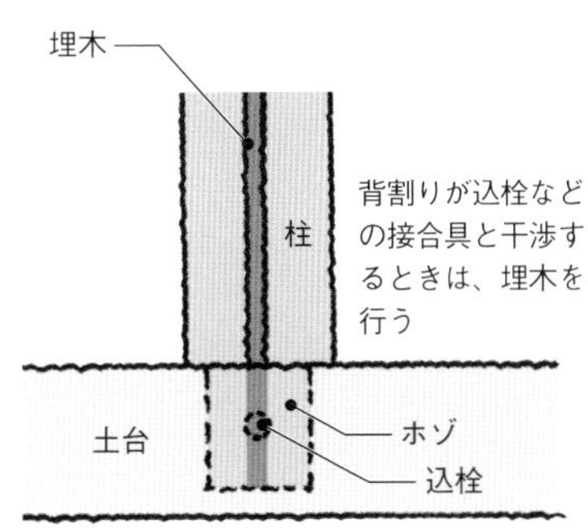

背割りが込栓などの接合具と干渉するときは、埋木を行う

②柱の背割り

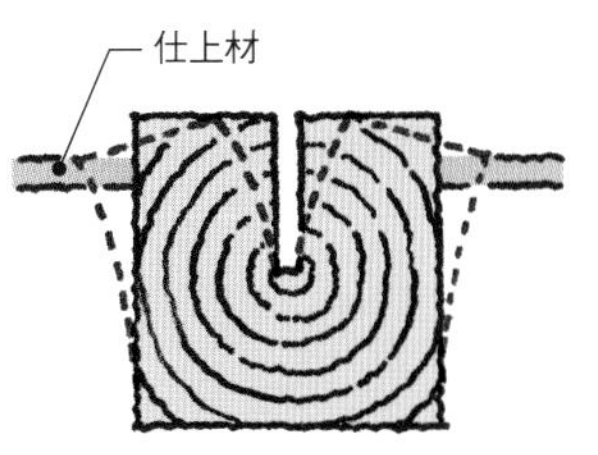

乾燥が十分でないまま使用すると、背割り部分が開くため、仕上材に影響することがある

③梁の背割り

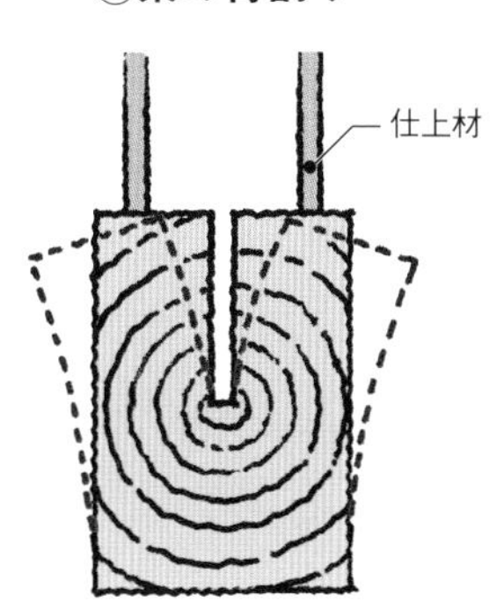

割れと構造強度の関係｜図3

①欠損なし

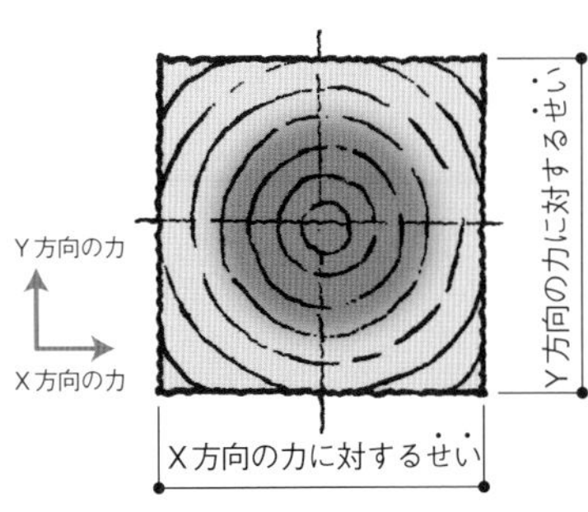

②背割り

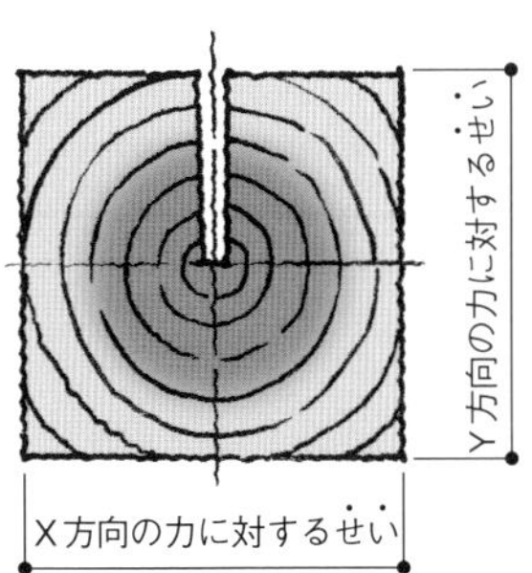

③貫通割れ

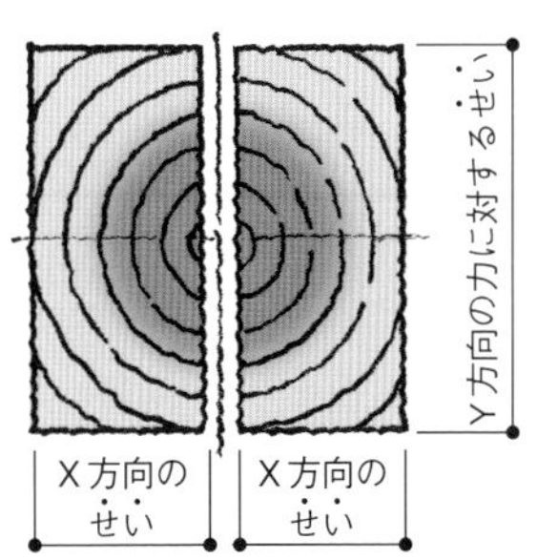

繊維方向の力に対しては……①、②、③ともほぼ同じ性能。ただし、③はX方向のせいが半分なので座屈しやすい
X方向の力に対しては………①と②はほぼ同じだが、③はせいが半分になっているので耐力低下は大きい
Y方向の力に対しては………①と②はほぼ同じ。③もせいは変わらないので耐力低下は小さい

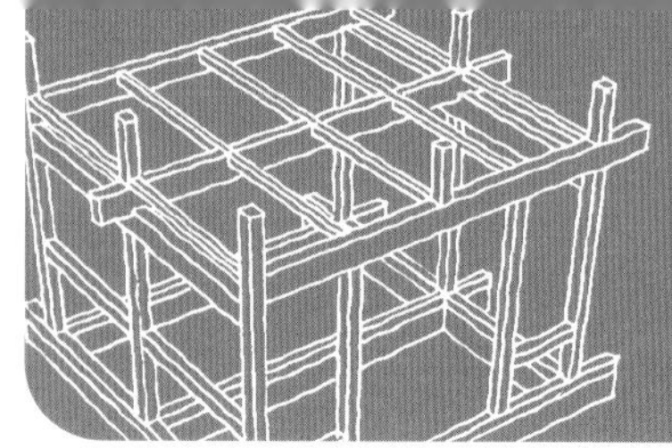

土台のめり込み

POINT

▶ めり込み耐力は、樹種と接触面積のほか、力の作用する位置も影響する

めり込みの性質

木材には繊維方向と、繊維と直角方向に力を受けたときでは、その性状が異なるという「異方性（いほうせい）」がある（36頁参照）。繊維と直角方向に圧縮力を受けたときの状態を、「横圧縮」、あるいは「めり込み」という。めり込みには、強度は低いが粘り強いという特徴があり、荷重を取り除いたあとは、ゆっくりではあるが元に戻る性質がある。

めり込みが見られる部位は、主に柱と土台の接合部と、貫の接合部（106頁参照）である。めり込み耐力は、部材どうしの接触面積に比例するほか、めり込みが生じる部材の位置も影響する（図1）。たとえば、繊維と直角方向に圧縮力が作用すると、繊維がつぶれて年輪の幅は狭くなる。これを横から見ると、年輪の筋がなだらかな凹状になっているのが分かる。力の作用する位置が部材の中央付近であれば、力は左右均等に広がり、ある点で力の大きさと部材の抵抗力の釣り合いが取れると、それ以上はつぶれなくなる。ところが、力の作用点が部材の端部に片寄っていると、力の広がる範囲が狭くなるため、つぶれる量も多くなる。

これらを考慮したうえで、許容めり込み応力度は、力の作用点つまり柱の位置が、土台の端部にあるときと、中間部にあるときとで割増率が異なっている（図1・表1）。

土台と柱の幅

柱の幅が土台の幅より大きくなるときは、土台に均等に力がかかるように注意する。柱と土台の中心がずれていると、土台に偏荷重がかかり、つぶれやすくなる（図2）。すると、柱が傾いて上部構造にまで大きな影響を及ぼすおそれがある。

土台の幅は柱の幅と同寸以上とするのが原則であるが、やむを得ず土台よりも柱が大きくなる場合は、はみ出る寸法を15㎜以下に抑える。それ以上の場合は、柱を基礎に直接載せて、土台と柱は金物などで留めておく。

めり込み｜図1

α：多少のめり込みを生じても差し支えない場合の許容応力度の割増係数

柱に大きな力がかかり、土台がめり込んでいる

日本建築学会『木質構造設計規準・同解説』によると、許容されるめり込みの変形量は3mm以下となっている

土台の長期許容めり込み耐力｜表1

土台の長期許容めり込み耐力一覧

樹種	部 位	材中間部	材端部
スギ	許容めり込み応力度	3.00N／mm²	2.40N／mm²
	柱、土台：105mm角	26.3kN	21.1kN
	柱、土台：120mm角	34.0kN	27.2kN
ヒノキ	許容めり込み応力度	3.90N／mm²	3.12N／mm²
	柱、土台：105mm角	34.2kN	27.4kN
	柱、土台：120mm角	44.2kN	35.4kN

左表の耐力算定に用いた接触面積は下図による

柱・土台：105mm角

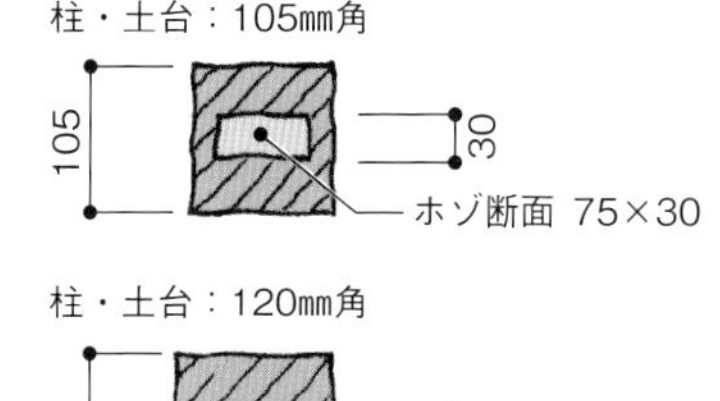

柱・土台：120mm角

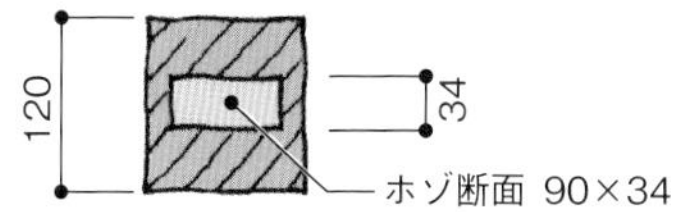

柱と土台の偏心｜図2

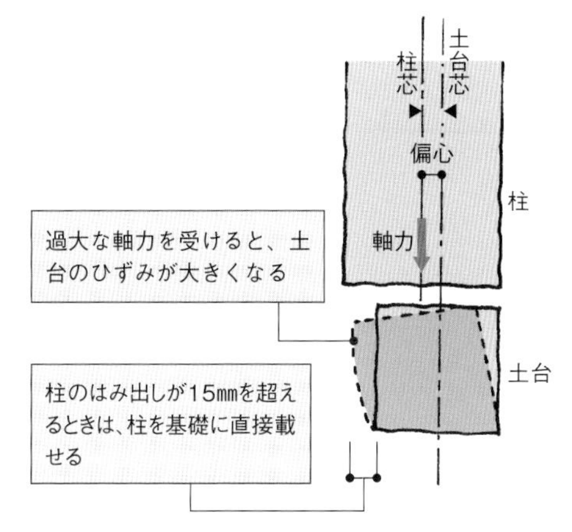

許容めり込み耐力を超える場合の対策｜表2

対 策	効果、注意など
土台の断面を大きくする	めり込み面積の確保により支持力が向上する
土台の樹種を変更する	許容めり込み耐力を高めることにより、支持力が向上する
柱断面を大きくする	土台の幅も対応させる
近くに柱を新設する	柱1本当たりの負担軸力が軽減される
柱を基礎に直接載せる	繊維方向で支持することにより耐力が向上する

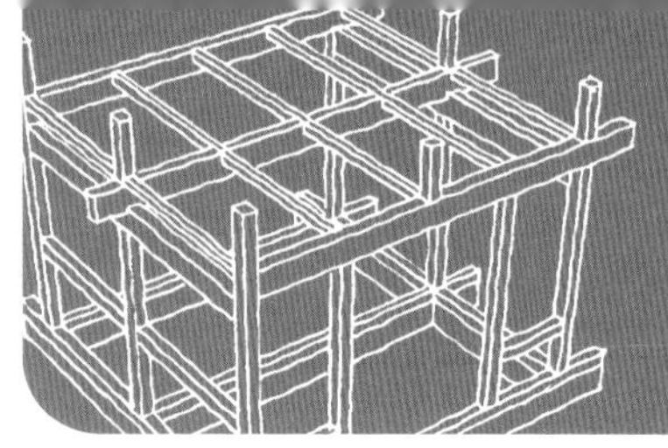

梁の強度に対する設計

POINT

▶ 鉛直荷重時の強度に対する梁の設計は、せん断と曲げの2種類の力を考慮する

図1のように、両端部を支持された梁に鉛直荷重が作用すると、中央部がたわむ。このとき、梁には2種類の力が働いている。せん断応力と曲げ応力である

せん断に対する設計

たわんだ梁を細かく切断してみると、図1①のように少しずつずれている。このずれの力をせん断力という。せん断力は梁の端部にいくほど大きくなり、支持点で最大値となる。また、支持点付近の断面を切り取って応力分布を見ると、断面の中央部がせん断応力の最大値となり、上端と下端はゼロになっている。

この応力分布から、梁端部の切り欠きが大きくなると、せん断耐力も著しく低下することが分かる。

曲げに対する設計

曲げ応力は中央部が最も大きく、端部にいくにしたがって小さくなり、支持点においてはゼロになる。曲げ応力を詳細に見てみると、梁の上端側には圧縮力が、下側には引張力が働いている。また、曲げ応力が最大となるスパン中央部の断面を切り取って応力分布を見ると、上端が最大圧縮応力、下端が最大引張応力となっている（図1②）。なお、応力がゼロとなる部分を中立軸と呼ぶ。

この応力分布を見ると、最大応力となるスパン中央部の上端と下端に切り欠きがあると、耐力が著しく低下することが分かる。逆に、やむを得ず梁に孔をあけるときは、中立軸付近に設けると影響が少ないことも分かる。

断面の性能と係数

部材の断面設計を行うときに必要な係数のなかには、断面形状から決まるものがある。基本となるのは「断面積A、断面係数Z、断面二次モーメントI」であるが（図1③）、これらの係数には方向性があるため、梁せいが荷重のかかる方向と対応するように注意する必要がある。

鉛直荷重時の強度に対する梁の設計｜図1

①せん断力

せん断応力度分布

②曲げ応力

せん断応力度のチェック

$$\frac{1.5\times\text{最大せん断力}}{\text{断面積}} \leqq \text{許容せん断応力度}$$

支持点の断面中央付近が最大値となるので、この部分を切欠くと、強度が低下する

曲げ応力度のチェック

$$\frac{\text{最大曲げモーメント}}{\text{断面係数}} \leqq \text{許容曲げ応力度}$$

中央の上端および下端が最大値となる。特に引張となる下側部分を切り欠くと、強度が低下する

③断面の性能を示す係数

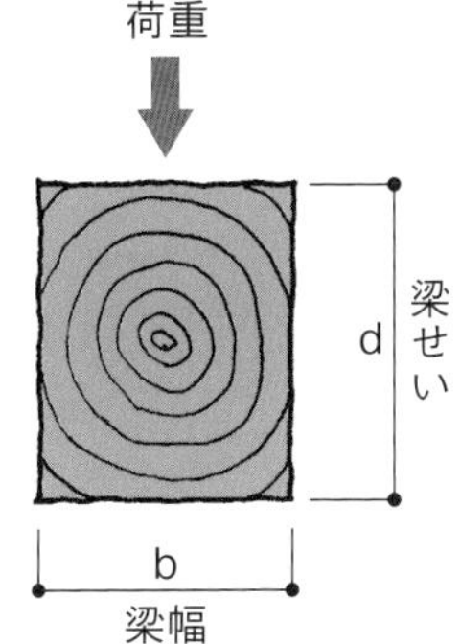

断面積　$A = b\times d$　……強度（せん断）に影響

断面係数　$Z = \frac{b\times d^2}{6}$　……強度（曲げ）に影響
梁せいを切り欠くと影響大

断面二次モーメント　$I = \frac{b\times d^3}{12}$　……たわみに影響

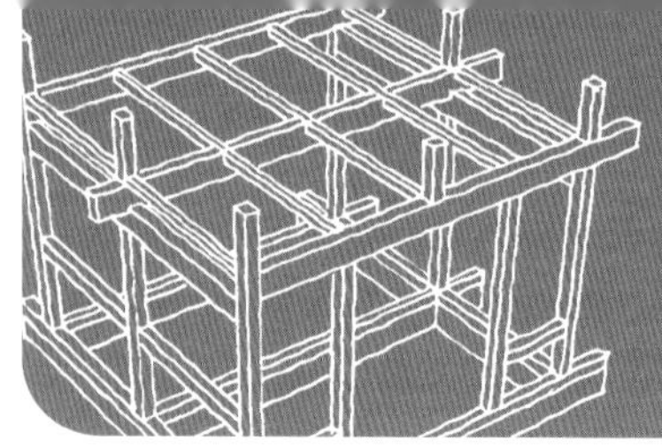

梁のたわみに対する設計

POINT
▶梁のたわみは、荷重の大きさと分布形状、スパン、部材断面、ヤング係数が影響する

梁のたわみに影響するもの

梁のたわみは、①荷重分布による係数、②荷重の大きさ、③スパン（支持点距離）、④材料のヤング係数、⑤部材の断面二次モーメント、の5項目が影響する。これらの関係は、図のような公式で表される。この公式を見ると、スパンは3乗となることから、たわみに最も影響を与えるのはスパンだということが分かる。

①荷重の影響

ある梁の中央に1tの荷重が載ったとき、たわみが1cmだったとする。この梁に2tの荷重をかけると、たわみは2cmとなる。荷重の比率は、たわみの比率と等しくなる。

②スパンの影響

スパン4mの梁の中央部に1tの荷重が載ったとき、たわみが8cmだったとする。この梁を切断し、スパンを半分の2mにすると、たわみは1cmとなる。これは、スパンの比率の3乗に比例していることになる。

③ヤング係数の影響

スパン、断面、荷重が同じ場合に、ヤング係数E100の集成材を使用したとき、たわみが1cmだったとする。これに対し、ヤング係数が半分のE50の製材を使用したときはたわみが倍の2cmとなる。ヤング係数の大きいほうが、たわみは小さくなる。

④梁断面の影響

梁せいが30cmの部材のたわみが1cmだったとする。この部材の梁せいを半分の15cmにすると、たわみは8cmになる。これは、断面二次モーメント（66頁参照）が、梁せいdの3乗に比例するためである。一方、梁幅はべき乗になっていないので、梁幅を半分にすると、たわみは倍になる。

＊

なお、たわみは、荷重を受けた直後に生じる値に、クリープ（38頁参照）による割り増しを乗じた値が、スパンの1／250以下であることを確認する必要がある。木造の場合は、クリープによる変形増大係数を2としている。

たわみに対する設計｜図

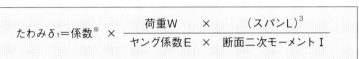

スパンL

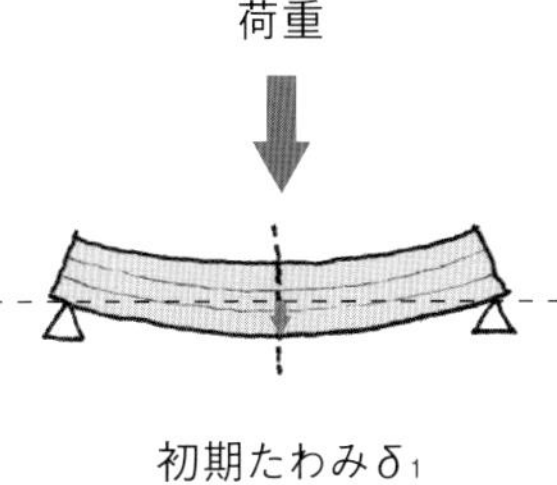

初期たわみδ_1
（弾性たわみ）

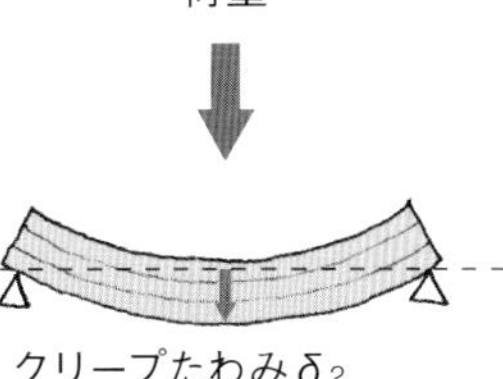

クリープたわみδ_2
$=2\times\delta_1$
$\leqq L/250$とする
（令82条4号、平12建告1459号）

$$\text{たわみ}\delta_1=\text{係数}^{※}\times\frac{\text{荷重W}\times(\text{スパンL})^3}{\text{ヤング係数E}\times\text{断面二次モーメントI}}$$

※係数は荷重の分布形状により決まる値（定数）

①荷重を変えた場合

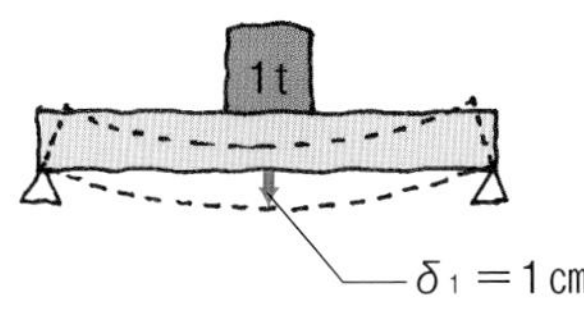

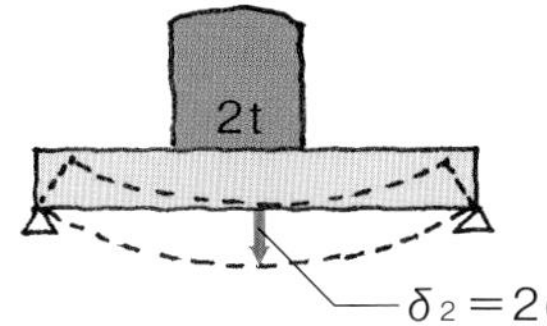

$$\frac{P_2}{P_1}=\frac{2t}{1t}=2.0$$

$$\therefore\delta_2=\frac{P_2}{P_1}\times\delta_1=2\text{cm}$$

②スパンを変えた場合

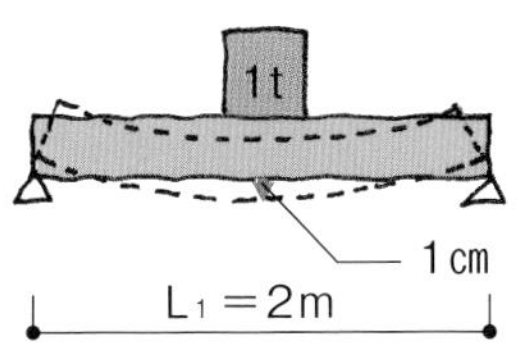

$L_1=2\text{m}$

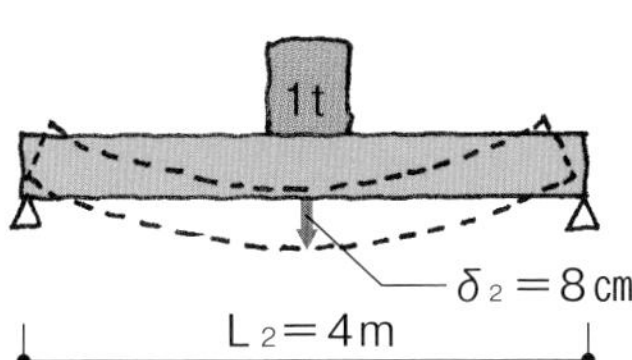

$L_2=4\text{m}$

$$\frac{L_2}{L_1}=\frac{4\text{m}}{2\text{m}}=2.0$$

$$\frac{{L_2}^3}{{L_1}^3}=\left(\frac{L_2}{L_1}\right)^3=8$$

$$\therefore\delta_2=\left(\frac{L_2}{L_1}\right)^3\times\delta_1=8\text{cm}$$

③ヤング係数を変えた場合

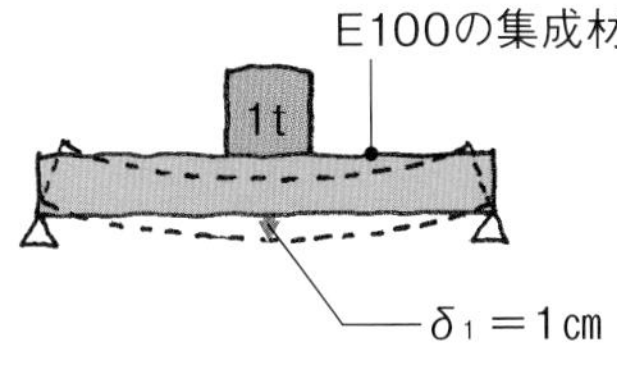

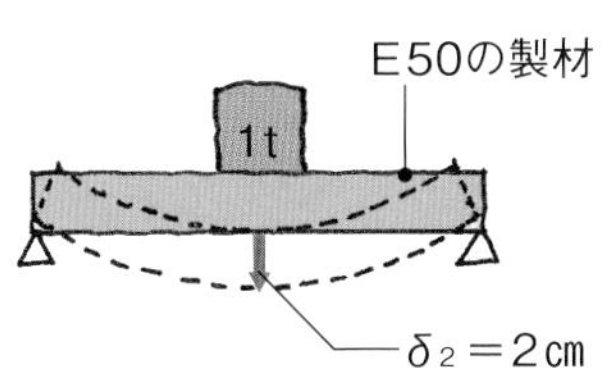

$E_1=100\text{t}/\text{cm}^2$

$E_2=\ 50\text{t}/\text{cm}^2$

$$\frac{1}{(E_2/E_1)}=\frac{E_1}{E_2}=2.0$$

$$\therefore\delta_2=\frac{E_1}{E_2}\times\delta_1=2\text{cm}$$

④梁せいを変えた場合

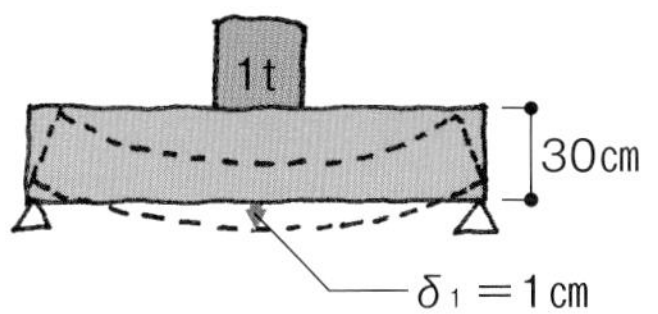

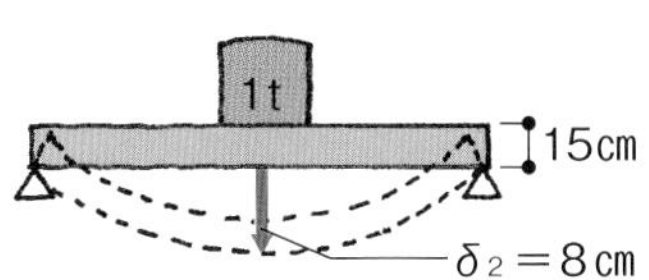

$$I=\frac{b\cdot d^3}{12}\ \text{より}$$

$12\text{cm}\times30\text{cm}：I_1=27{,}000\text{cm}^4$

$12\text{cm}\times15\text{cm}：I_2=3{,}375\text{cm}^4$

$$\frac{1}{I_2/I_1}=\frac{I_1}{I_2}=8$$

$$\therefore\delta_2=\frac{I_1}{I_2}\times\delta_1=8\text{cm}$$

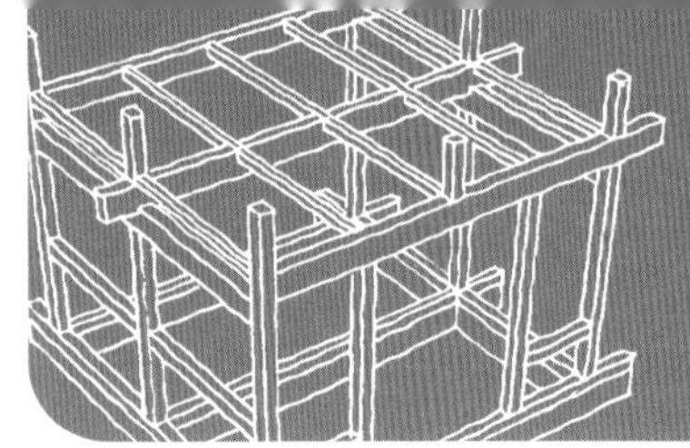

梁端部の支持耐力

POINT
- ▶ 梁端部の支持力は、受圧面積と受け梁の残り寸法が影響
- ▶ 大入れの抜け出し防止も同時に行うこと

梁端部の処理方法

梁の断面は、強度とたわみを検討したうえで決定するが（66〜69頁参照）、これは、端部がしっかりと支持されていることが前提となる。

支持点が梁となる場合

①載るほうの梁（ここでは「検討梁」と呼ぶ）と、受け梁が接触している面積（受圧面積）の大きさが支持耐力に影響する（図1）。検討梁、受け梁ともに繊維と直角方向で荷重を受けるので、めり込みが問題となる（図2①）。

②検討梁の端部に働くせん断力に対しては、検討梁の残りの断面積が影響する（図2②）。したがって、検討梁の下側の切欠きは少ないほうがよい。

③受け梁の受圧面から下の断面、図1に示す「残り寸法」も支持耐力に影響する。検討梁からの力を受けると、受け梁にはめり込みが生じて、受圧面から下側の繊維がつぶれる（図2①）。このつぶれる範囲は30㎜前後であるので、残り寸法は最低でも30㎜以上必要になる。なお、このときの長期許容支持力は4kN程度で、これ以上の荷重を受けるときは残り寸法を60㎜以上確保するとよい。

支持点が柱となる場合

柱は繊維方向で力を受けるので、検討梁の受圧面積が支持耐力に最も影響する（図1）。一般には柱で検討梁を受けたほうが、梁で受けるよりも支持耐力は高いが、通し柱に梁を差し込む場合は、受圧面積が梁受けのときよりも小さくなる傾向があることに注意が必要である。

梁の抜け出しと大入れ寸法

大入れは常時荷重を支えている重要な部分である。その標準寸法は15㎜であるが、検討梁のたわみが過大であったり、軸組が大きく傾斜したときには、梁が抜け出し、支持力の著しい低下を招くおそれがある（図3）。これを防止するには、大入れ寸法を増したり、羽子板ボルトなどで梁を柱に引き寄せておく必要がある。

梁の仕口｜図1

鉛直荷重の伝達能力

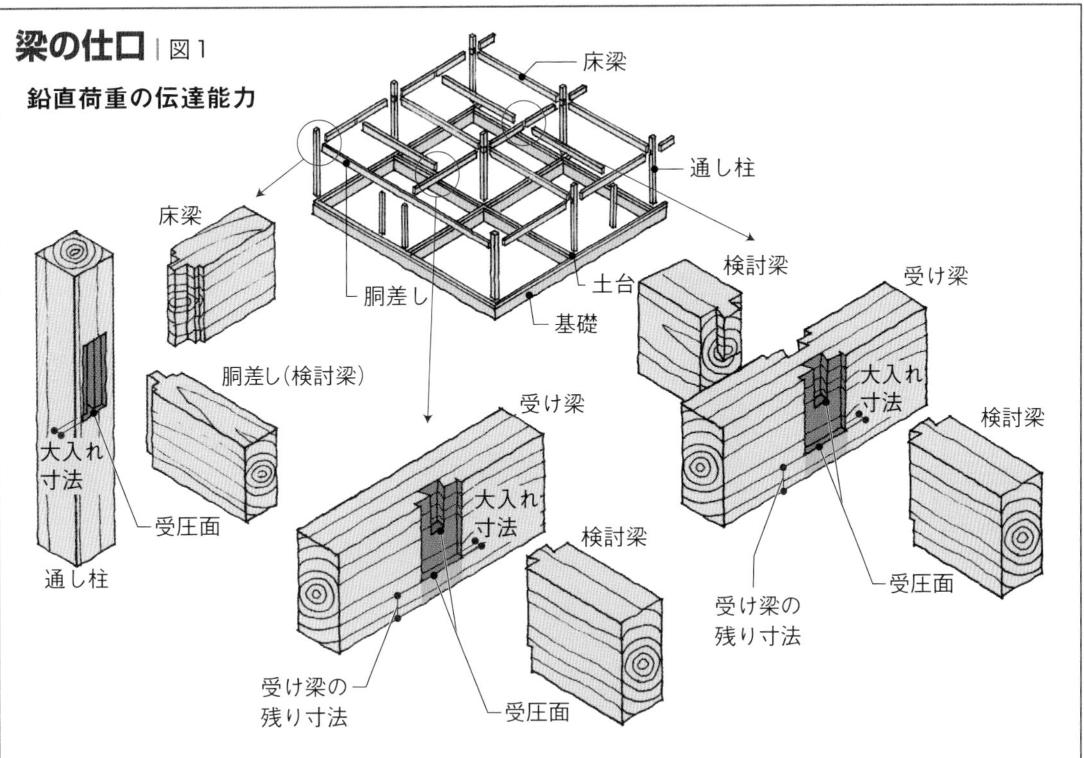

梁受け仕口の破壊性状｜図2

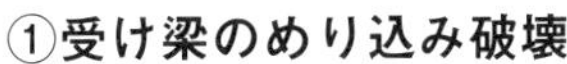

①受け梁のめり込み破壊

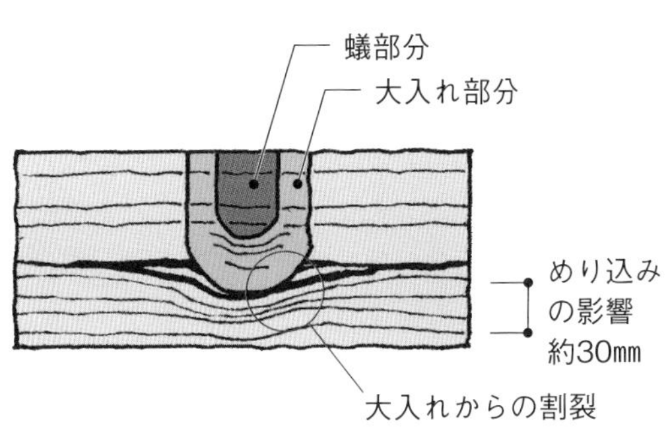

②検討梁のせん断破壊

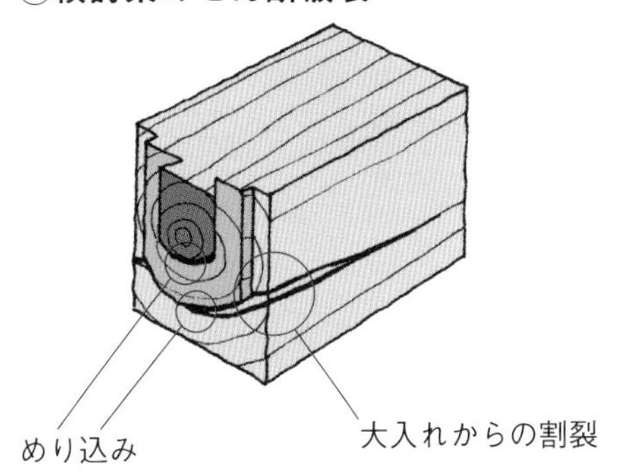

大入れの抜け出し｜図3

①鉛直荷重

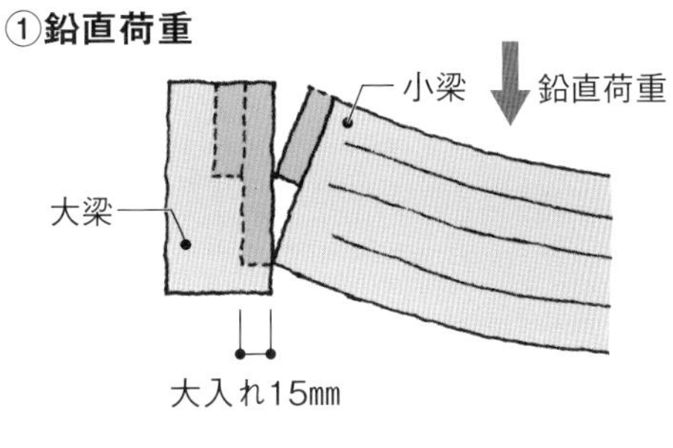

②水平荷重

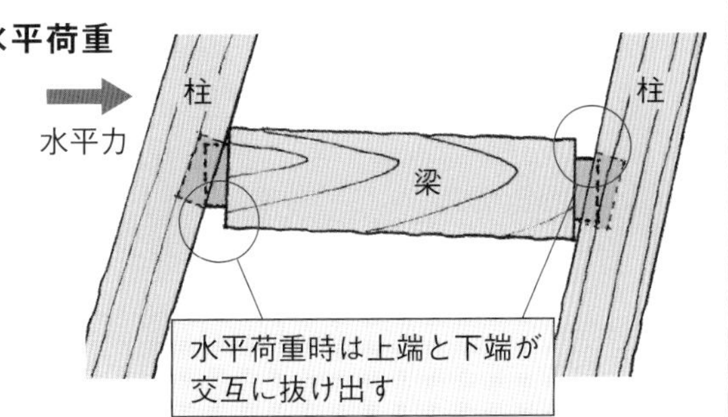

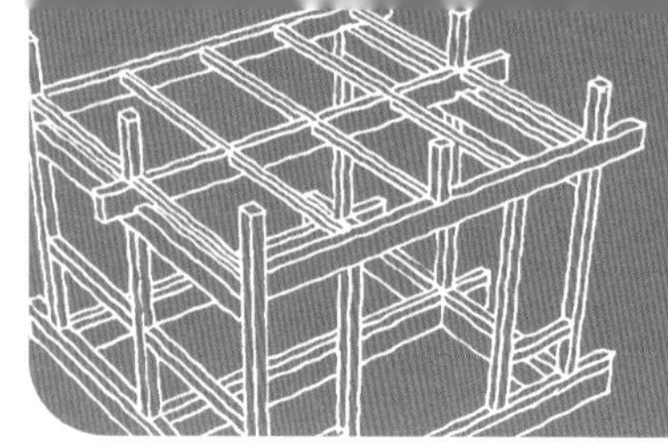

継手の設け方

POINT

- ▶ 継手は強度が低いので、応力の小さい個所に設ける
- ▶ 位置を検討する際は軸組図を活用する

継手の形式と位置の検討

梁は継手を設けず、なるべく長いものを通して使用したほうがよいが、部材の規格化を図ると自ずとその長さは制限される。そこで、どのような継手をどの位置に設けたらよいか、という課題を検討することになる。

継手の曲げ強度は、これまでの実験結果から、欠損のない断面に対して最大でも15%程度しかないことが分かっている（表）。図は梁の曲げ応力図である。曲げ応力図は、梁せいの中間を基準線（応力がゼロのライン）として、引張力の生じる側に曲線を示す。したがって、継手は応力の小さいところ、すなわちこの曲線と基準線との交点付近に設けるようにするとよい。

図①は、スパンの短いところに継手を設けたものである。短スパン部分は総じて応力が小さいので、継手はこの範囲に設けるのが基本となる。

図②は、右側からはね出した片持梁で、スパンの長い梁を受けるものである。長スパン梁の荷重を受けると、継手に大きなせん断力が働くので、これに抵抗できる継手形状とする必要がある。なお、片持梁のはね出し寸法は、梁断面と継手形状にもよるが600㎜以下を目安とする。

図③は、単純梁の中間に継手を設けるもので、曲げ耐力の比較的高い継手の場合に適用できる。しかし梁の端部は曲げ応力が小さくても、せん断力は大きくなるので、形状に配慮する必要がある。柱との接合も考えると、木造でこの形式は避けたほうがよい。

基本的には、継手を設けたらそこで梁が分断されていると考え、すぐ近くにある柱からのはね出し梁として力を伝達できるようにする。一般に多用される鎌継ぎ（かまつぎ）や腰掛け蟻継ぎ（こしかけありつぎ）は、強度が低いうえに乾燥収縮によって緩みやすいので、金物を併用する。

なお、継手位置を検討する際は、上下階の力の流れを把握するため、伏図だけでなく軸組図も活用するとよい（172頁参照）。

継手の曲げに関する試験結果｜表

継手の種類		種類	断面 B×D	最大荷重P (kg)	無継手に対する比率 P/P_0
P／2 P／2	金輪(縦)	スギ	135×150	2,680	12.4%
			125×125	1,900	13.7%
			120×150	2,345	12.2%
P／2 P／2	金輪(横)	スギ	135×150	1,470	6.8%
			125×125	900	6.5%
			120×150	1,081	5.6%
P／2 P／2	追掛大栓	スギ	120×150	3,161	16.5%
P／2 P／2	鎌	スギ	120×150	714	3.7%

鉛直荷重に対する継手の設け方｜図

①中央継手形式

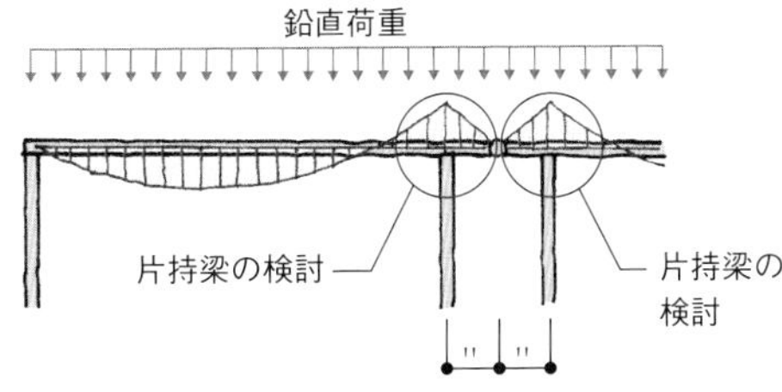

鉛直荷重
曲げモーメント、せん断力共に0
曲げモーメント：大
片持梁の引き 1.5Lc以上
Lc Lc
片持梁の引き 1.5Lc以上
片持梁 片持梁

柱間距離(スパン)の短い部分の中央部に継手を設ける
＊継手の負担応力：微小

②持ち出し梁形式

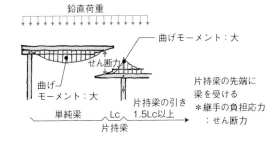

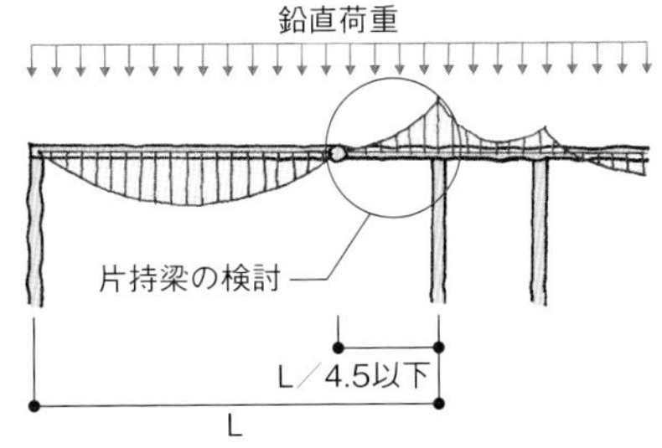

鉛直荷重
曲げモーメント：大
せん断力
曲げモーメント：大
単純梁
Lc
片持梁の引き 1.5Lc以上
片持梁

片持梁の先端に梁を受ける
＊継手の負担応力：せん断力

③単純梁形式

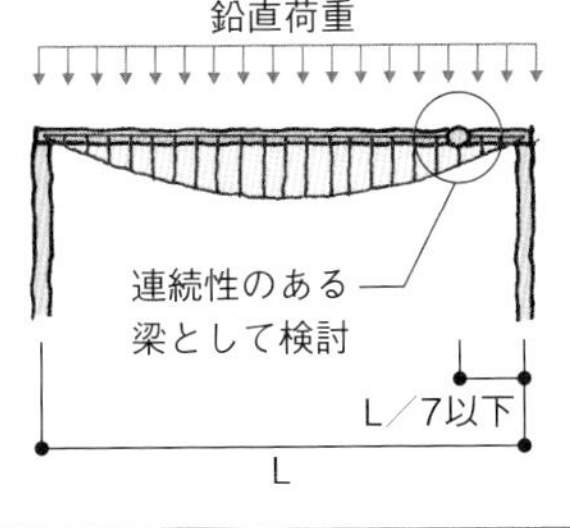

梁端部は曲げモーメントは小さくなるが、せん断力が大きくなるので、この形式はあまり好ましくない

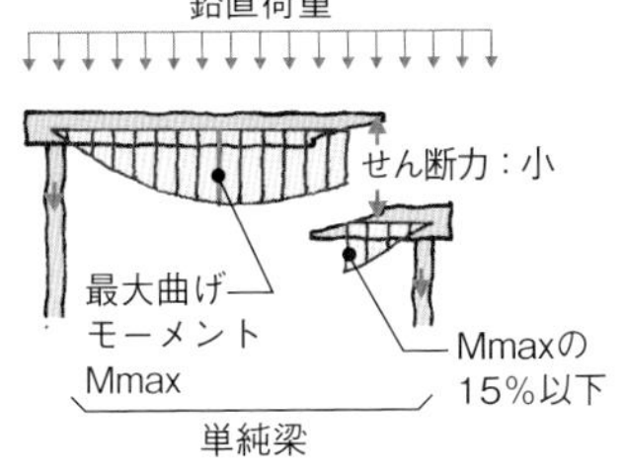

単純梁の曲げモーメントの小さい部分に継手を設ける
＊継手の負担応力：曲げモーメント、せん断力

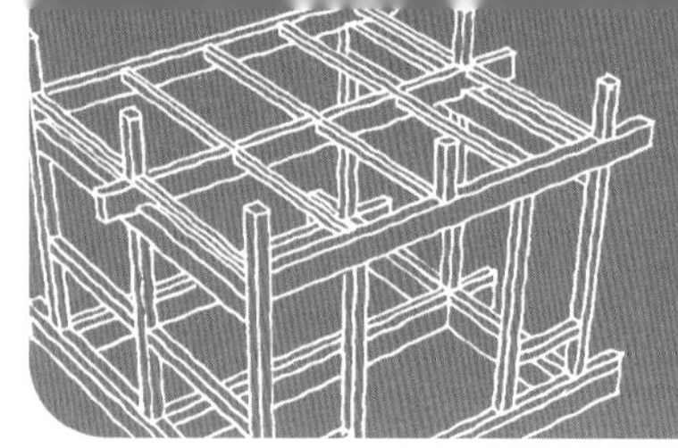

重ね梁、複合梁

POINT
- 重ね梁は上下材のずれ防止が重要
- トラス、複合梁は引張材の接合に配慮する

比較的大きな空間を必要とする場合は、図1のような梁の採用が考えられる。大断面の梁材が容易に手に入れば問題ないのだが、乾燥の難しさや運搬・ストックなどを考えると、そこには多少の工夫が必要になる。また、近年は環境面からも間伐材を有効利用する重要性が増しているため、規格化された小径材を組み合わせた架構を考える意義は大きい。

重ね梁はずれを防止する

その1つに、重ね梁がある。これは2〜3本の梁を上下に重ねたものだが、重ねただけでは鉛直荷重がかかるとずれが生じ（図2）、構造的には個々の部材を横に並べただけの効果しか発揮できない。図2の表は断面の強度の検討に用いる断面係数Zと、たわみの検討に用いる断面二次モーメントI（68頁参照）を比較したものだが、これを見てもその違いは明瞭である。

したがって、ムク材と同等の耐力を発揮させるには、重ね梁の上下の梁を接着して、ずれがまったく生じないように一体化する必要がある。束でつないだり、ずれ止めのダボを入れる程度では、ムク材と同等の断面性能を得られないことは実験結果などからも分かっている。

トラス、複合梁、合成梁

そのほか、長スパンを構成する方法としては、上下の梁の間を斜材でつなぐトラスや、鋼棒などの引張材を組み合わせた複合梁、構造用合板を両面に打ち付けて上下材をつなぐ合成梁などが考えられる（図1）。

トラスは斜材の傾きを水平面から45〜60°とすると構造的な効果が期待できる。また、木造のトラスは出来る限り部材に圧縮力が働くように斜材を配置するとよい。引張材となる場合はその接合方法に注意する。

複合梁を採用するときも同様で、引張材の接合方法が重要になる。構造用合板でつなぐ合成梁は、釘の径と本数が耐力に影響する。

大スパンを構成する梁の種類 | 図1

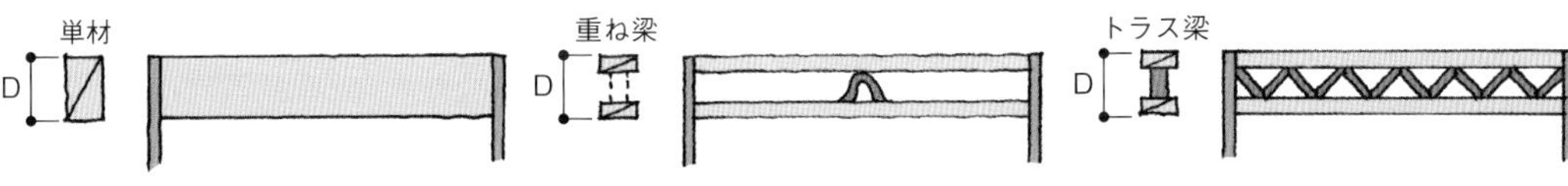

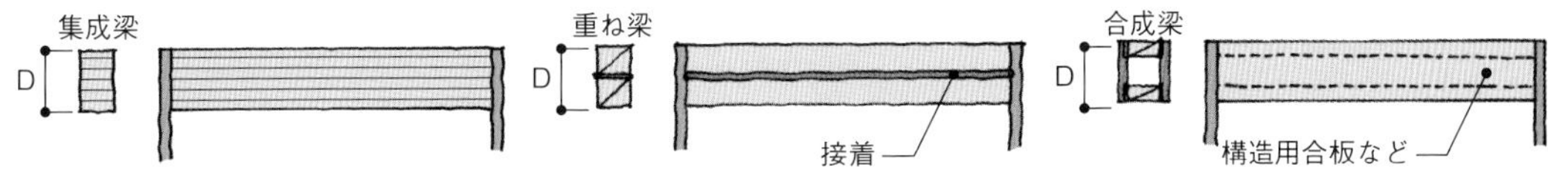

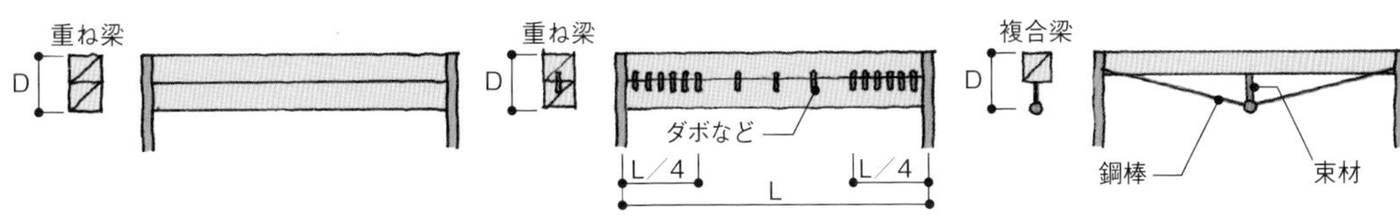

断面係数と断面二次モーメント | 図2

①単材

②重ね梁

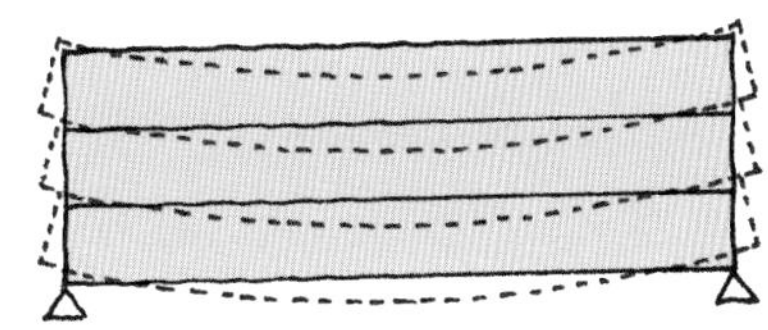

単材を重ねただけでは重ね合わせた面がずれてしまう

断面係数　$Z = \frac{1}{6}bh^2$

断面二次モーメント　$I = \frac{1}{12}bh^3$

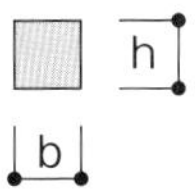

断面形	b × h	b × 2h	b × h（2段重ね）	b × 3h	b × h（3段重ね）
曲げ強度（断面係数）	1	4	2	9	3
曲げ剛性（断面二次モーメント）	1	8	2	27	3

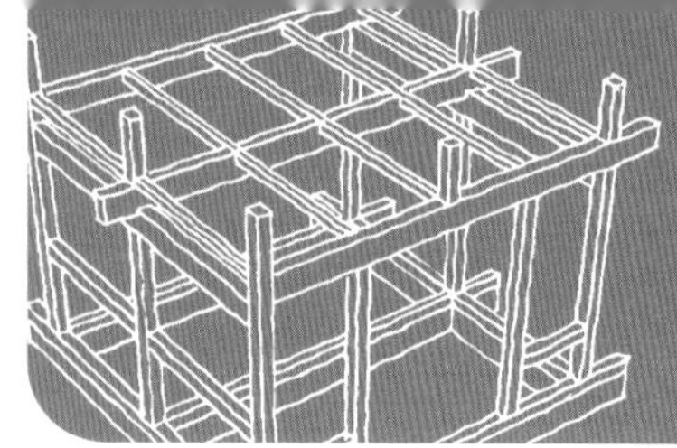

耐力壁が載る梁

POINT
- ▶ 耐力壁を梁上に載せる場合は梁断面と接合部に注意
- ▶ 2階の壁量には余裕をもたせること

2階耐力壁の下に柱がないと……

柱の項(50〜59頁参照)で述べたように、2階と1階の柱位置は一致しているのが原則だが、実際の住宅では床梁の中間に柱を載せていることが少なくない。この場合、2階の床梁には床荷重のほかに屋根や外壁の荷重も掛かってくるので、大きなたわみが生じる。さらに、そこに耐力壁が載っていると、水平荷重時に耐力壁が回転し、一方の柱には圧縮力、もう一方の柱には引張力が生じる。これらの荷重が常時荷重のほかに加わることで、たわみはさらに増大する(図1)。当然、梁の両端部には大きな反力が作用することになるため、接合方法にも十分な注意を払わなければならない。

これを、耐力壁の側から見ると、梁がたわむということは、自身の足元が沈むことを意味する。したがって、耐力壁の回転量は通常よりも大きくなり、見かけの剛性(壁倍率)は低下していることになる。

1階柱がない場合の耐力壁

図2は、2階に壁倍率4の筋かい(45×90㎜のたすき掛け)を設けたとき、1階柱の有無と梁断面により、見かけの壁倍率(112頁参照)がどのくらい低下するかを検証したものである。

①のように、耐力壁の両端部柱の直下に1階柱があれば、梁断面にかかわらず壁倍率は低下しない。ところが、②のように、1階柱が片側にしかないと、床梁と小屋梁断面を大きくしても、壁倍率は15%低下する。もし、鉛直荷重だけしか考慮しない設計で、両梁断面を最小限にしていると、壁倍率は想定した倍率の50%以下となる。③は、1階柱がまったくない場合で、このときは圧縮側はたわみを増加させるが、もう一方は引張力によりたわみが軽減されるため、②と同じ結果になった。

以上の検討結果から、耐力壁が梁上に載る場合は、梁断面と接合部のほかに、2階の壁量にも余裕をもたせる必要があることが分かる。

梁上に載る耐力壁｜図1

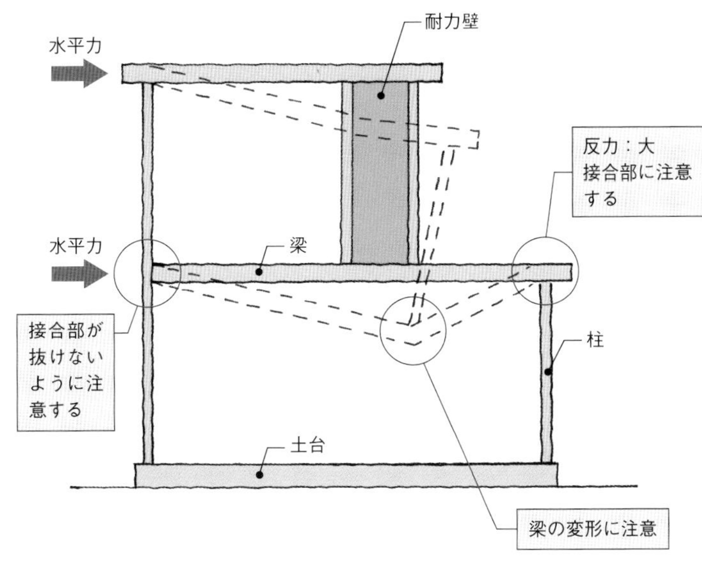

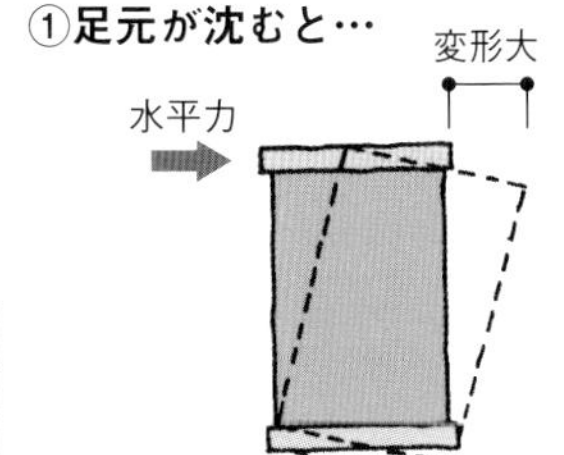

足元が沈むと耐力壁全体が回転するので、水平方向の変形量が増大する→剛性低下につながる

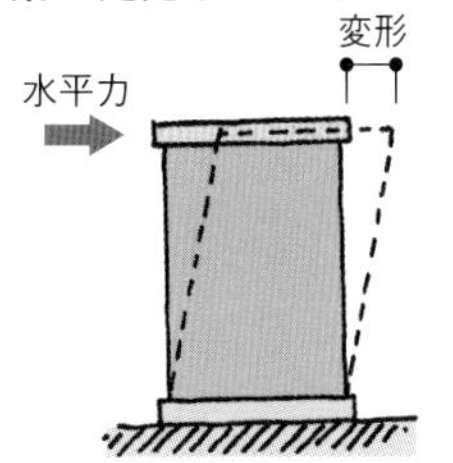

梁上に載る耐力壁と下階柱の有無｜図2

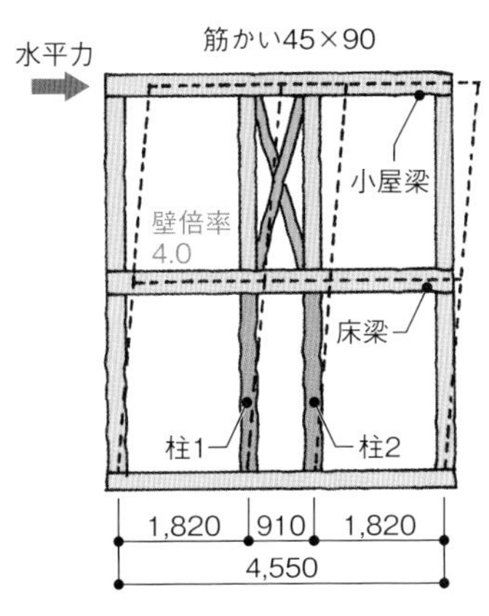

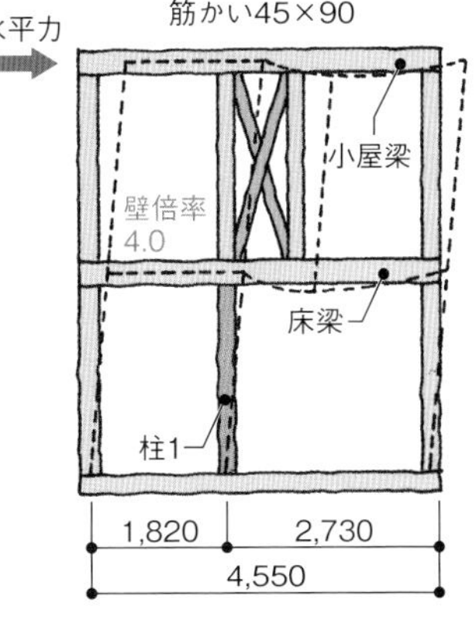

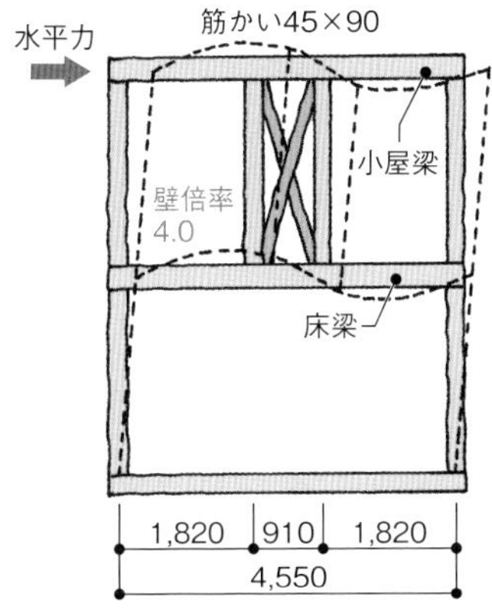

①		②		③	
小屋梁：120×150㎜ 床　梁：120×150㎜	壁倍率：4.0	小屋梁：120×150㎜ 床　梁：120×150㎜	壁倍率：1.9	小屋梁：120×150㎜ 床　梁：120×150㎜	壁倍率：1.9
小屋梁：120×150㎜ 床　梁：120×240㎜	壁倍率：4.0	小屋梁：120×150㎜ 床　梁：120×240㎜	壁倍率：2.7	小屋梁：120×150㎜ 床　梁：120×240㎜	壁倍率：2.7
小屋梁：120×150㎜ 床　梁：120×300㎜	壁倍率：4.0	小屋梁：120×150㎜ 床　梁：120×300㎜	壁倍率：3.1	小屋梁：120×150㎜ 床　梁：120×300㎜	壁倍率：3.0
小屋梁：120×240㎜ 床　梁：120×240㎜	壁倍率：4.0	小屋梁：120×240㎜ 床　梁：120×240㎜	壁倍率：3.1	小屋梁：120×240㎜ 床　梁：120×240㎜	壁倍率：3.1
小屋梁：120×300㎜ 床　梁：120×300㎜	壁倍率：4.0	小屋梁：120×300㎜ 床　梁：120×300㎜	壁倍率：3.4	小屋梁：120×300㎜ 床　梁：120×300㎜	壁倍率：3.4

注　2階の耐力壁が梁の中間にのる場合、耐力壁の支持点が変形するため期待した耐力が発揮されない（この表は軸組と壁倍率の低減値を表す）

耐風柱と耐風梁

POINT

- ▶ 吹抜けに面した外壁の軸組は耐風処理にも配慮
- ▶ スパンは鉛直荷重時と異なるので注意

外壁に面して吹抜けがある場合、外壁面の柱や梁は風圧力に抵抗する役割を担う。風圧力の流れを見ていくと、柱が通し柱であれば柱が、管柱であれば梁が、最終的に風圧力に抵抗する。つまり、どちらか優先して通っているものが主に抵抗することになる（図1）。

柱・間柱の必要断面

風圧力に対する柱・間柱（まばしら）の必要断面は、柱・間柱の間隔（力の負担幅）と横架材間の長さ（柱・間柱の支点間距離）に関係する（図2）。梁の断面設計と同様、強度とたわみについて検討するが、風圧力は短期荷重であるので、クリープによる変形増大係数を考慮する必要はない。

また、柱から横架材に力を伝達するためには、仕口のホゾ断面が重要になる。短ホゾだけでは、柱が曲げられ変形したときに抜け出すおそれがあるので、必ず金物を併用するか、長ホゾとして込栓を打つようにする。

耐風梁は梁幅に注意

一方、外壁面に風圧力が作用したときの横架材は、鉛直荷重のほかに水平方向に曲げの力を受ける。そこに床が張られていれば床がこの力に抵抗するが、吹抜けの場合は、主に梁幅で抵抗しなければならない（図3）。

耐風梁（たいふうばり）のスパンは、風圧力の方向と平行な梁や床が取り付く位置を支持点と考える。たとえば、吹抜け内に振止（ふれど）めの梁や、火打梁を設けると、有効スパンを短くすることができる。しかし、管柱をたくさん配置したとしても、耐風梁のスパンを短くする要因にはならない。

また、力の方向を考えれば、耐風梁は梁せいよりも梁幅を増すほうがたわみを小さく抑えることができる（66〜69頁参照）。

そのほか、端部の仕口が抜け出さないよう接合部を留めるとともに、耐風梁内では継手を設けないようにすることも重要である。

風圧力に耐える外壁面の構造 | 図1

①梁で支える方法

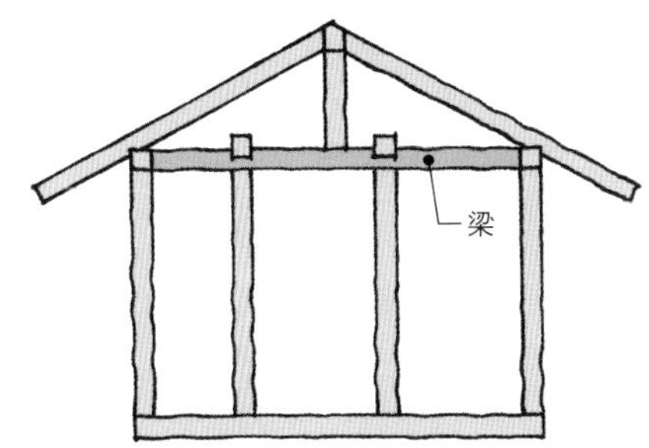

梁が優先して通っていると、柱で受けた風圧力も最終的には梁が支えることになる

②柱で支える方法

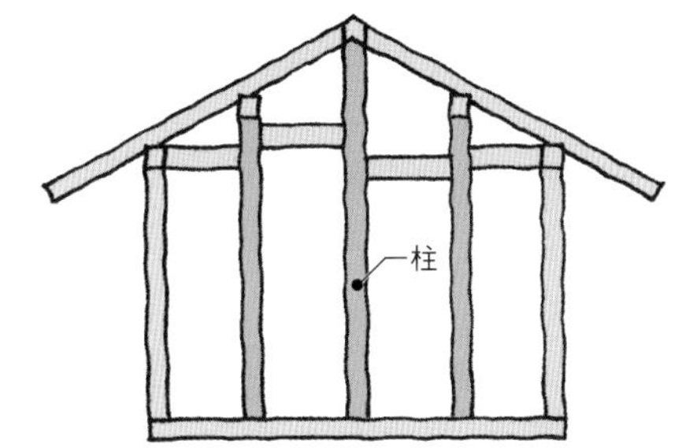

柱が優先して通っていると、梁で受けた風圧力も最終的には柱が支えることになる

耐風柱 | 図2

外壁面では風圧力を受けるため、柱および間柱は風圧力にも抵抗する必要がある

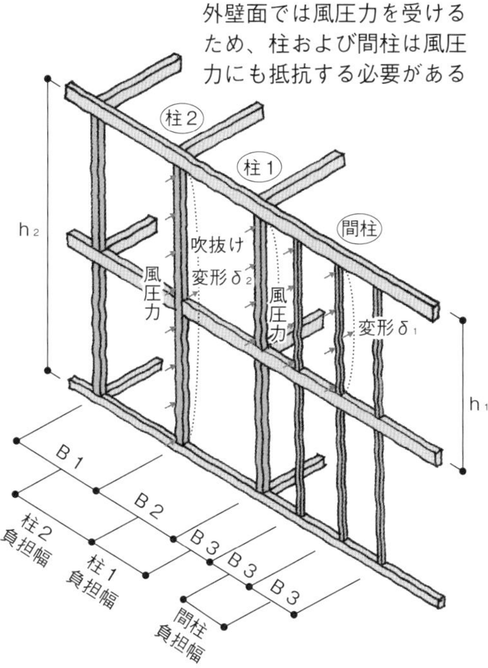

耐風柱のスパンと負担幅

	スパン	負担幅
柱1	h_1	(B2＋B3)／2
柱2	h_2	(B1＋B2)／2
間柱	h_1	B3

耐風梁 | 図3

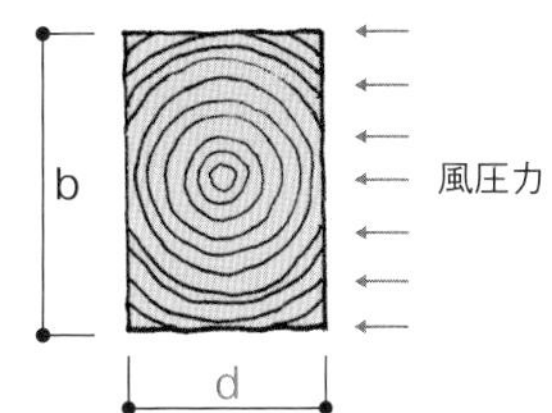

風圧力に対しては梁幅をせいdとして断面性能を算出する

外壁に面する吹抜けと耐風梁

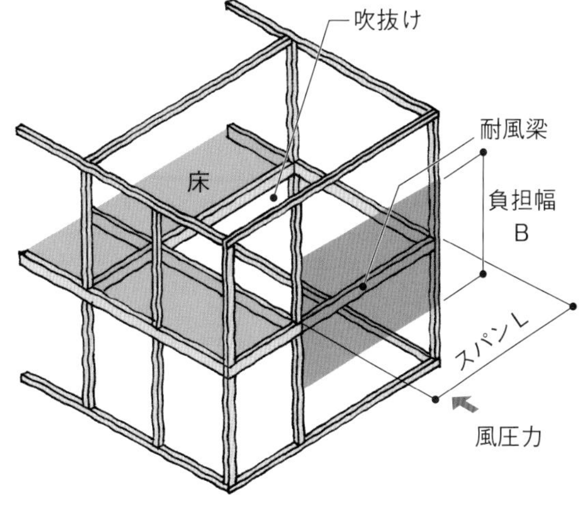

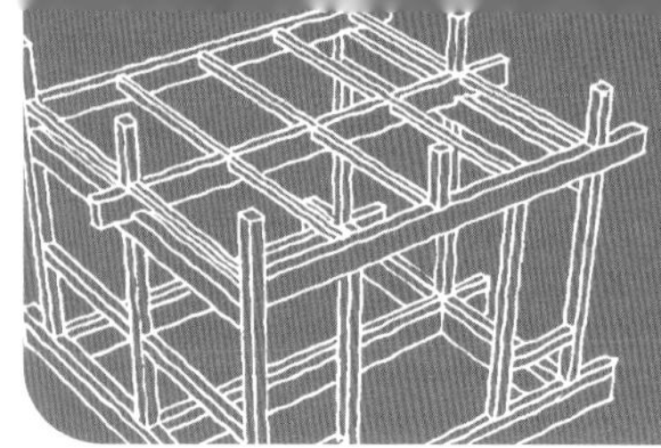

036
接合部の役割

接合部に要求される性能

POINT
- ▶ 木造の接合部は建物全体の構造性能を左右する
- ▶ 接合形状は力のはたらく方向を考えて決定する

強度、変形を左右する接合部

接合部は、一方の部材が負担した力を、他方の部材に伝達する重要な役割を担う。木造の場合は、他構造と比べて接合部の形状が複雑で種類も多い。さらに、建物全体の強度や変形を左右する最も重要な部分となる。

接合部は、大まかには柱通しの場合と梁通しの場合の2つに分類できる（図1）。いずれも、まずは分断された部材どうしをつなぐことから考える。次に、荷重の方向を考えて、X方向（主に梁の抜け出し）、Y方向（主に風圧力）、Z方向（主に柱の抜け出し）の3軸について形状の検討を行う。

接合部に要求される性能

建物の設計を行うときは、鉛直荷重と水平荷重を考慮する（12頁参照）。

鉛直荷重時は、梁の継手と端部の仕口の鉛直支持耐力が架構の耐力に影響する。具体的には、継手については曲げ耐力（72頁参照）、端部の仕口については受圧面積の大きさ（70頁参照）を確保する（図2）。

一方、水平荷重時の影響は、鉛直構面にかかわるものと、水平構面にかかわるものとに分けられる（図3）。

鉛直構面とは、立面的に見たときの軸組のことだが、主として耐力壁にかかわる接合が影響する。耐力壁は水平荷重を受けると回転が生じ、端部の柱に引抜力が作用する。したがって、柱と土台、柱と床梁、柱と小屋梁などの接合部では、引張耐力を確保する必要がある（122頁参照）。同時に、耐力壁の枠材となる梁には、圧縮・引張の軸力も生じるので、継手や梁端部の仕口の引張耐力も必要になる（158頁参照）。

床面や屋根面のことを水平構面というが、水平力が作用すると水平構面の外周に圧縮力と引張力が生じる。これに対して、継手や仕口は引張耐力を確保する必要がある（158頁参照）。

そのほか、暴風時には軒先の吹上げに対する接合方法にも注意しなければならない（156頁参照）。

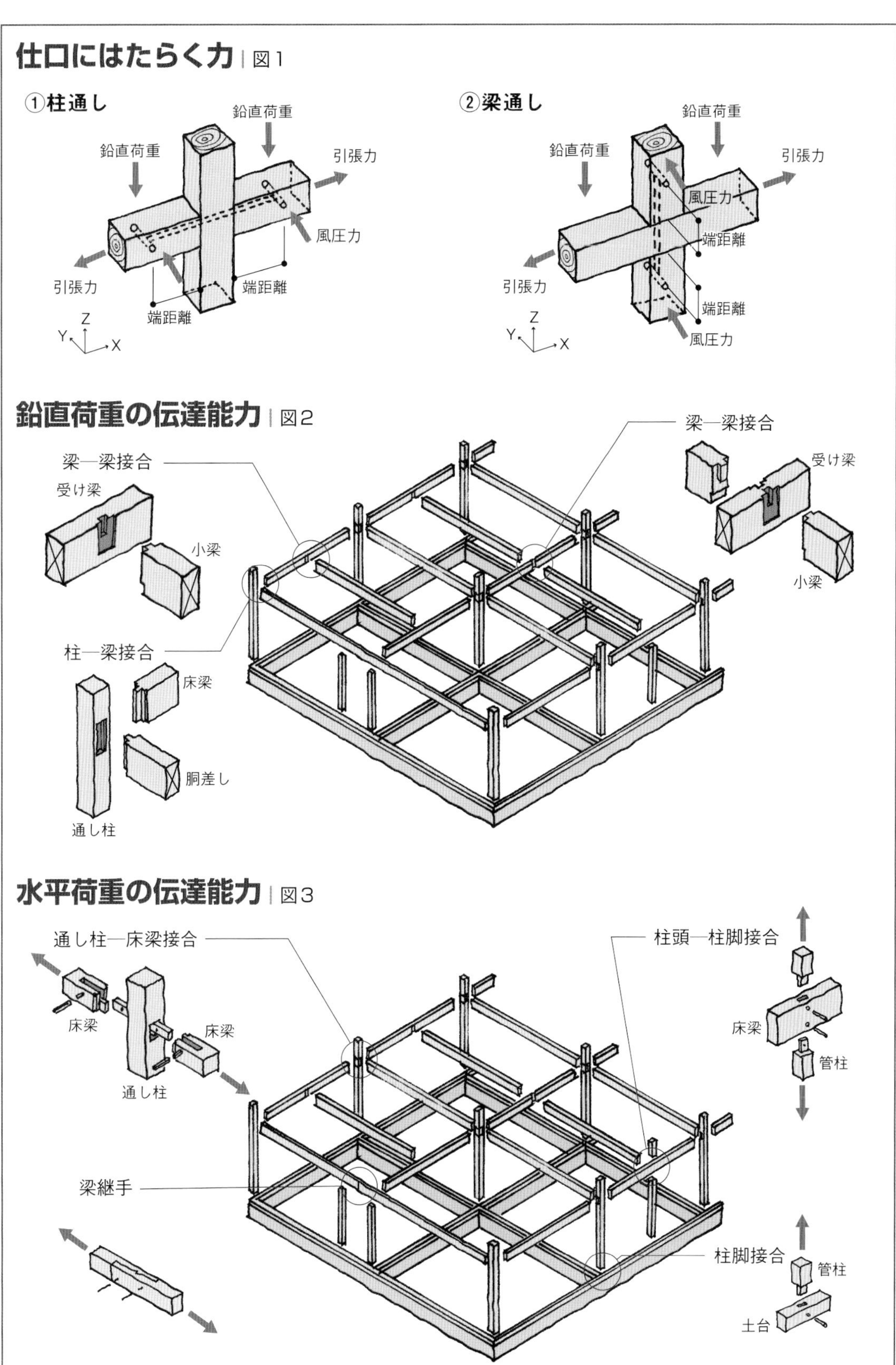

仕口にはたらく力 | 図1
①柱通し
鉛直荷重
鉛直荷重
引張力
風圧力
引張力
端距離
端距離
Z
Y
X
②梁通し
鉛直荷重
鉛直荷重
引張力
風圧力
端距離
端距離
風圧力
引張力
Z
Y
X
鉛直荷重の伝達能力 | 図2
梁—梁接合
受け梁
小梁
柱—梁接合
床梁
胴差し
通し柱
梁—梁接合
受け梁
小梁
水平荷重の伝達能力 | 図3
通し柱—床梁接合
床梁
床梁
通し柱
梁継手
柱頭—柱脚接合
床梁
管柱
柱脚接合
管柱
土台

接合部の種類

POINT

- 接合の種別は、嵌合・金物・接着の3種類
- 要求される構造性能に見合ったものを選択する

仕口、継手とその接合

接合部には柱と梁のように、異方向部材の交点となる「仕口」と（図1①）、梁と梁のように同一方向部材をつなぎ合わせる「継手」がある（図1②）。

接合方法を大別すると、木材のみで接合する嵌合接合、金物を使用する金物接合、接着剤を使用する接着接合、の3種類に分けられる（図2）。

嵌合接合

木材どうしをかみ合わせて、主に「めり込み」で抵抗する接合方法。貫と柱の接合部（図2①）が代表的で、伝統的な仕口・継手のほとんどはこれに該当する。強度が低く変形しやすいが、大きな変形への追随性が高く、粘り強い。込栓、車知栓、楔などの接合具を併用することもある（88頁参照）。

金物接合

木材どうしを突き付けて、金物のみで力を伝達する接合方法（図2②）と、ホゾや蟻などの伝統的な接合に引きボルトを併用する接合方法の2種類に分けられる。

金物のみの接合は、ボルトやドリフトピン（90頁参照）が木材へめり込むことによって荷重を伝達するため、木材の端からの距離を確保する必要がある。

一方、併用タイプは（84頁参照）、主な荷重の伝達は木材どうしのかみ合わせにより行い、金物は抜け出しを防止するために使用する。

接合金物の種類は多く、さまざまな開発が行われている。しかし、なかには、施工性や意匠性を重視するあまり、構造的に見ると疑問を感じるものもある。金物は、接合部に要求される性能をよく考えたうえで選択したい。

接着接合

接着剤を用いた接合は、集成材を用いた構法で採用されることがある（図2③）。接合部に鉄筋を差し込んで、接着剤で木材との接合を行うものが代表的である。この接合方法は高い強度が得られるが、施工管理が難しいため、使用範囲は限定される。

仕口と継手 | 図1

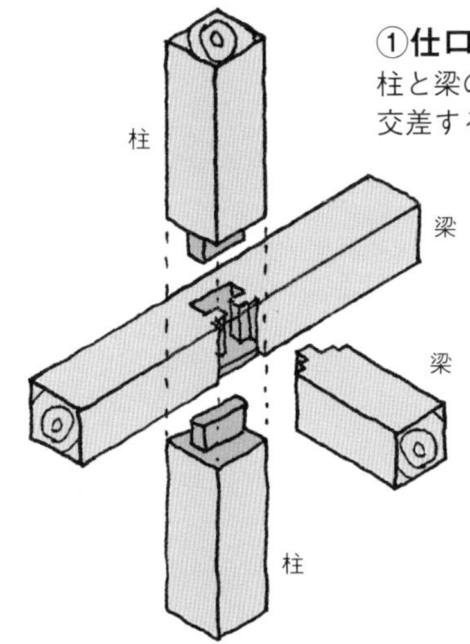

①仕口
柱と梁のように異なる方向部材の交差する接合部の加工方法

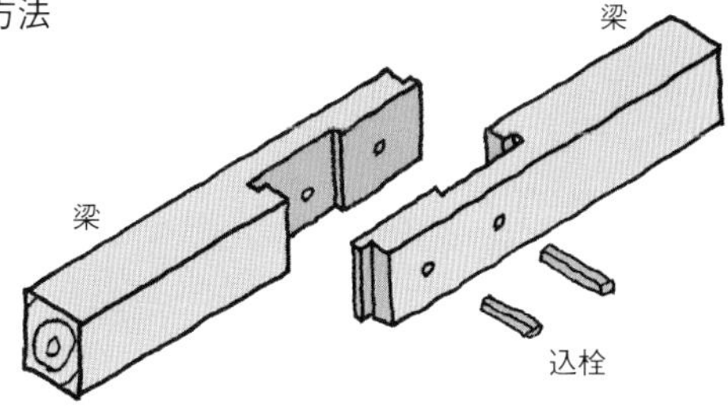

②継手
梁と梁などの同一方向の部材をつなぎ合わせる接合部の加工方法

接合部の種類 | 図2

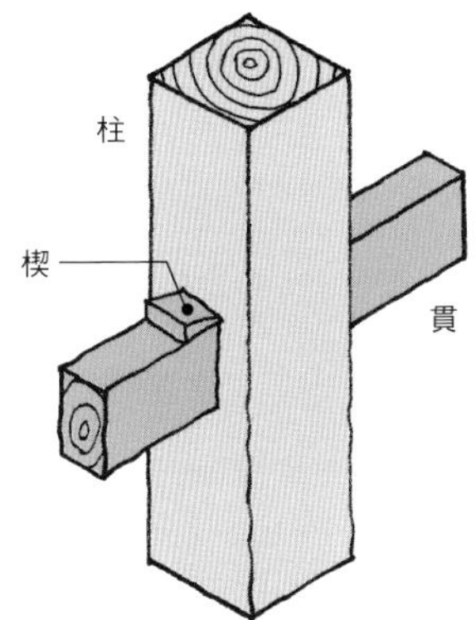

①嵌合接合（かんごう）
部材どうしをかみ合わせ、木材特有の「めりこみ」によって抵抗させる接合方法。強度は弱いが変形能力が高い

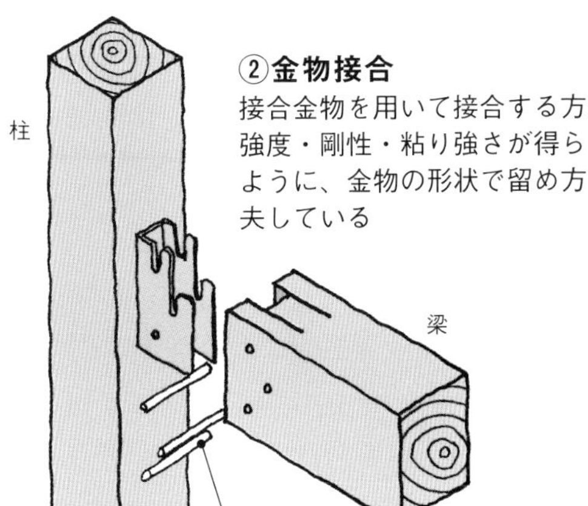

②金物接合
接合金物を用いて接合する方法。強度・剛性・粘り強さが得られるように、金物の形状で留め方を工夫している

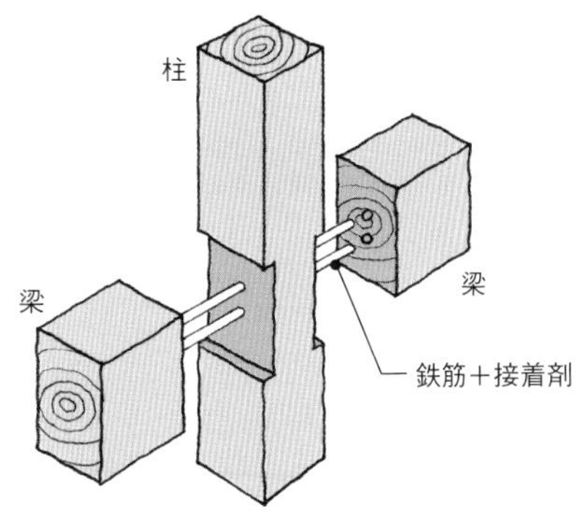

③接着接合
接着剤を用いて接合する方法。強度・剛性は高いが、粘りが少なく変形能力は低い

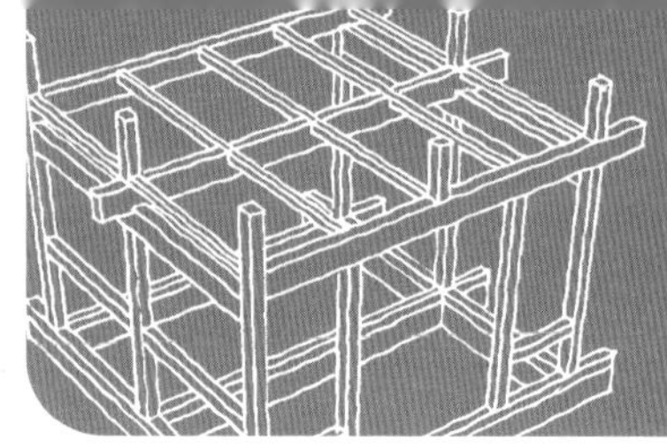

在来軸組構法の仕口

POINT

▶ 柱通し・梁通しとも、木材のみの接合、金物併用の接合、金物のみの接合の3つに分類できる

在来軸組構法の仕口は、柱通しタイプ（図1）と梁通しタイプ（図2）の2つに分けられる。

柱通しタイプ

木材のみの接合

雇いホゾを用いて、込栓打ち（図1①）または車知栓締めとする形式がある。鉛直荷重は大入れ部で支持し、込栓や車知栓で梁の抜け出しを防ぐ。

金物を併用する接合

鉛直荷重は大入れ部で支持し、羽子板ボルトを梁の上端または下端に取り付けて梁の抜け出しを防ぐ（図1②）。意匠性を考慮して、引きボルトを梁の断面内に設ける接合方法もある（図1③）。

金物のみの接合

柱の側面にボルトで金物を取り付けたあと、梁を落とし込みドリフトピンで接合する。この接合方法は木材の含水率の管理を行い、寸法安定性を確保する必要がある。クレテックタイプ（図1④）と、梁の下端にアゴを設けて鉛直支持力の向上を図ったハンガータイプ（図1⑤）がある。

梁通しタイプ

木材のみの接合

長ホゾに込栓打ちとする方法が一般的である（図2①）。込栓を打つ位置は、込栓・長ホゾ・土台または梁の耐力を考慮して決める。

金物を併用する接合

柱は梁に短ホゾ差しとして、羽子板ボルトや短冊金物（図2②）などを使って柱の抜け出しを防止する。柱の引抜力が大きくなるときは引寄金物（ホールダウン金物ともいう、図2③）を使用する。意匠性を考慮して、引きボルトを柱断面内に設けた接合方法もある（図2④）。

金物のみの接合

鋼製のパイプまたはプレートを柱と梁に差し込んで、ドリフトピンを打つものがある（図2⑤）。意匠性、施工性はよいが、ピンの間隔や柱の「端距離」を十分確保する必要がある。

柱通しの仕口 | 図1

①木材のみの接合(雇いホゾ)

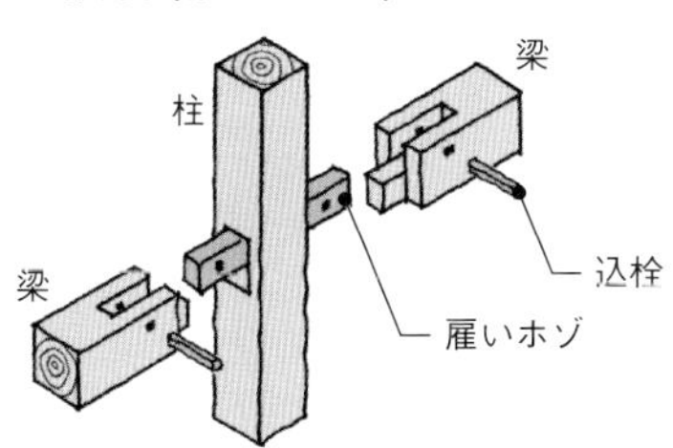

②金物併用の接合(羽子板ボルト)

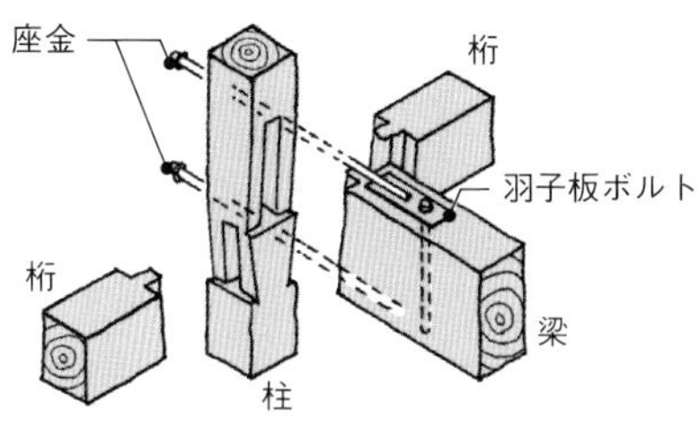

③金物併用の接合(両引きタイプ)

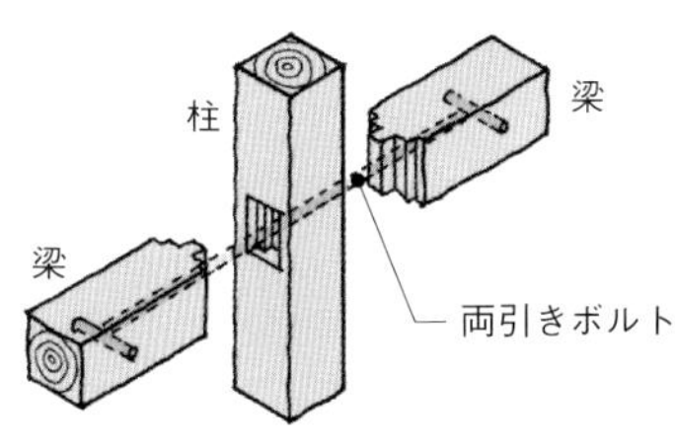

④金物のみの接合(クレテックタイプ)

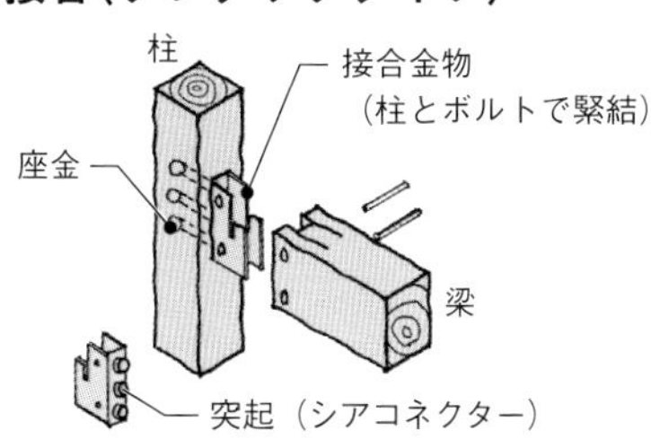

⑤金物のみの接合(ハンガータイプ)

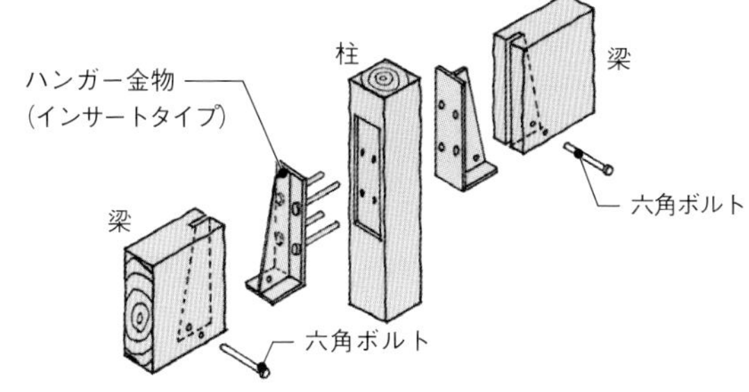

梁通しの仕口 | 図2

①木材のみの接合

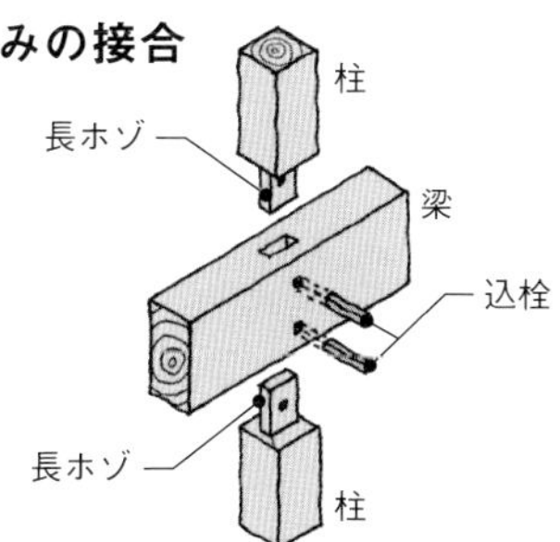

②金物併用の接合(短冊金物)

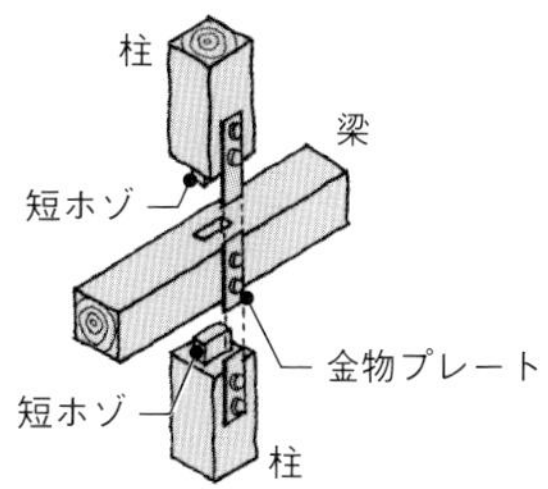

③金物併用の接合(ホールダウン)

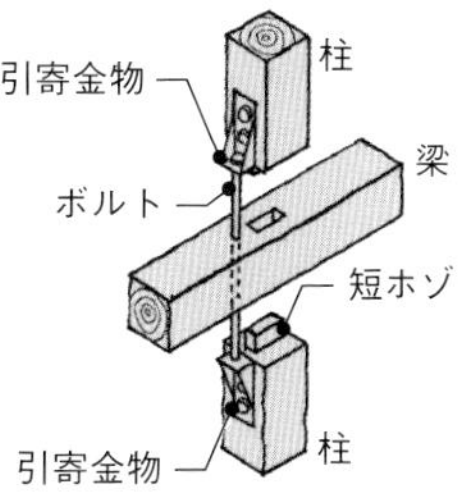

④金物併用の接合(両引きボルト)

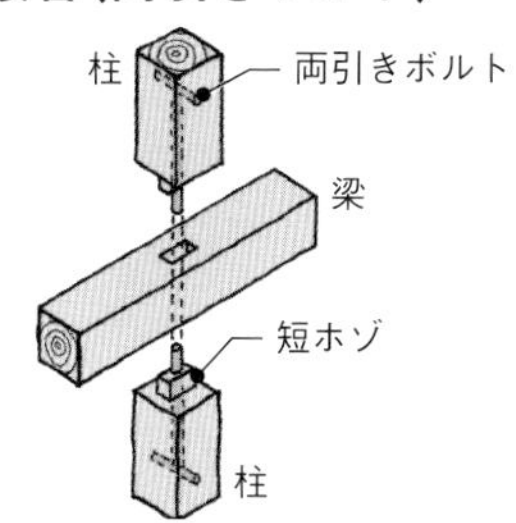

⑤金物のみの接合

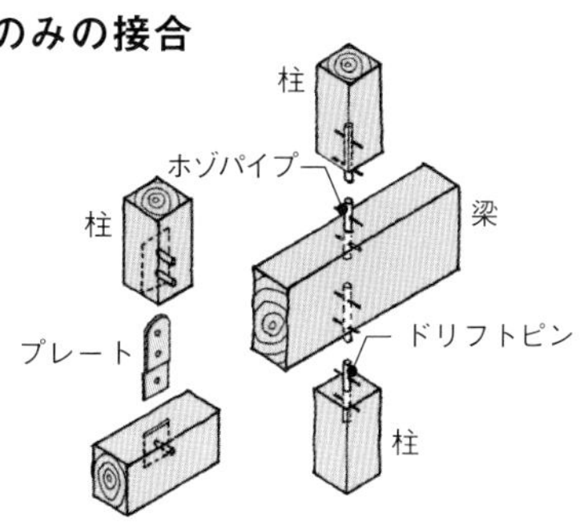

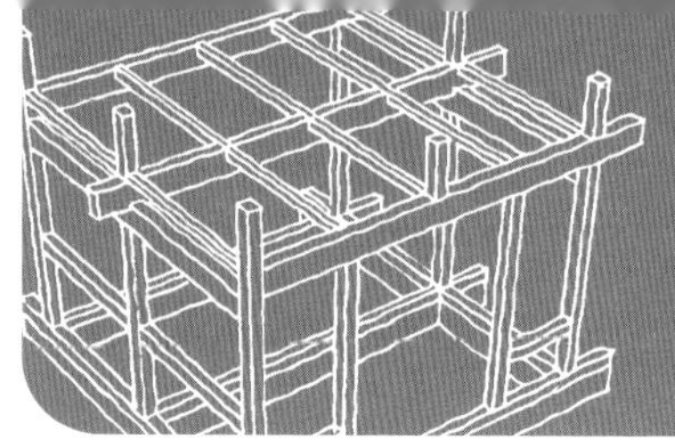

039
接合部の形状③

伝統的な継手と仕口

POINT
▶一般に使われる蟻・鎌系の接合は、乾燥収縮による緩みに注意する

伝統的な継手

「追掛大栓継ぎ」は、木材をかみ合わせて、込栓を2カ所に打ち込む。木材の繊維方向どうしが直接かみ合うので、引張耐力は最も高いが、加工精度が要求される。

「金輪継ぎ」と「尻挟み継ぎ」は、加工形状が少し異なるだけで、構造的に抵抗の仕方は同じである。かみ合う部分に楔状の栓を打ち、増し締めする。施工誤差はここで調整できるが、栓は繊維と直角方向に力を受けるので、追掛大栓よりも引張耐力が低くなる。

矢印形状の継手を「鎌」、台形の引掛りを「蟻」という。これらの継手は腰掛け部分で鉛直荷重の伝達を行い、鎌と蟻は引抜け防止が主な役割となっている。しかし、実際には乾燥収縮によって抜けやすい傾向があるため、引寄金物の併用を原則としたい。

「台持ち継ぎ」は、丸太材を用いた小屋組などでよく採用される。これは、支持点で継ぐことを原則とする。

「竿」とは、通し柱を貫通する梁のホゾをいう。一方の梁を伸ばしているため、雇いホゾよりもあそびが少なく、そのぶん引張耐力は高い。

「込栓」は、正方形または円形の栓で、梁の側面から打ち込む。「車知栓」は9㎜厚程度の小さい板で、2枚1組をハの字状に少し位置をずらして、梁の上端から打ち込む。

伝統的な仕口

「渡り腮」は、互いの梁に欠き込みを設けてかみ合わせる単純な形状。

「蟻落し」は、梁の上端がそろっているときに、蟻を梁の上側に設けて受け梁に落とし込むもの。「兜蟻」は小屋組で見られる形状で（154頁参照）、梁のレベルが異なる場合に、蟻を梁の下側に設けて桁梁に載せ掛ける。

「雇いホゾ」は、30㎜厚程度の板を通し柱に貫通させ、梁を込栓または車知栓で留める。梁は通し柱に少し差し込むだけなので、「竿継ぎ」より施工性がよく、梁の長さも統一できる。

伝統的な継手 | 図1

①追掛大栓継ぎ

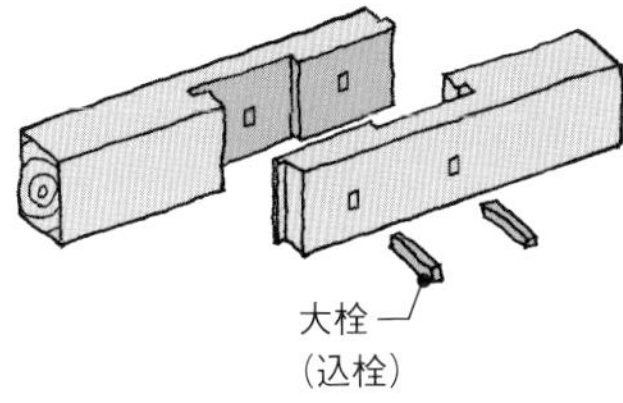

③尻挟み継ぎ

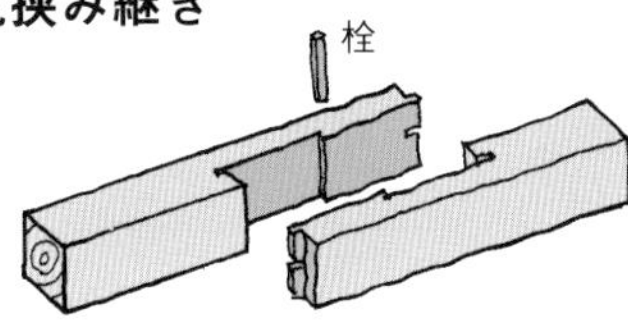

⑤腰掛け鎌継ぎ

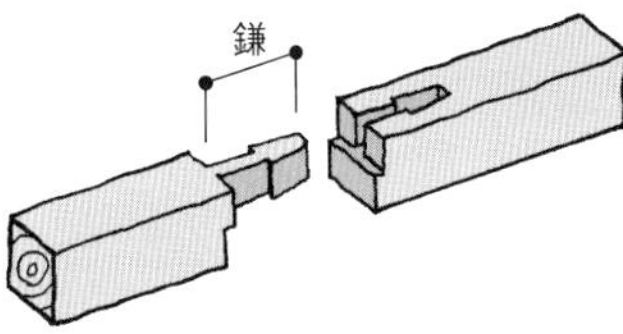

②金輪継ぎ

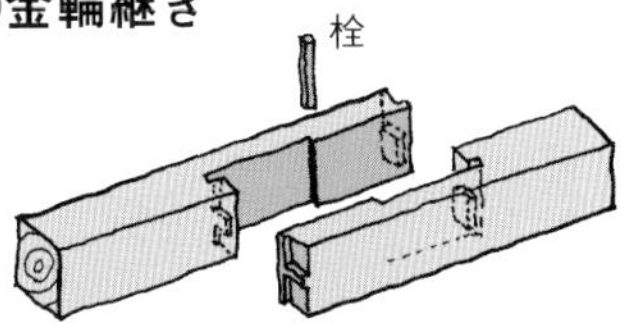

④腰掛け蟻継ぎ

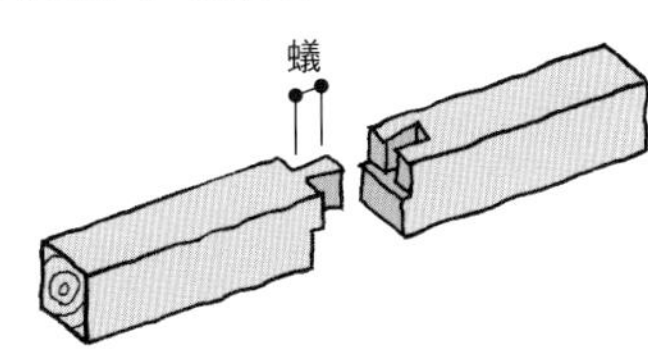

⑥台持ち継ぎ

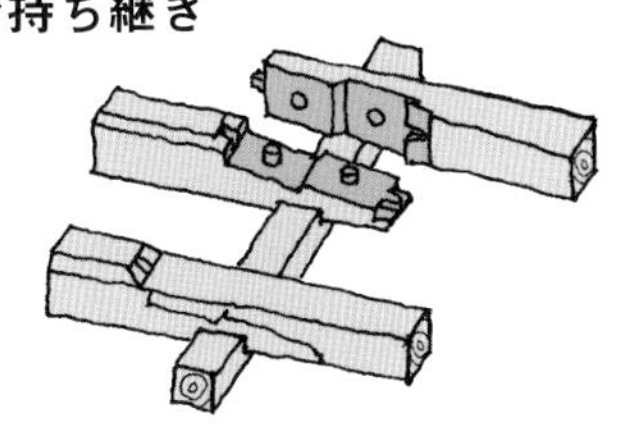

⑦竿車知継ぎ

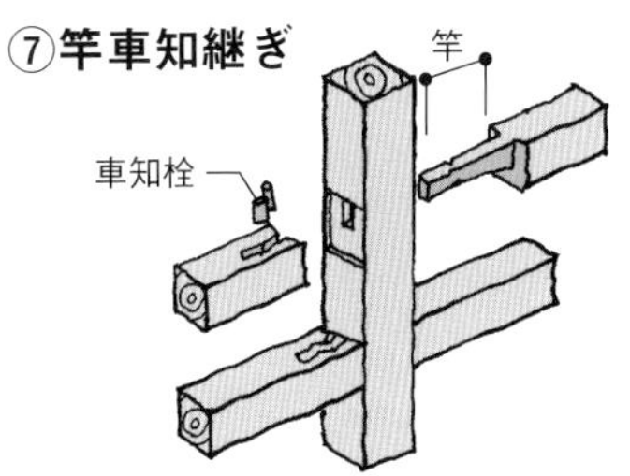

伝統的な仕口 | 図2

①渡り腮

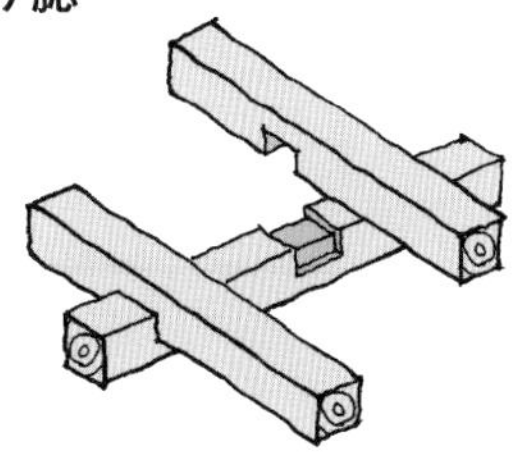

②大入れ蟻掛け

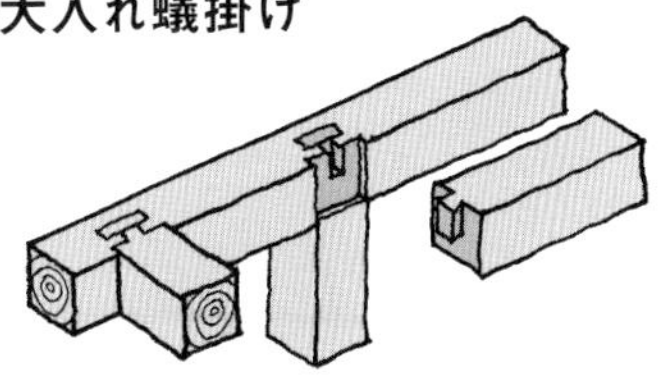

③兜蟻掛け

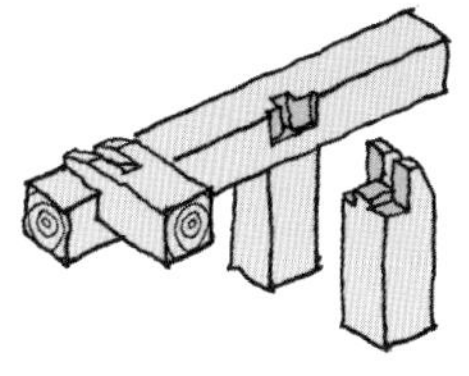

④雇いホゾ

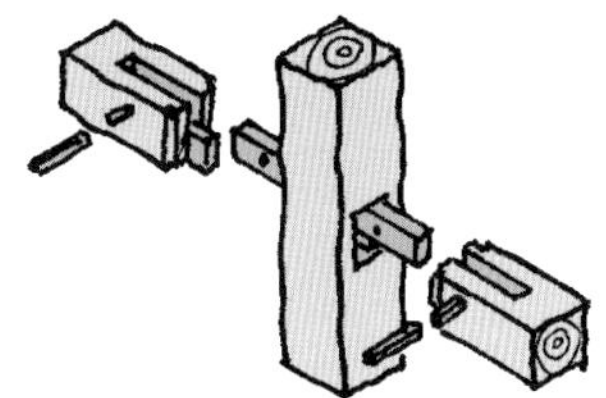

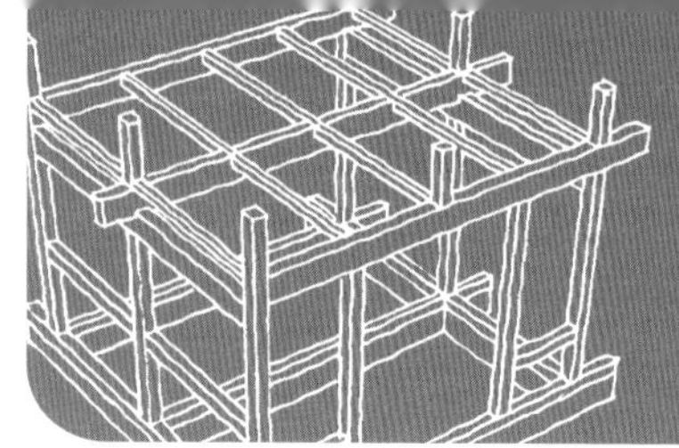

込栓の性能

POINT
- 長ホゾ差し込栓打ちの破壊形式は3種類
- 込栓が破壊するタイプは粘り強く修復性もよい

柱脚（込栓接合部）の破壊

接合に用いる栓や釘などのことを、接合具という。木材の接合具には、込栓、車知栓、ダボ、楔などがある。これらのうち最もよく用いられる込栓接合の耐力について見てみよう。

この接合に引張力が働いたときの壊れ方は、①ホゾの破壊、②込栓の破壊、③土台（梁）の破壊、の3パターンで、これには柱材の樹種、ホゾの厚さ、込栓の樹種・径・位置、土台の樹種・断面などが影響している。

①ホゾの破壊

込栓によりホゾの下側が割れて抜けてしまう破壊（せん断破壊）で、破壊後は急激に耐力が低下する。ホゾの引張力に対する抵抗力は、込栓より下側のホゾの断面積に比例する。

したがって、込栓はなるべく土台の上側に打ったほうが、ホゾの耐力は大きくなる。

また、ホゾの厚み（30㎜が一般的）を増すことも有効である。

②込栓の破壊

ホゾと土台の境界線で、込栓が折れる破壊（曲げせん断破壊）である。①の逆で、込栓よりホゾの強度が高いときに生じる。込栓は山形に曲がりながら折れるため、破壊後もホゾと土台の隙間に食い込んで、楔のような働きをする。そのため、破壊後の耐力低下は緩やかで粘り強い。

また、柱や土台の破壊では補修工事は大掛かりになるが、込栓の破壊は建て起こしてから込栓を取り替えればよく、比較的軽微な工事で済むという利点がある。

込栓の形状は15㎜または18㎜の正方形か円形が一般的である。構造的には、円形でも方形でも断面積が同じであれば、込栓のせん断耐力は同じである。

③土台の破壊

込栓の位置から土台が繊維方向に割り裂かれる、非常に脆い破壊（せん断破壊）である。込栓が太すぎたり、込栓の位置が上側に寄っているときに生じやすい。

長ホゾ差し込栓打ちとした柱脚の破壊形式｜図

①ホゾのせん断破壊

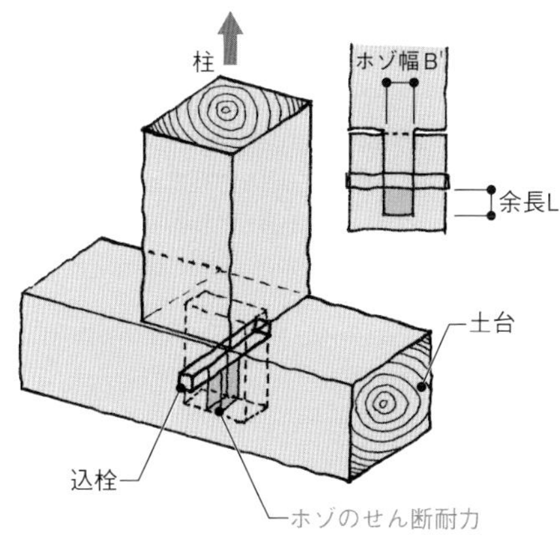

せん断抵抗面積 A＝B'×L'×２面

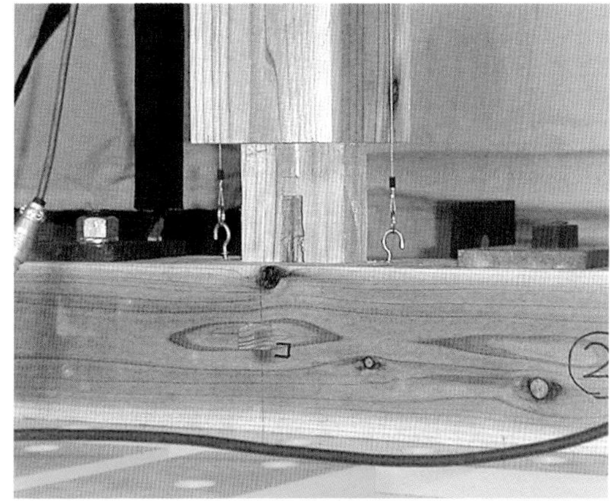

土台と込栓は健全で、ホゾが込栓により割り裂かれている

②込栓の曲げせん断破壊

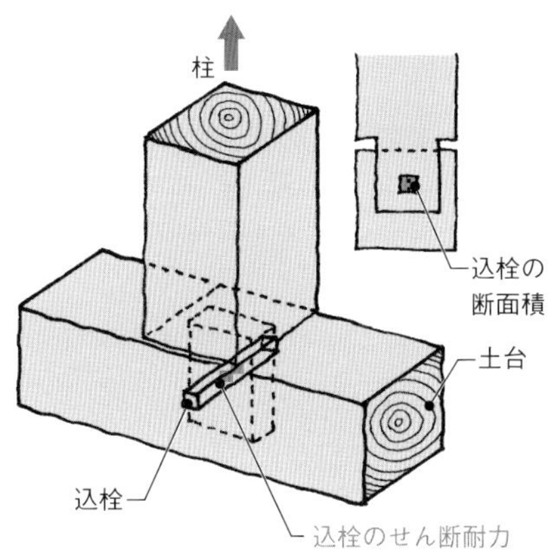

せん断抵抗面積 A＝込栓の断面積×２面

ホゾと土台は健全で、込栓が折れ曲がっている

③土台の割裂き

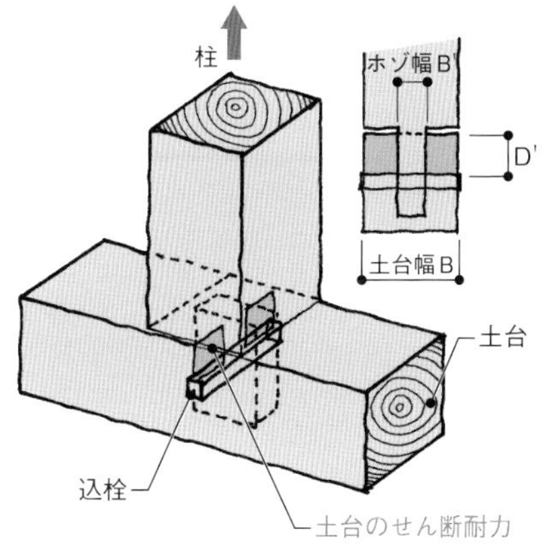

せん断抵抗面積 A＝(B－B')×D'

ホゾと込栓は健全で、土台に割裂きが生じている

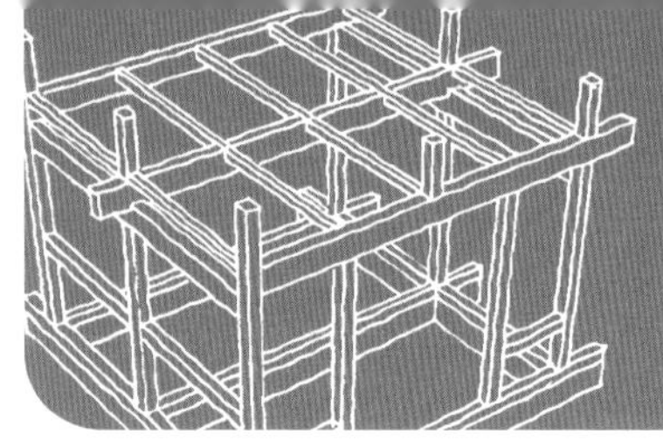

ボルト接合の性能

POINT

▶ ボルト接合を粘り強い接合とするためには、ボルトの「端距離」を確保すること

ボルトの接合形式は2種類

ボルトによる木材の接合形式には、ある部材を両側から挟みこんで3材を留める形式（接合形式A）と、2つの材を合わせて留める形式（接合形式B）の2種類がある。

接合された材に引張力が働いたとき、ボルトには各材の接触面においてせん断力（20頁参照）が働く。それぞれ、接合形式Aの場合は「2面せん断」、接合形式Bの場合は「1面せん断」が働く、という。

①接合形式Aの壊れ方

木材がボルトにより割り裂かれる場合と、ボルトが折れる場合が考えられる。木材が割り裂かれる破壊形式は、粘りがなく脆いので避けたいところだ。そのためには、木材端部からの「端距離（はし）」の確保が重要になる。

②接合形式Bの壊れ方

こちらも、木材が割り裂かれる場合と、ボルトが折れる場合が考えられる。ただし、ボルトの貫通長さが接合形式Aと同じでも、ボルトのせん断面が少ないことや、偏心荷重となって2材がよじれることが影響し、接合形式Aより耐力は低くなる。ボルトの「端距離」を確保するのは接合形式Aと同様である。

鋼板の利用とドリフトピン

木材どうしをボルト接合する場合は、木材のほうが軟らかいため、木材の破壊で耐力が決定されることが多い。しかし、接合形式Aの側材を鋼板としたり、2つの木材の間に鋼板を挟み込んだりすると、めり込みが木材のみの場合よりも少なくなるため、耐力は高くなる。

ナット締めをせず打ち込むドリフトピン接合でも、ボルト接合と耐力の算定式は同じである。ただし、接合当初はドリフトピンのほうが隙間なく打ち込まれるので剛性が高いが、大きく変形したときや乾燥収縮をしたときは、ナットで締め付けているボルト接合のほうが粘り強い。

せん断を受けるボルトの接合形式｜図

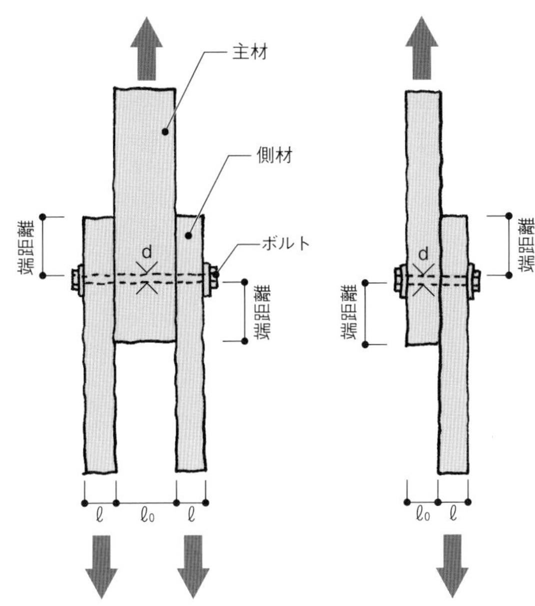

せん断を受けるボルトの配置

距離・間隔	繊維方向加力
s	7d以上
r	3d以上
e_1	7d以上（荷重負担側） 4d以上（荷重非負担側）
e_2	1.5d以上 ℓ_0／d>6のときは 1.5d以上かつr／2以上

注　d：ボルト径　ℓ_0：主材厚

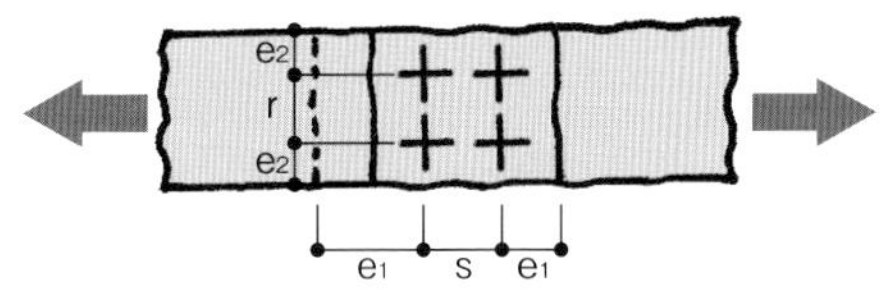

①接合形式Aの破壊パターン

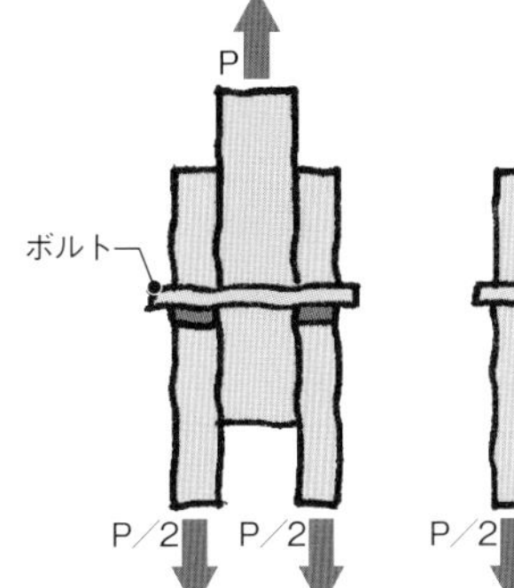

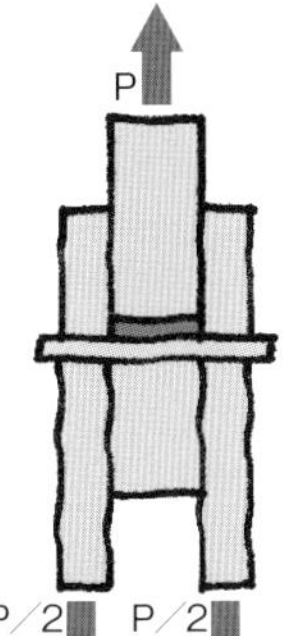
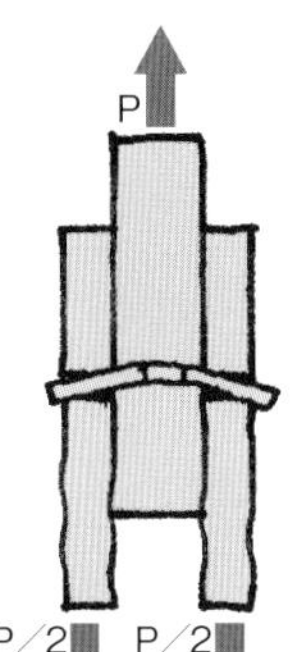
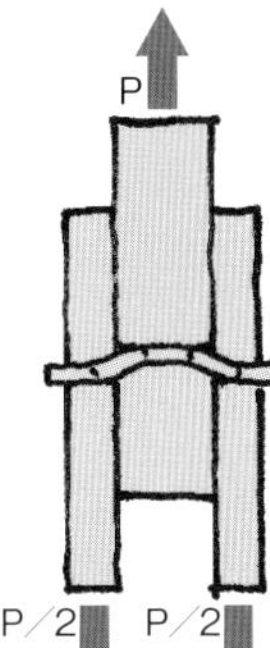

左から
1）側材の支圧破壊
2）主材の支圧破壊
3）ボルトの曲げ破壊と側材の支圧破壊
4）ボルトの曲げ破壊

②接合形式Bの破壊パターン

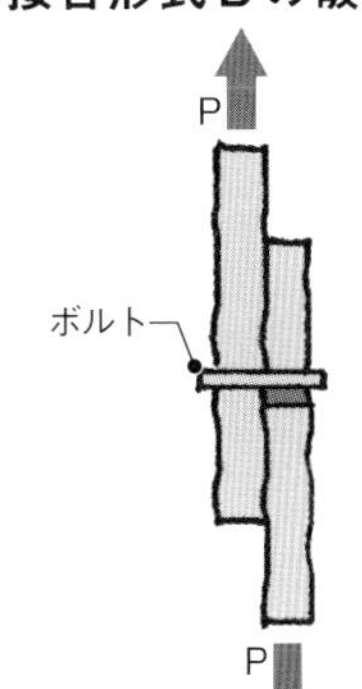

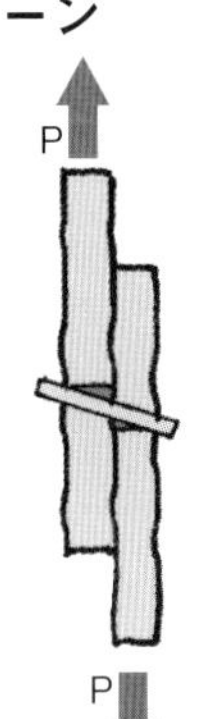
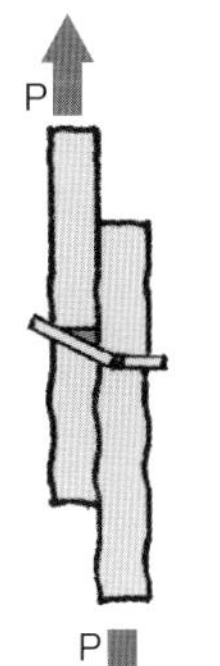
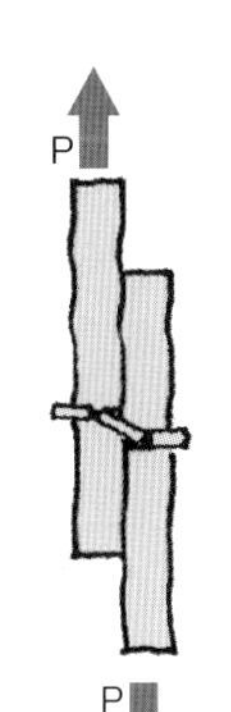

左から
1）側材の支圧破壊
2）主材と側材の支圧破壊
3）ボルトのせん断破壊と主材（側材）の支圧破壊
4）ボルトのせん断破壊

釘接合の性能

POINT

▶ 釘接合の耐力は、頭部の大きさ、胴部の長さ・太さ、材端からの「端距離」が影響する

釘の種類と形状

釘は部材と部材とつなぐ接合具のなかでも最も多用される材料である。使用目的に応じて、材質や形状にさまざまな工夫が施されており種類も多い。

釘の形状は、頭部、胴部、先端部という範囲で分類できる。

頭部は、板材などが面外に外れないようにする役割を担う。一般に頭の広いものは軟らかい材料を留めるときに使用される。仕上材を留める場合は、頭の小さいものを使用したり、少しめり込ませてパテで埋めたりする。しかし、耐力壁や水平構面として構造的な役割を担うパネルを留めるときは、頭部の大きさが重要になる。

胴部は、部材との摩擦力を高めるため、凹凸をつけるなどの工夫が施されているものがある。

先端部は、打ち込みやすいように尖っているのが一般的である。衝撃で割れやすい部材のときは、より鋭利なものが使用される。

釘の抵抗形式

柱に釘留めした板に力を加えると、板と柱がずれようとする。このときの最終的な壊れ方は、①釘が柱から抜け出す、②板が破れる、③釘が折れる、の3タイプが考えられる。

①を防ぐには、打ち込み長さを長くしたり、胴部の摩擦力を高めるとよい。②は板材が柔らかいときに生じやすいため、頭部の面積を大きくして、めり込み耐力を高めるほか、釘を打ち込みすぎないようにする。また、ボルト接合と同様、材端からの「端距離」を確保することも重要である（図2④）。③に対しては胴部の径を太くするのが有効である。構造材を留める場合は専用の太径の釘を使用する。

釘とビスの違い

ビスは胴部をネジ加工しているため、釘よりも摩擦力が大きく、部材から引き抜けにくい。しかし、粘りがなく脆い壊れ方をする傾向があるため、そのことを念頭に使用したい。

特殊くぎの形状 | 図1

①頭部

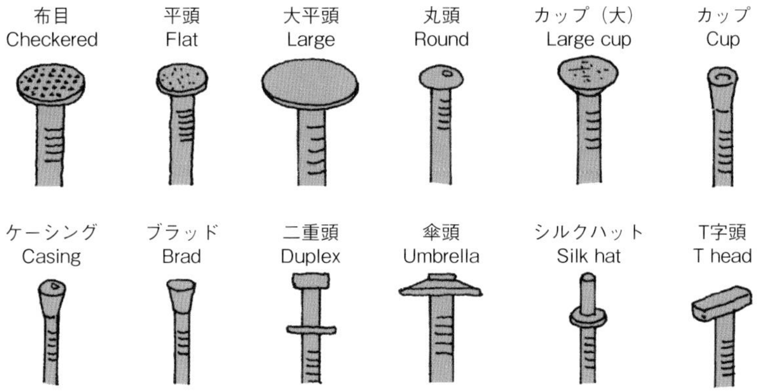

布目 Checkered
平頭 Flat
大平頭 Large
丸頭 Round
カップ（大） Large cup
カップ Cup
ケーシング Casing
ブラッド Brad
二重頭 Duplex
傘頭 Umbrella
シルクハット Silk hat
T字頭 T head

②胴部

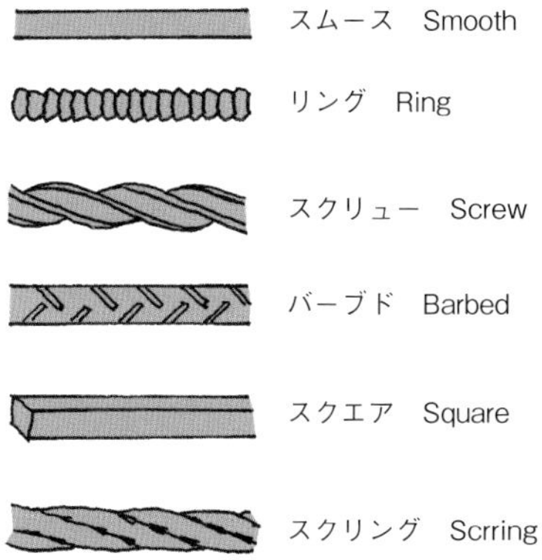

スムース Smooth
リング Ring
スクリュー Screw
バーブド Barbed
スクエア Square
スクリング Scrring

③先端部

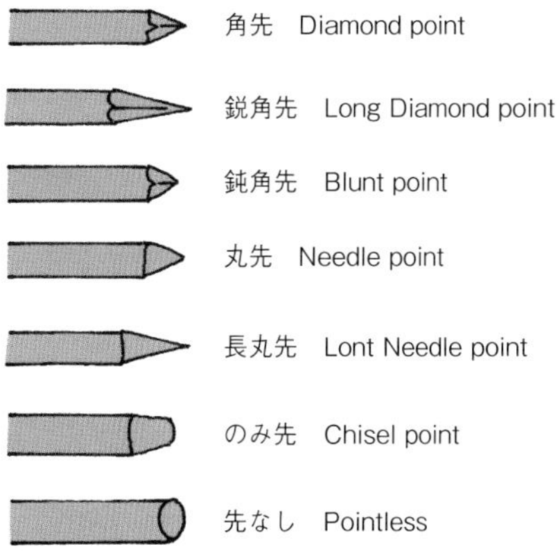

角先 Diamond point
鋭角先 Long Diamond point
鈍角先 Blunt point
丸先 Needle point
長丸先 Lont Needle point
のみ先 Chisel point
先なし Pointless

釘接合部の破壊形式 | 図2

①引き抜け

荷重
釘
荷重

②パンチングシア

荷重
荷重

③頭部破断

荷重
荷重

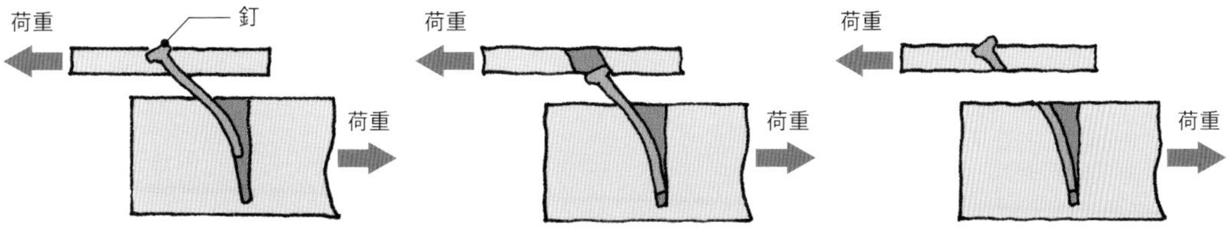

④木材の割裂

a）繊維方向に加力
荷重
荷重
端距離

b）繊維と直角方向に加力
荷重
縁距離
端距離

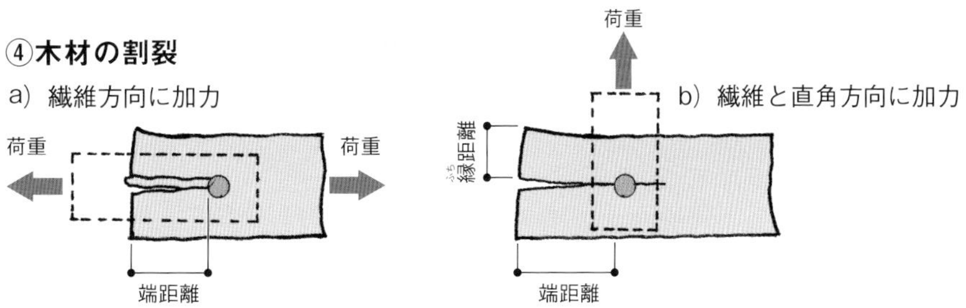

接合金物の耐力

POINT

▶ 試験による接合耐力は、「最大耐力×2／3」と「降伏耐力」のうち、小さい値のほうで決まる

試験方法の概略

木造に使用される接合金物にはさまざまなものがあり、これらの許容耐力は試験によって決められている。試験方法は、『木造軸組工法住宅の許容応力度設計』（財）日本住宅・木材技術センター）に示されている方法による。

①梁端部の鉛直支持力

金物工法で使用される梁端部の接合金物は、鉛直荷重の支持耐力を確認する必要がある。この場合は、910㎜程度の短スパンの軸組に鉛直荷重を掛けて「梁の下がり」を測定する。短スパンとするのは、接合部にせん断力のみをはたらかせる（梁に曲げ応力が生じないようにする）ためである。図1のように柱に取り付く場合のほか、梁に取り付く場合も同様の試験を行う。

②耐力壁廻りの柱頭・柱脚

柱の引抜きに対しては、仕口の引張試験を行う。試験装置に土台をボルトで固定し、柱を垂直に引き上げて、柱と土台の離れを測定する。

③水平構面廻りの仕口・継手

水平構面の外周部の引張力に対しては、仕口や継手の引張耐力試験を行う。梁どうしの仕口は、①と同様の試験を行う。通し柱の仕口と継手は、2材を引張り、その離れを測定する。

耐力の評価方法

試験の結果は、縦軸に荷重の大きさを、横軸に変形量をとり、荷重と変形の関係をグラフに表す（図2）。この曲線を「荷重―変形曲線」という。変形量は、①は梁端部の下がり、②③は2つの部材の離れとなる。荷重は接合部が壊れるまで加力するが、変形量が30㎜を超えたときは30㎜までの曲線を用いて耐力を決定する。

接合耐力は、「最大荷重に安全率2／3を乗じた値」と「降伏耐力」のうち小さいほうの値にバラツキ係数を乗じて求める。この値は短期の許容耐力となるので、梁端部の鉛直支持力など長期荷重に対する許容耐力は、さらに1.1／2の安全率を乗じて求める。

接合部の耐力評価試験｜図1

①梁端部の鉛直支持力

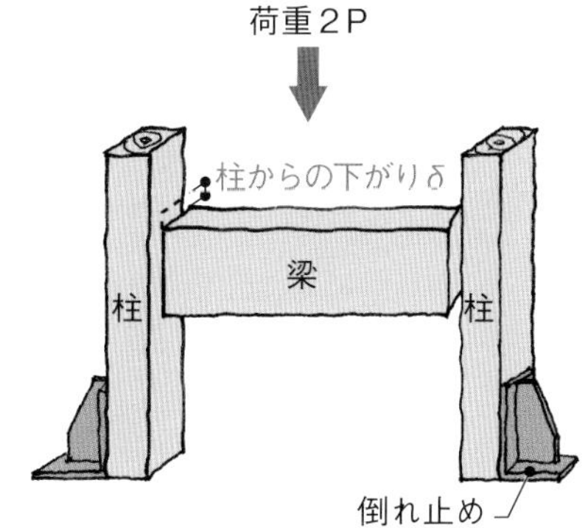

②耐力壁廻りの柱頭・柱脚

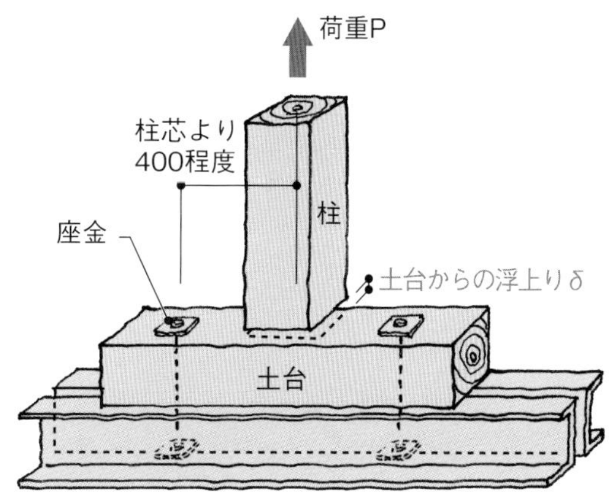

③水平構面廻りの仕口・継手

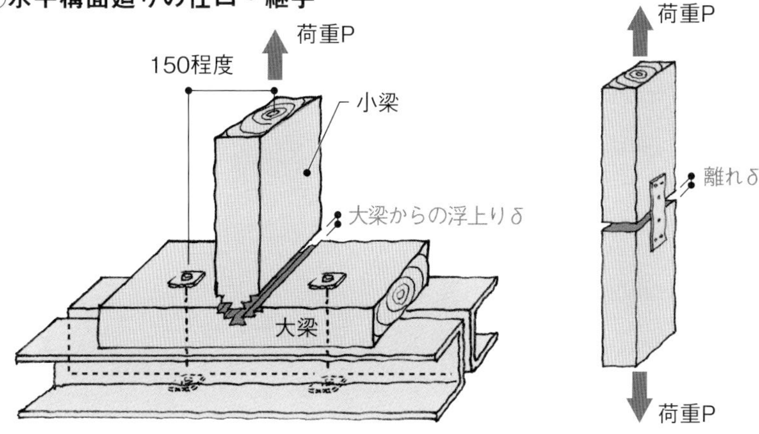

完全弾塑性モデルによる降伏耐力などの求め方｜図2

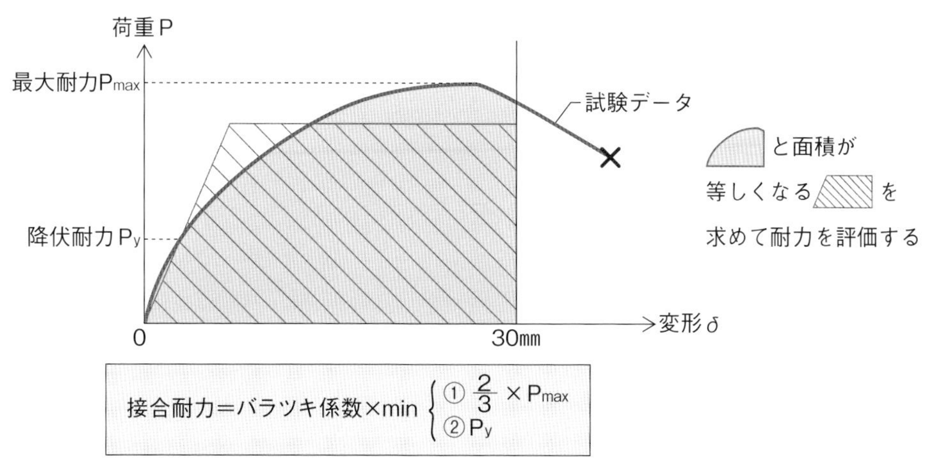

接合耐力＝バラツキ係数×min $\begin{cases} ① \frac{2}{3} \times P_{max} \\ ② P_y \end{cases}$

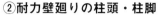

手刻みとプレカット

部　位	手加工(手刻み)	プレカット
胴差し—柱		
梁—梁		
渡り腮	上梁 / 上端を15mm程度欠込み / 下梁	上梁 / 上端の欠込みなし / 下梁 / コーナー部分はアール形状
継　手		
その他	・乾燥による収縮を考えながら加工 ・曲尺の幅15mmの倍数で、各寸法が決まっていることが多い	・よく乾燥させ直角に製材してから加工 ・ルーター(ドリル)加工のため、隅部がアール形状になる

木を読むことの大切さ

木材を鑿(のみ)などで加工することを「刻(きざ)み」、刻むために目印を付けることを「墨付(すみつ)け」という。木材の癖を読みながら、使用する部位に見合った材料を選び加工することは、大工の最も重要な仕事である。わが国の接合形状の多様さは、大工の工夫により生み出されたものといえる。

ところが近年は、施工期間が非常に短く、技術者も少なくなってきたことから、接合部を機械で加工して、現場では組み立てるだけの工法が主流となっている。これを「プレカット」という。加工機械はCAD(キャド)と連動しており、主要な加工形状には対応できるが、特殊な形状は手刻みで補うこともある。また、部材の外形を均一にするため、よく乾燥させる必要がある。

機械は便利だが「木を読む」ことはできない。構造上重要な部位に欠点がないよう目視での確認も必要だ。

03 地震・強風に負けない構造は壁がつくる

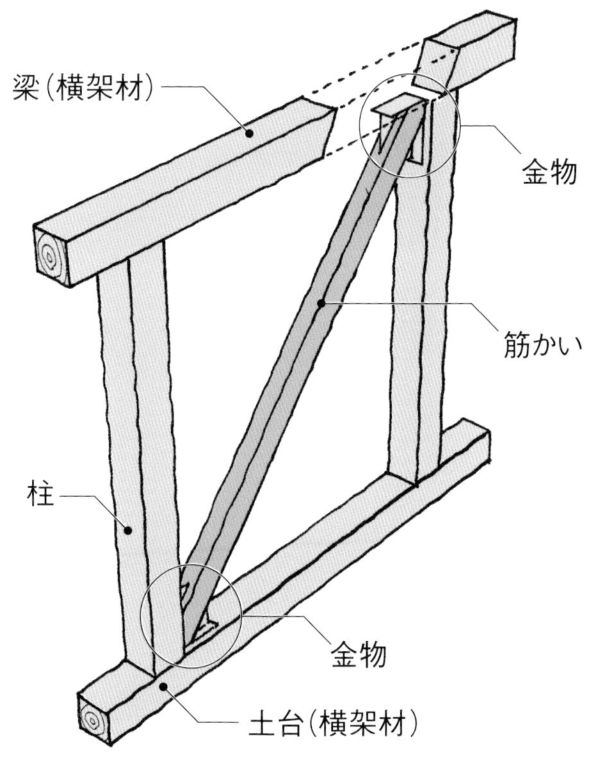

耐力壁の量と配置

POINT
▶ 耐力壁は最も重要な水平抵抗要素。量を確保するだけでなく、ねじれを防ぐように配置する

耐力壁の役割と必要量

耐力壁は、建物に作用する地震力や風圧力などの水平力に対して、建物が倒れないように抵抗するための、最も重要な構造要素である。木構造は、接合部を剛接合とするのが難しい（22頁参照）。特に住宅では、部材の断面寸法が小さくなるため、柱・梁の軸組だけでは水平力が作用したときに建物が大きく傾き、倒壊するおそれがある。これを防止するために配置するのが、筋かいなどの耐力壁なのである。

耐力壁のもつ水平抵抗力を合算したものが、建物全体の水平抵抗力となる。設計の際は、水平抵抗力が建物全体に作用する水平力を上回るように、耐力壁を確保していく。

耐力壁の量が水平力を上回るか否かを確認する方法の1つが「壁量計算」である（114頁参照）。個々の耐力壁の水平抵抗力（壁倍率×壁の長さ）の総和が、必要壁量（その建物に必要とされる壁の量で、地震力と風圧力により求められる）を上回っていれば、建物の耐震性は確保されていることになる。ただし、壁量計算は「耐力壁の性能が確保され、各耐力壁に均等に力が流れる」という前提条件のもとに成立していることに注意したい。

耐力壁の配置方法

耐力壁は、建物に有害なねじれや変形が生じないよう、バランスよく配置するのが原則である。バランスのよい配置とは、建物重量の中心（重心）と、水平抵抗力の強さの中心（剛心）とが、できるだけ近づいている状態をいう（重心と剛心の距離を偏心距離という、120頁参照）。

図2①～③は、いずれも偏心距離はゼロだが、図2①のように耐力壁を建物の中心部に集中させると、地震時には外周部の床面が振られやすくなる。また、耐力壁の配置が異なっても（図2②③）、同じ長さを確保すれば、どちらも「ねじれ剛性」は等しくなるので、必ずしも四隅に設ける必要はない。

耐力壁の役割｜図1

①柱と梁だけの軸組

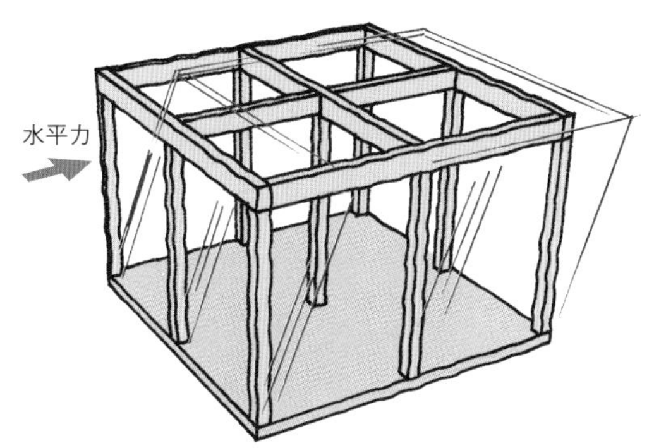

柱と梁だけでは水平力に対して変形が大きく、倒壊してしまう

②耐力壁のある軸組

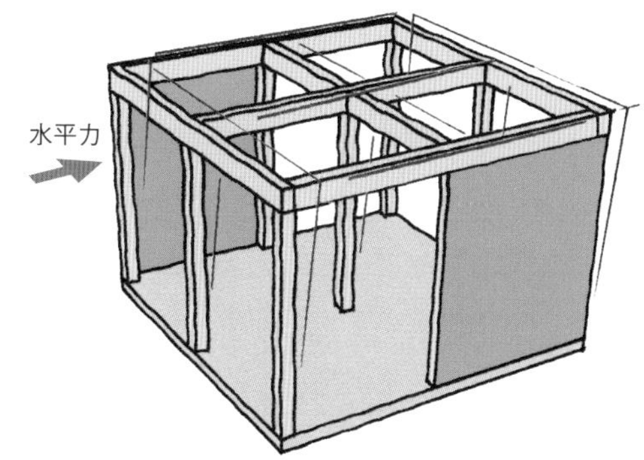

水平力に対して建物が倒壊しないように耐力壁が抵抗する

耐力壁の配置と建物の変形｜図2

①中心に耐力壁を配置

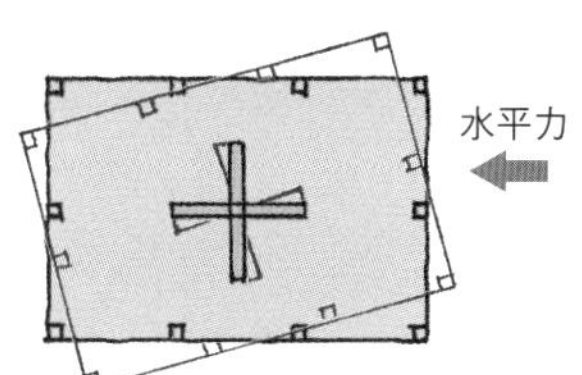

耐力壁を建物の中心に配置すると、偏心距離は小さいが、ねじれが生じやすい

②四隅に耐力壁を配置

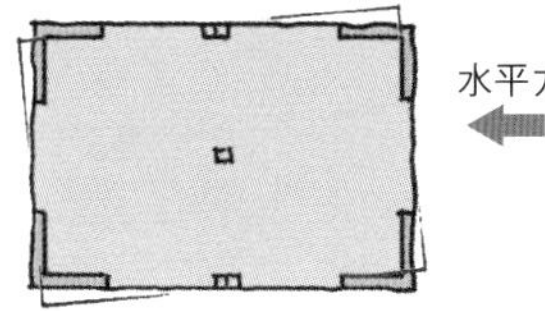

耐力壁を四隅に配置すると、ねじれが生じにくい

③外周に耐力壁を配置

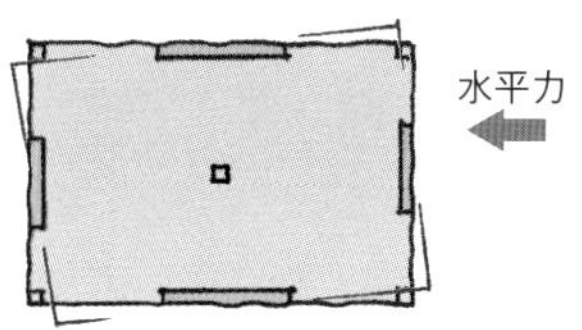

耐力壁を建物の外周に配置すると、ねじれが生じにくい。また、同じ倍率、同じ長さの耐力壁であれば、出隅に配置しても、出隅以外に配置しても、どちらも「ねじれ剛性」は等しい

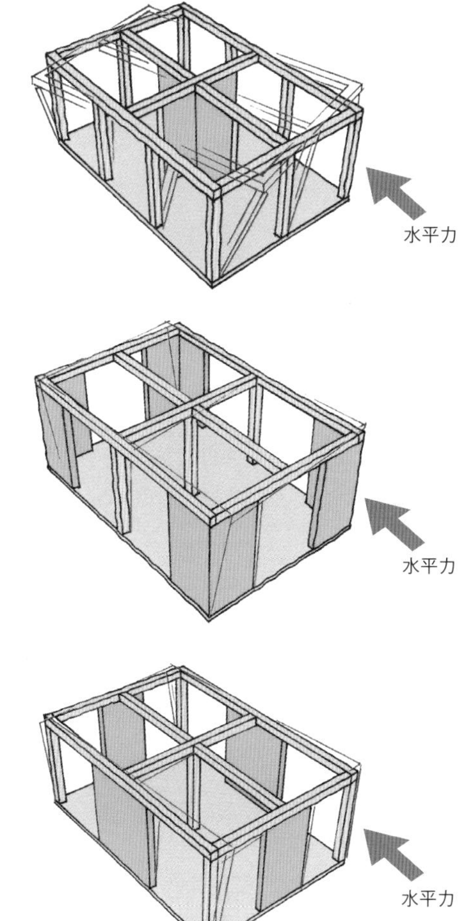

耐力壁の形式は3つ

POINT

▶ 耐力壁の抵抗形式は3つある。いずれも対角線の圧縮・引張領域の「かたさ」と留め方が重要

耐力壁の抵抗形式

マッチ箱は、外箱のみだと簡単につぶれてしまうが、中箱を入れるとつぶれにくくなる。建物も同じで、壁がなく柱・梁の軸組だけの状態では、水平方向に押されると、小さな力でも大きな変形を起こす（図1）。変形を最小限に留めるための部材が耐力壁だが、それには大きく分けて3つの形式がある（図2）。

①軸力抵抗型

圧縮力（あっしゅくりょく）または引張力（ひっぱりりょく）の軸力だけで抵抗する。筋かいや鋼製ブレースなどで、線材を斜めに設けたものがある（102頁参照）。

②せん断抵抗型

壁材自体が菱形に変形し、「面」で抵抗する。構造用合板や石膏ボードなどを軸組に釘打ちするもの（104頁参照）と、土塗壁（108頁参照）やモルタル塗り壁など、湿式のものがある。

③曲げ抵抗型

柱や梁などがS字形に変形して抵抗する。貫（106頁参照）、面格子、ラーメン架構（110頁参照）などがある。

耐力壁の抵抗メカニズム

耐力壁に水平力が作用すると、菱形に変形する（図3）。菱形に変形すると、そこには、伸びようとする対角線（伸長側）と、縮もうとする対角線（収縮側）の2つが生じる。

伸長側の対角線には引張力がはたらくため、部材端部の留め方が甘いと接合部から部材が抜けようとする。逆に、しっかり留まっていれば、部材自体が伸びて断面が細くなる。

一方、収縮側の対角線には圧縮力がはたらくため、部材の中央部が面外方向に膨らんだり、部材自体がつぶれたりする。そのため、対角線の交点を拡大してみると分かるが、土壁などの湿式壁では、ひび割れが斜めに発生することになる（図3）。

逆に、剛強で菱形に変形しない場合は、壁全体が回転し、浮上りが生じることになる。

壁の役割｜図1

①壁のない軸組の変形

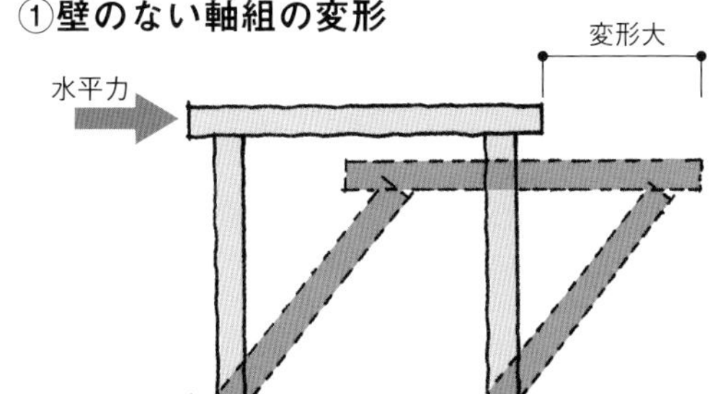

耐力壁がないと変形量が大きくなり軸組は倒れる

②壁のある軸組の変形

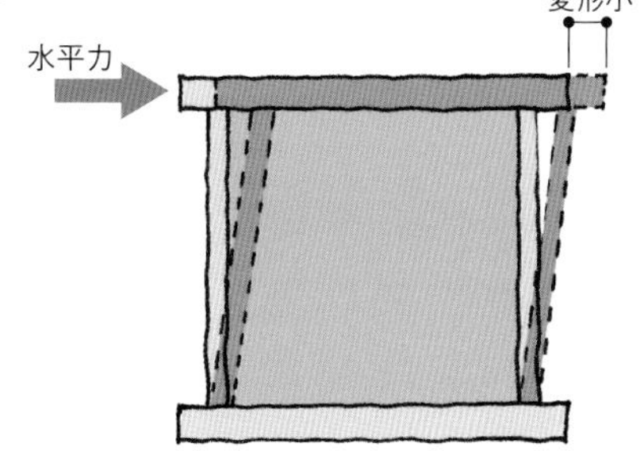

耐力壁が入ることでかたくなり変形量は少なくなる

壁の抵抗形式の分類｜図2

①軸力抵抗型

筋かい

・筋かいの留め付け方が耐力に影響
・筋かいの板厚が耐力に影響

②せん断抵抗型

パネル

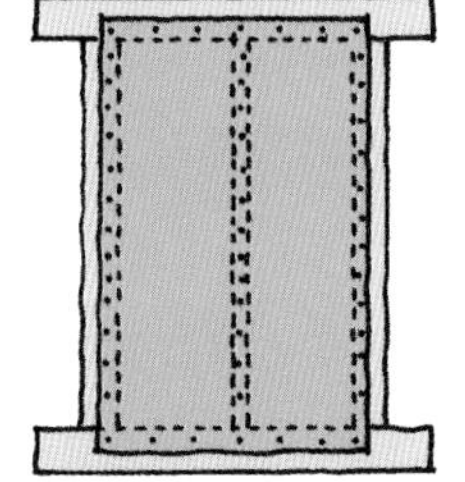

・釘の太さと間隔が耐力に大きく影響
・面材の板厚と強度が耐力にやや影響

塗り壁

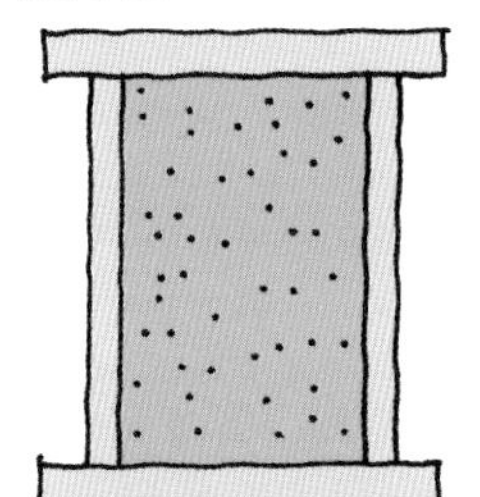

・塗り厚が耐力に影響

③曲げ抵抗型

貫

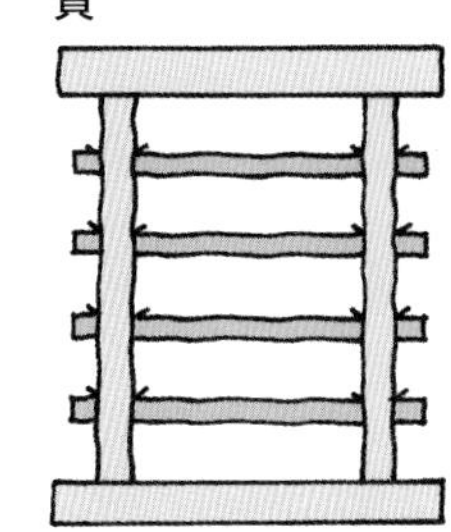

・貫の幅が耐力に影響
・貫のせいが耐力にやや影響

壁の変形と応力｜図3

① 剛性の高い耐力壁＝柱脚が損傷（壁材の損傷は軽微）
② 剛性の低い耐力壁＝壁材が損傷（柱脚の損傷は軽微）

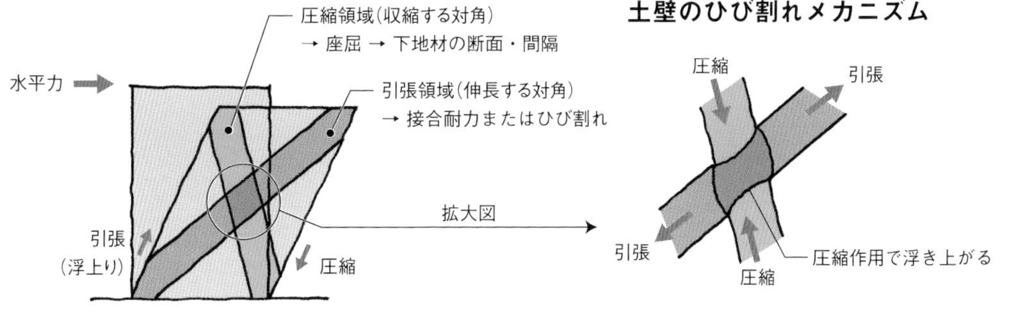

筋かい壁の抵抗形式

POINT

- 引張筋かいと圧縮筋かいでは、抵抗性状が異なる
- 引張は接合方法、圧縮は座屈に注意する

片掛け、たすき掛け

筋かい（ブレース）とは、軸組の対角をつなぐように設ける部材で、主に木材や鉄筋を使用する（図1①）。1つの軸組に1本の筋かいを設けるものを「片掛け」（図1②）、2本交差するように設けるものを「たすき掛け」（図1③）という。また、筋かいを片掛けにした壁に水平力が作用すると、その作用の方向により、筋かいには引張力または圧縮力が生じる。前者を「引張筋かい」、後者を「圧縮筋かい」と呼ぶが、これらは、それぞれ抵抗の仕方が異なるという特徴をもつ。

引張筋かい

図2①のような軸組に、左側から水平力が作用すると、筋かいは引張筋かいとなる（図2②）。このとき、軸組は平行四辺形に変形するが、筋かいは対角線が伸びる方向にあるため、釘打ち程度ではすぐ抜けてしまう。したがって、接合部が抜けないように、専用の金物で留めなければならない。

圧縮筋かい

一方、水平力が右側から作用すると、筋かいは圧縮筋かいとなる（図2③）。このときの接合部は釘留め程度でも問題ないが、厚みの薄いほうに座屈（60頁参照）しやすいため、材の中間に節などがあると、そこから折れやすい。逆に、筋かいが座屈しなければ梁を突き上げてしまうため、柱・梁の仕口はしっかり接合しておく必要がある。

なお、間柱を入れて筋かいの中間をこれに留めると、筋かいの「座屈長さ」を短くする効果がある。間柱を設けないのであれば、座屈を防ぐため筋かいには柱と同程度の厚みが必要になる。

以上のような抵抗形式の違いにより、同じ断面寸法であっても圧縮筋かいは強く、引張筋かいは弱い傾向がある。なお、筋かいに鉄筋を使用する場合は、径が細く座屈しやすいため、引張筋かいのみが有効であり、たすき掛けが原則となる。

筋かい壁 | 図1

①筋かいを入れた軸組

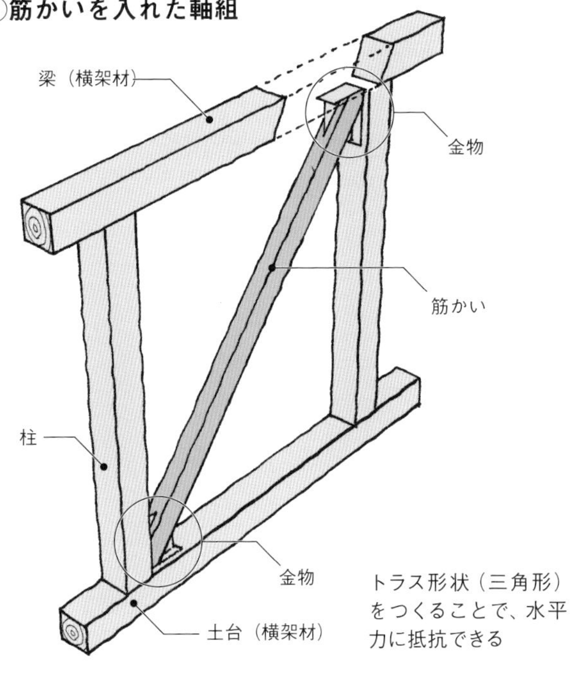

トラス形状（三角形）をつくることで、水平力に抵抗できる

②片掛け

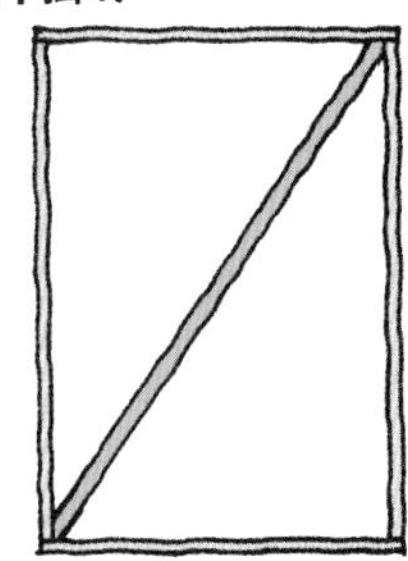

③たすき掛け

引張力と圧縮力に対する筋かいのはたらき | 図2

①片掛け筋かいの抵抗

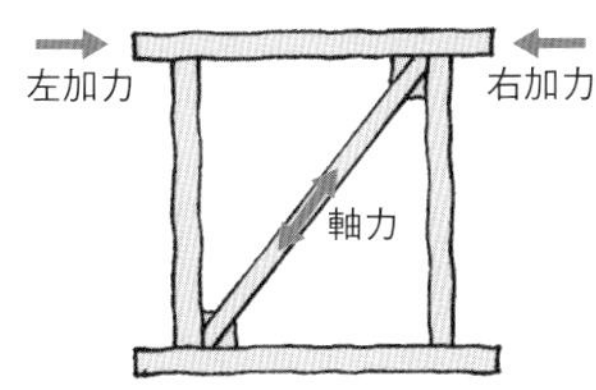

左図のような片掛け筋かいの場合、水平力の加力方向によって、「引張筋かい」になるときと「圧縮筋かい」になるときがある。
左加力時は引張筋かいとなるので、接合に注意する
右加力時は圧縮筋かいとなるので、座屈に注意する

②引張筋かい

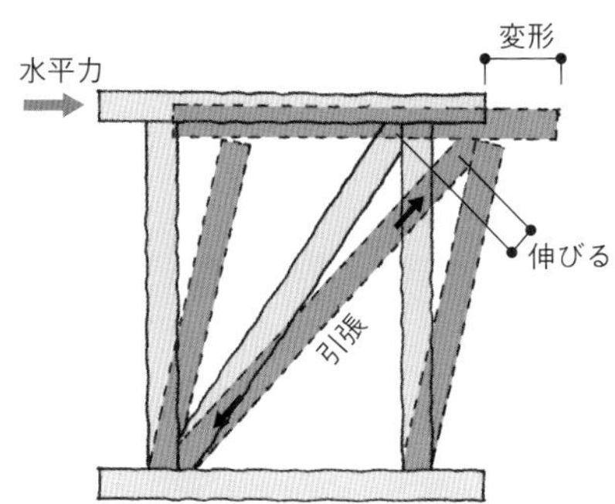

③圧縮筋かい

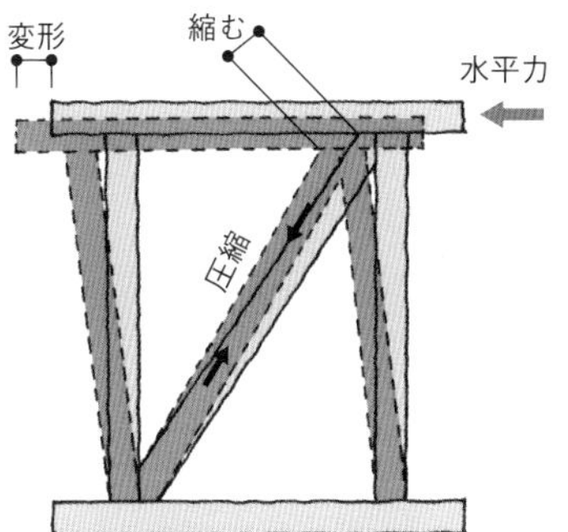

ハの字形に筋かいを入れた軸組の試験状況。手前側の筋かいは圧縮力により面外に座屈している

面材壁は釘が命

POINT
▶面材壁の耐力は釘次第。面材の仕様に合わせて指定された釘の太さ・長さ・間隔を守ること

面材壁とは？

構造用合板や石膏ボードなどの面材を、横架材と柱・間柱に釘留めした壁を面材壁という（図1①）。その耐力は、面材自体のかたさと、面材を留め付ける釘の径や間隔に影響される。

面材壁が水平力を受け、軸組が菱形に変形すると、面材は波打つように変形する（図1②）。このような現象を「面外座屈」というが、このとき、面材を留め付けた釘には引き抜こうとする力がはたらく。この力に対して抵抗するのが、釘と木材との間に生じる摩擦力と、面材への釘頭のめり込み耐力である（92頁参照）。

面材と釘の間にはたらく力

釘と木材との摩擦力は、釘1本当たりでみると、釘の径と打ち込まれた長さに影響される。釘の径が太ければ太いほど、打ち込まれた長さが長いほど、木材との摩擦面積が増えることになるからである。

一方、面材に対する釘頭のめり込み耐力は、面材自体のかたさと釘頭の大きさが影響する。釘の頭が大きいほど、めり込み面積も増えるからである。たとえば、表面が軟らかい構造用合板では、釘頭が小さいと面材に釘が食い込んで、やがては貫通してしまうおそれがある。したがって、面材を釘打ち機で留める場合は、機器の圧力を調整し、釘頭が面材に食い込まないように配慮しなければならない。

また、面材の外周から釘までの距離（端距離）の確保にも注意したい。この距離が少ないと、釘の位置から面材が破れてしまう。特に、面材自体が脆く崩れやすい石膏ボードなどでは注意が必要になる。一般に、面材の端から釘までの距離は20㎜程度必要とされている。

なお、面材を横架材や柱に直接釘打ちする大壁（図1）と、柱形を見せる真壁（図2）では、力の伝わり方が少し異なる（128頁参照）。それは、耐力にも影響することを覚えておきたい。

面材壁 | 図1

①面材を張った軸組

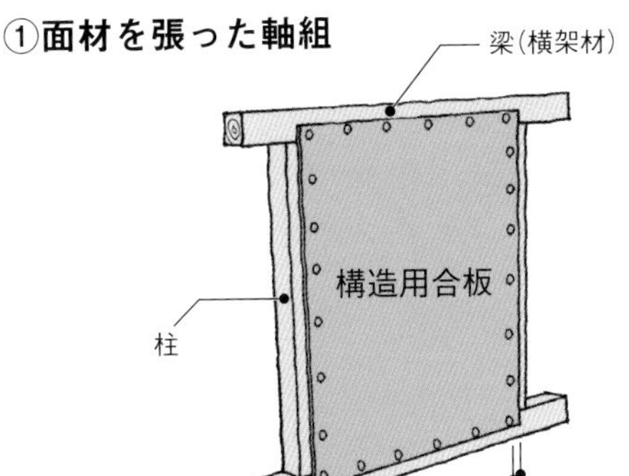

②水平荷重時の変形

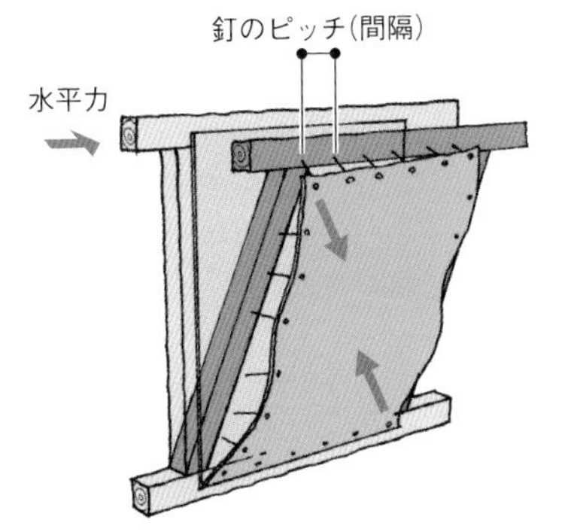

面材が波打つので釘が浮き、抜けてくる
→釘の仕様が重要

構造用合板を張った軸組の破壊状況。釘が外れて、板が波打っている

真壁仕様の面材壁 | 図2

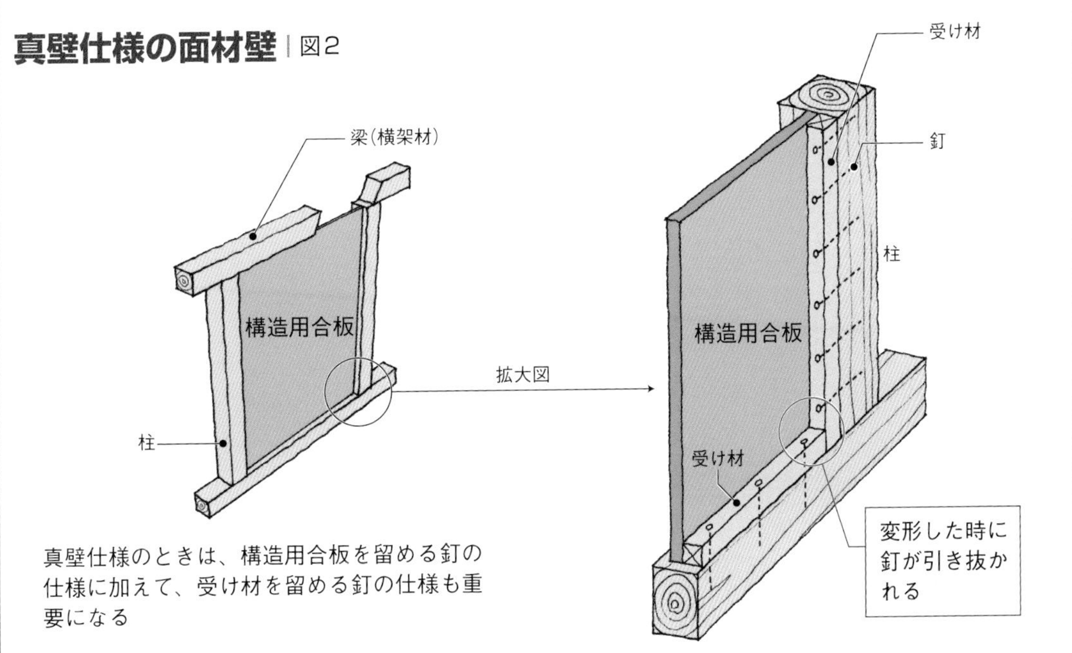

真壁仕様のときは、構造用合板を留める釘の仕様に加えて、受け材を留める釘の仕様も重要になる

貫壁のめり込み力

POINT
- 貫の強さはめり込み面積の確保が左右する
- 柱・貫・楔（くさび）には十分に乾燥した材料を使用する

貫壁の仕様

貫（ぬき）とは、厚さ15～30㎜程度の板材を、柱幅の中間に差し込んで、楔（くさび）で固定するものである。一般に、住宅で採用する場合は、1つの軸組に4本前後の貫を設ける（図1①）。

このようにして組まれた貫壁は、水平力が作用したとき、貫と柱の接合部に生じる「めり込み」によって抵抗する。したがって、①貫の厚さ、②柱への差し込み長さ、③貫の本数（接合部の数）が貫壁の耐力に影響してくる。

同様の抵抗形式をもつのが面格子壁（めんごうし）である（図1②）。これらの壁は強度は低いものの非常に粘りがある。

貫の厚さは、薄すぎると、めり込み面積が小さくなるだけでなく、貫自体が面外に座屈するおそれがある。反対に、厚すぎると柱に断面欠損が生じるため、最大でも柱幅の半分以下を目安としたい。

柱への差し込み長さは、貫通させたほうが抵抗力が高い。差し込み長さを柱面までとしたり、柱の中間で貫を継いだりすると、めり込み抵抗面積は実際の面積比より減少する（図2）。貫は、できる限り柱を貫通させ、貫のせい以上の寸法をはね出すとよい。

貫の本数は、多ければめり込み面積が増えるが、それにより貫どうしの間隔が狭くなると、柱の割れにつながる。最低でも貫せいの2倍以上は間隔を開けて、600㎜を目安に均等に配置するよう心掛けたい。

楔の形状

そのほか、貫を固定する楔の形状も耐力に影響を与える（図3）。楔を柱の両側面から打ち込み中央部で突き合わせるタイプは、楔と柱の間に隙間ができやすく、地震などで繰り返し横揺れを受けると楔の一方が遊んでずれるおそれがある。

貫は、隙間が生じると水平力に抵抗できなくなるため、柱・貫・楔ともによく乾燥した材料を使用することが重要である。

貫｜図1

①貫を入れた軸組

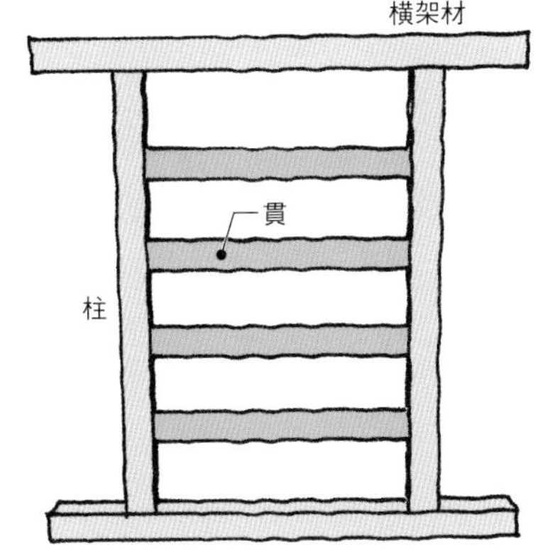

厚さ15～30㎜の貫を、柱に楔で固定する。
１つの軸組に対して、本数は３～５本が一般的

②面格子壁

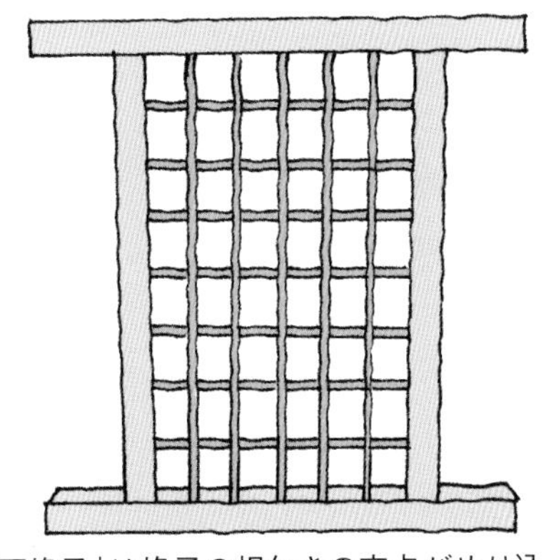

「面格子」は格子の相欠きの交点がめり込むことで水平力に抵抗する

貫のめり込み抵抗｜図2

a）通し貫　b）柱面で継いだ貫　c）柱の中心で継いだ貫

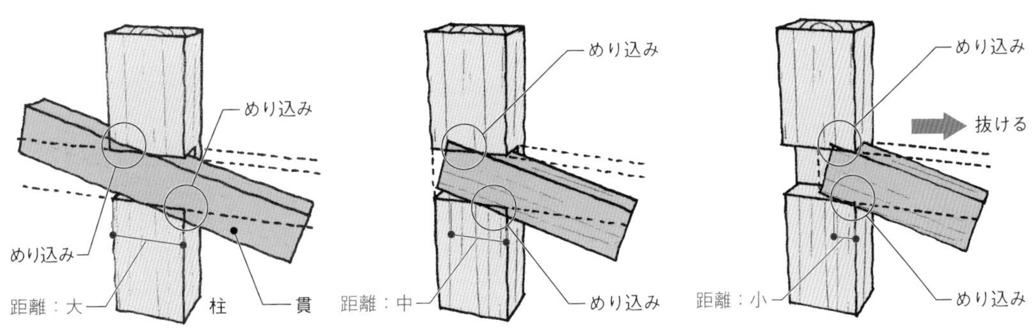

楔（くさび）による固定の種類｜図3

a）一般の楔　b）扁平楔　c）一本楔

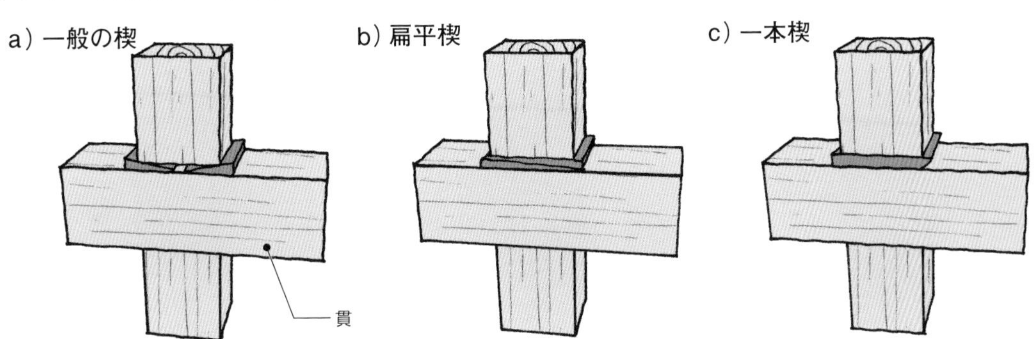

貫と楔の間に隙間が生じるのを防ぐためには、楔を扁平にするのも一案。１つの楔が柱を貫通していると、必ずどちらかが押さえられているため、抜け出しにくくなる。このバリエーションとして、１本の楔を片側から打ち込んで貫通させることもある

土壁・落とし込み板壁

POINT

- 土壁は下地と土の密着度と中塗りの剛性が重要
- 落とし込み板壁は板の乾燥とずれ防止が重要

土壁の仕様

土壁とは、貫を3〜4本設けた軸組に竹や木摺などの小舞(下地)を掻き、その上から土を付着させて構成する壁のことである(図1)。

土壁などの湿式壁の耐力は、施工方法が大きく影響する。耐力のバラツキが大きく定量化しにくいのだが、近年は試験データの集積により、耐力壁としても認められるようになった。

使用する土は、粘土、ワラスサ、水などを混ぜ合わせたもので、一般に3段階に分けて塗られる。最初の段階を荒壁、第2段階を中塗り、最終段階を上塗りと呼ぶ。

構造的には、①小舞と軸組とに一体性があること、②土が小舞にしっかり付着していること、③中塗りがひび割れなどの隙間を埋めていること、の3点がキーポイントとなる。

①は、木小舞なら釘で留め付け、竹小舞なら何カ所か軸組に差し込んで、軸組とのずれを防止する。②は、荒壁塗りのとき、小舞にしっかりまとわりつくように塗る。③は、荒壁に十分ひび割れを発生させてから、その隙間を埋めるように中塗りを施すことが重要になる。(中塗りは、壁のかたさを発揮する役割を担う)。地震などの被害を受けると中塗り部分が剥がれ落ちるが、それは、その部分が耐力を発揮したことを示している。

落とし込み板壁の仕様

落とし込み板壁は、柱の間に27㎜以上の厚板を上から落とし込んでいき、積み重ねることで構成する壁である(図2)。板のつなぎとしてダボを打ち込むが、これは、水平力を受けたときに板どうしのずれを防止して、耐力を発揮するために必要になる。

落とし込む板は、乾燥が不十分だと経年変化により軸組との間に隙間ができ耐力低下の原因となる。

施工上のポイントにさえ注意すれば、落とし込み板壁は、非常に粘り強く耐力を発揮する壁となる。

土壁 | 図1

間渡竹（柱、横架材に差し込み、貫に釘打ち）
割竹（幅≧20㎜）または丸竹（径≧ϕ12㎜）

楔

貫
厚さ t ≧15㎜
幅b　≧100㎜
間隔@≦910㎜
かつ3本以上

貫幅b

小舞竹（間渡竹にシュロ縄などで締付け）
割竹（幅≧20㎜）@45㎜以下

土　：荒木田土、荒土、京土、その他粘性のある砂質粘土
荒　壁：土100ℓ当たり藁(わら)スサ0.4〜0.6kgを両面塗り
中塗り：土100ℓ当たり藁(わら)スサ0.4〜0.8kg

木小舞下地に荒壁を付けているところ

落とし込み板壁 | 図2

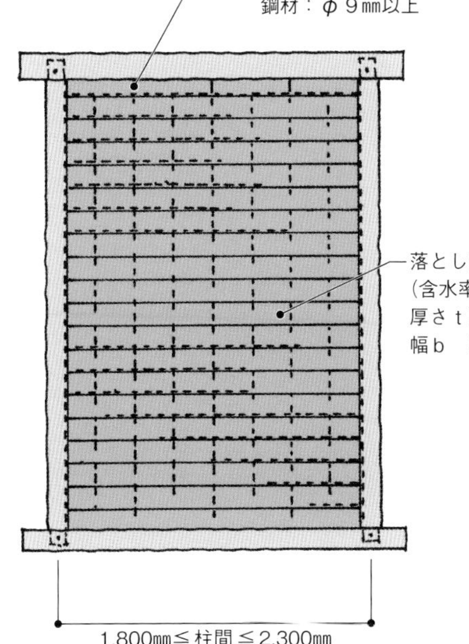

ダボを入れて、1枚ずつ板をはめ込む

ラーメン架構と方杖

POINT
▶ 軸組のみで水平抵抗できるラーメン架構の性能は、柱の太さと接合方法で決まる

木造におけるラーメン架構

柱と梁の接合部がピン接合の軸組に水平力が作用すると、軸組はほとんど抵抗できずに倒れてしまう（図1①）。しかし、剛接合であれば同じ水平力が作用しても倒れにくくなる（図1②）。このような、軸組だけでも水平力に抵抗できる架構のことをラーメン架構という。

木造住宅では部材断面が小さいので接合部はピン接合に近く、軸組だけでは水平力に抵抗できない。そのため、抵抗要素として耐力壁を設ける必要があるが、集会室などの大規模な木造建築では、部材断面を大きくしてラーメン架構とすることがある。

木造ラーメン架構でよく採用される接合部には、図2に示すようなものがある。これらは主に接合部に生じる曲げモーメントに抵抗するが、接合部は梁の鉛直荷重も支持しなければならないため、大入れやホゾを設けたり、ダボを設けたりする必要がある。これは、梁勝ちのときも同様の接合方法が考えられる。

方杖の役割

接合部を固める方法の1つに方杖（ほうづえ）がある。方杖を設けると、柱と梁の接合部の角度はほぼ90°に保たれる（接合部の回転が拘束される）ため、ラーメン架構的な抵抗が可能になる（図3①）。

また、鉛直荷重に対しても、有効スパンを短くして、たわみを軽減することができる（図3②）。その際、気を付けなくてはならないのが、方杖が取り付く部分に大きな曲げ応力がはたらくことである。一般に、梁の場合は床が取り付くため影響は少ないが、柱は方杖に押されて折れることがある。

したがって、方杖が取り付く柱は大きな断面とする必要がある。断面を大きくするときは、方杖に押される方向のせいを増やすようにするとよい。木材が少ない時代に建てられた木造校舎などでは、柱を2～3本並べて補強しているものもある。

ラーメン架構の特徴｜図1

①ピンフレーム

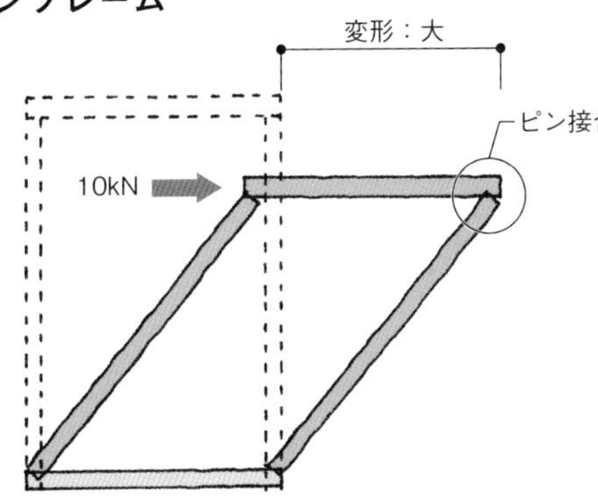

柱・梁は直線で、平行四辺形に変形

②ラーメンフレーム

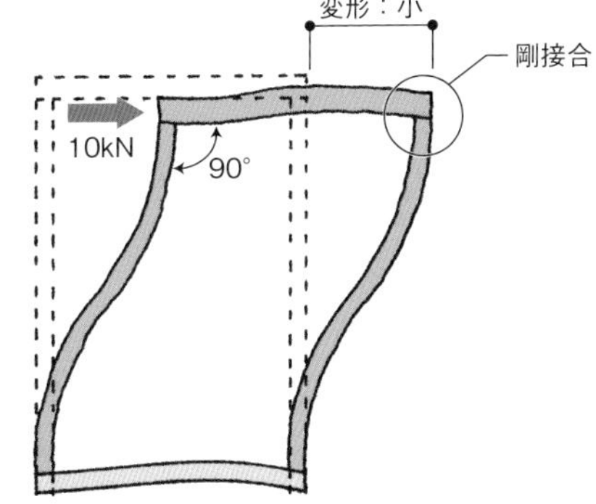

柱・梁がS字に変形、仕口の角度は90°

半剛接合の種類｜図2

①合わせ梁型モーメント接合

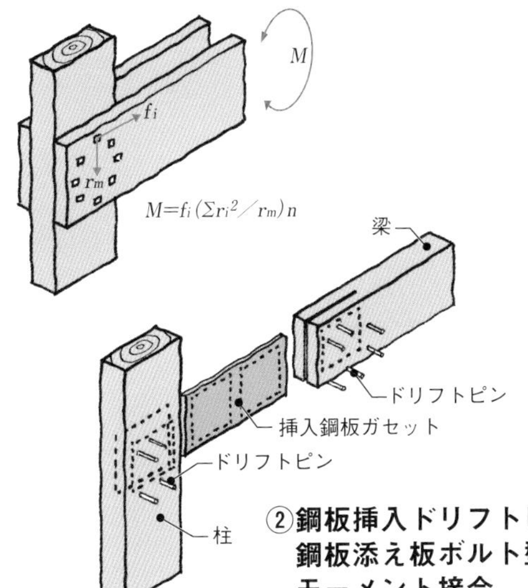

②鋼板挿入ドリフトピン、鋼板添え板ボルト型モーメント接合

③引きボルト型モーメント接合

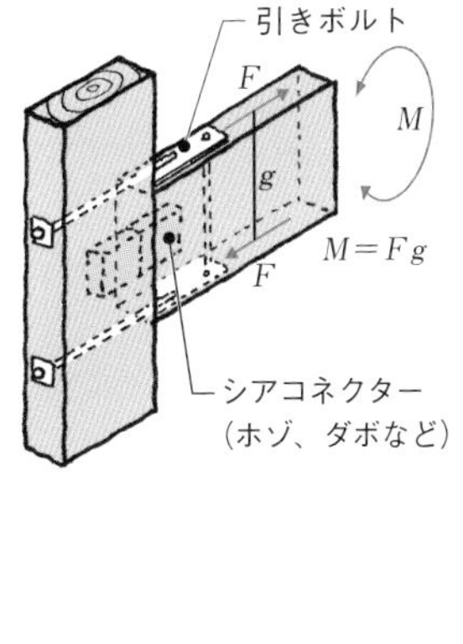

④引きボルト型モーメント接合（梁通しタイプ）

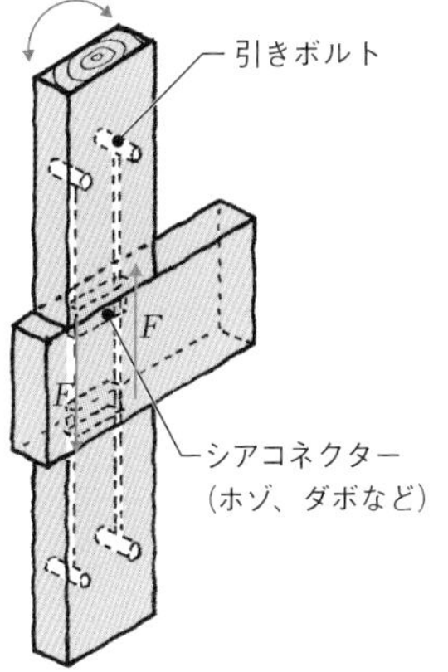

方杖の注意点｜図3

①方杖の水平力への抵抗

水平力

方杖

柱を押す

柱

②鉛直荷重への抵抗

常時荷重

梁を突き上げる

梁

柱を押す

方杖により仕口の角度がほぼ90°に保たれる
→ラーメン架構に近くなる

柱の中間を押す力がはたらく
→柱が細いと折れてしまう→断面に要注意

051
壁の強さ ②

壁倍率1とは何か

POINT

▶ 壁倍率1＝1.96kN/m。このときの見掛けの変形角は1/120。片筋かいは、たすき掛け÷2

壁倍率1の定義

壁倍率とは、耐力壁に作用する水平方向の力に対する抵抗力（水平耐力）を表す指標のことである。この数値が大きければ大きいほど地震のような揺れに対して強い壁といえる。

基準となる壁倍率1は、長さ1mの壁に1・96kN（200kg）の水平力が作用したとき、層間変形角（28頁参照）が1／120になる壁をいう。言い換えれば、層間変形角1／120のとき、1・96kN／mの水平耐力をもつ耐力壁が壁倍率1の壁となる（図1）。

したがって、壁倍率2の壁なら、それ1枚で3・92kN／m（＝1・96×2。400kg／m）、壁倍率5の壁なら9・80kN／m（1t／m）の水平力に耐えられることを意味する。

なお、層間変形角1／120とは、中地震時（震度5弱程度）における木造建築物の変形制限値である。よって、壁量計算とは、中地震時における検討を行っているものといえる。

筋かいの壁倍率と配置

片掛けの筋かい壁の壁倍率は、たすき掛けした筋かいの試験結果を、単純に半分にしたものである（図2）。つまり、圧縮筋かいと引張筋かいの平均値となっている。しかし、圧縮筋かいと引張筋かいでは、同じ断面寸法でも強さの性質は異なることに注意が必要である（102頁参照）。一般に、木造における圧縮筋かいは剛性が高く、引張筋かいは剛性が低い傾向がある。

仮に、1つの軸組内ですべて同じ方向に傾斜させて筋かいを設けたとすると、左から押されたときは強いが、右から押されたときは弱い、というように、軸組の強さが押される方向によって異なってしまうことになる。

地震のときは左右交互に力がかかることになるので、左右に揺すられたときに軸組の強さが等しくなるように、筋かいは同一階・同軸組内で、一対（いっつい）（ハ形またはV字形）となるように配置しなければならない。

壁倍率１の定義｜図１

壁倍率と水平耐力

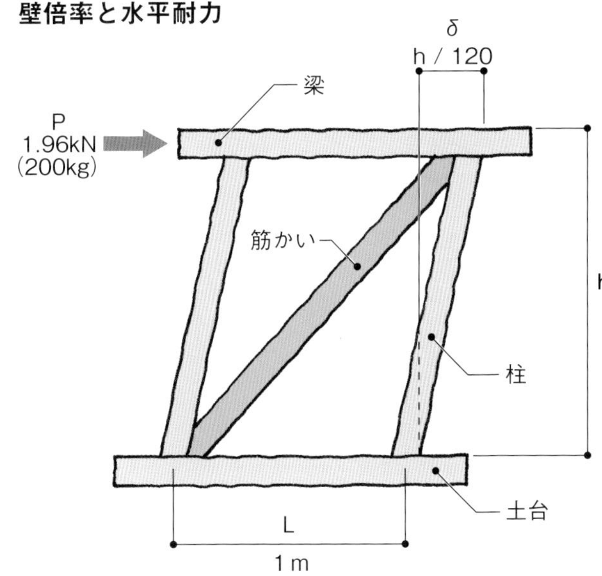

壁倍率１
→ P＝1.96kN/m、δ＝h/120
（P＝水平力、δ＝変形量）

壁倍率２ → P＝ 3.92kN/m(400kg/m)
壁倍率３ → P＝ 5.88kN/m(600kg/m)
壁倍率４ → P＝ 7.84kN/m(800kg/m)
壁倍率５ → P＝ 9.80kN/m(1,000kg/m)

建築基準法では木造の接合方法を勘案して、壁倍率は5.0を上限としている

壁倍率１とは、図のように長さ１mの壁が水平力1.96kNの力を受けたときに、その層間変形角が１/120であることをいう

壁倍率において基本となる考え方｜図２

筋かいの壁倍率

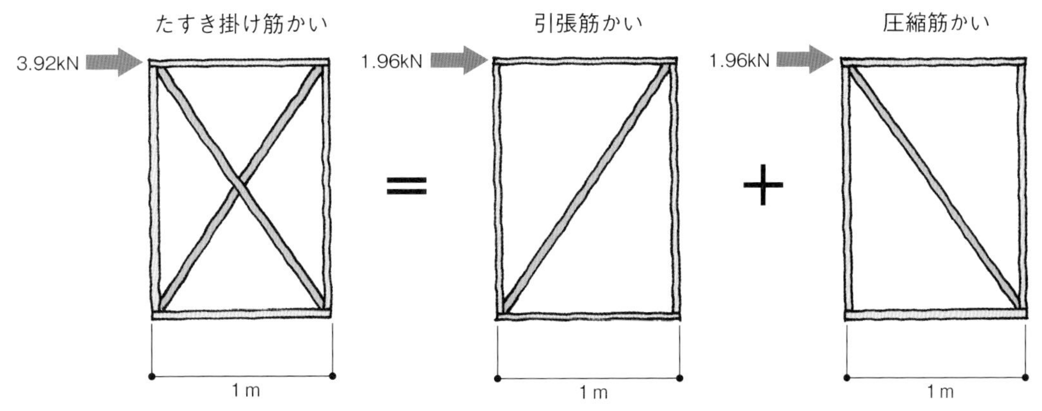

筋かいは一対ではたらくので、平均化すると片筋かいの耐力は1.96kN(200kg)になる

壁量計算の意味

POINT
- ▶ 必要壁量＝建物に作用する水平力（地震力と風圧力）
- ▶ 存在壁量＝建物自体の水平抵抗力

壁量計算はなぜ必要

建築物は、外からの水平力に対し、建物の抵抗力（水平抵抗力）が上回ることを設計段階で確認する（図1）。なかでも、小規模な建物が多い木造住宅では、これを「壁量計算」によって行うことが多い。具体的には、「必要壁量」よりも「存在壁量」が多いことを、計算によって確認する。

必要壁量とは？

必要壁量とは、建物に作用する水平力に相当する壁の量をいう。設計時に考慮する主な水平力は地震力と風圧力だが、必要壁量はそれぞれに値が決められている。

地震力は、建物重量に係数を乗じて求められる。そして、建物重量は床面積にほぼ比例する（116頁参照）。したがって、地震力を床面積当たりで換算した数値が、地震力に対する必要壁量となる。ただし、軟弱地盤では地震動が増幅して建物の揺れが大きくなる傾向があるため、地震に対する必要壁量を1.5倍に割り増すこと、という規定がある（建築基準法施行令46条4項、図2）。

一方、風圧力は受風面積、すなわち外壁の見付け面積に係数を乗じて求められる。そこから、風圧力を見付け面積当たりで換算した数値が、風圧力に対する必要壁量となる。

存在壁量とは？

存在壁量とは、建物全体の水平抵抗力に相当するもので、簡単に言えば、耐力壁の水平抵抗力の和である（図3）。耐力壁個々の水平抵抗力は、壁倍率（112頁参照）に壁の長さ（柱芯距離）を乗じて算出される。

また、1つの壁を耐力壁とみなせる最低限の長さは、筋かいの場合、高さに対する比が1／3以上を目安とする。一般に、階高を2700㎜とすると、有効な壁の長さは900㎜以上ということになる。一方、構造用合板などの面材では600㎜以上を耐力壁としている（※）。

※『枠組壁工法建築物構造計算指針』（㈳日本ツーバイフォー建築協会）

耐力壁は水平力（地震、台風）に抵抗する｜図1

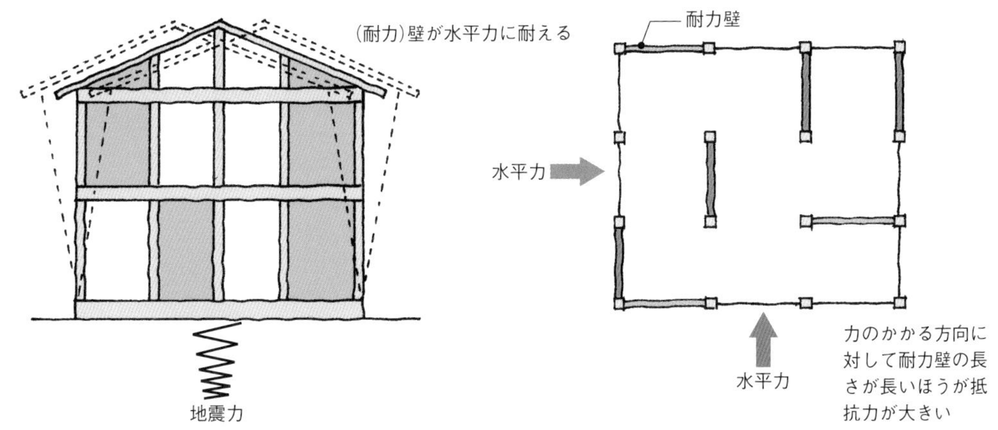

軟弱地盤では壁量を増やす｜図2

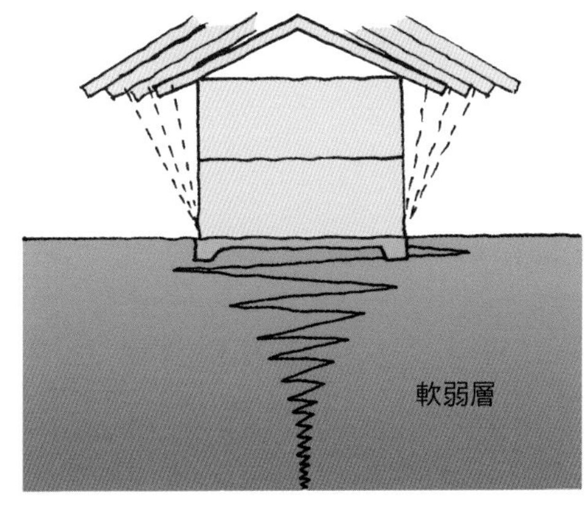

軟弱層が厚い場合は、地震時の揺れが増幅する危険性がある。そのため、特定行政庁が特に軟弱と指定した地域に木造建物を建てるときは、地震に対する必要壁量を1.5倍割り増す、という規定がある。この規定は建物をかたくすることで、揺れの増幅を防ぐことを目的としている

壁量の考え方｜図3

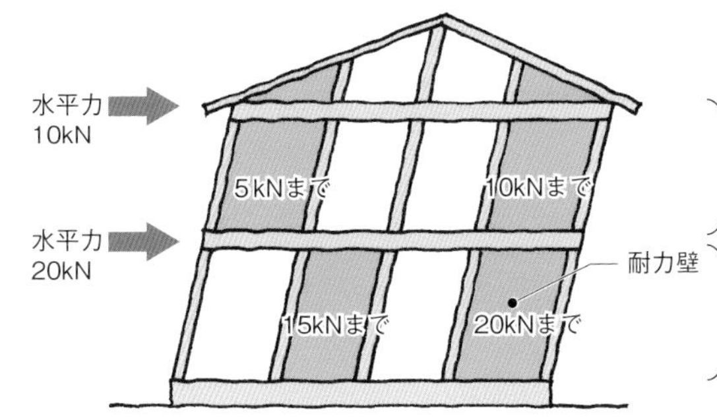

2階の耐力壁が耐えられる荷重は
5＋10＝15kNまで　＞水平力10kN　→　OK

1階の耐力壁が耐えられる荷重は
15＋20＝35kNまで　＞水平力10＋20＝30kN
→　OK

水平力に耐力壁が抵抗するには、壁の耐力の合計＞水平力となるように壁の量を確保する

地震力に対する必要壁量

POINT
▶地震力に対する必要壁量＝壁量を検討する階の半分より上の重量を考えて床面積を算定する

建物重量と耐力壁の配置

地震力は建物の重量に比例する。建物の重量とは、構造的にはその階の階高の半分から上にあるものの重量を指す。たとえば、2階建ての2階であれば「屋根＋2階の壁の上半分」、1階であれば「屋根＋2階の壁＋2階床＋1階の壁の上半分」ということになる（図1）。

耐力壁の配置を検討する際は、こうした建物重量の考え方を踏まえておく必要がある。建物の形状に応じて建物重量を求め、地震力を算出し、それに見合うように耐力壁を配置するのである。

しかし、木造住宅では、そこまで厳密な計算は行わず、簡易な壁量計算を行うことが多い。建築基準法では、屋根仕上げの種類によって大きく2つに分け（瓦葺きなどの重い建物とスレート葺きや金属板葺きなどの軽い建物）、それぞれに必要壁量を規定している（図2）。なお、双方とも想定している外壁は、モルタル塗り程度である。

ただし、小屋裏の物置や大きくはね出したバルコニーなどがある場合、すなわち床面積が増える場合には、建物重量が増えることになるので、その床面積分を割り増して壁量計算する必要がある（図3）。

また、2階建ての1階の必要壁量は、総2階（1階と2階の面積が同じ）を想定して規定している。したがって、2階部分がセットバックしているようなプランでは、実際の地震力よりも必要壁量が多めに算出される。

床面積の割り増し方法

国土交通省の告示1351号では、具体的に小屋裏の物置などの面積について、算定式が示されている（図3①）。そこでは、実際の床面積に低減係数を乗じているが、これは小屋裏の階高が低く、壁の重量も小さくなることを勘案したものである。

そのほか、はね出しの長いバルコニーや庇なども、その面積の半分くらいを算定に加えるとよい（図3②③）。

各階の耐力壁が負担する荷重｜図1

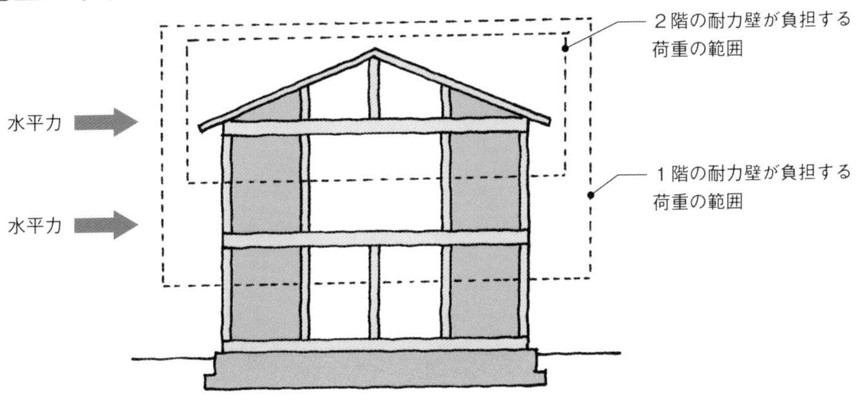

地震力に対する必要壁量｜図2

建築基準法施行令46条第４項に定める必要壁量

建築物	床面積に乗ずる数値 cm/m²	建築物	床面積に乗ずる数値 cm/m²
軽い屋根	平屋：11 2階建て：2階 15、1階 29 3階建て：3階 18、2階 34、1階 46	重い屋根	平屋：15 2階建て：2階 21、1階 33 3階建て：3階 24、2階 39、1階 50

注　特定行政庁が指定する地盤が著しく軟弱な区域においては、上記の1.5倍とする

床面積に加算する面積｜図3

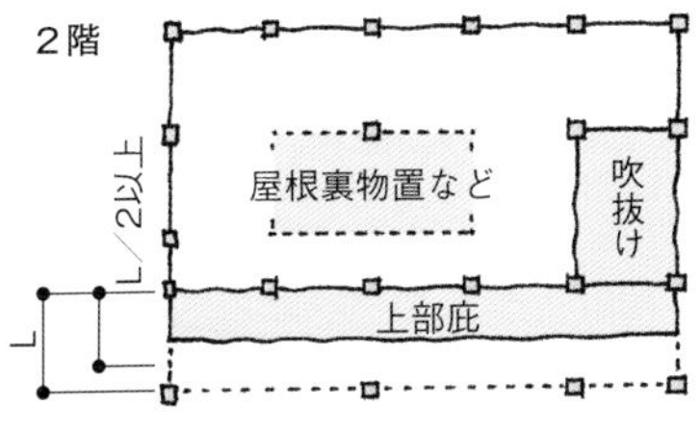

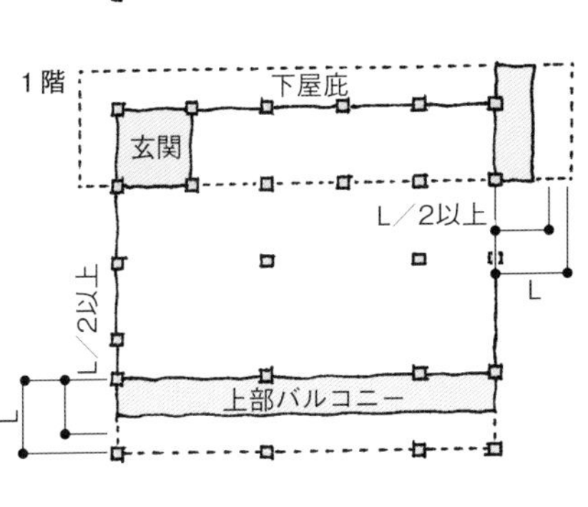

□ 床面積に加算する部分

Pはモジュールを示す。一般に１P＝910㎜

①小屋裏の扱い

小屋裏利用の物置など（告示1351号）

a＝A×h／2.1

　a：階の床面積に加える面積（m²）

　A：当該物置などの水平投影面積（m²）

　h：当該物置などの内法高さの平均値（平均天井高）（m）

Aがその存する階の床面積の１／８以下である場合はa＝0とすることができる

②庇の出の考え方

はね出し長さが１Pを超える場合、L／2以上を面積に算入

１・２階の床面積に加算する

③すのこ程度のバルコニーの扱い

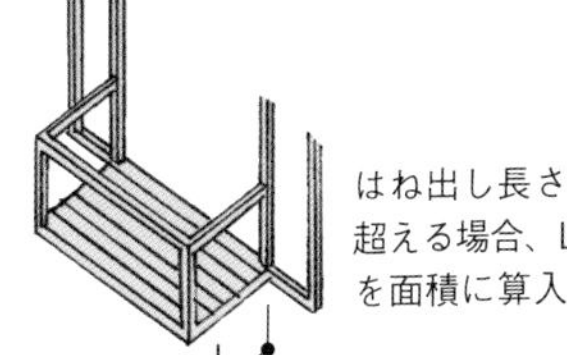

はね出し長さが１Pを超える場合、L／2以上を面積に算入

仕上げがモルタル塗りなどで重い場合は、はね出し長さに関係なく、すべて算入する

注　品確法では２階建ての１階の必要壁量について、２階と１階の面積比を考慮した必要壁量を示している

054
壁量計算③

風圧力に対する必要壁量

POINT
- 風圧力は受風面積に比例
- X方向の風にはX方向の壁、Y方向の風にはY方向の壁が抵抗

見付け面積と耐力壁の配置

風圧力は、建物が風を受ける面積（受風面積）＝見付け面積に比例する。

必要壁量の算定では風圧力を考慮しなければならないが、その際は、風圧力を見付け面積当たりで換算した数値が、風圧力に対する必要壁量（見付け面積に乗じる値）となる（図1）。

風圧力に対する必要壁量の数値は地震力に対するときとは異なり、どの階も同じ値となる。これは、見付け面積を「その階の階高の半分から上の面積」とするためである（図1）。したがって、下階にいくほど見付け面積は大きな値となる。なお、見付け面積の算定はフロアライン（FL）から1・35ｍ上がったところで階を区切るが（令46条第4項）、これは、一般的な住宅規模の階高を2.7ｍと仮定しているためである。

風圧力に対する必要壁量は、稀に発生する暴風に対して損傷しない程度とされている。稀に発生する暴風とは、1959年の伊勢湾台風時に名古屋気象台で記録された暴風（風速37ｍ／ｓ）に相当する。

ところで、水平力の作用する方向は、最も不利な条件を考慮して、Ｘ軸とＹ軸の2方向について検討するのが一般的である。地震力は建物重量に比例するため、Ｘ、Ｙ両方向とも同じ値となるが、風圧力は見付け面積に比例するため、Ｘ方向とＹ方向では必要壁量が異なる、ということになる。

たとえば、Ｙ方向に吹く風は桁面に当たることになるので、Ｙ方向の風圧力は桁面の見付け面積に比例する。一方、Ｘ方向に吹く風は妻面に当たるため、その風圧力は妻面の見付け面積に比例する。

図2を例にとれば、Ｙ方向の力に対してはＹ方向に長さを持つ壁が抵抗することになるので、Ｙ方向に必要とされる壁量はＸ方向よりも多くなる。すなわち、建物が細長い平面形状の場合は、短手方向にたくさんの耐力壁が必要になるということである。

風圧力に対する必要壁量 | 図1

建築基準法施行令46条第４項に定める必要壁量

	区　域	見付面積に乗ずる数値　cm/m²
（１）	一般地域	50
（２）	特定行政庁が指定する地域	特定行政庁が定める数値（50を超え75以下）

見付面積の算定方法

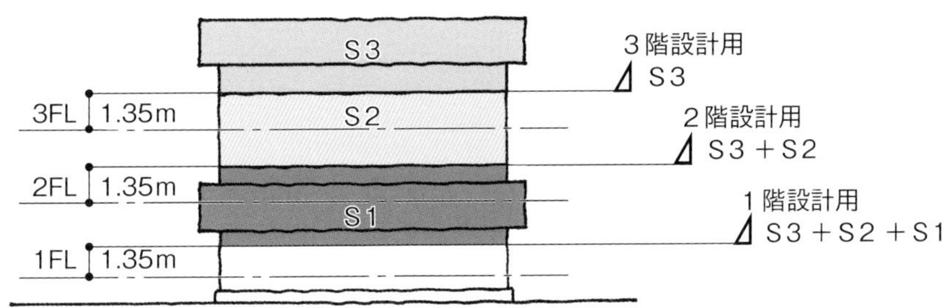

各FL（フロアライン）から1.35m上がったところで階を区切り、それぞれの見付け面積を算定する。
117頁図１にあるように、各階の耐力壁が負担する水平力はその階の中間より上となるので、
　２階は　S3+S2
　１階は　S3+S2+S1　ということになる

風圧力の方向と抵抗する耐力壁の関係 | 図2

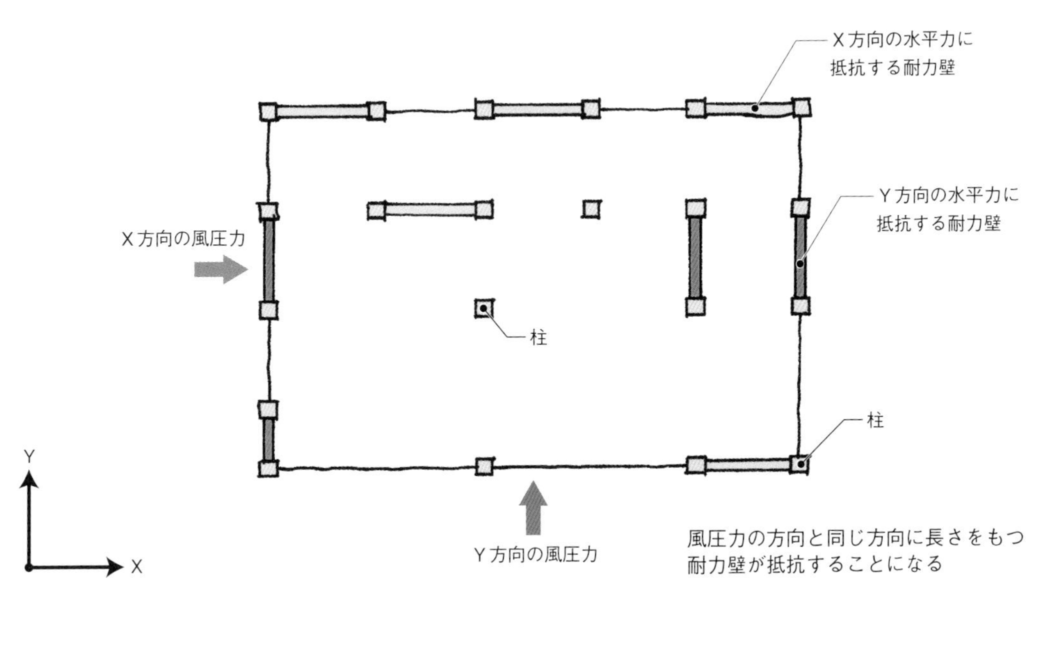

4分割法によるねじれ防止

POINT

- 4分割法は耐力壁の配置を簡便に検証する方法
- 床面の柔らかい木構造に対応したねじれ防止策

耐力壁の配置と建物のねじれ

建物全体では壁量を満足していても、耐力壁の配置が偏っていると、力が均等に流れず、建物がねじれて倒壊するおそれがある。たとえば、1面だけ道路に面した狭小住宅や、角地に建つ住宅などでは、道路に面した出入口には壁がなく、ねじれによる倒壊が生じやすい（図1）。阪神・淡路大震災ではこうした被害が顕著であったことから、2000年の建築基準法改正で、従来の壁量計算に加えて、耐力壁を釣合いよく配置する規定（平12建告1352号）を設けた。この規定は、建物を4等分して、その側端部分にある耐力壁の割合とバランスをチェックするものである（図2）。一般に、建物のねじれやすさは偏心率を求めてチェックするが、この計算方法は難しいので、木造住宅向けに、構造設計者でなくてもできる簡便な方法として提案されたものである。この規定を満足すれば、偏心率もおおむね満足する。

4分割法の手順

耐力壁を釣合いよく配置する規定の検討方法は、建物を4等分するので4分割法と呼ばれる。

4分割法は、建物の平面を各階ごとにX方向（上側と下側）とY方向（左側と右側）にそれぞれ分割する。たとえば、X方向であれば、上側と下側の面積にそれぞれ地震力に対する必要壁量を乗じて、その面積内にある壁量をチェックする。

ここで注意したいのは、X方向に分割したときは、X方向に水平力がはたらいたときを検討しているので、耐力壁はX方向に長さを持つものをカウントする、ということである。

その結果、上下とも必要壁量を満足していれば、ねじれるおそれはないので計算を終了する。しかし、どちらか一方でも必要壁量を満足しない場合は、さらに壁量充足率の比率を検討し、その値が0.5以上であることを確認する必要がある。

耐力壁の配置と建物のねじれ ｜図1

①壁配置に偏りのある間口

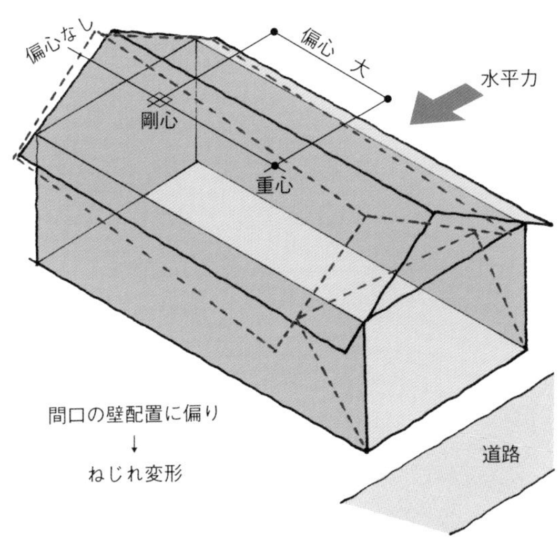

道路に面した間口は出入口となるため壁がなく、隣地に面するその他の3面は壁となっている。コの字配置は、出入口が大きく振られやすい

②壁がL形配置

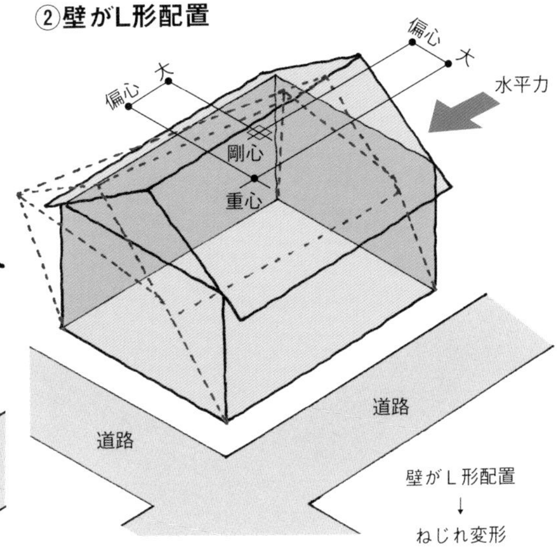

角地の建物で、道路に面した2面は開放して、反対側の2面は壁となっているL形配置は、ねじれによる倒壊を生じやすい

ねじれのチェック方法 ｜図2

壁を釣合いよく配置する規定（告示1352号）

各階各方向について、建物長さを1／4分割した部分（側端部分）の壁量充足率および壁率比を検討する

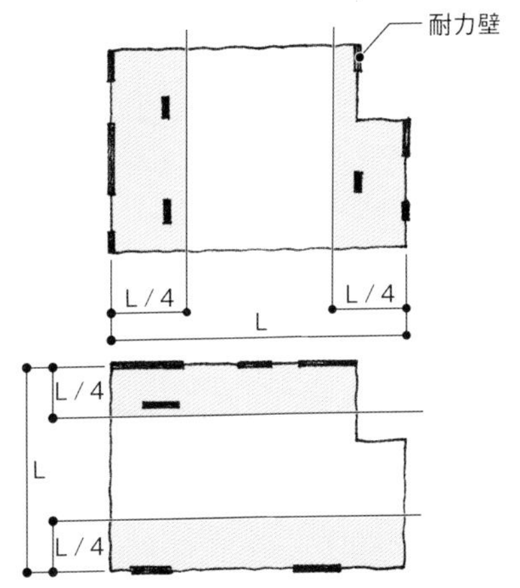

①存在壁量と必要壁量の算定

存在壁量：側端部分（塗りつぶし部分）に
存在する耐力壁の長さ × 壁倍率

必要壁量：側端部分（塗りつぶし部分）の
床面積 ×（地震力に対する）必要壁量

②壁量充足率の算定

$$壁量充足率 = \frac{存在壁量}{必要壁量}$$

壁量充足率が両端とも1を超える場合は壁率比のチェック不要

③壁率比のチェック

$$壁率比 = \frac{壁量充足率（小さい数値のほう）}{壁量充足率（大きい数値のほう）} \geqq 0.5$$

注　セットバックしている場合

$_1A_U$：平屋として充足率を求める

$_1A_D$：２階建ての１階として充足率を求める

注　分割した範囲がすべて平屋であれば、必要壁量は平屋としてよい

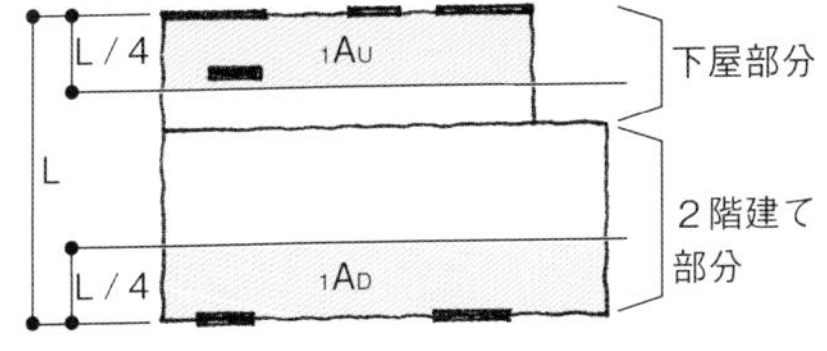

柱の引抜きを防ぐ接合方法

POINT
▶接合方法は大別すると3タイプ。設ける位置が柱芯に近いほど、引抜きへの抵抗効率がよい

木造は引抜きに注意する

耐力壁に水平力が作用すると、端部の柱には横架材から柱を引き抜こうとする力（引抜力）が生じる。木造の設計では、この引抜力に対して柱が抜けないような接合方法が重要になる。

①接合金物を使用する

柱と横架材双方の側面に、ホールダウン金物やVP金物などを取り付ける方法である（図①）。これらの接合は、主に使用する釘やビスのせん断力および引抜耐力が抵抗する。

②ボルトを使用する

通しボルト、軸ボルト、ホゾパイプ、Dボルトなどを取り付ける方法である（図②）。

通しボルトは、柱に近接した位置で基礎から床梁または小屋梁までボルトを通し、梁を押さえ込むことで浮上りを押さえる。

軸ボルト、ホゾパイプ、Dボルトは、柱の軸芯すなわち応力の中心で柱を引き寄せるため、構造的には最も合理的な接合方法といえる。これらのタイプは、端距離を確保することが重要となる。

③木材を使用する

長ホゾ差し込栓打ち、雇いホゾ差し込栓打ち、竪貫、地獄ホゾなどを施工する方法である（図③）。

長ホゾ差し込栓打ちは、柱の樹種とホゾの厚み・余長、込栓の樹種と径、込栓の位置に注意する（88頁参照）。雇いホゾは、長ホゾ差し込栓打ちと抵抗形式は似ているが、耐力壁が菱形に変形したとき、接合部に生じる水平力によって、込栓が柱やホゾを割り裂く破壊性状を示すので、注意が必要である。

竪貫は込栓を打ちにくい隅柱などで、柱のすぐ脇に縦方向の貫を設け、込栓打ちとするものである。

地獄ホゾは、ホゾに楔を打って扇形にし、摩擦力とめり込みで引抜力に抵抗する形式である。ただし、木材の乾燥収縮や施工誤差によるバラツキが激しく、耐力の特定が困難である。

引抜きに対する接合の方法｜図

①接合金物

ビス留めの場合は、柱が抜け出すときに木材をむしり取っていくような破壊性状を示す

ホールダウン金物

柱
ボルト、ラグスクリュー、釘の柱に対するめり込み耐力
アンカーボルト引張耐力
柱のせん断耐力
土台梁
〈座付きの場合〉座金のめり込み耐力

VP金物

釘・ビスのせん断
柱
VP
8-CN90
土台
基礎

コーナー金物

釘・ビスのせん断
柱
釘・ビスの引抜き
土台
基礎

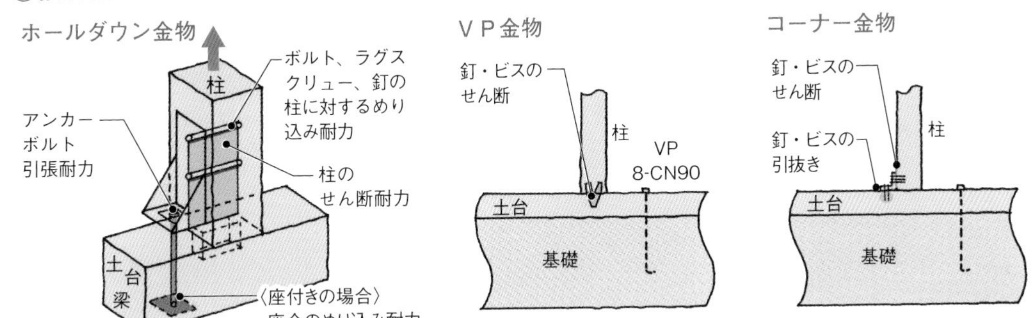

②ボルト

軸ボルトは柱に箱穴を設けることや、ボルト穴が少し大きいことから、初期ガタ(あそび)が生じやすい。
ホゾパイプとDボルトは、鋼棒と柱との間に隙間がないので、あそびもなく引き寄せ効果が大きい

通しボルト

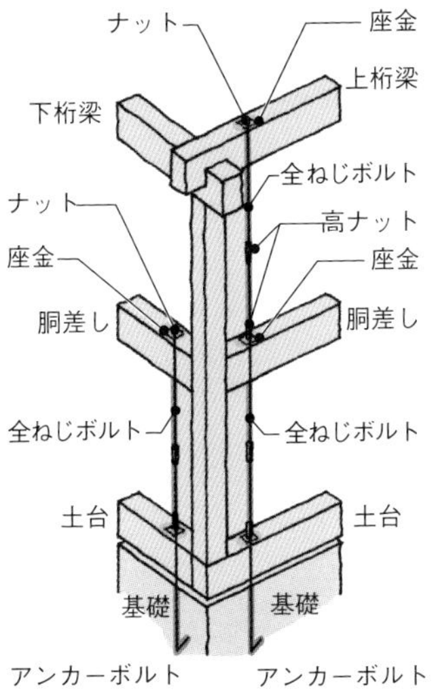

ナット
座金
上桁梁
下桁梁
全ねじボルト
ナット
高ナット
座金
座金
胴差し
胴差し
全ねじボルト
全ねじボルト
土台
土台
基礎
基礎
アンカーボルト
アンカーボルト

軸ボルト

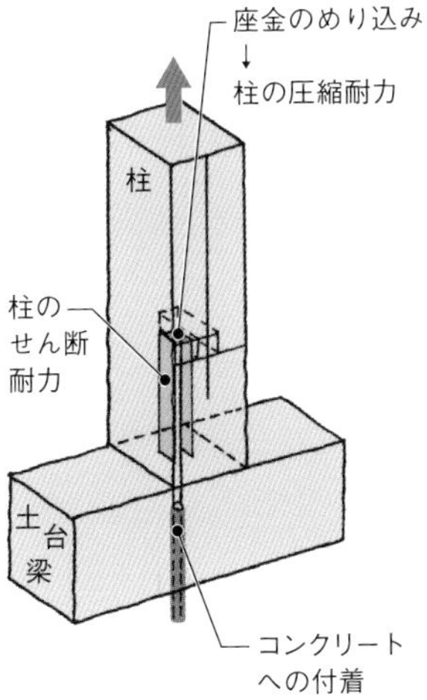

座金のめり込み
↓
柱の圧縮耐力
柱
柱のせん断耐力
土台梁
コンクリートへの付着

ホゾパイプ

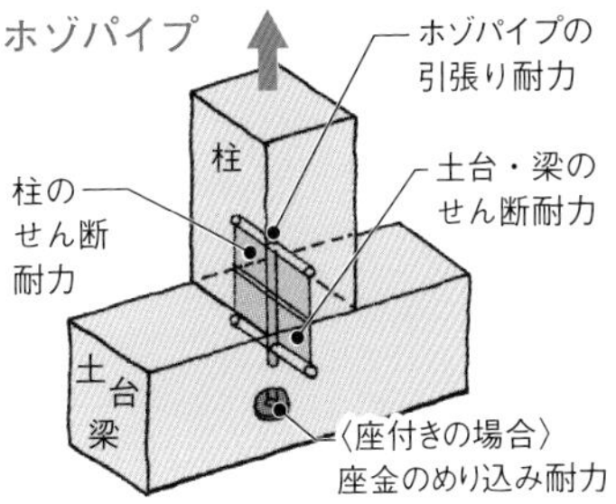

ホゾパイプの引張り耐力
柱
土台・梁のせん断耐力
柱のせん断耐力
土台梁
〈座付きの場合〉座金のめり込み耐力

Dボルト

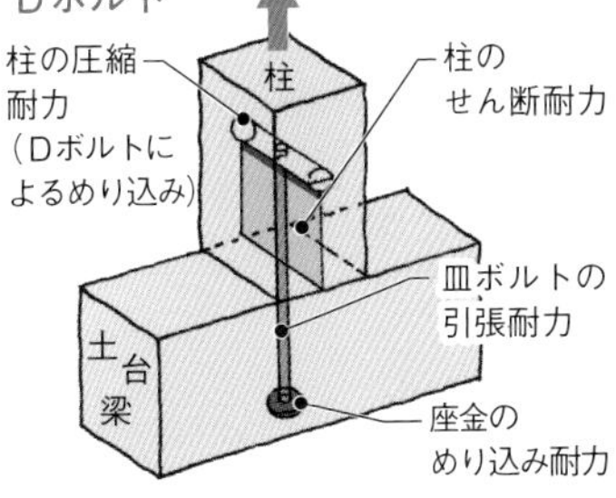

柱の圧縮耐力
(Dボルトによるめり込み)
柱
柱のせん断耐力
皿ボルトの引張耐力
土台梁
座金のめり込み耐力

③木材

長ホゾ差し込栓打ち

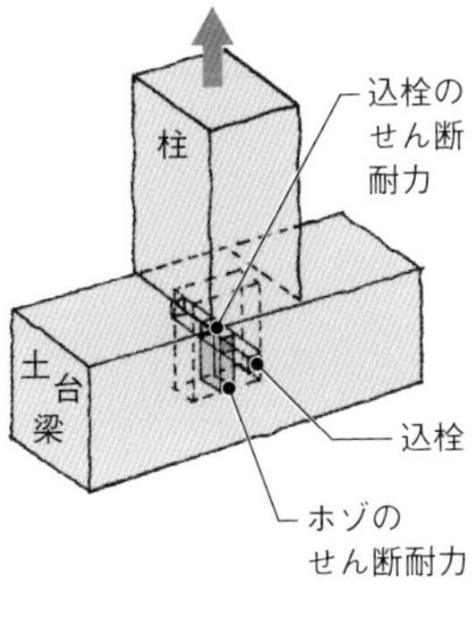

柱
込栓のせん断耐力
土台梁
込栓
ホゾのせん断耐力

雇いホゾ差し込栓打ち

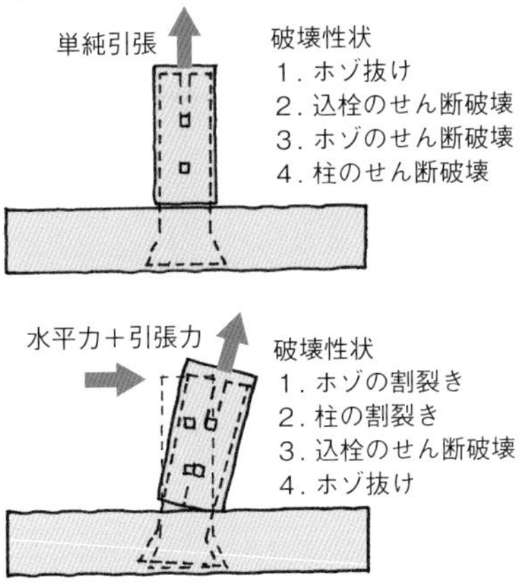

単純引張
破壊性状
1. ホゾ抜け
2. 込栓のせん断破壊
3. ホゾのせん断破壊
4. 柱のせん断破壊
水平力＋引張力
破壊性状
1. ホゾの割裂き
2. 柱の割裂き
3. 込栓のせん断破壊
4. ホゾ抜け

竪貫

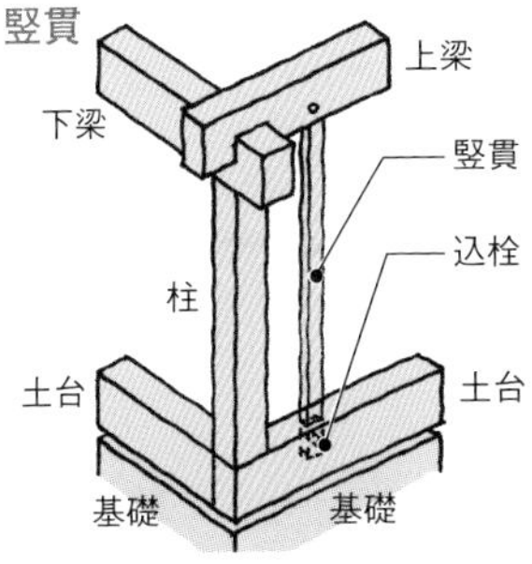

上梁
下梁
竪貫
込栓
柱
土台
土台
基礎
基礎

地獄ホゾ

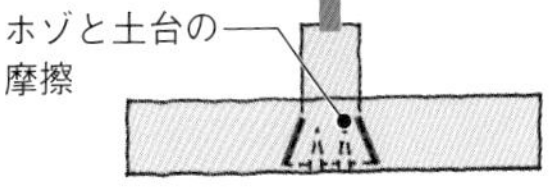

ホゾと土台の摩擦

柱頭・柱脚の仕口

POINT

▶接合仕様は告示表または計算により決定する。同一柱の柱頭と柱脚は同じ接合仕様とすること

接合仕様の決定方法

耐力壁が正しく性能を発揮するためには、接合部のつくり方が重要になる。耐力壁端部の柱に生じる引抜力に抵抗するための、柱の上端部（柱頭）および下端部（柱脚）の緊結方法は、以下の3つの方法のいずれかにより決定する。

①告示1460号の表による方法

②告示1460号の解説に示された略算式による方法

③許容応力度計算による方法

このうち、②はN値計算法とも呼ばれ、許容応力度計算の考え方にもとづいて、壁倍率から引抜力を略算的に求めるものである。左頁の「Nの値」は各接合仕様の許容値を示している。この表にない金物を使用するときは、その引張耐力が左頁の「必要耐力」以上であることを確かめる必要がある。

なお、引抜力は柱頭と柱脚で同じ値となるため、同一柱の柱頭・柱脚の接合方法は同じ仕様にする必要がある。

告示の接合仕様

告示の接合仕様は、接合耐力ごとに(い)〜(ぬ)の10段階に分かれている。それらを簡単に解説してみよう。

(い)は、短ホゾ差しやかすがい打ちなどで、引抜抵抗力がほとんどない接合である。これらの接合は、構造的に重要でない部位に採用する。

(ろ)は、長ホゾ差し込栓打ち、またはCP-L金物を使用する接合で、3.4kNの引抜抵抗力をもつ。計算により引抜きが生じない場合でも、耐力壁の役割を考えると、最低でも(ろ)以上の接合としておきたい。

(は)は、CP-T金物、またはVP金物で、同等品の金物の種類も多い。

(に)と(ほ)は、羽子板ボルトだが、(ほ)はスクリュー釘を併用して留める分だけ、耐力が少し高めになっている。

(へ)以降はホールダウン金物で、5kNごとに30kNまである。ただし、座付きタイプの金物は、土台の耐力が影響するため、(へ)のみとなっている。

耐力壁端部の柱と主要な横架材との仕口（告示1460号表3）

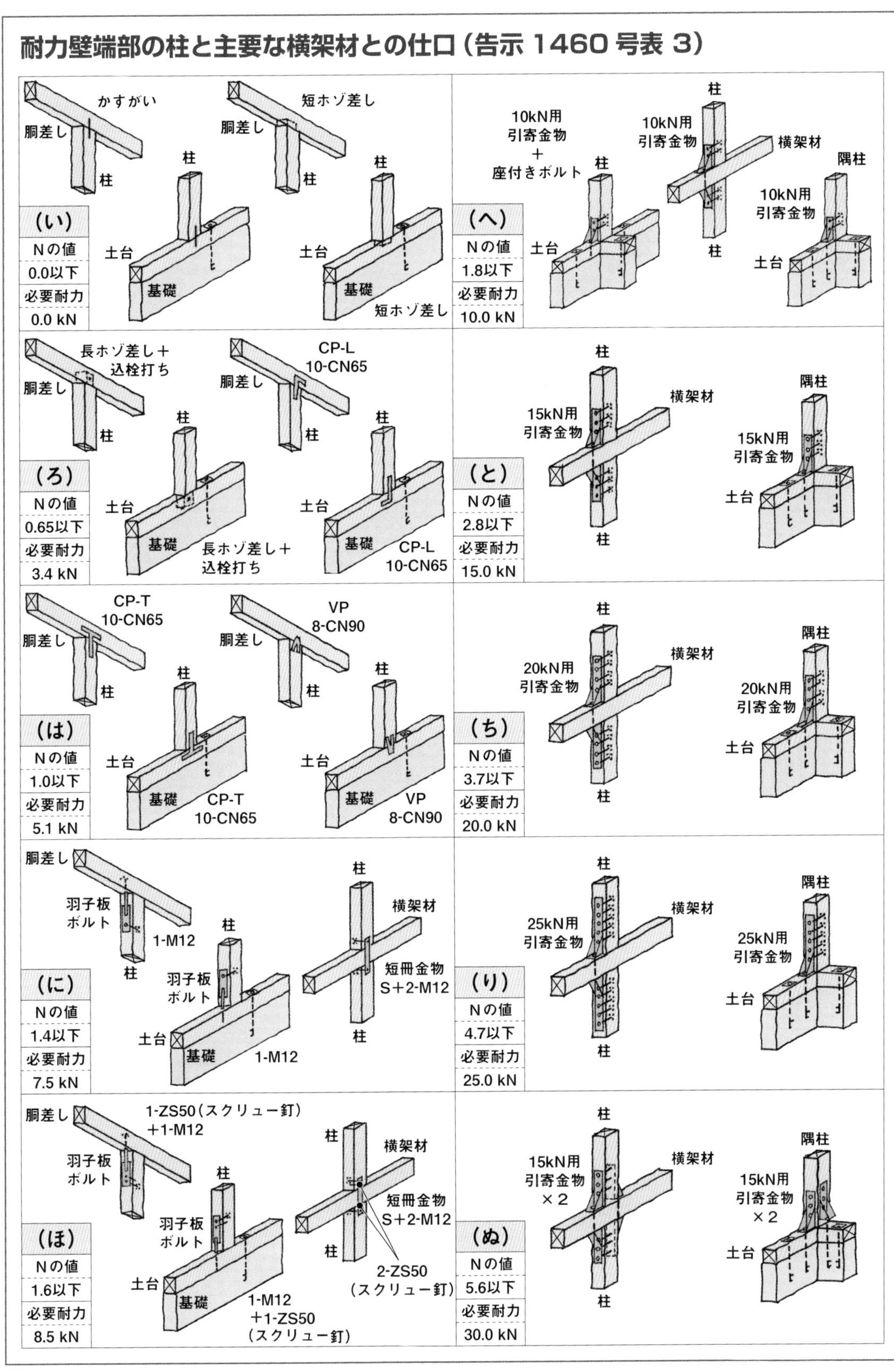

058
引抜きに対する設計 ③

アンカーボルトの役割

POINT
- アンカーボルトは土台のずれ止め。引抜力にも抵抗する
- 打設中の「田植え」は厳禁

ずれと引抜きの防止

耐力壁に水平力が作用すると、端部の柱に引抜力が生じるが、柱は土台に緊結されているので、土台も柱と一緒に浮き上がるおそれがある。そこで、土台の浮上りや、ずれを防止するために使用するのがアンカーボルトである。アンカーボルトには引抜力が作用するが、同時に土台と基礎の間には水平力もはたらくことになる（図1）。

アンカーボルトへ伝わった力（引抜力）は、スムーズに基礎→地盤へ伝達する必要があるが、そのためには、以下の2つが引抜力より大きな値でなければならない。

①アンカーボルト自体の引張に対する抵抗力（引張耐力）

②アンカーボルトの基礎との固定度（コンクリートとの付着耐力）

なかでも付着耐力は、基礎コンクリートに埋まっているアンカーボルトの表面積が影響するため、埋込みの長さが長いほど耐力も大きくなる。一般に12㎜のアンカーボルトを250㎜埋め込んだときの付着耐力は17・5kN（コンクリート強度Fc21のとき）で、柱脚の接合仕様ではとまで対応できる（124頁参照）。これ以上の引抜力が生じる場合は、埋込みの長さを長くしたり、ボルト径を太くするなどして対応をする。

土台通しと柱勝ち

土台と柱の納まりには、土台の上に柱を載せる土台通しタイプと、基礎に直接柱を載せる柱勝ちタイプがある（図3）。

常時の鉛直荷重に対しては、基礎に直接繊維方向の部材が載る柱勝ちのほうが、大きな荷重に耐えられる。ただし、水平荷重に対しては、耐力壁が取り付く場合に注意が必要である。柱の引抜きを抑えるには、柱と基礎を直接結ぶ柱勝ちのほうが有利だが、これは、繰返し荷重を受けたときに柱と土台の接合部に隙間ができてガタが生じやすいので、土台通しのほうが耐力壁の性能が安定しているといえる。

アンカーボルトの役割｜図1

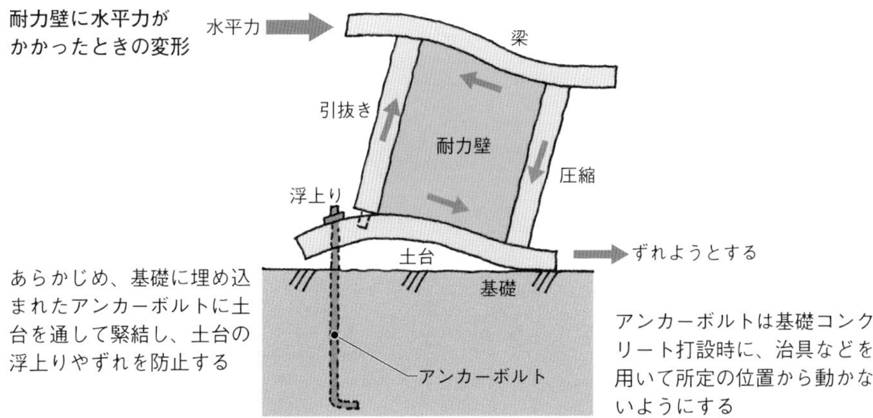

アンカーボルトの耐力壁廻り以外の設置個所｜図2

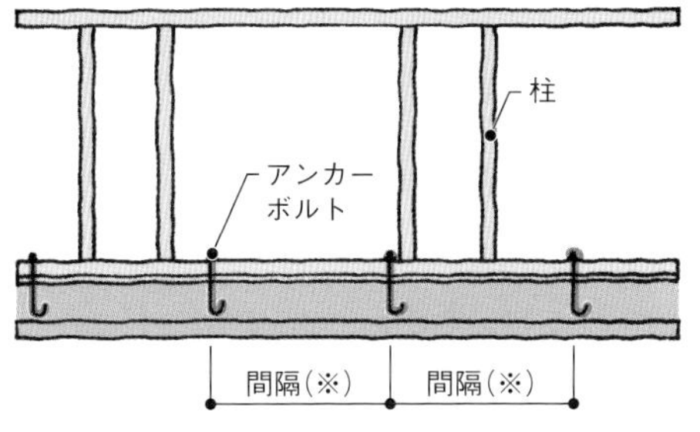

※ アンカーボルトの間隔は、建物が２階建て以下の場合は３m以内、３階建ての場合は２m以内を目安とする

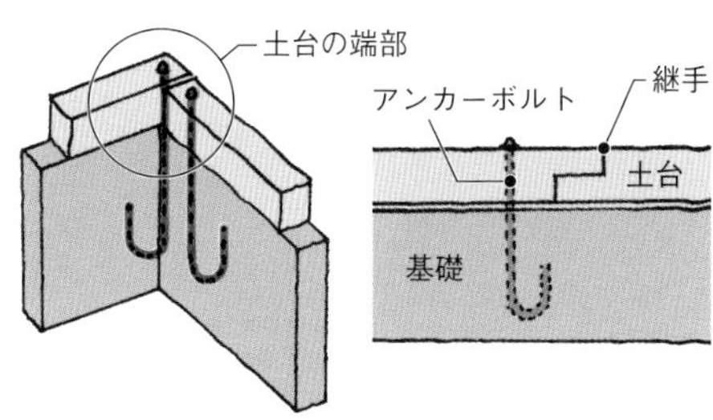

アンカーボルトは、土台の端部や継手がくる位置にも設置する

鉄筋コンクリート造の基礎の上に、土台を留めた状況

土台と柱の納まりと抵抗メカニズム｜図3

①土台通しの抵抗メカニズム

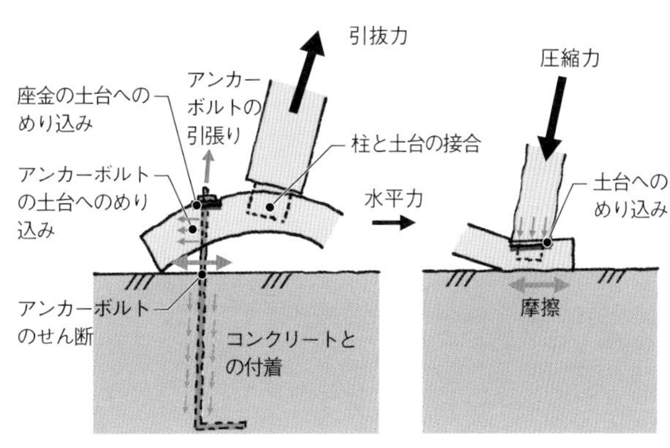

②柱勝ちの抵抗メカニズム

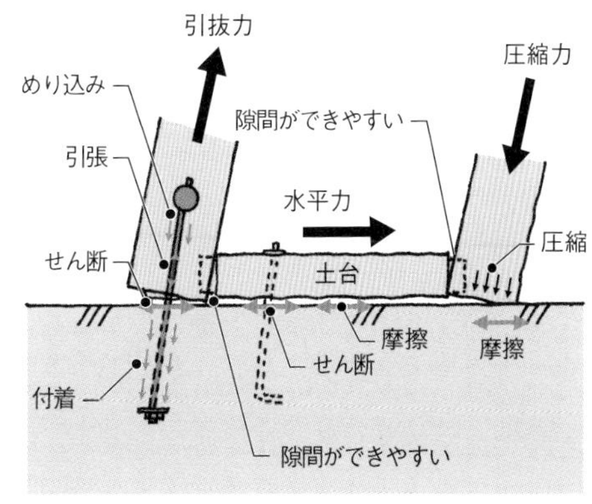

固有周期と共振現象の関係

木造は柔らかい構造で、周期が長い。地盤の周期とズレがあるので揺れが軽減される

固い地盤は揺れが小さい（周期が短い）

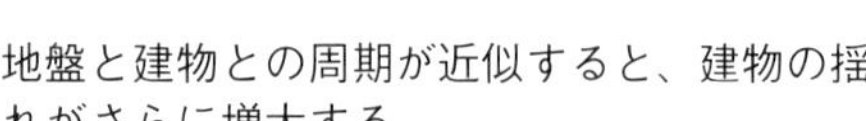

地盤と建物との周期が近似すると、建物の揺れがさらに増大する

豆腐のように柔らかい地盤は揺れが大きい（周期が長い）

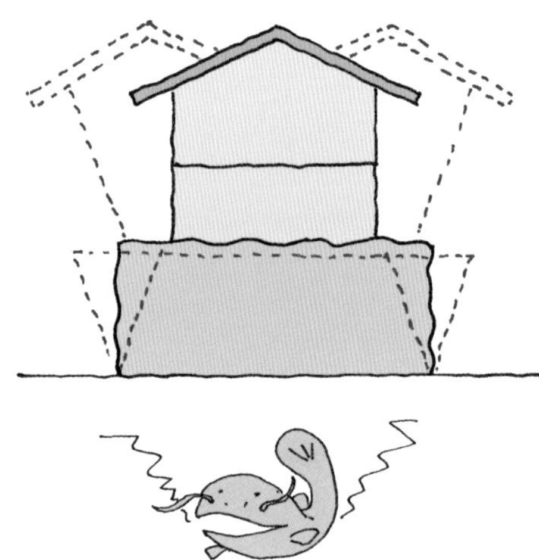

建物と地盤の性質に注目

建物に強い地震力がはたらいて揺れたとき、その揺れが1往復する時間のことを「建物の固有周期」と呼ぶ。揺れ幅が大きくゆっくり揺れる〝柔らかい建物〟は固有周期が長く、揺れ幅が小さく小刻みに揺れる〝かたい建物〟は固有周期が短い。また、地盤特有の周期のことを「卓越周期」と呼び、軟弱層が厚い地盤は卓越周期が長く、岩盤の固い層は卓越周期が短い。

この地盤の卓越周期と建物の固有周期が近似すると、揺れが増幅する「共振現象」を起こす。この現象は、関東大震災の際、厚い軟弱層が広がる下町の木造住宅に甚大な被害を引き起こしたが、同じ場所でも壁の多い土蔵は被害が少なかったことから、そのメカニズムが立証されている。そこから、建築基準法では、特に軟弱な地盤上に木造住宅を建てる場合、壁量割増の規定を設けている。

04 床組・小屋組に求められる役割

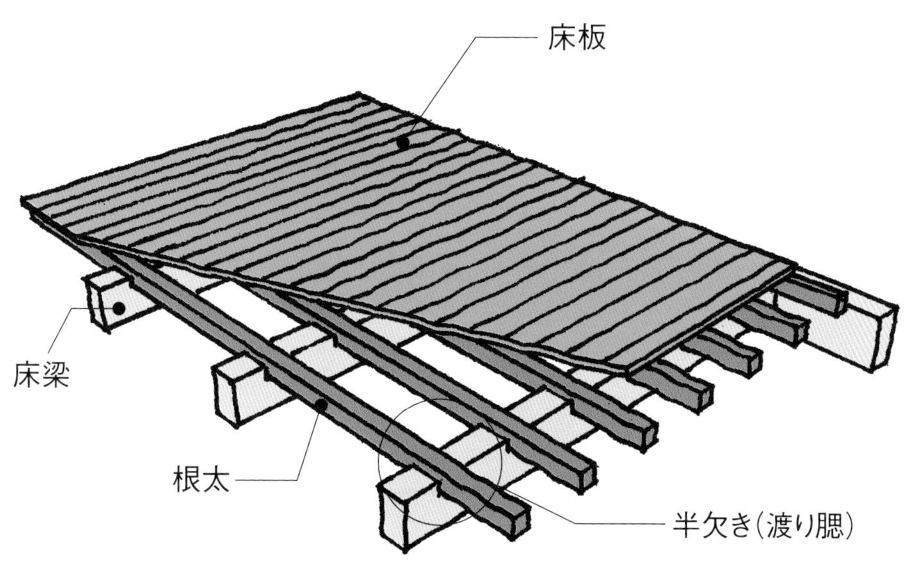

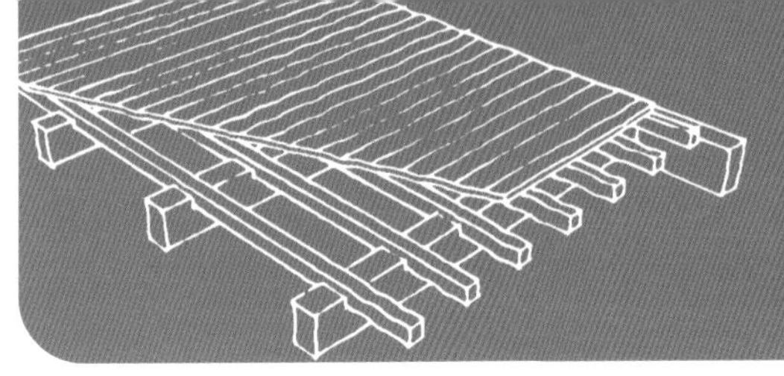

水平構面の役割

POINT

▶ 水平構面の役割＝鉛直荷重を支える
＝水平力を耐力壁に伝達する

水平構面の役割

床組や小屋組のように水平に配置される構造要素のことを、「水平構面」という。

水平構面には2つの構造的な役割がある。1つは、常に鉛直方向に作用する梁や床板などの自重と、人や家具などの積載荷重を支える役割（図①）、もう1つは、地震力や風圧力などの水平力を耐力壁に伝達する役割（図②）である。

建物に水平力が作用すると、床面は水平方向に弓なりに変形する（図②）。このとき、変形量のバラツキが大きいと、接合部が外れたり、水平力を耐力壁に伝達できなくなる。壁量計算（114頁参照）は、水平力が各耐力壁に均等に配分されることを前提条件としているが、もしその前提を満たしていなければ、壁量は十分であっても、建物は部分的に損傷を受けるおそれがある。

これを防ぐには、床組・小屋組の水平剛性と耐力壁の剛性・配置の2つを関連付けて設計しておかなければならない（140頁参照）。

なお、建物の水平方向のかたさ・強さのことを「水平剛性」という。品確法では、耐力壁における壁倍率と同様、「床倍率」という概念でその特性を表している（138頁参照）。

小屋組ならではの特徴

小屋組は、床組とほぼ同様の役割を担うが、①勾配をもつ、②軒先で風の吹上げの力を受ける（156頁参照）という点で床組と異なる。

地震力・風圧力など、水平力への対策としては、小屋梁や桁梁を含めた「小屋組全体」で水平剛性を考えることが重要になる。

耐力壁の項でも述べたように、2階の耐力壁は2階から上に作用する水平力に抵抗する。この水平力は屋根面を伝わってくるため、2階の耐力壁は屋根面と接続していなければならない。構造的に見れば、小屋組は独立した存在ではなく、2階の一部なのである。

水平構面（床）の役割｜図

①鉛直荷重を支える

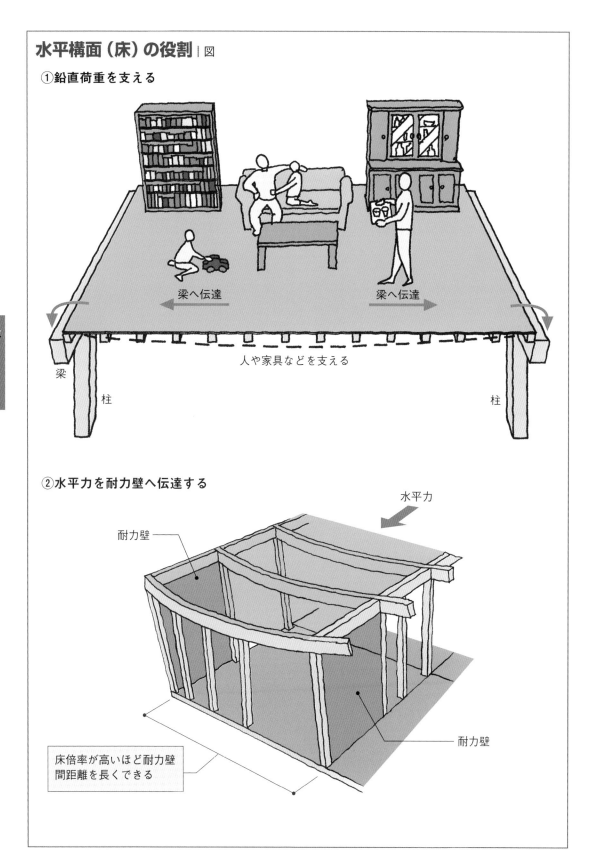

②水平力を耐力壁へ伝達する

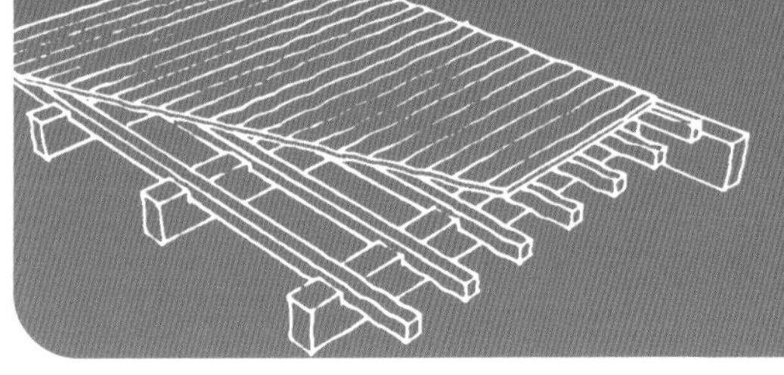

060
床組の種類①

根太床と根太レス床

POINT

▶ 根太の掛け方と床板の張り方は、鉛直荷重の支持能力および水平剛性に影響する

根太床

床組は、主に床梁＋根太＋床板で構成される。これを根太床（根太組み床）という。根太の掛け方は、①落し込み、②半欠き（渡り腮）、③転ばし、の3種類に分けられる（図1）。

鉛直荷重の伝達だけを考えると、梁に載る断面が大きく、梁の断面欠損も小さい半欠きや転ばしが、たわみも小さく施工性もよい。しかし、水平剛性だけを考えると、根太の転びがなく、床板が床梁にも直接取り付く落し込みのほうが剛性が高い。水平構面の剛性には、根太の掛け方も影響するのである。

半欠きや転ばしにして、なおかつ水平剛性も高めたい場合は、床板と梁（小屋組の場合は野地板と桁・母屋・棟木）の隙間を埋木や面戸板などで埋めて、根太（垂木）の転びを防ぐとよい。特に耐力壁の存在する構面は大きな軸力が作用するため、こうした対策も必要になる。

根太レス床

一方、最近は施工の合理化から根太を省略して、厚い製材板または構造用合板を直接床梁に釘留めする床板張りが増えてきた。これを根太レス床という（図2）。根太レス床は、施工の合理化を大きな目的としているが、実は構造的にもメリットがある。根太を省略することで根太の転びがなくなるぶん、水平剛性を高める効果が生まれるのである。

床板の張り方は、通常、梁の間隔が狭い方向（一般に約900㎜間隔）に、床板の繊維方向が渡っていくようにする（図2①）。構造用合板も同様で、表面の繊維方向が短辺方向となるようにして張る。

水平剛性を高めるには、床板を梁に落とし込んで張る方法もあるが（図2②）、これは、床板を40㎜程度と厚くしなければならないことや、非常に高い施工精度（そのために必要な木材の乾燥・寸法精度）が要求される。

根太床のバリエーション｜図1

①落し込み

床梁を欠き込んで根太を落とし込む

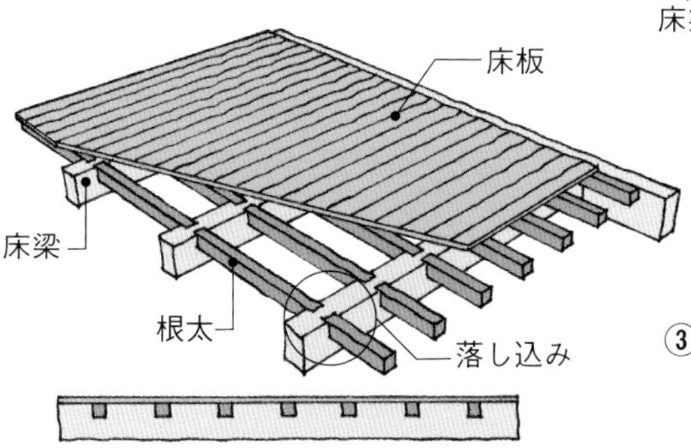

床板
床梁
根太
落し込み

②半欠き（渡り腮（あご））

床梁・根太ともに少し欠き込んで根太を渡す

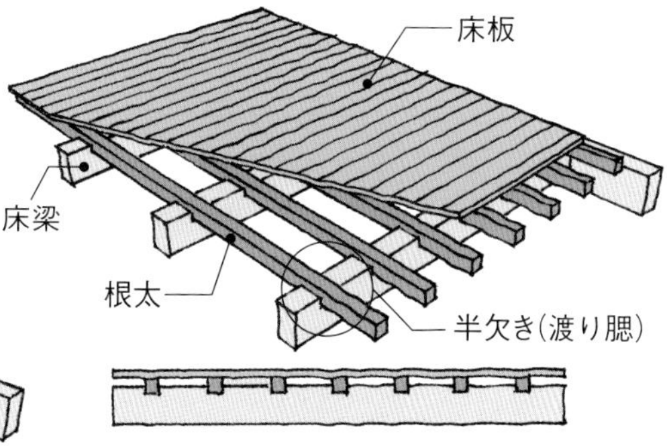

床板
床梁
根太
半欠き（渡り腮）

③転ばし

根太を床梁の上に載せる（根太・床梁とも欠損なし）

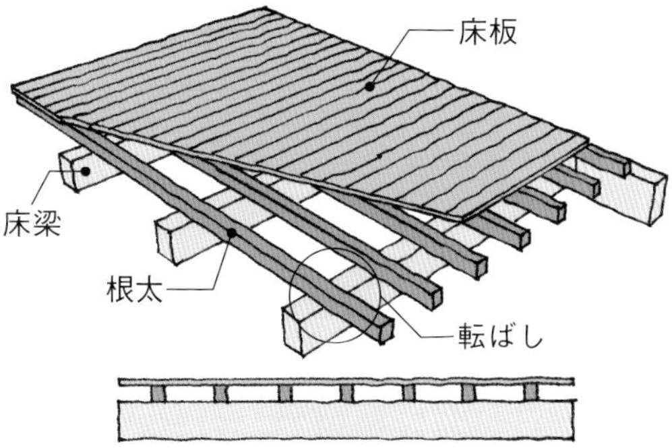

床板
床梁
根太
転ばし

根太レス床のバリエーション｜図2

①根太レス直（じか）張り

30㎜厚以上の床板を床梁に直接釘留めする。根太による不陸調整ができないので、床梁の寸法精度を高める必要がある

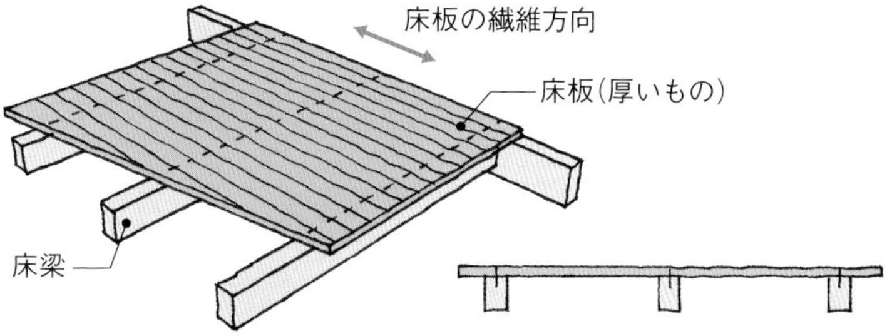

②根太レス落し込み

床梁の上端を欠き込んで床板を落とし込み、釘留めする。高度な施工精度を必要とする

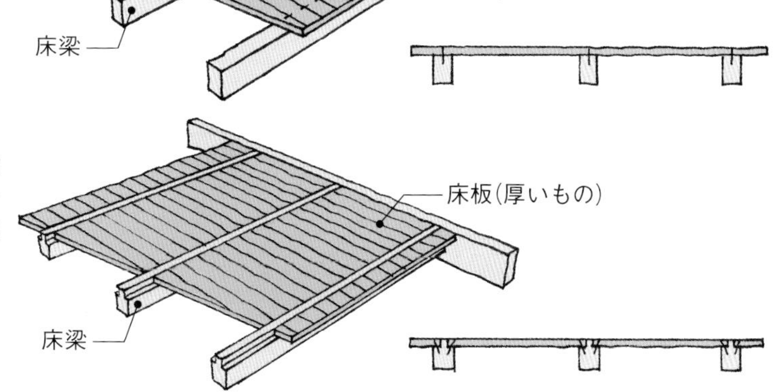

各仕様の水平剛性については、143頁の床倍率一覧表を参照のこと

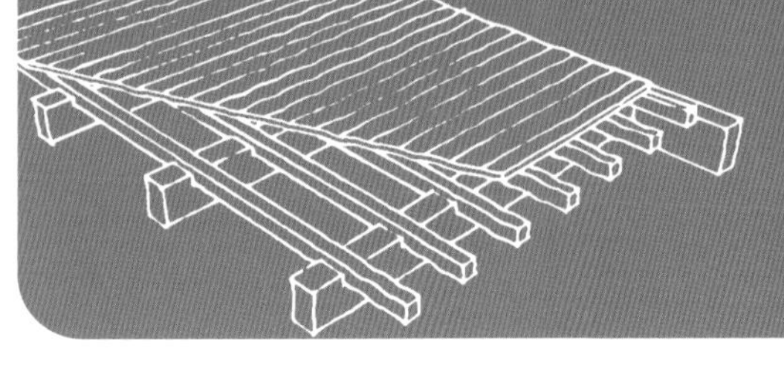

061
床組の種類 ②

火打ちを入れた床

POINT

▶ 火打ちは水平構面の歪みを防ぐが、床倍率が低いので、4m間隔を目安に配置する

火打ちの強さと種類

火打ちとは、床面や小屋面の隅角部に45°の角度で架け渡した梁をいう（図1①）。

火打ちを設ける主な目的は、水平構面の歪み防止にある。火打ちを入れた床組の強さは138頁の「床倍率一覧表」を見るとよい。

火打ちの床倍率は1.0未満で、決して剛性が高いとはいえない。そのため、配置の目安は一般に4m間隔程度が妥当となる。ただし、耐力壁の配置によっては、火打ちだけでは対応できないこともある。

一般に火打梁は90㎜角の木材を床梁にボルト留めする（図1②）。ただし、直交する梁のレベルに段差がある場合は、一方を「渡り腮」で掛けてダボまたはボルト留め、もう一方にはホゾを差して鼻栓留めとすることもある（図1③）。

この方法は火打ちを隣接して設けられないこと、建方時に施工上の工夫が必要である点に注意したい。

なお、最近ではボルト用の座彫りや梁の欠き込みが不要で、ラグスクリュー留めもできる金物が市販されている（図1④）。これは、施工性がよいため、耐震補強に用いることも多い。

火打土台は必要か？

1階床面に設ける火打ちは、火打土台とも言う（図2①）。

土台に火打ちを設ける人は多いが、通常のベタ基礎のときは、鉄筋コンクリートによる耐圧版の水平剛性が非常に高いため、土台をアンカーボルトで基礎に緊結していれば1階の床面が歪むことはない。

したがって、火打土台は不要となる（図2②）。布基礎も同様で、基礎によって囲まれた面積が20㎡以内であれば、火打土台は不要である。

火打土台が必要になるのは、基礎の立上りが外周部のみで内部はすべて束立てとした場合や、伝統構法に見られる石場立ての場合である（図2③）。

火打ちの設け方｜図1

①火打ちの入った床

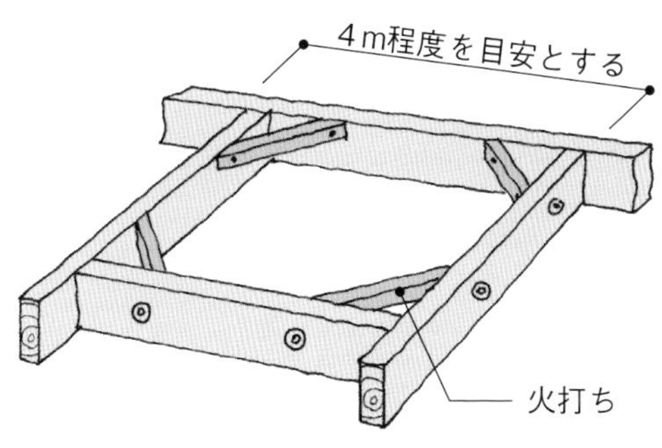

②火打梁

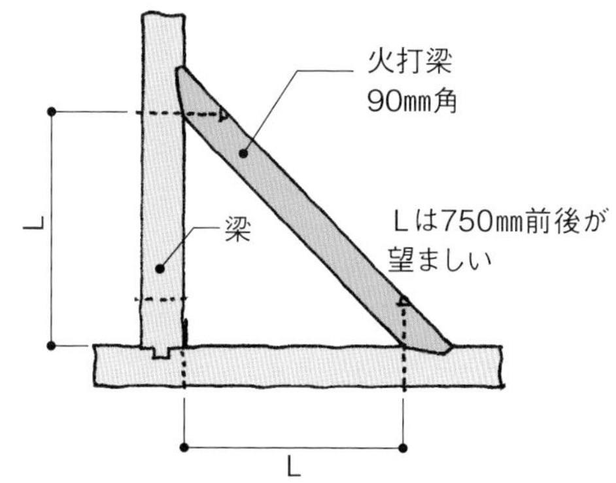

③渡り腮のときの火打ち

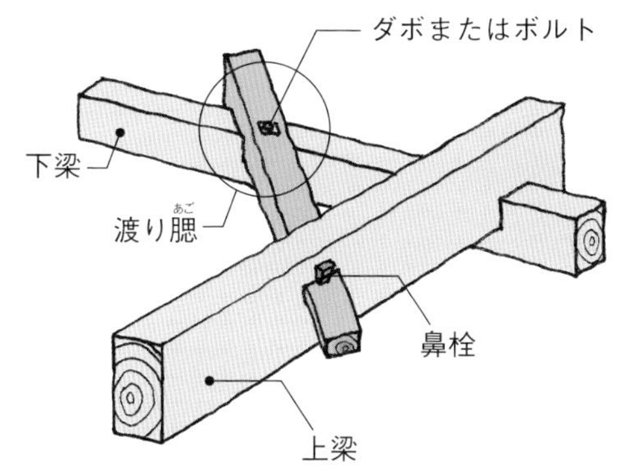

④鋼製火打ちの例

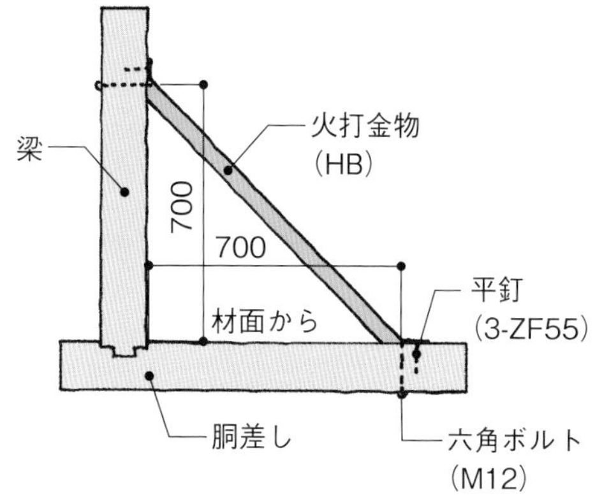

火打土台の設け方｜図2

①一般的な火打土台

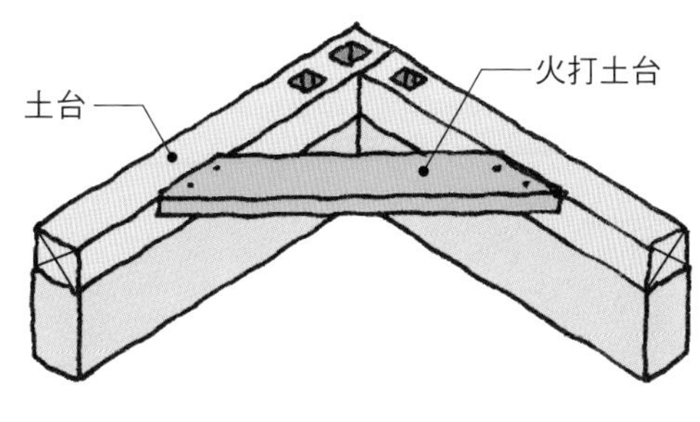

②コンクリート基礎がすぐ下にある場合は不要

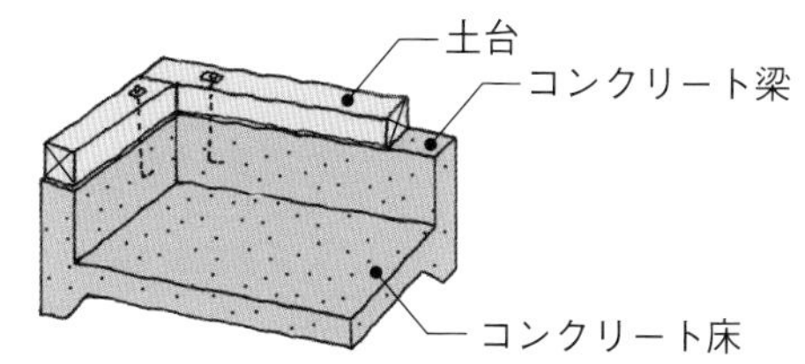

③玉石基礎のときは火打土台が必要

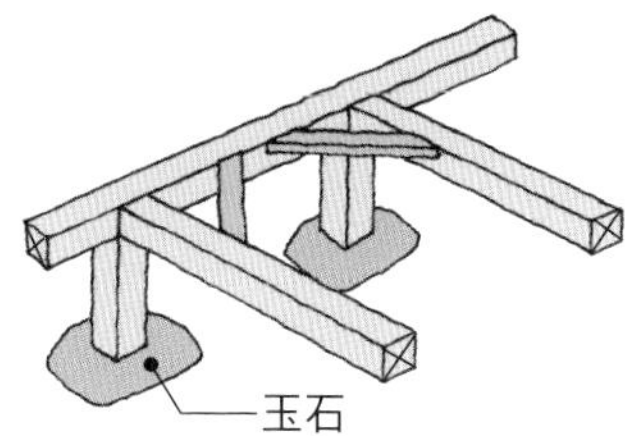

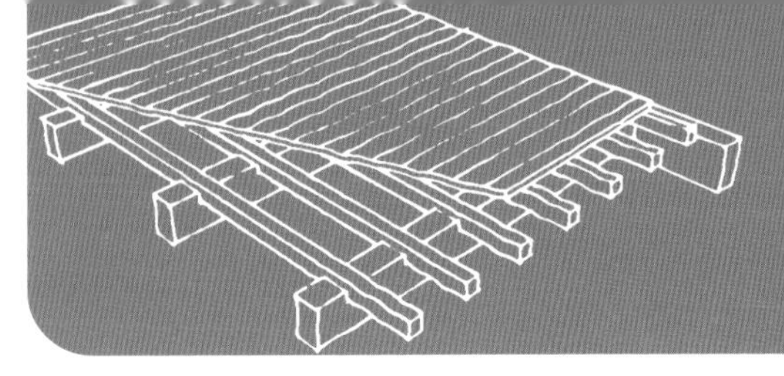

床のたわみと床板・根太・床梁

POINT

▶ 床のたわみは居住性に影響する。床板・根太・床梁のスパン・間隔・断面・接合方法が重要

床のたわみは各部材の変形量の和

常時作用する荷重によって床を構成する部材がたわんでくると、居住性に大きく影響する。床中央部のたわみは、床板・根太・小梁・大梁、それぞれの変形量の和となるので、各部材の変形量を建築基準法ぎりぎりの数値で抑えていると、床組全体としてみれば非常に大きな値となる。重要度の高い部材ほど安全率を見込んで設計するよう心掛けたい（16頁参照）。

たわみを抑える方法

各部材の断面を決定するときに、主に影響するのはスパンと負担荷重である（68頁参照）。これらの値を小さくすれば、たわみを抑えることができるので、それぞれの部材のスパンと荷重の負担範囲を把握しておきたい。

まず、人や家具などの荷重を直接受ける床板であるが、床板は根太によって支えられているので、床板のスパンは根太の間隔ということになる（図1）。

次に、床板から伝わってきた荷重を受ける根太は、床梁に支えられているので、スパンは梁の間隔となる（図2）。なお、同じスパンでも、梁に根太を落とし込んだ場合は「単純梁」となるが、根太が数本の梁の上を渡っている場合は「連続梁」となる（24頁参照）。連続梁はたわみが単純梁の半分以下となる利点がある。また、根太が負担する荷重の範囲は、隣り合う根太の間隔の半分ずつとなるので、根太の間隔を細かくすれば1本当たりの負担荷重は小さくなる。

最後に、根太から流れてきた荷重を受ける床梁は、柱や大梁で支えられているため、スパンは柱の間隔、または大梁の間隔となる（図3）。スパンが長くなれば、たわみだけでなく支持点にかかる荷重も大きくなるので、当然接合方法にも注意しなければならない。また、隣り合う梁の間隔を短くすれば梁1本当たりの負担荷重が軽減されるので、梁の間隔を細かくすることもたわみを小さくするには有効である。

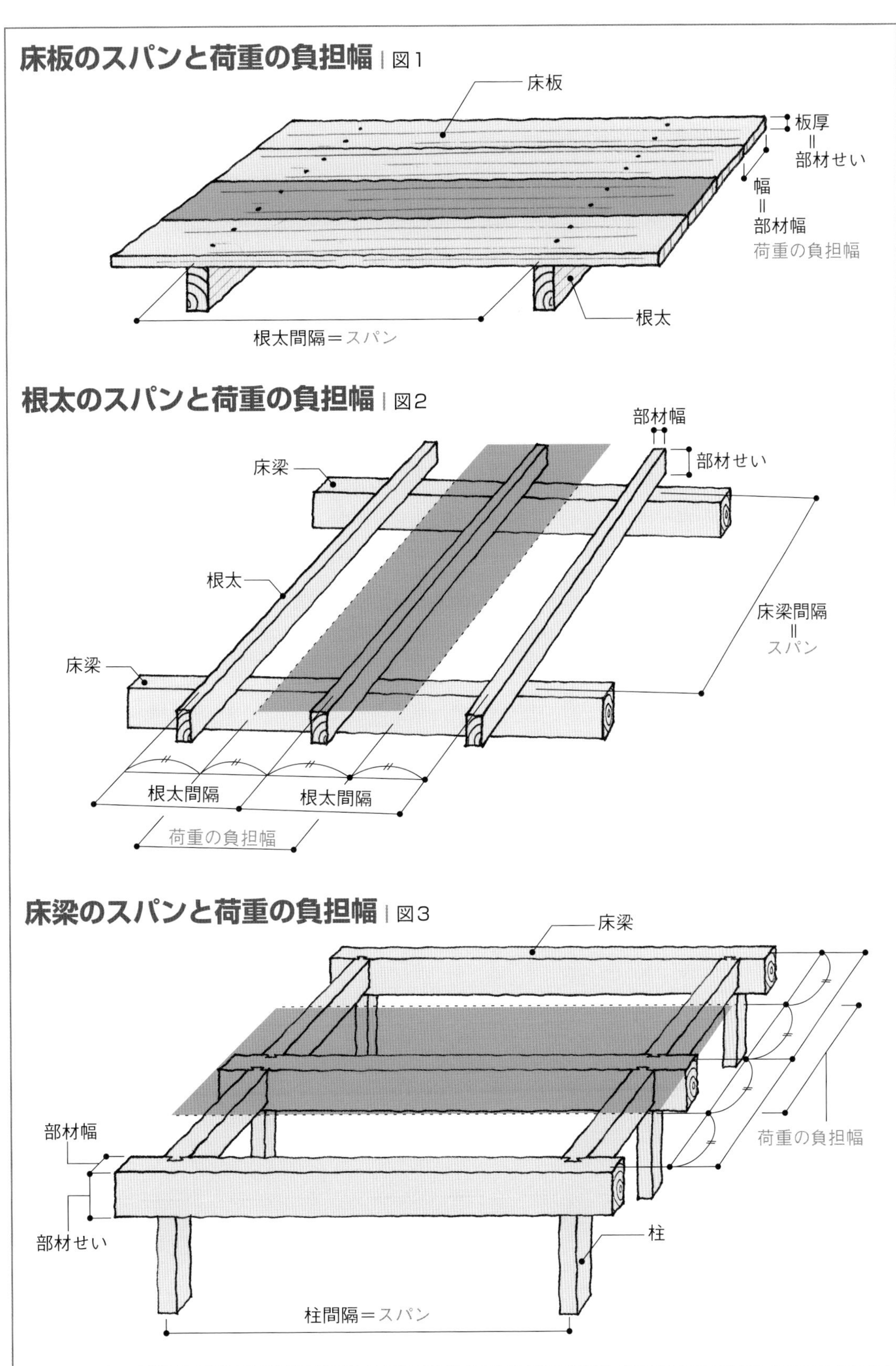
床板のスパンと荷重の負担幅｜図1
床板
板厚
||
部材せい
幅
||
部材幅
荷重の負担幅
根太
根太間隔＝スパン
根太のスパンと荷重の負担幅｜図2
部材幅
部材せい
床梁
根太
床梁間隔
||
スパン
床梁
根太間隔
根太間隔
荷重の負担幅
床梁のスパンと荷重の負担幅｜図3
床梁
荷重の負担幅
部材幅
部材せい
柱
柱間隔＝スパン

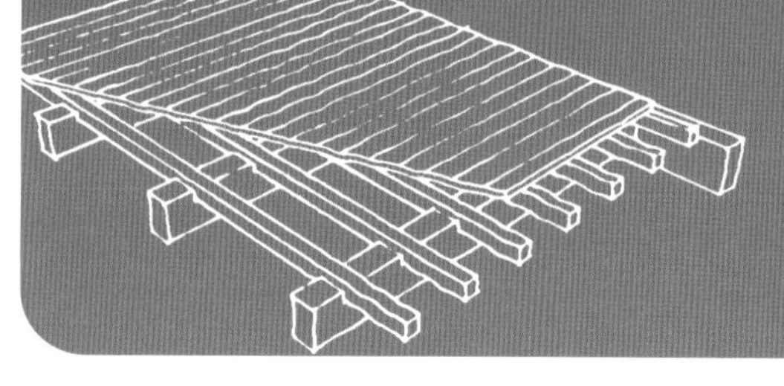

床倍率1とは何か

POINT
▶ 床倍率1＝1.96kN／m（変形角は1／150）
▶ 小屋組は勾配屋根を水平面に置換している

床倍率1の定義

床倍率とは、水平構面（床組・小屋組）のかたさを示す指標で、床倍率1とは、床の長さ1m当たり1・96kNの耐力を有する床のことである。壁倍率と考え方は同じであるが、変形角は1／150ラジアンとなる（変形角の違いは試験方法によるもの）。

床倍率の高い水平構面は、水平方向に変形しにくい。水平方向に変形しにくいということは、大きな水平力を伝達できるということである。したがって、その床の下に設ける耐力壁の構面間距離を長くすることも可能になる（140頁参照）。

小屋組の床倍率

床倍率は、小屋組にも適用できる。小屋組の床倍率は、勾配屋根の剛性を水平面に置き換えて考える。そのため、小屋梁のレベルに設けた火打梁と、屋根面の床倍率は加算することができる（図2①）。

一般に、垂木は桁梁や母屋を少し欠き込んで載せるため（図2②）、床組では転ばし根太に相当する。ただし、屋根勾配がきつくなるほど垂木が転びやすくなるため（図2③）、同じ仕様でも急勾配になるほど低い値となる。

床面の形状と変形量の関係

ところで、同じ床倍率でも、床面の形状によって変形量は異なる。たとえば、風圧力がY方向に作用したとき、床面の奥行きが異なれば、床倍率と耐力壁の構面距離が同じでも、奥行きが長い床面のほうが水平変形量は小さくなる（図3①）。これは、梁せいを大きくするとたわみが小さくなるのと同様の考え方である。

また、注意が必要なのは、2階と1階の構面位置がずれている場合である（図3②）。このときの2階の床面は、2階床の水平力のほかに、中間に載る耐力壁が負担した水平力を1階の耐力壁に伝達する役割も担うことになるので、床倍率を高めておく必要がある。

床倍率1の考え方 | 図1

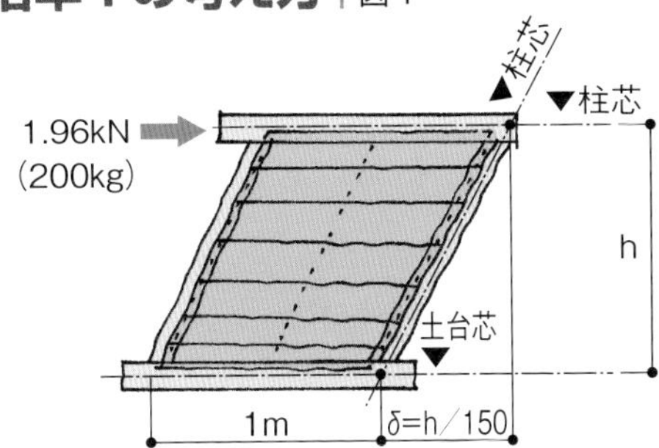

床倍率は壁倍率と同様の考え方による。床倍率1とは、長さ1mの床に水平力1.96kN(200kg)が作用したとき、変形角がh/150であることをいう

床倍率0.5…水平力0.98kN/m(100kg/m)
床倍率2.0…　〃　3.92kN/m(400kg/m)

小屋組の床倍率の考え方 | 図2

①勾配屋根の床倍率

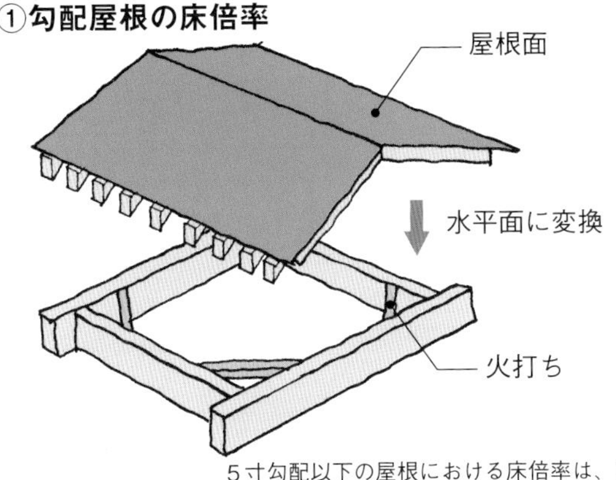

②垂木と梁との納まり

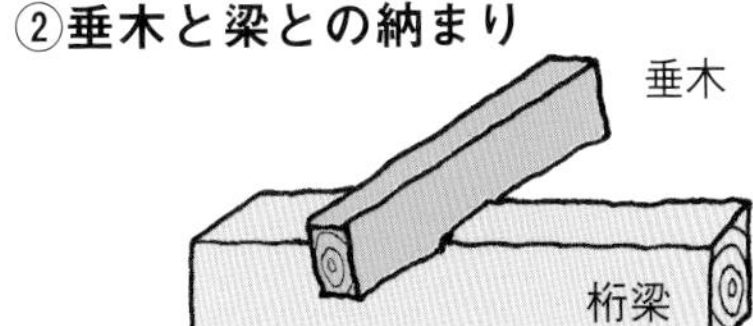

③垂木の転び

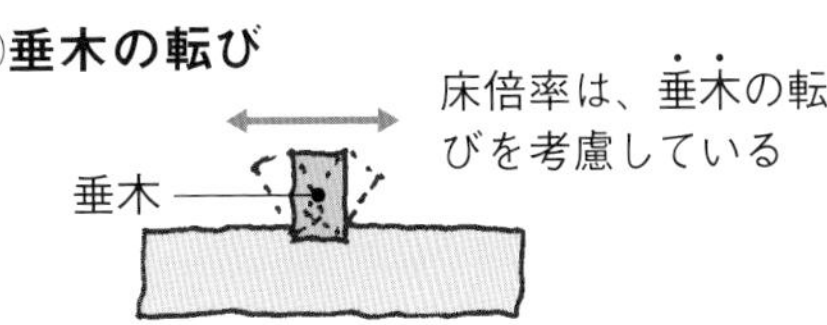

5寸勾配以下の屋根における床倍率は、同じ仕様で転ばし根太を設けた床面の床倍率に等しい
→垂木の転び止めを設けたものは、半欠きや落し込みとした根太床と同等の床倍率になると推察される

床面の形状と変形量の関係 | 図3

①構面距離と奥行き

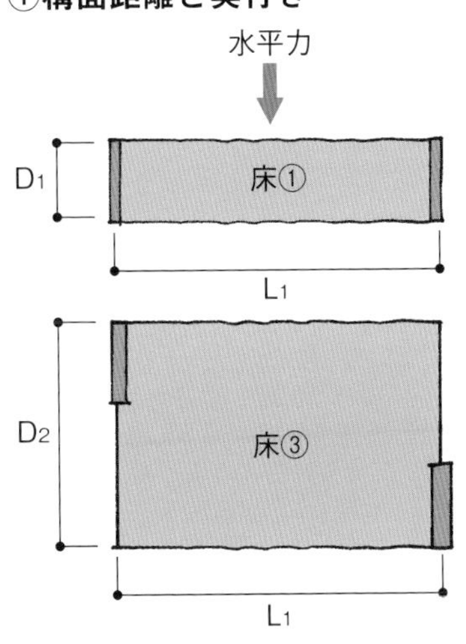

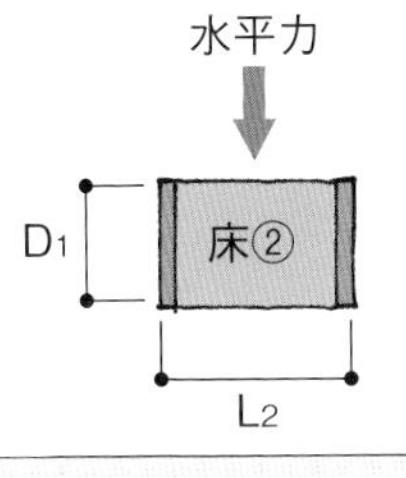

床②と奥行きが同じでも構面距離が長い床①には高い床倍率が必要

床③と構面距離が同じでも奥行きが狭い床①には高い床倍率が必要

②1階と2階の構面が一致しないときの注意点

2階の水平力Q_2を1階耐力壁へ振り分ける必要がある

Q_2
Q_1'
Q_1

高い床倍率が必要

水面構面の先行破壊の防止	仮に大地震が起きたとしても、床は耐力壁より先に破壊してはならない。床が先に破壊すると耐力壁が十分あっても建物が倒壊するおそれがある

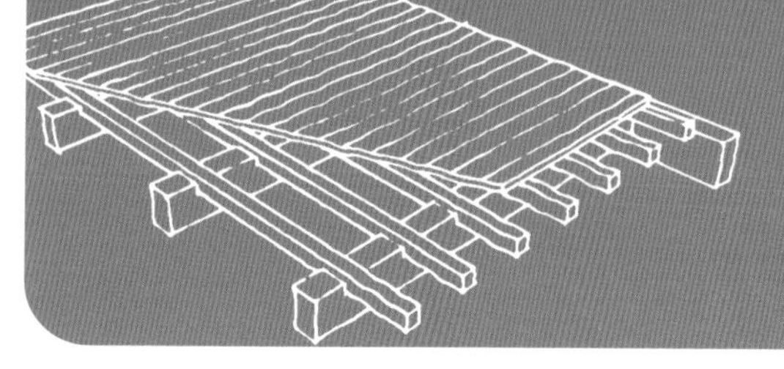

064
水平荷重に対する設計 ②

構面距離・床倍率と変形

POINT
▶ 水平構面の変形は出来る限り均一にすること
▶ 床倍率は壁倍率・構面間距離と対応する

水平構面の変形に配慮した設計

木造は、水平構面と耐力壁の剛性および配置が密接に関係する構造である。

たとえば、2階建ての2階は、必要壁量の値が小さいため、外周部のみで必要壁量を満足することがある。しかし、耐力壁が外周にしかなければ、耐力壁の構面間隔が長くなるため、水平構面の変形に注意が必要になる。ここでは、耐力壁の壁倍率、長さ、配置を変化させた場合の、屋根面の変形および応力について考えてみる。

①壁倍率2、建築基準法ぎりぎりの壁量、床倍率0・35とした場合

壁量は外周部のみで満足しているため、耐力壁の構面間隔が長くなり、屋根面の変形が不均一になっている。また、図①より、床面の外周部や耐力壁のある構面の梁に生じる軸力は約5kNである。大地震時はこの3～3.5倍の値になると言われているので、継手や仕口には15～20kN以上の引張強度を必要とすることになる。

②壁倍率・床倍率は①と同じで、壁量のみ増した場合

中間部に耐力壁を増やしたため、変形・応力は①の7割程度となるが、まだ水平剛性が不足している。外周部の軸力は半減したが、中央部では負担荷重が大きくなったため、継手・仕口には10kN以上の引張強度が必要になる。

③壁倍率1.5の間仕切壁を②に追加した場合

剛性の低い間仕切壁でも建物の中央部に設ければ、変形・応力とも軽減させる効果がある。

④床倍率は①と同じだが、壁倍率を4にした場合

壁量は十分だが構面距離が長いため、中央部が大きく変形している。耐力壁の剛性が高いため、梁に生じる軸力も大きくなる。

⑤壁倍率・壁量は④と同じだが、床倍率を2にした場合

変形は均一になるが、梁に生じる軸力が大きくなるため、仕口・継手の引張強度に注意が必要である。

耐力壁の構面間隔と床剛性・変形の関係｜図

①ケース1

存在壁量　：建築基準法の1.0倍
壁倍率　：2
屋根面床倍率：0.35

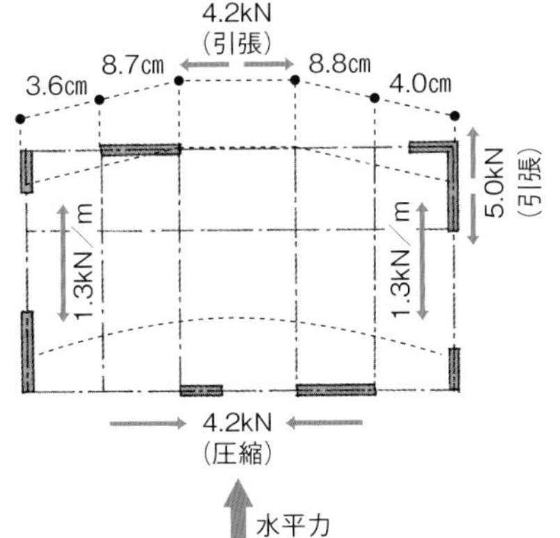

②ケース2

存在壁量　：建築基準法の1.4倍
壁倍率　：2
屋根面床倍率：0.35

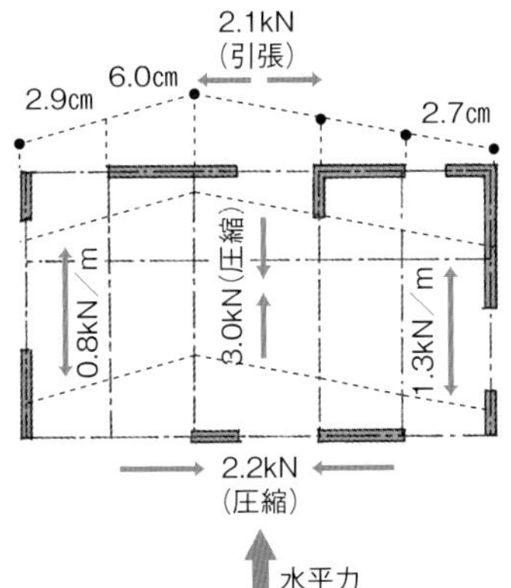

③ケース3

存在壁量　：建築基準法の1.4倍
壁倍率　：2
間仕切壁　：1.5
屋根面床倍率：0.35

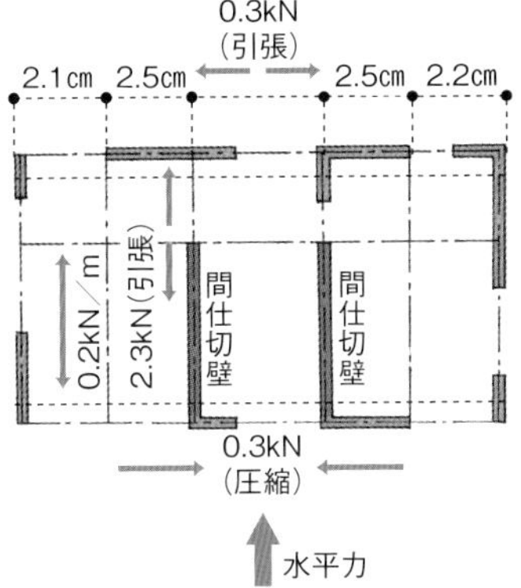

④ケース4

存在壁量　：建築基準法の1.4倍
壁倍率　：4
屋根面床倍率：0.35

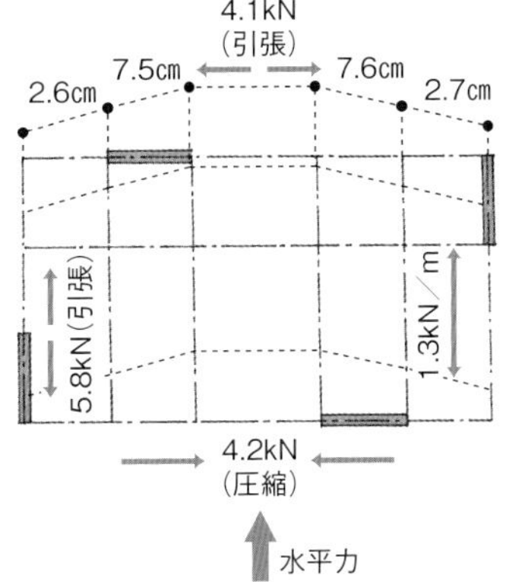

⑤ケース5

存在壁量　：建築基準法の1.4倍
壁倍率　：4
屋根面床倍率：2.00

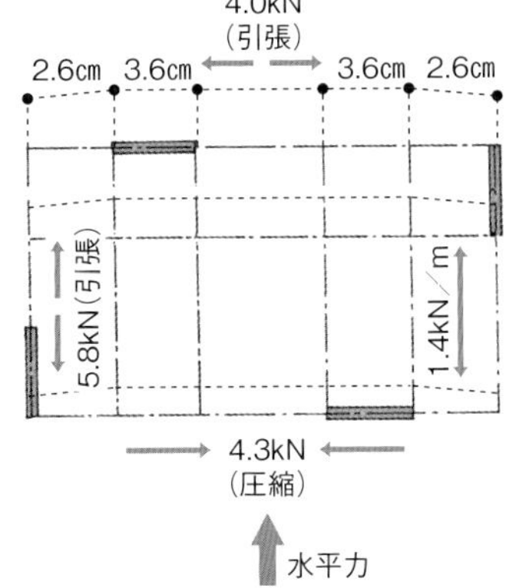

凡例

⟷ 床面に生じるせん断力

⇄ ⇆ 梁に生じる軸力

床面、屋根面の変形が…
①均一である場合
　→全耐力壁が有効にはたらく
②不均一である場合
　→耐力壁の効き方にバラツキが生じる。または耐力壁が効く前に床面や接合部が破壊するおそれがある

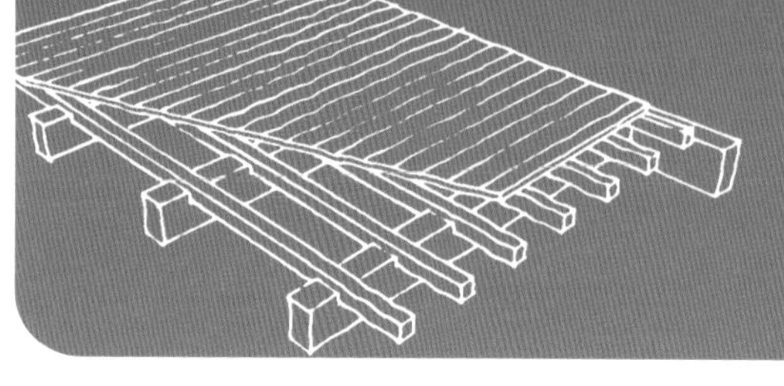

065
水平荷重に対する設計 ③

床倍率を高める方法

POINT
▶ 水平剛性を高めるには、床板の厚さや張り方が影響
▶ 水平トラスは接合方法に注意する

構造用合板以外の方法

許容応力度設計（※）で示された短期許容せん断耐力を床倍率に換算すると、左頁表の値となる。一般に、水平剛性を高めるためには構造用合板を張るが、そのほかにも、床板を斜めに張ったり、水平トラスを設けたりすることで、床倍率を上げることができる。

①斜め板張り

斜め板張りは、厚さ18㎜程度の製材板を斜めに釘留めするものである。斜めに張ることで筋かいのような抵抗が可能になる。このとき、根太の間隔は500㎜以下にして、板が座屈しないようにする。また、床面全体で「ハの字」または「Vの字」になるように張り、引張材と圧縮材のバランスを取る必要がある（図①）。

筆者が関わった試験では、斜め板張りの床倍率は約1.4であった。通常の製材床板張りは0.4程度なので、斜めに張るだけで水平剛性は約3倍も高くなることになる。

②水平トラス

水平トラスは、筋かいを水平に寝かせたものと考える。スノコ張りのバルコニーなど、水平面に開放性をもたせたいときなどに採用することがある。

部材は座屈を考慮して90㎜角以上の角材とし、梁の交点から交点を結ぶように設ける（図②）。このとき、水平トラスの抵抗を圧縮のみとする場合はボルト接合程度でよいが、引張抵抗も期待する場合は、接合具を鉄骨で製作する必要がある。なお、部材が長くなると自重でトラス材が垂れることがあるので、中間で吊り上げるなどの配慮が必要である。

水平トラスの応用として立体トラスもある（図③）。これは各接合部を十分緊結するほか、脚部が広がらないように配慮する必要がある。

トラスは比較的大きな空間を必要とするときに採用されるので、具体的な接合方法については、構造計算により接合部に生じる応力を確認したうえで慎重に検討したい。

※『木造軸組工法住宅の許容応力度設計（2017年版）』（(公財)日本住宅・木材技術センター）

床倍率一覧｜表

床板	根太組の床				根太レス床	
	根太間隔	落し込み	半欠き	転ばし	川の字釘打ち	四周釘打ち
構造用合版 構造用パネル （1～2級）	@340以下	2.00	1.60	1.00	1.80	4.00
	@500以下	1.40	1.12	0.70		
製材板	@340以下	0.39	0.36	0.30	—	—
	@500以下	0.26	0.24	0.20		

火打ちの負担面積

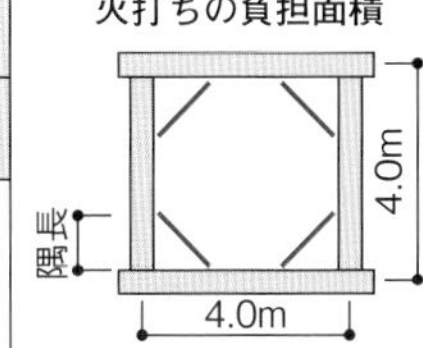

4.0m四方の床面内に火打ちが４本あるとすると、１本当たりの負担面積は4.0×4.0m／４本＝４m^2

野地板	垂木間隔	転び止め	屋根勾配		火打ち	負担面積	取り付く梁のせい（梁幅は105以上）		
			30°以下	45°以下			240以上	150以上	105以上
構造用合版 構造用パネル （1～3級）	@500以下	無	0.70	0.50	鋼製	2.5m^2以下	0.80	0.60	0.50
						3.75m^2以下	0.48	0.36	0.30
		有	1.00	0.70		5.0m^2以下	0.24	0.18	0.15
製材板	@500以下	無	0.20	0.10	木材（90×90以上）	2.5m^2以下	0.80	0.60	0.50
						3.75m^2以下	0.48	0.36	0.30
						5.0m^2以下	0.24	0.18	0.15

注）上表の床倍率は、『木造軸組工法住宅の許容応力度設計（2017年版）』（（公財）日本住宅・木材技術センター）に示された短期許容せん断耐力 △Qa［kN／m］を、1.96［kN／m］で除した値である

・根太レス床の板厚は24㎜以上、N75-@150以下の釘留め
・構造用合板およびパネルの板厚は床板に用いる場合は12～15㎜、野地板に用いる場合は9～15㎜でN50-@150以下の釘留め
・製材板は、床板に用いる場合の厚さは12～15㎜（野地板に用いる場合9～15㎜）、幅180㎜以上の板材で、N50-@150以下の釘留め
・木製火打ちは90×90㎜以上で隅長750㎜以上とする

水平剛性を高める方法｜図

①斜め板張り

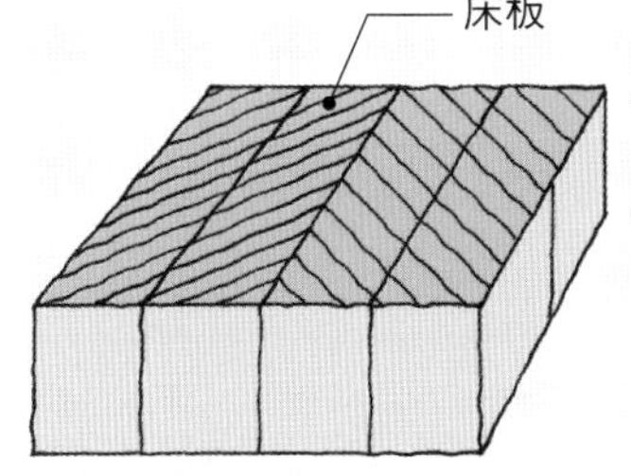

・床板をハの字またはＶの字に配置
・根太間隔と床板の厚さに要注意

②水平トラス（ブレース）

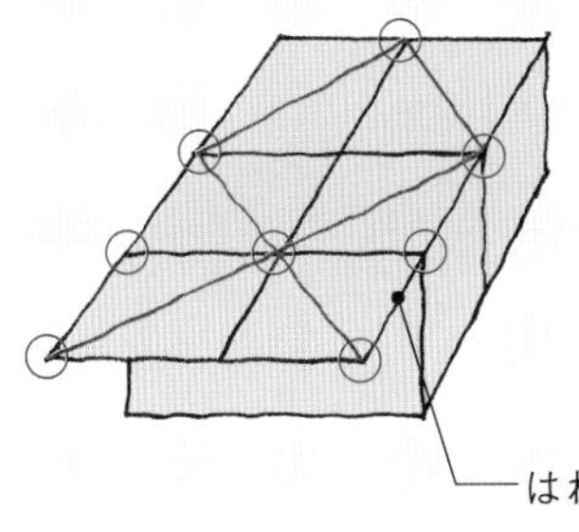

・◯印の接合部に要注意
・鉄筋ブレースを使用するときは圧縮には効かないので、引張のみで抵抗することになる

③立体トラス

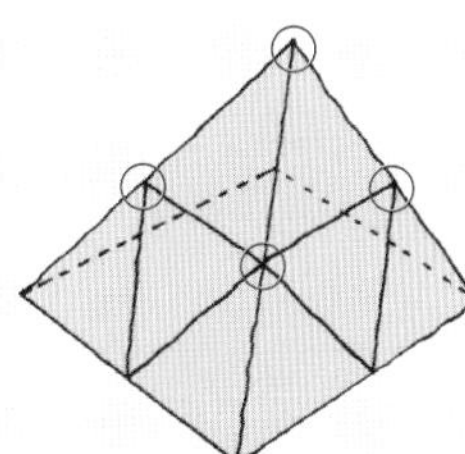

・◯印の接合部は、部材が集中するので要注意
・底辺の外周梁が広がらないように配慮する

立体トラス架構の小屋組。接合部は鋼板とボルトを使用している

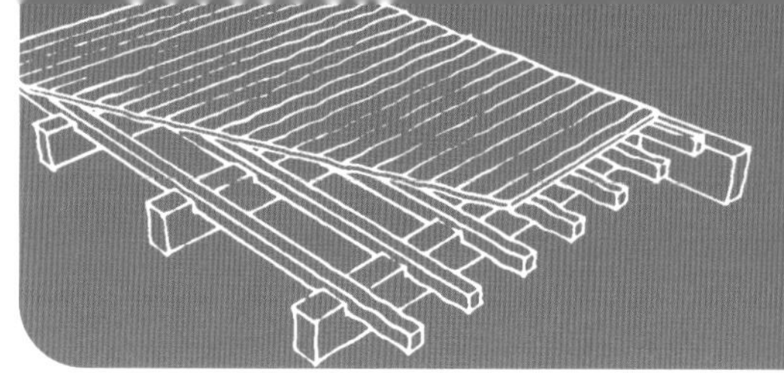

屋根の代表的な形状

POINT

▶屋根の形状は意匠性や雨仕舞だけでなく、小屋組の力の流れ方にも注意して設計する

木造屋根の種類

木造住宅の屋根は、気象条件、斜線などの法規的条件、意匠性などさまざまな要素から決められるが、なかでも代表的な5つの形状について、その特徴を簡単に述べる（図）。

①切妻屋根

勾配屋根の最も基本的な形状で、長辺方向を桁行、短辺方向を張間と呼ぶ。短辺の外壁面を妻面というが、構造的には妻面の耐風処理（78頁参照）に注意が必要である。また、妻側のはね出し部分をけらばというが、この部分は吹上げ（156頁参照）にも注意しなければならない。屋根形状を構成する小屋組には、和小屋と洋小屋（146～154頁参照）があるが、いずれも桁行方向の小屋組の倒れを防ぐため、小屋筋かいなどを設ける。

②寄棟

妻側にも勾配が付いている屋根形状をいう。雨仕舞は切妻屋根よりもよく、小屋組は和小屋でも洋小屋でも対応できる。桁行方向も立断面が三角形状になるので、接合部さえしっかりしていれば小屋組の倒れは生じにくい。出隅近辺は垂木が「片持梁」（24頁参照）として機能しないので、先端の破風板も構造的には重要な支持材となる。

③方形

平面形状が正方形の寄棟屋根をいう。中心部に集まる隅木を心柱で支える。頂部に部材が集中するため、接合形状を十分検討しておく必要がある。

④片流れ

勾配を一方向のみにもつ屋根で、ロフトを設ける場合などに採用される。勾配によっては片側の階高が高くなるため、庇の吹上げや、外壁面の耐風処理に注意が必要である。

⑤陸屋根

勾配がほとんどない平らな屋根。屋上を利用できるが、木造では雨仕舞の難しさから、あまり採用されない。

構造的には小屋裏がないため、屋根面と耐力壁の連続性が確保され、水平剛性も高めやすい。

木造における代表的な屋根の形状｜図

①切妻（きりつま）

妻面の耐風処理に注意する

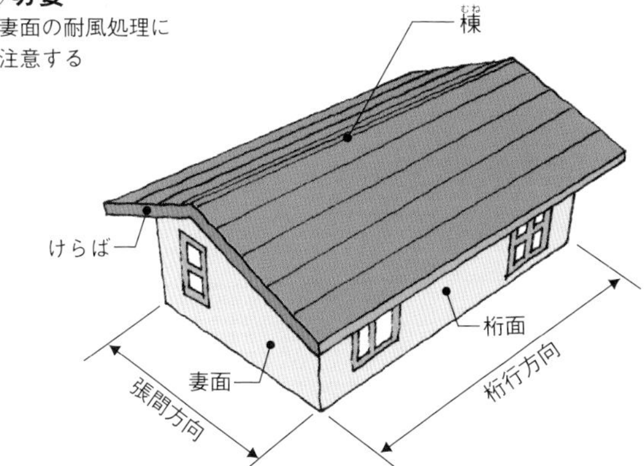

切妻屋根の例

②寄棟（よせむね）

出隅部分の支持方法に注意する

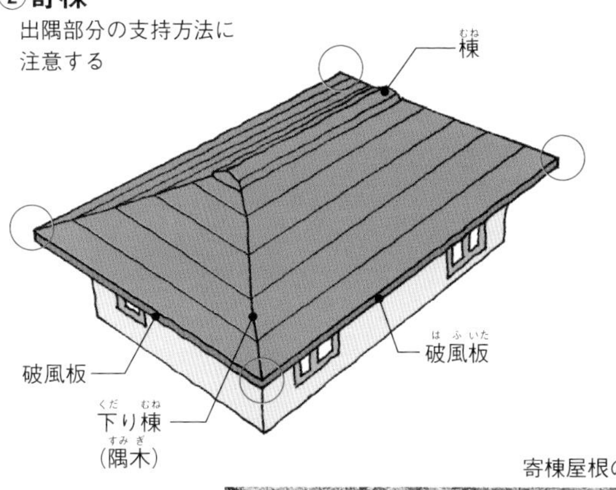

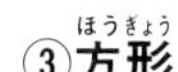

③方形（ほうぎょう）

頂部の納まりに注意する

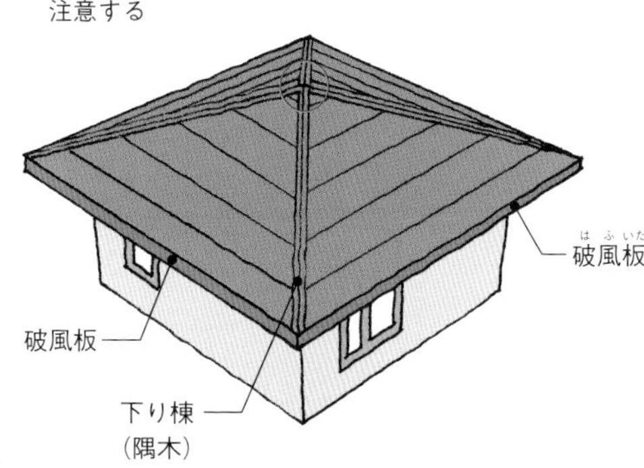

寄棟屋根の例

④片流れ（かたながれ）

高いほうの桁面の耐風処理に注意する

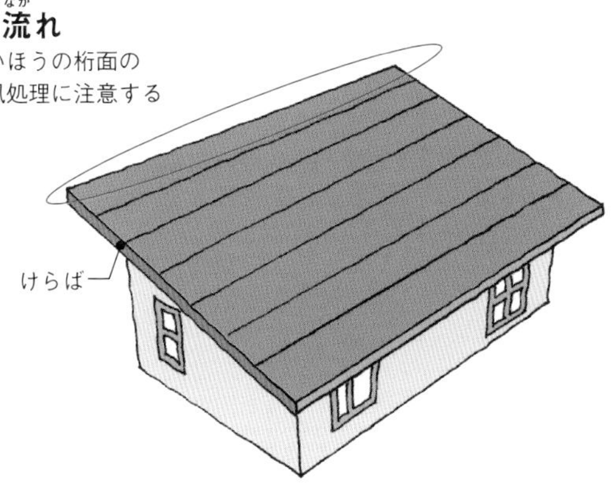

⑤陸屋根（ろくやね）

水溜りができないように梁のたわみに注意する（木造ではほとんど用いられない）

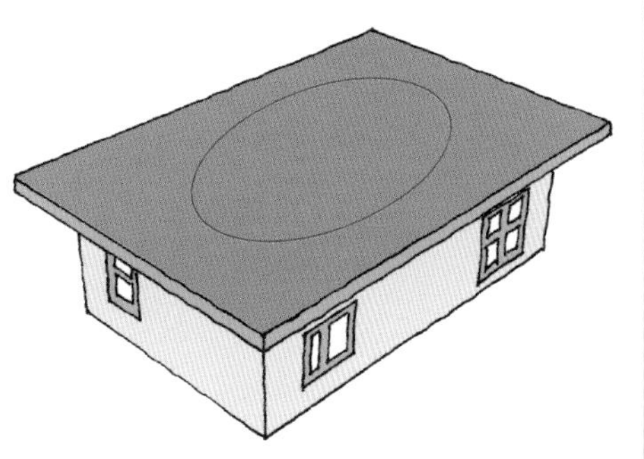

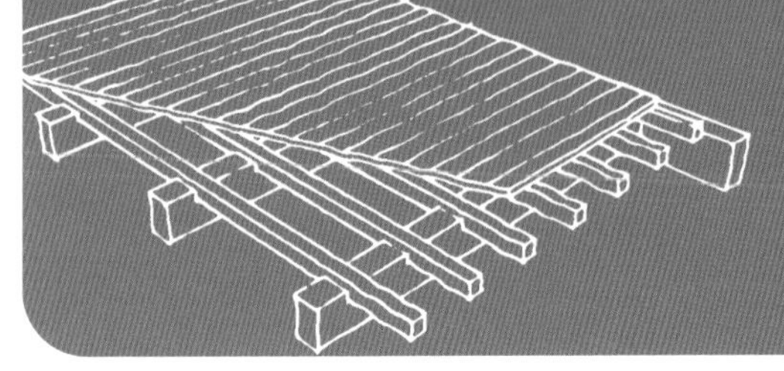

和小屋と洋小屋の違い

POINT

- 和小屋は小屋梁の断面、洋小屋は引張接合に注意
- いずれも桁行方向に倒れ止めを設ける

小屋組の形式は大きく「和小屋」と「洋小屋」に分類される（図1）。

和小屋

水平に配置した小屋梁の上に束（つか）を立て、その上に母屋（もや）を渡し、垂木（たるき）を掛ける、積み木方式の小屋組が和小屋である。わが国の代表的な小屋組で、さまざまな屋根形状に対応しやすく、小屋裏空間の利用も可能である（図1①）。

和小屋は、屋根荷重のほとんどを小屋梁で負担するため、小屋梁の断面が大きくなる。また、張間方向、桁行方向とも、小屋組の倒れを防ぐため、筋かいや壁を設ける必要がある（図2）。加えて、小屋梁から上の構造が自由になる分、その下の構造との関連が希薄になり、特に水平力の伝達に関しては問題が生じやすい（148頁参照）。

小屋裏を見せたり、小屋裏収納を設けるプランのときは、小屋束や母屋を省略して、代わりに大きな断面の垂木（登り梁）を掛ける登り梁形式も増えている（150頁参照）。

洋小屋

小屋組をトラス形状にしたものを洋小屋という（図1②）。わが国では明治時代から西洋人技術者の指導を受けた官庁関係の建物、特に工場や学校など大空間を必要とする建物に採用されるようになった。力学的に合理性のあるトラス理論が輸入された結果である。

トラスは部材に軸力のみが作用するため、小さな断面の部材でもスパンを大きく飛ばすことができる。ただし、各接合部、特に引張力が作用する部位には金物を用いる必要がある。また、斜材が多く配置されるため、小屋裏の利用は限定されやすい。

水平荷重による倒れについては、張間方向はトラスになっているので問題ないが、桁行方向はトラスになっていないので、棟木（むなぎ）付近に小屋筋かいなどを設ける（図2）。なお、建方時は、接合部が多いのでトラスを地組みしてから、吊り上げて桁梁や柱に載せる。そのため、狭小地での建方は難しい。

小屋組の仕組み｜図1

①和小屋

和小屋は屋根荷重を主に小屋梁で支持する。小屋梁から上は束立てでさまざまな形状に対応できる

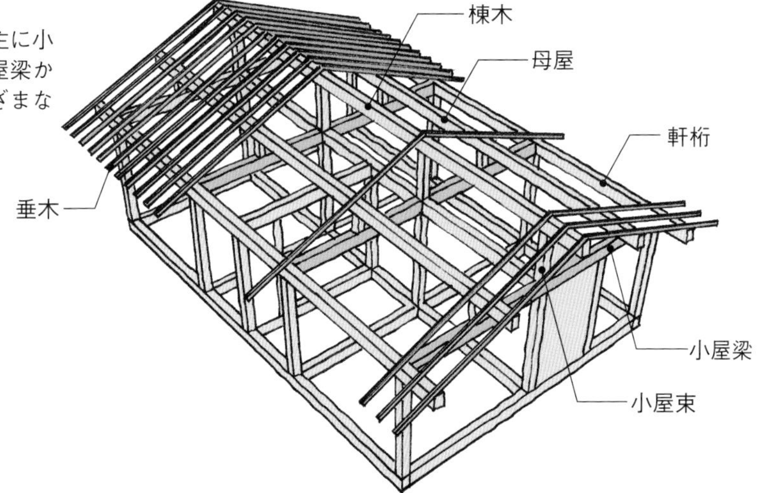

②洋小屋

洋小屋は合掌・斜材・束・陸梁で構成される「トラス」全体で屋根荷重を支持する

引張力がはたらく部位は、ボルトや金物を使用して留める

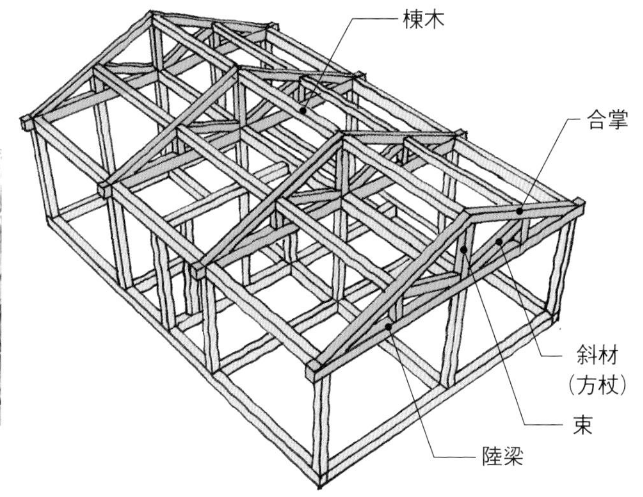

桁行方向の倒れ防止策｜図2

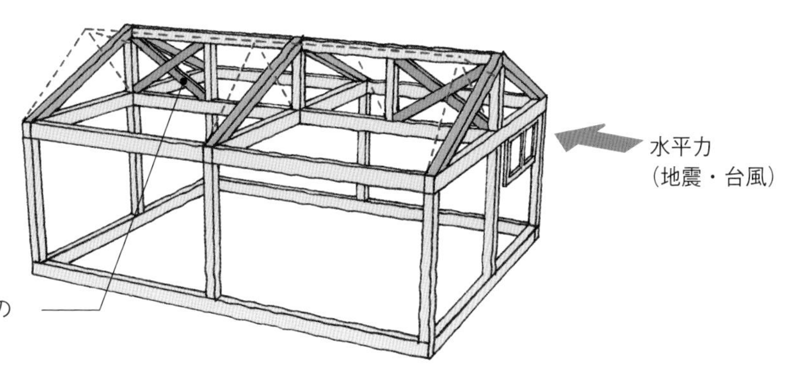

04 床組・小屋組

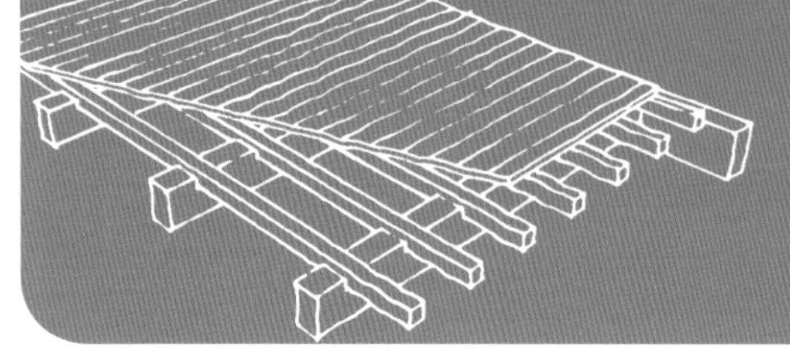

母屋・垂木形式の設計

POINT

- 母屋・垂木形式は小屋梁断面を大きくする
- 2階の耐力壁と屋根面の連続性も確保すること

水平力への抵抗を考える

母屋・垂木形式の小屋組は、小屋梁に必要な断面を確保しておけば、小屋束を自由に立てられるため、さまざまな屋根形状が可能になる（図1）。しかし、構造的には小屋梁から下の軸組と小屋組との架構を関連付けて考えなければならない。

特に水平力に対しては、小屋束だけでは抵抗できないため、小屋組に筋かいなどの壁を設ける必要がある（図2）。このとき、張間方向は斜めに架かった垂木、小屋梁、小屋束で三角形が形成されているためトラスだと勘違いする人がいるが、垂木は釘留め、小屋束はかすがい留め程度なので、トラス効果が期待できるような接合にはなっていない。したがって、垂木と小屋梁の間には壁を設けて、水平力に抵抗できるようにする。

特に2階に耐力壁がある場合は、屋根面の水平力が2階の耐力壁にきちんと伝達されるよう、小屋組内にも壁を設けておく必要がある（図2）。

なお、耐力壁がずれている場合は、その近辺の天井面を固めるようにする。これは、屋根面→小屋壁→天井面→2階耐力壁の各面を連続させることによって、屋根面の水平力を2階の耐力壁に伝達するためである。

桁行方向においても同様であるが、特に棟木付近は水平力を受けたときに倒れやすいので、壁や小屋筋かいを設けて、横倒れを防ぐようにする。

垂木のはね出し

そのほか、日本では日除けと雨仕舞の都合上、軒の出を深くする、すなわち垂木のはね出しを長くする傾向がある。ただ、これは強風時に大きな吹上げ力を受けやすい（156頁参照）。特に屋根仕上げを金属板など軽い仕様とした場合は、強風で吹き上げられて屋根が飛ばされるおそれがあるため、垂木と桁梁との接合部はしっかりと留めておく必要がある。

母屋・垂木形式｜図1

小屋組部材の名称

棟木（むなぎ）
小屋束（こやづか）
軒桁（のきげた）・桁梁（けたばり）
小屋梁（こやばり）
母屋（もや）
垂木（たるき）

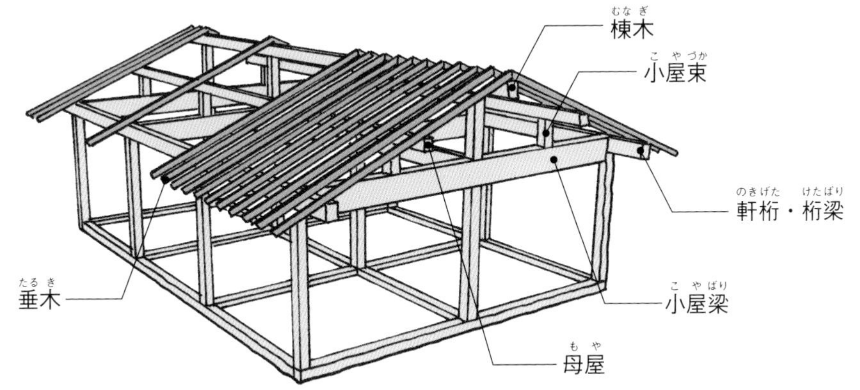

母屋・垂木形式の注意点｜図2

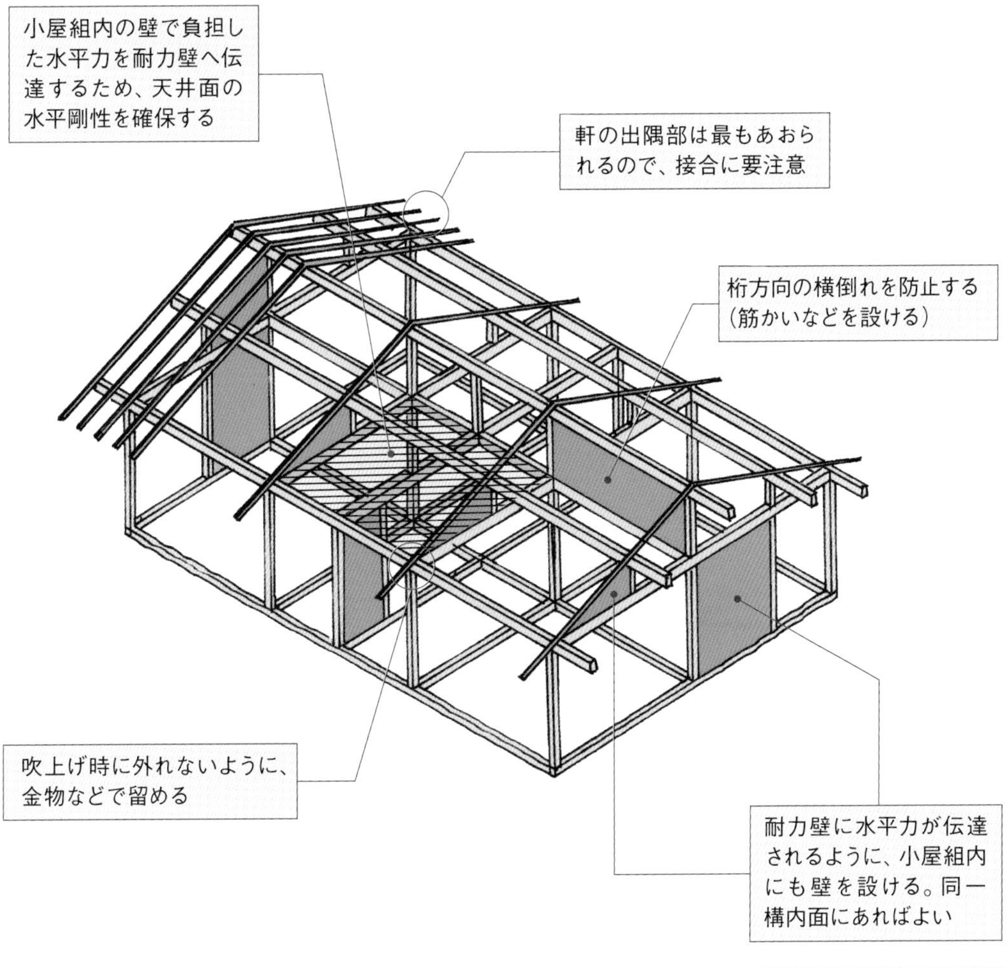

小屋組内の壁で負担した水平力を耐力壁へ伝達するため、天井面の水平剛性を確保する
軒の出隅部は最もあおられるので、接合に要注意
桁方向の横倒れを防止する（筋かいなどを設ける）
吹上げ時に外れないように、金物などで留める
耐力壁に水平力が伝達されるように、小屋組内にも壁を設ける。同一構内面にあればよい

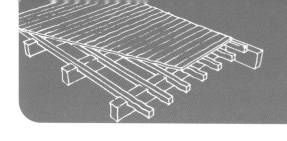

登り梁形式の設計

POINT
▶登り梁形式は部材のたわみとスラストに要注意。断面に余裕をもたせ、屋根面の水平剛性も高める

登り梁に掛かる力

屋根の傾斜に合わせて梁を斜めに架け渡す形式のものを、登り梁形式の小屋組という。垂木の断面を大きくし、小屋梁、小屋束、母屋を省略することで、伸び伸びとした空間をつくることができる。部材数が減るので施工の合理化を図れそうだが、建方時に足掛りとなる小屋梁がないので、施工精度が要求される。

構造的には和小屋に分類されるが、登り梁形式は小屋梁をほとんど設けないため、小屋組に鉛直方向の荷重がかかると、屋根全体がたわみ、桁梁部分に外側に広がろうとする力（スラストという）がはたらく（図1②）。

そのため、居住性に関係ないからといって棟木や登り梁の断面を小さくすると、大きなたわみが生じてスラストが増大し、そのことで、さらに屋根のたわみが大きくなり、屋根の仕上材のずれ、外壁のひび割れ、雨漏りなどの原因ともなりやすい。

また、積雪時は、南側の雪はすぐ溶けるが北側には残りやすいため、鉛直荷重が偏り、建物全体が傾斜するおそれもある（図1③）。妻面の耐風処理にも注意が必要である（78頁参照）。

登り梁形式の弱点対策

したがって、登り梁形式とする場合は、以下の対策が必要になる。

①棟木・桁梁のたわみを小さく抑える
②耐力壁を屋根面（登り梁）まで延ばす
③屋根面を固めて水平剛性を確保する
④妻面は耐風処理ができるよう、柱断面を大きくするか小屋梁を設ける

なお、スラストを抑える方法で最も有効なのは、桁梁をつなぐ水平材を設けることである。よって、登り梁形式でも、2間間隔くらいで小屋梁を設けるようにしたい。ただし、この小屋梁は屋根荷重を支持する必要はないので断面は小さくてもよいが、接合部にはスラストに対応する引寄金物などが必要になる。

登り梁形式｜図1

①小屋組部材の名称

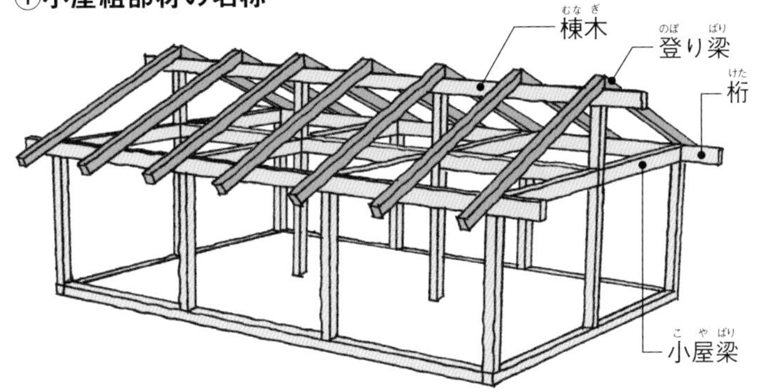

登り梁形式の架構
桁（けた）
小屋梁（こやばり）

②棟木・登り梁のたわみとスラスト

荷重　荷重
スラスト（横に開く力）

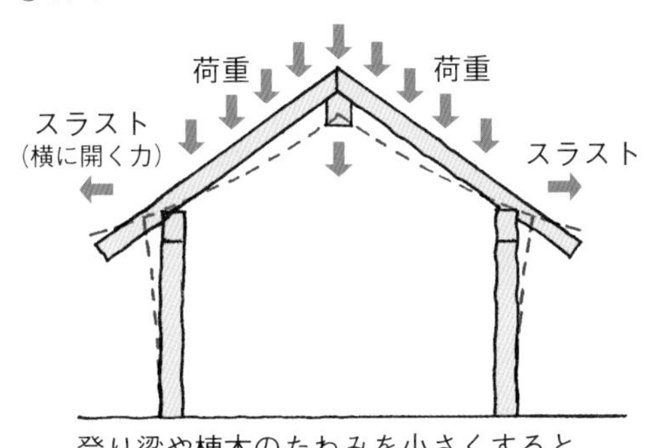

登り梁や棟木のたわみを小さくすると、スラストも小さくなる

③偏荷重による建物の傾斜

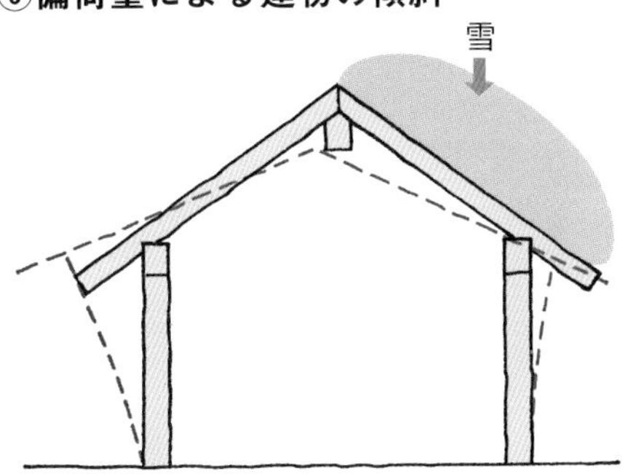

片側に雪が積もっていると倒れやすい。対応策としては、屋根面の水平剛性を高めたり、耐力壁構面間距離を小さくするなどが考えられる

登り梁形式の注意点｜図2

屋根面の水平剛性を確保する

桁方向の横倒れを防止する（筋かいなどを設ける）

外周の接合部は引寄金物などで補強する

小屋梁は屋根荷重を支える必要がないので小断面でよいが、桁梁の水平方向の変形を防止する

吹上げ時に外れないように金物などで留める
・軒先の吹上げに対する接合については、母屋・垂木形式と同様の配慮が必要

妻面が風圧時に過大変形しないよう以下のいずれかの耐風処理を行う
・梁断面を大きくする
・柱を通し、断面を大きくする
・柱を通し、間隔を細かくする
・直交に小屋梁を設ける

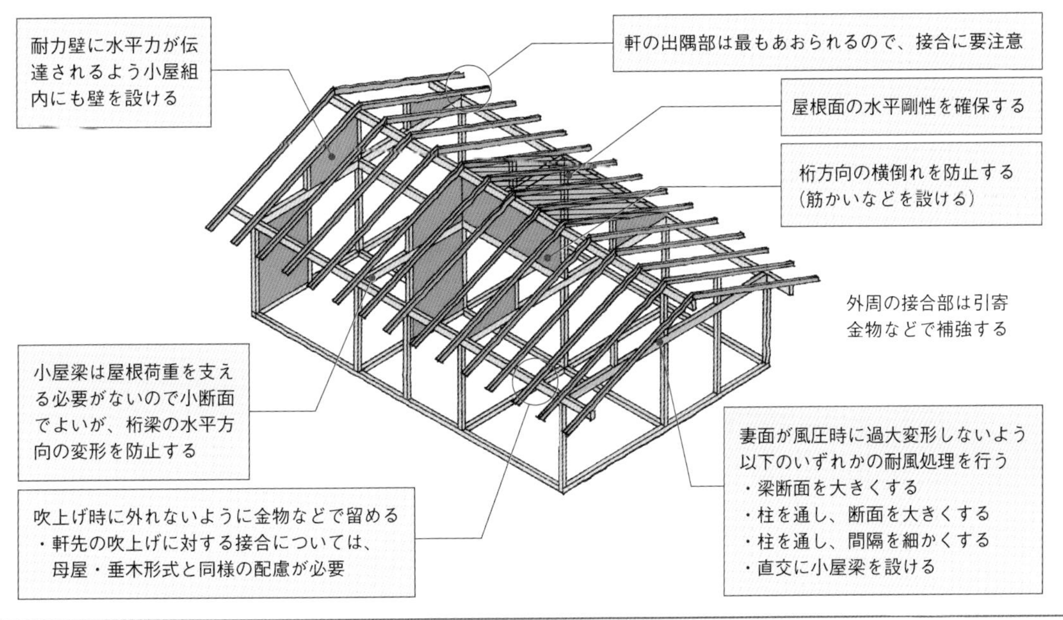

折置組と京呂組

POINT

- 折置組は梁のはね出し、上下方向への引抜けに注意
- 京呂組は小屋梁の掛かりを確保し金物を併用する

和小屋形式では、小屋梁と軒桁の接合方法について、折置組と京呂組の2種類に大別される。

折置組

折置組とは、小屋梁に軒桁を載せて渡り腮で組む接合方法である（図1）。その上で垂木を受けるため、場合によっては小屋梁の下に受け梁を通すこともある。

部材を積み上げていく形式となることから、折置組は柱と上側の梁が直接接合されないという問題が生じやすい。一般には、柱のホゾを長くして（重ホゾと呼ばれる）差し込む方法をとる。これは、ホゾを長くすることで、上下に作用する力に対してホゾが簡単に外れないように配慮したものだが、木材の乾燥収縮によりホゾ穴に隙間ができると、その効果もあまり期待できなくなる。また、頂部に割り楔を打って抜けないようにすることもあるが、そもそも重ホゾ部分の断面は小さいため、大きな引抜力には抵抗できない。

そこで、上下の抜けに対する対処法としては、ボルトで上下の梁を接合したり、小屋梁の仕口から少し外れた位置に半柱を設けて軒桁と2階の胴差しをつなぐのが有効である（56頁参照）。

京呂組

京呂組は、雨仕舞を考慮して、梁を外壁面から外にはね出させずに組む方法である（図2）。桁梁に小屋梁を半分くらい落とし込んで載せる。

このとき、小屋梁の仕口は、梁の下側半分くらいが蟻形状になる「兜蟻」が一般的だが、この仕口は、構造的には蟻落しと同様の注意を必要とする。

小屋梁の断面は大きくても、支持点の欠損が大きくなるため、支持能力は著しく低くなる。そのため、特に、小屋梁の負担荷重が大きい場合やスパンを飛ばすときなどは、小屋梁は柱でしっかり受けるように計画しなければならない。また、乾燥収縮により蟻部分が抜けやすくなるため、引寄金物を併用する必要もある。

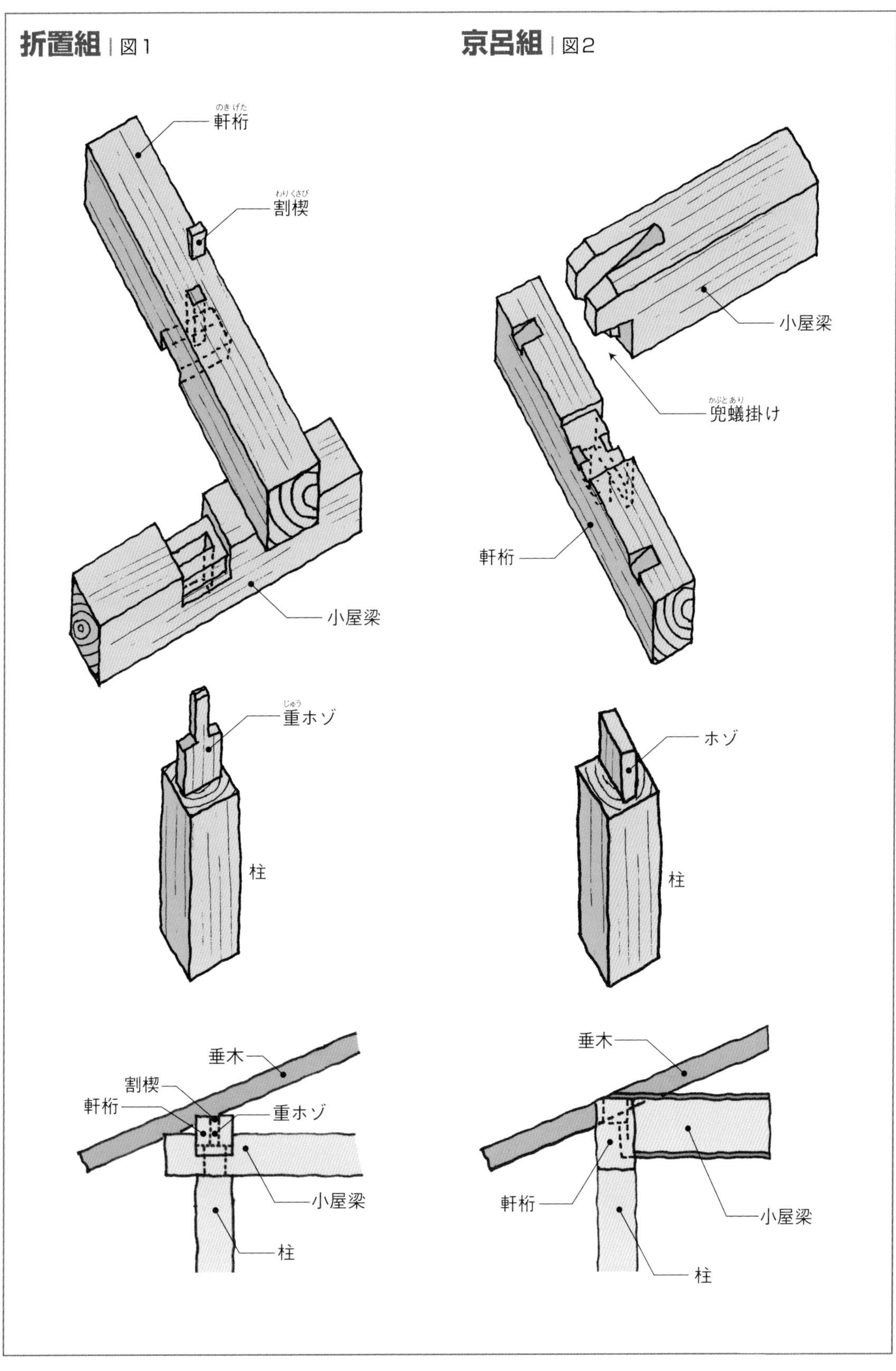
折置組 | 図1
のきげた
軒桁
わりくさび
割楔
小屋梁
じゅう
重ホゾ
柱
垂木
割楔
軒桁
重ホゾ
小屋梁
柱
京呂組 | 図2
小屋梁
かぶとあり
兜蟻掛け
軒桁
ホゾ
柱
垂木
軒桁
小屋梁
柱

04 床組・小屋組

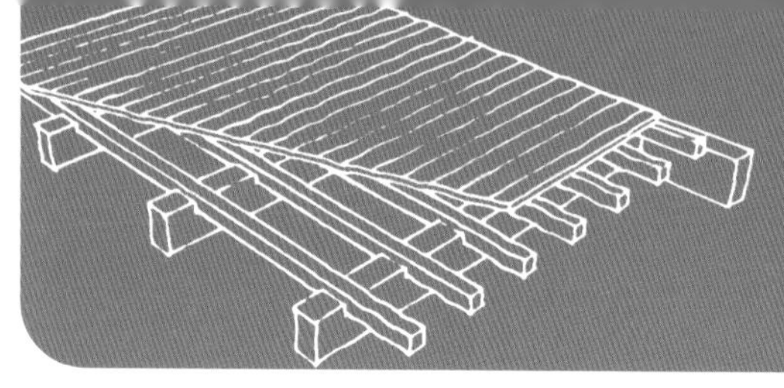

洋小屋の設計

POINT
- 洋小屋は引張接合と合掌尻の形状に注意
- 張間方向は強いが、桁行方向の倒れ止めは必須

洋小屋の構造

洋小屋は、屋根勾配なりに配置される「合掌（がっしょう）」、水平に配置される「陸梁（ろくばり）」、棟から陸梁を鉛直方向につなぐ「真束（しんづか）」、合掌の中間部と陸梁をつなぐ「吊束（つりづか）」、束の間を斜めにつなぐ「方杖（ほうづえ）・斜材」などでトラスを構成する小屋組である（図1）。

このトラスを約2m間隔で並べ、その上に母屋や垂木を掛けて屋根面を構成していく。

洋小屋の陸梁は、鉛直荷重に対して引張力しか受けない。したがって、和小屋における小屋梁のように大きな断面を必要としない。また、水平荷重に対しても、トラス方向は抵抗できるため、和小屋のように壁を設ける必要はない。ただし接合部は、各接合部が引張力にも圧縮力にも耐えられるように緊結されている必要がある。

なお、桁行方向はトラスが形成されていないため、和小屋同様、小屋筋かいや壁を設ける必要がある。

合掌尻の設計

トラスの接合部で最も注意しなければならないのは合掌尻である（図2）。その破壊形式には次の3種類が考えられる。

①陸梁の余長部分のせん断破壊

陸梁の合掌尻が飛んでしまうもので、最もよく見られる破壊形式である。これを防ぐには、合掌から陸梁の端までの距離を十分に確保する。

②陸梁のめり込み破壊

この破壊形式は、耐力が低くなり、ゆがみが生じるものの、架構全体としては致命的な破壊とまではならない。さらに耐力を増すには、陸梁と合掌の接する面積、すなわち合掌の部材断面を大きくするのが有効である。

③陸梁の引張破壊

陸梁の仕口付近に大きな切欠きがあったり、陸梁の断面が小さすぎることが原因で起こる破壊。滅多に見られないが、これを防ぐには、仕口の切欠きを小さくすることが有効である。

洋小屋の注意点｜図1

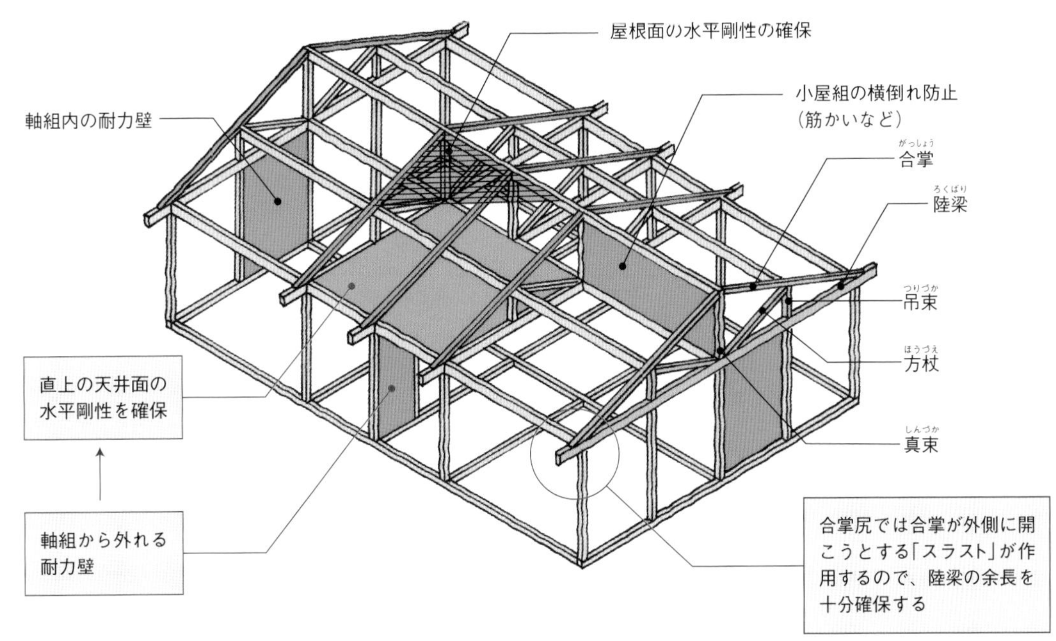

合掌尻｜図2

①合掌尻の設計

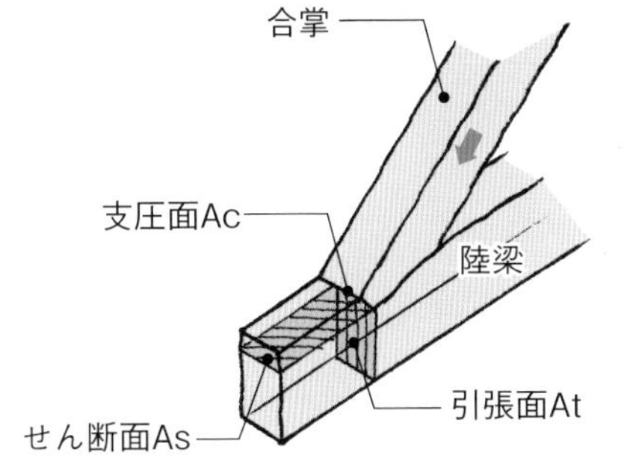

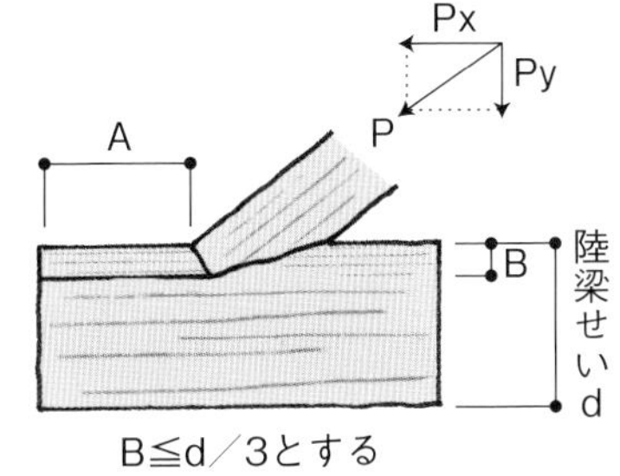

支圧面Acで耐力が決定されるためには、
Ac／As≦1／15とする
例）梁幅120mm、B＝15mm
とすると、A≧15×B＝225
（なお、4寸勾配でスギの無等級材とすると許容P＝12.5kN）

②合掌尻の破壊形式

a）せん断破壊
（よく見られる破壊）

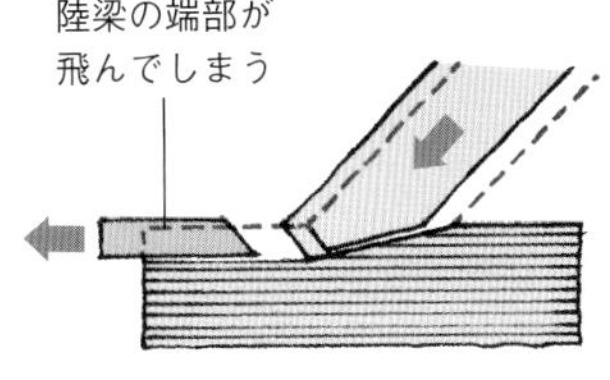

b）支圧破壊

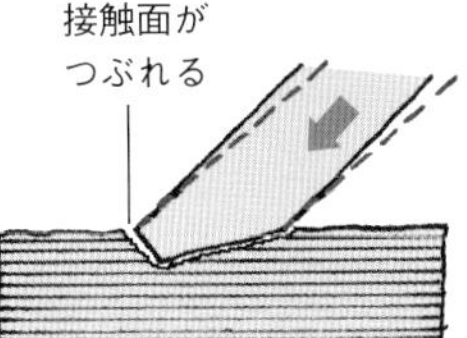

c）引張破壊
（滅多に生じない）

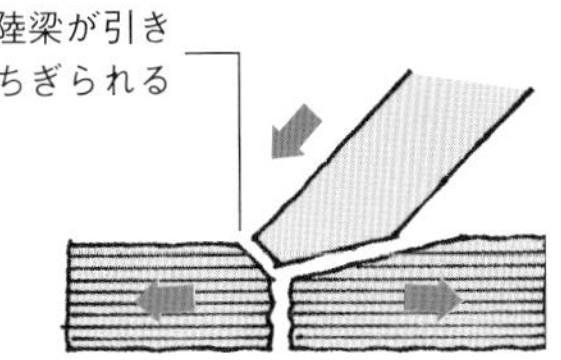

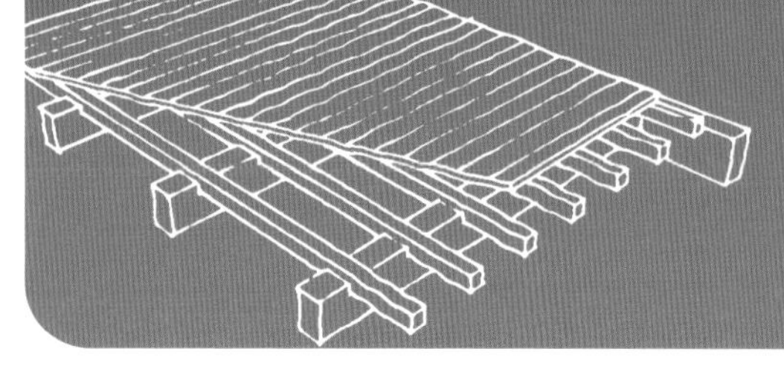

072
小屋組の注意点①

軒先の吹上げ対策

POINT
▶ 軒先は繰返し荷重と経年劣化に配慮する。長いはね出しは「引き」を確保して接合耐力を高める

片持梁の接合と「引き」

わが国の木造住宅の多くは、古来、風雨や日射に対応するため、軒の出を深くする傾向がある。軒の出は構造的には、垂木をはね出すことで形成される。はね出し材のことを片持梁(かたもち)というが、片持梁が構造的に成立するためには、支持点が確実に固定されている必要がある。また、反力を処理するための「引き」も必要になる（24頁参照）。

「引き」とは、架構の内側に確保する部材の長さで、一般に、はね出し距離の1.5～2.0倍以上とし、かつ、支点において極力断面を欠損しないような配慮が求められる。特に、2方向からはね出す出隅は、大きな吹上げ力を受けるので注意が必要である。

垂木に掛かる力

垂木には、屋根重量など常に鉛直方向に作用する荷重、たまに積もる雪の荷重、暴風時に受ける風圧力（吹下し力と吹上げ力）が作用する。垂木の断面は、これらの荷重と軒の出を考慮して決定しなければならない。

垂木1本当たりに作用する荷重は、屋根の仕上材と垂木の間隔（負担幅）が影響し、風圧力は、建設地の基準風速と建物の高さが影響する（図1）。吹上げ力は、重力と反対方向に作用するため、瓦のように屋根の仕上材が重ければほとんど生じないが、金属板のように軽いと大きな値となる。

垂木の接合方法は、①コーチボルト、②ひねり金物、③斜め釘、の3種類が代表的である（図2）。軒先は頻繁に繰返し荷重を受ける個所であるうえ、外部との境界になり経年変化も生じやすいことから、十分に余裕をもたせた接合仕様が求められる。

図2は、はね出しを910㎜とした垂木の接合仕様を変えたときに、どのくらいの吹上げ力に抵抗できるかを試験した結果である。この試験結果によると、垂木の間隔を455㎜としたときに想定される吹上げ力に対しては、斜め釘では耐力がギリギリであることが分かった。

軒先の吹上げに対する有効な接合｜図1

軒先の吹上げ

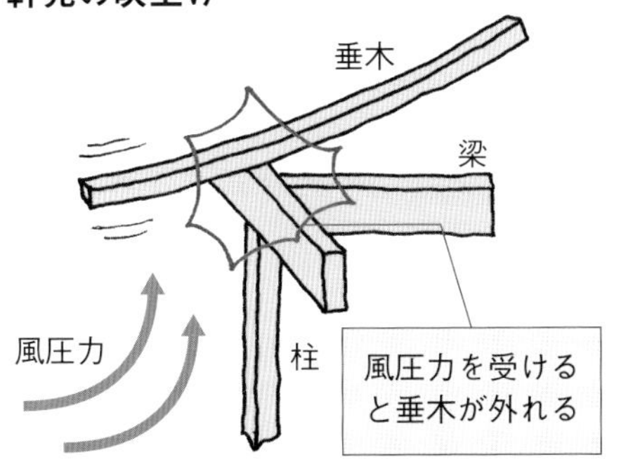

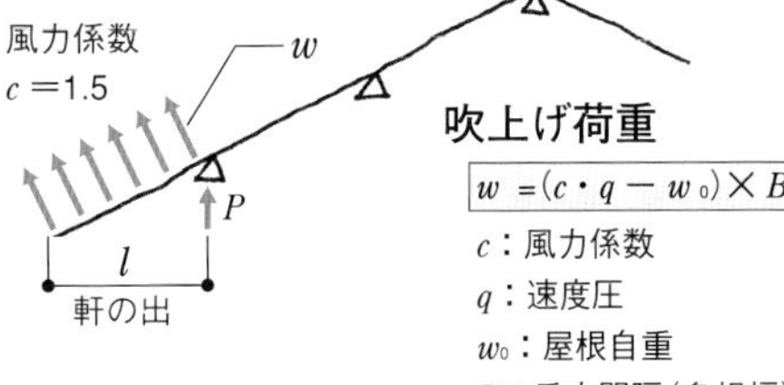

吹上げ荷重

$w=(c\cdot q-w_0)\times B$

c：風力係数
q：速度圧
w_0：屋根自重
B：垂木間隔（負担幅）

支点にかかる引抜力

$P=w\cdot l$

w：吹上げ荷重
l ：軒の出（はね出し距離）

はね出し垂木の仕口耐力試験｜図2

軒先の垂木の接合方法

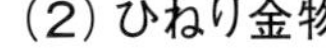

(1) コーチボルト

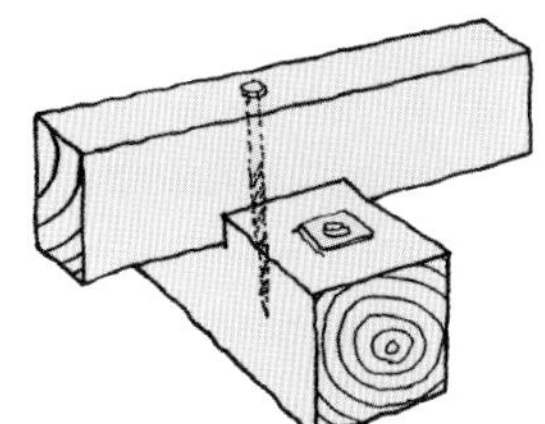

(2) ひねり金物

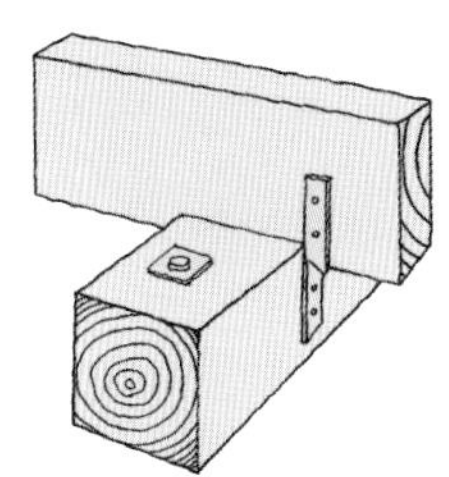

(3) 斜め釘

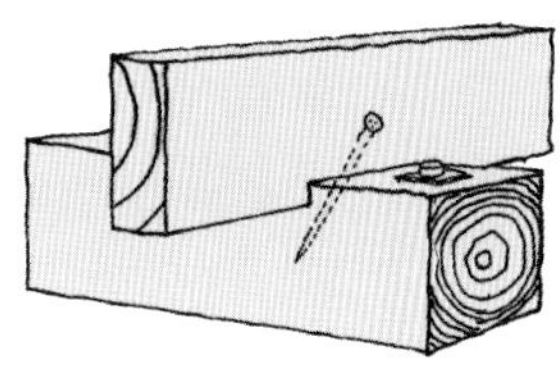

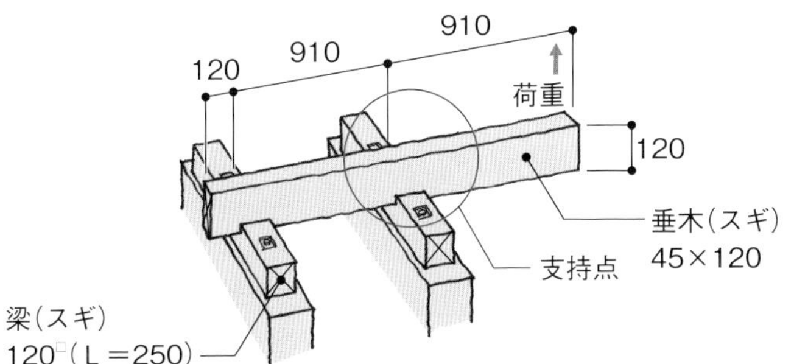

支持点の接合仕様を上図の3種類としたとき、それぞれどの程度の引抜力に耐えられるかを試験・調査した

グラフはそれぞれの接合における、吹上げ力に対する引張耐力の試験結果である。軒の出を910mm、垂木の間隔を455mmとした場合、2階建ての屋根レベルで吹上げ力に抵抗するには、コーチボルトやひねり金物なら問題ないが、斜め釘ではぎりぎりの値であることが分かった

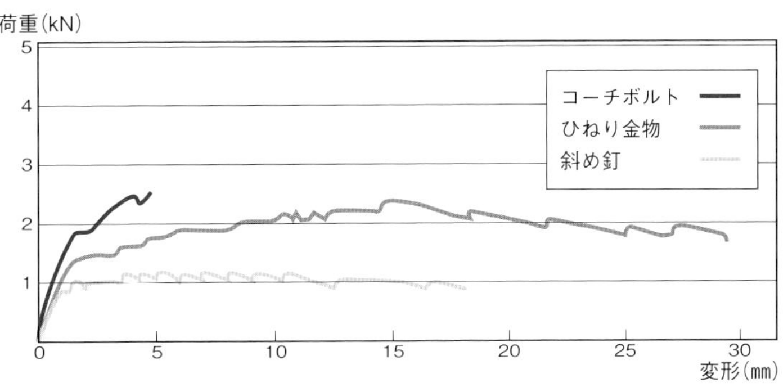

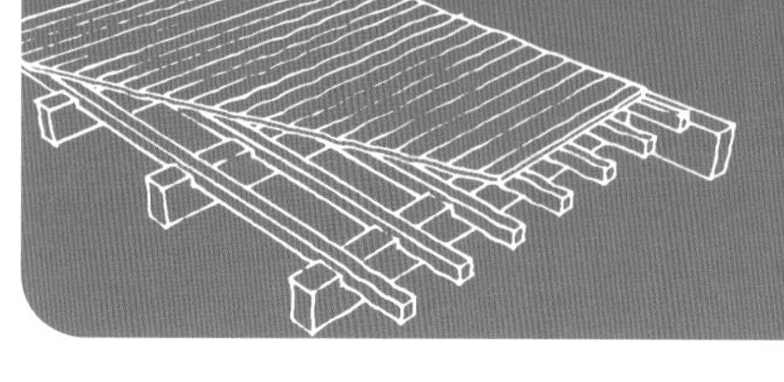

水平構面の接合方法

POINT
▶ 水平構面の先行破壊を防止するには、建物外周部と耐力壁構面の仕口・継手の引張接合がカギ

水平構面の接合部にはたらく力

建物に水平力が作用すると、床面や屋根面の水平構面が変形する。このとき、水平構面の外周枠には、圧縮力と引張力がはたらいている（図1）。

柱通しの軸組（54頁参照）のときは、引張側では梁が引張られ柱から抜け出そうとする。梁が抜けると、床がバラバラになって水平力が耐力壁に伝達できないばかりでなく、常時荷重も支持できなくなる。

したがって、羽子板ボルトなどで柱と梁を引き寄せて、梁の抜け出しを防ぐ必要がある。

梁通しの軸組（56頁参照）のときは、梁に継手が設けられるため、引張力に対しては継手部分が外れないようにする。

また、耐力壁構面となる軸組にも大きな引張力が生じるので、各部の接合に注意が必要となる（図2）。

特に、下屋（げや）が取り付く場合は、下屋部分に設けられる梁と2階の床梁との間にレベル差が生じることが多いため、力の伝達がスムーズに行われにくい。したがって、耐力壁構面となる軸組では、下屋の小屋裏を壁にしたり、下屋の小屋梁と本体の床梁を直接つなぐなど、水平力を伝達できるよう配慮する必要がある。

接合部倍率とは何か

品確法では、水平構面の接合部の耐力を評価する指標として「接合部倍率」（※）を示している。これは耐力壁端部の柱頭・柱脚の接合方法のN値（124頁参照）と対応している。

高い床倍率を必要とするときは当然、外周の接合部にも大きな力が生じるので、その際は、接合部倍率の高い仕様とすることになる（140頁参照）。

図2と表は、伝統的な仕口・継手の引張耐力の試験結果である。この仕様では、通し柱の仕口はやや耐力が低いので、形状に工夫を加えるか、耐力壁の構面距離を4m以内に抑えるなどの配慮が必要になる。

※『木造軸組工法住宅の許容応力度設計（2017年版）』（（公財）日本住宅・木材技術センター）における短期許容引張耐力Taを5.3で除した値と等しくなる（接合部倍率＝Ta÷5.3）

水平構面の接合部にはたらく力 | 図1

①水平構面の外周部に生じる力

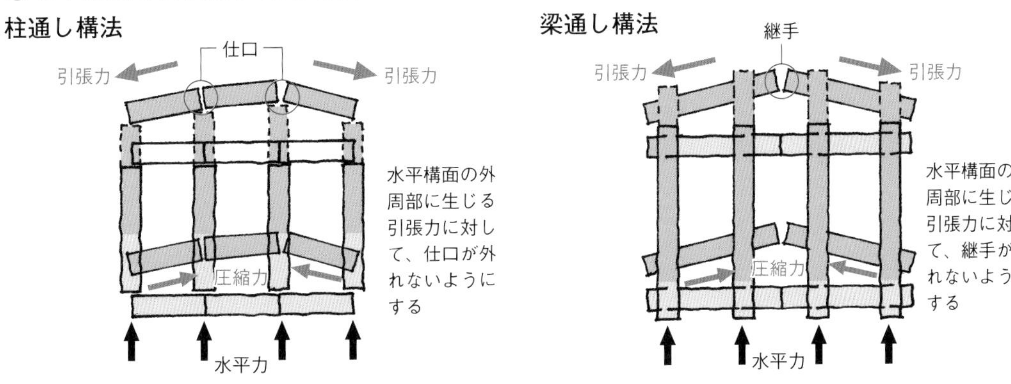

②耐力壁構面に生じる力

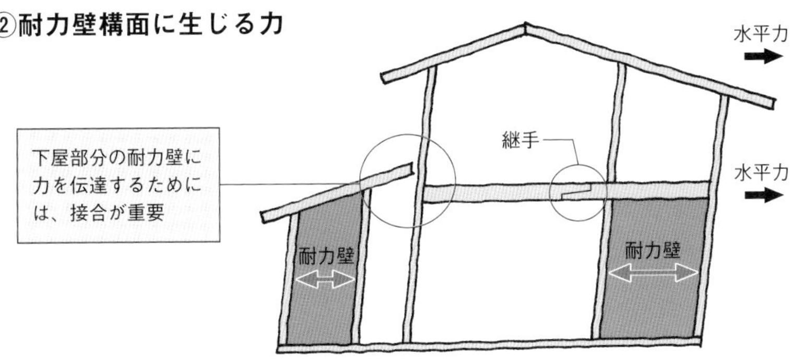

通し柱の仕口の引張耐力試験 | 図2

①雇いホゾ差し込栓締め

接合部倍率
0.49倍(2.59kN)
最大荷重
①6.07(kN)
②6.60(kN)

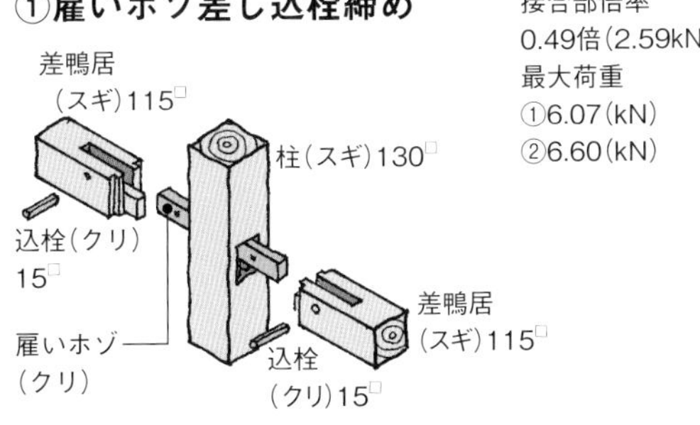

②雇いホゾ差し車知栓締め

接合部倍率
0.87倍(4.63kN)
最大荷重
①11.70(kN)
② 9.60(kN)

車知栓(クリ)厚12
柱(スギ)130□
車知栓(クリ)
厚12
差鴨居
(スギ)
115□
雇いホゾ
(クリ)
差鴨居(スギ)115□

継手の引張試験 | 表

継手の種類		樹種	断面 B×D	最大荷重 P (kN)	短期基準接合部耐力 Pt (kN)
	金輪(縦)	スギ	120×180	27.18	14.17
	追掛大栓	スギ	120×180	55.98	30.78
	鎌	スギ	120×180	27.77	16.55

エキスパンションの設け方

①上部構造のエキスパンション

揺れ方が異なる建物どうしには、エキスパンションを設ける

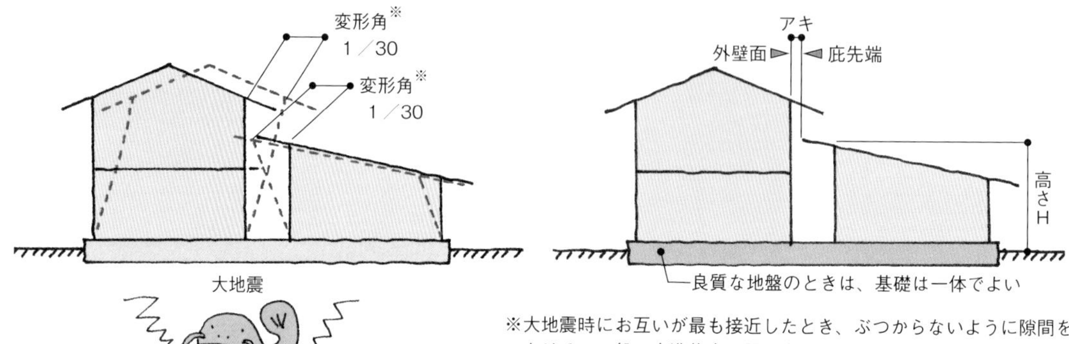

※大地震時にお互いが最も接近したとき、ぶつからないように隙間をあける。一般の木造住宅の層間変形角≒1／30
よって、外壁面と庇先端との隙間は2×H／30＝H／15以上とする

②基礎のエキスパンション

軟弱地盤のときは、基礎にもエキスパンションを設ける

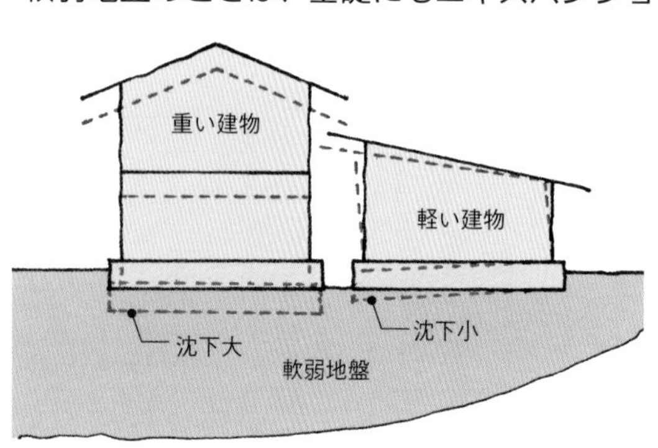

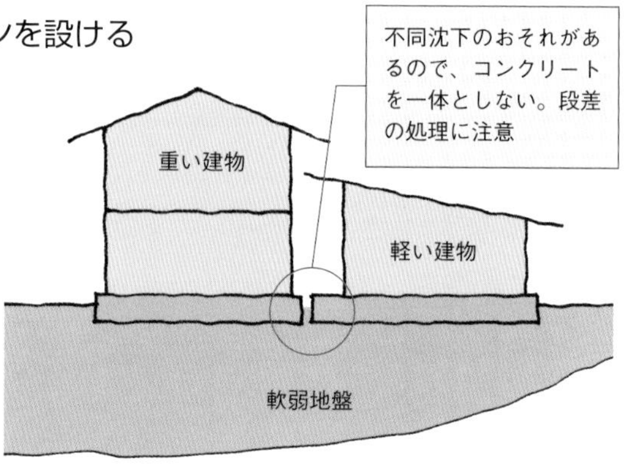

必要になる2種類のケース

エキスパンションとは、異なる性状を示す構造体どうしを分割して、互いに力を伝達させないようにする継目のことをいう。

エキスパンションを設ける必要があるのは、①水平力に対する場合、②地盤の沈下に対する場合、の2種類である。①は、2階建てと平屋のように、揺れ方が異なる建物が隣接する場合、互いの水平変形量が最大となったときでも、ぶつからないよう隙間をあけておくものである。②は、軟弱地盤上に重さの異なる建物が載る場合に、上部構造だけでなく基礎も分割して、それぞれの沈下量が異なっても、不同沈下を生じさせないために設けるものである。②の場合、基礎のエキスパンションの幅は①ほど大きくする必要はないが、段差が生じても対応できるよう、仕上げや設備配管などに設計上の配慮をしておく必要がある。

05
木造の架構計画

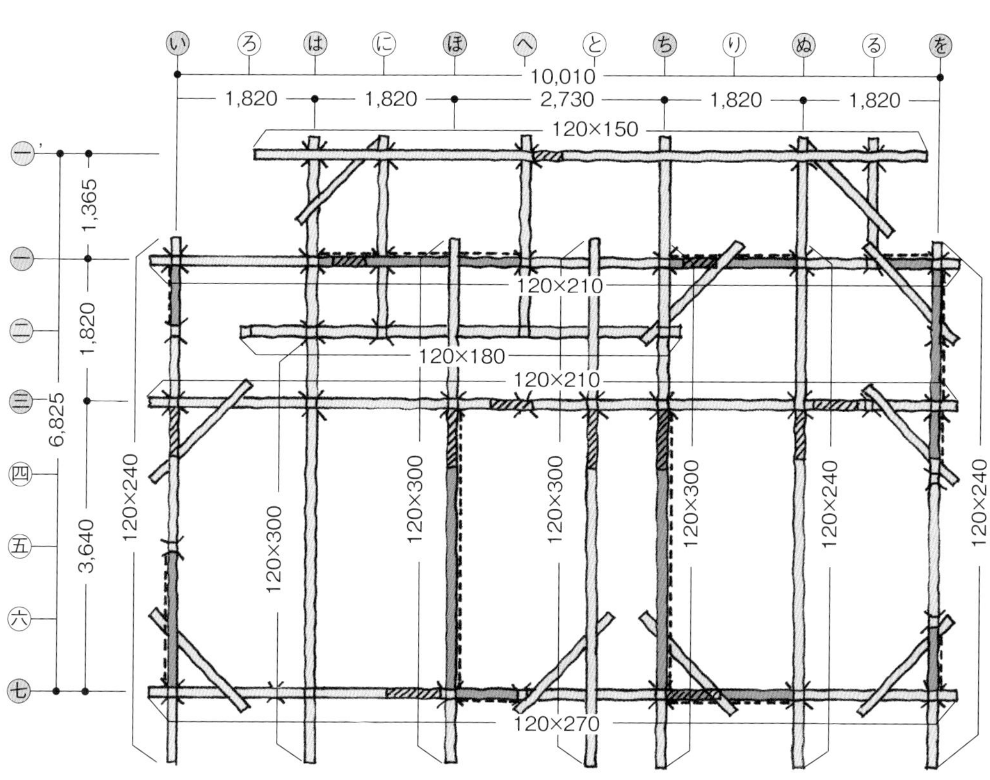

い
ろ
は
に
ほ
へ
と
ち
り
ぬ
る
を
10,010
1,820
1,820
2,730
1,820
1,820
120×150
一'
一
二
三
四
五
六
七
1,365
1,820
6,825
3,640
120×210
120×180
120×210
120×240
120×300
120×300
120×300
120×300
120×240
120×240
120×270

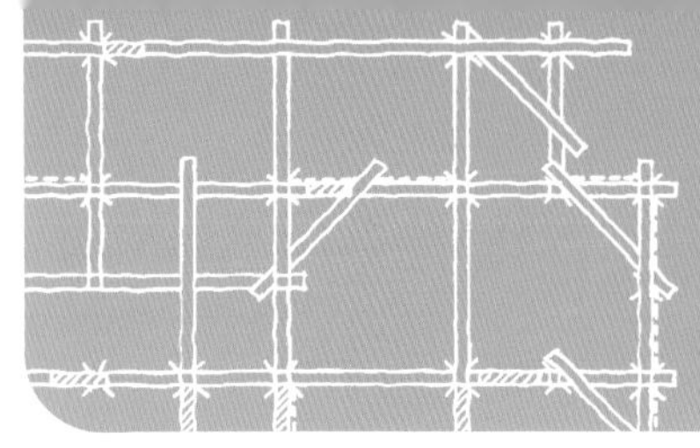

木造住宅の被害パターン

POINT

▶ 木造の被害は、部材の断面不足、耐力壁の量・配置不備、接合不良、基礎の不備などが主原因

木造に多い被害

わが国は、4つのプレートの境界上にあり、活断層も多いことから、地震大国と呼ばれる。また、北部では豪雪、南部では台風の上陸など、大きな自然災害も頻繁に受けやすい。これらは、構造的にどのような被害となって現れるのだろうか。

①台風による被害

軒先が強風で吹き上げられて屋根が飛ばされる、屋根材が剥れ落ちる、看板が飛ばされる……。これらは、いずれも部材の接合不良が原因で起こる。納屋が転倒するといった被害も、アンカーボルトの不備が原因といえる。

②積雪による被害

想定以上の雪が積もり、梁や柱が荷重に耐えきれずつぶれたり、雪の解け方が北側と南側で異なることで、建物に偏った荷重が作用して傾斜する。

③地震による被害

地盤・基礎に原因のあるものが最も多い。束石程度の基礎としていたために足元がバラバラに動いたり、軟弱地盤などのために無筋コンクリートの基礎が割れたり（図3①）、アンカーボルトの不備により上部構造に甚大な被害を与えたなどである（図3②）。

次に多いのが、耐震要素の不足および偏在と、接合不良による被害である。南面の開口を広く取った建物や狭小間口（図3③）、角地に建つ建物などは、耐力壁が偏って配置されたことから、ねじれて倒壊する例が多く見られる。

そのほか、水平構面の水平剛性不足が原因となる被害もある。これは一見分かりにくいが、酒蔵などの細長い平面形の建物で、壁のない中間部が過大変形し崩壊するものである（図3④）。

新築時は無被害でも、老朽化したことにより大被害につながることもある。特に、腐朽や蟻害などによる劣化は構造耐力に影響するが、仕上材に隠れているため把握が難しい。この場合は、腐朽・蟻害を受けにくい工法や材料を採用するほか、竣工後に点検しやすい設計を心掛けておく必要がある。

台風による被害パターン｜図1

接合不良による破壊

積雪による被害パターン｜図2

偏荷重による破壊

地震による被害パターン｜図3

①無筋基礎の破壊に伴う上部構造の破壊

②接合不良による基礎からの踏み外し

③狭小間口の建物の壁不足による層崩壊

④水平構面の水平剛性不足による破壊

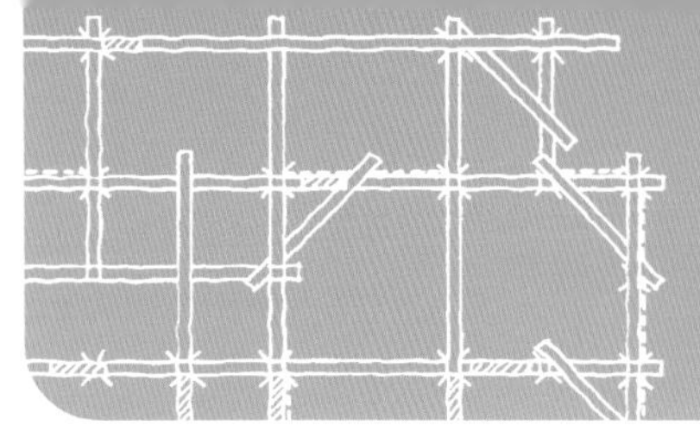

主な災害と構造に対する基準の変遷

POINT

▶ 災害の反省は基準の改正につながっている。数値のみにとらわれず、基準の目的を理解しよう

きっかけは濃尾地震

木造の耐震性について研究が始まったのは、明治24年の濃尾地震からである。この地震による木造住宅の被害調査の結果を受けて、震災予防調査会により耐震性を高めるための提言がなされた。要点は以下の4項目である。①基礎構造に注意する、②木材の切欠きをできるだけ避ける、③木材の接合部には鉄材（金物）を用いる、④筋かいなどの斜材を用いて三角形の架構をつくる（耐力壁を設ける）。

このときの提言は実に普遍的で、現代でも同じことがいえる。

その後、大正12年の関東大震災が、わが国の耐震設計の基本的な考え方を以下のように方向づけた（28頁参照）。①中小の地震に対して、建物は損傷しない。②ごく稀に起こる大地震に対しては、ある程度の損傷はあっても崩壊せず人命と財産を守る。

それから、具体的に耐力壁の量が規定されたのは、昭和25年に建築基準法が制定されたときである。以来、壁量の規定は少しずつ強化されてきたが、昭和56年に「新耐震設計法」が施行された段階で、現在の規定量になった。

平成7年の阪神・淡路大震災では、ねじれ破壊や接合不良、基礎の不備などによる被害が目立ったため、これらの具体的な仕様は、平成12年に規定されるに至った。

この規定を順守した木造住宅は、その後の東日本大震災や熊本地震でも概ね被害を免れている。

近年は地球環境への影響から、森林保全を図るため、低層建築物だけではなく、都市部における高層建築物への積極的な木材利用も期待されている。そのため、高強度部材の開発、防耐火規定の緩和、構造計算方法の開発等が進められている。

また、近い将来発生する巨大地震への備えから、耐震改修を促進するための規定の見直しも順次行われている。

主な災害と木構造基準の変遷 | 表

主な災害	被害の内容	木構造基準の主な内容
1891（明治24）.10.28 濃尾地震（M.8.0）	れんが造、石造の被害大 <木造の耐震研究始まる> 1897（明治30） <鉄骨造・鉄筋コンクリート造が伝来>	（大工棟梁の伝統的技術により強度は確保される） 1894（明治27）「木造耐震家屋構造要領」など ① 基礎構造に注意する ② 木材の切欠きを出来るだけ避ける ③ 接合部には鉄材（金物）を用いる ④ 筋かいなどの斜材を用いて三角形の架構をつくる
1923（大正12）.9.1 関東大震災（M7.9）	火災による２次災害 レンガ造、石造は倒壊率80％超 木造が被害を受けた原因 ・地盤が悪い ・基礎：石積み、玉石 ・壁：筋かい不足 ・柱：細く、少ない ・柱、梁、土台の緊結不十分 ・土台、仕口の腐朽	1920（大正８）「市街地建築物法」 ① 高さ制限（15.2m以下、３階建て以下） ② 木材の防腐措置 ③ ボルトなどによる継手・仕口の緊着 ④ 堀立柱の禁止、柱下への土台の設置 ⑤ 土台・敷桁の隅部への火打材の使用 ⑥ 柱の小径の規定 ⑦ 柱の切欠きに対する補強 ⑧ 筋かいの使用（３階建てのみ） ⑨ 張付石（基礎）の厚さと軸部への緊結
1934（昭和９）.9.21 室戸台風	<鉄骨鉄筋コンクリート造の開発> <剛柔論争（大正15〜昭和11）> 木造小学校の被害大	1924（大正13）「市街地建築物法」改正 ① 柱の小径の強化 ② 筋かい、方杖の設置義務付け（３階建て） ③ 高さ制限（12.6m）以下 計算方法の見直し　・長期と短期の２段階 ・終局強度型の計算
1948（昭和23）.6.28 福井地震（M7.1）	直下型地震 木造家屋の被害甚大（軟弱地盤）	1950（昭和25）「建築基準法」 ① 筋かいの必要量の規定 ② 梁中央部下端の切欠き禁止
1964（昭和39）.6.16 新潟地震（M7.5）	液状化現象	1959（昭和34）「建築基準法」一部改正 必要壁量の強化
1968（昭和43）.5.16 十勝沖地震（M7.9）	鉄筋コンクリート造、短柱のせん断破壊	1971（昭和46）「建築基準法施行令」改正 ① 基礎を鉄筋コンクリート造とする ② 木材の有効細長比≦150 ③ 風圧力による必要壁量の規定 ④ ボルト締めにおける必要座金 ⑤ 防腐防蟻措置
1978（昭和53）.6.12 宮城県沖地震（M7.4）	ピロティの破壊 偏心の影響 ブロック塀の倒壊被害	
1983（昭和58）.5.26 日本海中部地震（M7.7）	津波 液状化	1981（昭和56）「新耐震設計法」 ① 軟弱地盤における基礎の強化 ② 必要壁量の強化（変形角の制限） ③ 風圧力の見付面積算定法の変更
1995（平成７）.1.17 阪神・淡路大震災（M7.3）	大都市直下型地震（活断層、上下動） ピロティの破壊 中層建物の中間層破壊 鉄骨極厚柱の脆性破壊 木造（軸組）建物の破壊	1987（昭和62） ① 柱・土台と基礎をアンカーボルトで緊結する ② 集成材の規定 ③ ３階建て建物の壁量、計算規定
2000（平成12）.10.6 鳥取県西部地震（M7.3）	最大加速度926gal（日野町NS） 被害は微少	2000（平成12）「建築基準法」改正 ① 耐力壁の釣合いのよい配置の規定 ② 柱、筋かい、土台、梁の仕口緊結方法の規定 ③ 基礎形状（配筋）の規定
2001（平成13）.3.24 芸予地震（M6.7）	地盤被害 二次部材の落下	
2003（平成15）.5.26 宮城県沖地震（M7.1）	最大加速度1106gal（大船渡EW）速度小 余震も震度６を超える 1978年の震災後の耐震補強効果を確認	2000（平成12）「住宅の品質確保の促進等に関する法律（品確法）」 耐震・耐風・耐積雪の等級を示す
2003（平成15）.9.26 十勝沖地震（M8.0）	長周期地震動	2003（平成15）.7　24時間換気の義務付け 2004（平成16）　JAS製材規定（製材による壁量規定を外した構造計画が可能に）
2004（平成16）.10.23 新潟県中越地震（M6.8）	中山間地の直下型地震	2004（平成16）.7　防火規定告示の改正
2005（平成17）.11 <耐震強度偽装事件>	・マンションの耐震強度偽装 ・木造建物の壁量計算ミス発覚	
2007（平成19）.3.25 能登半島地震（M6.9）	古い木造家屋の倒壊 天井材の落下	2007（平成19）.6.20「建築基準法」「建築士法」改正 ① 建築確認時の審査方法の厳格化、構造計算適合性判定制度の導入 ② 指定確認検査機関に対する監督強化 ③ 建築士・建築士事務所に対する罰則強化
2007（平成19）.7.16 新潟県中越沖地震（M6.8）	液状化 原発の安全性疑問視	
2011（平成23）.3.11 東日本大震災（M9.0）	大津波 余震の多発、長期化 原発の被災 液状化 二次部材の落下、損傷 長周期地震動（超高層ビル）	2009（平成21）〜「建築基準法」「建築士法」改正 ① 構造設計、設備設計一級建築士の創設 ② 定期講習の受講義務付け ③ 監理業務の適正化 2009（平成21）.10.1「瑕疵担保履行法」
2016（平成28）.4.14、16 熊本地震（M7.3）	3つの断層帯で地震が連鎖 一連の地震において震度7が2回 大規模な斜面崩壊	2015（平成27）準耐火建築物の範囲拡大（木造3階建の校舎等） 2019（令和元）耐火要件の性能規定化（木造4階建の共同住宅等）

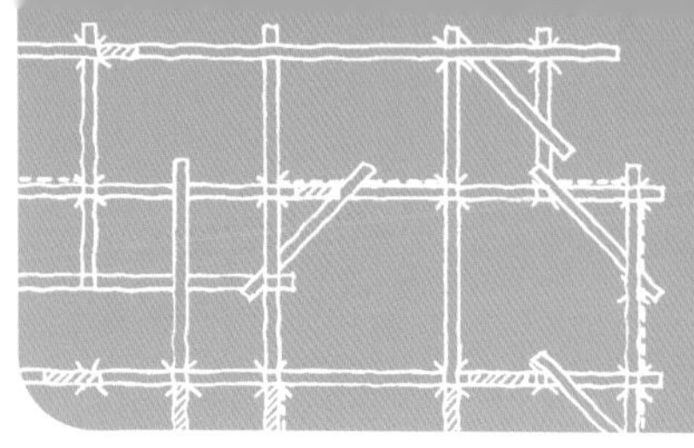

代表的な解析方法

POINT
▶ 計算の基本は許容応力度計算。限界耐力計算や時刻歴応答解析は、適用範囲やモデル化に注意

3つの検証方法

構造計算の方法には、許容応力度計算、保有水平耐力計算、限界耐力計算、時刻歴応答解析がある。これらは、後になるほど高度な解析となる。

①許容応力度計算

構造計算の最も基本となる計算方法。建築基準法で規定された設計荷重を、モデル化した骨組みに作用させ、個々の部材や接合部に生じる曲げや軸力などの応力を求める。そして、それが長期および短期の許容応力以下であることを確認する計算である。ここで、変形量もチェックする。

保有水平耐力計算は、大地震時に対する検証方法で許容応力度計算のなかに含まれる。

②限界耐力計算

建物を1つの振り子（一質点系という）にモデル化し、建設地の地盤特性を考慮した地震動を与えて、揺れの程度を計算する方法。地震動は稀に発生する地震（中地震）と、極めて稀に発生する地震（大地震）の2種類を与え、それぞれが損傷限界または安全限界変位以下であることを確認する。

この方法は、一質点系にモデル化することから、比較的均質な建物に適した解析法であることに注意したい。したがって、偏心率が大きい、L形、コの字形の平面、セットバックなど非対称な形状の建物については、慎重な検討が必要になる。

③時刻歴応答解析

建物を串団子状にモデル化し、過去に記録された特定の地震波を作用させて、時間ごとの応答変形量や応答せん断力の最大値を求める解析。最大応答値が中地震時に弾性範囲（損傷限界）内にあるか、また大地震時には目標値（安全限界）以内であるかを確認する。多質点系モデルとなるため、限界耐力計算よりも解析精度は高くなる。

なお、②や③の解析を行うためには、「建物の荷重―変形曲線」が必要になる。すなわち、個々の耐力壁の試験データが必要になるということである。

許容応力度計算・保有水平耐力計算｜図1

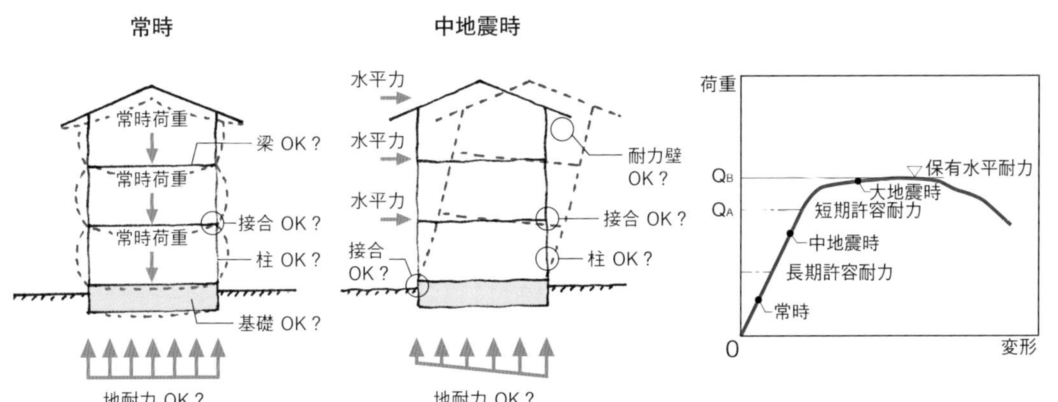

建物に荷重を作用させて強度と変形が許容値以内であることを確認する

限界耐力計算｜図2

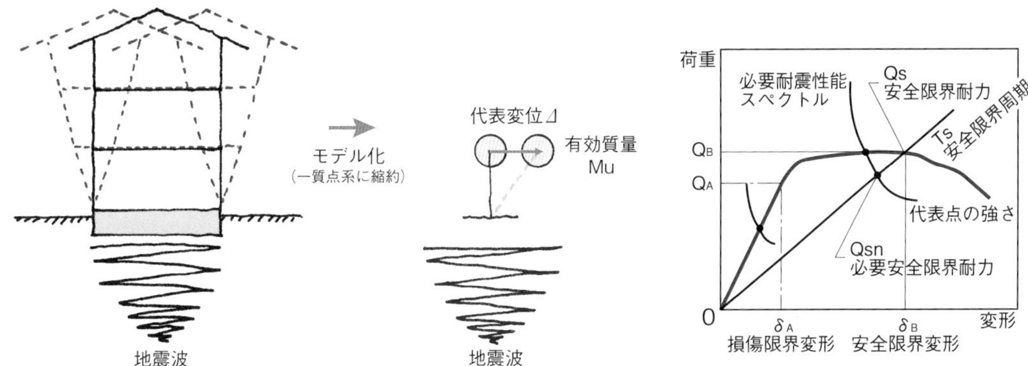

建物を一質点にモデル化し、地震波を作用させて限界変形以内であることを確認する

時刻歴応答解析｜図3

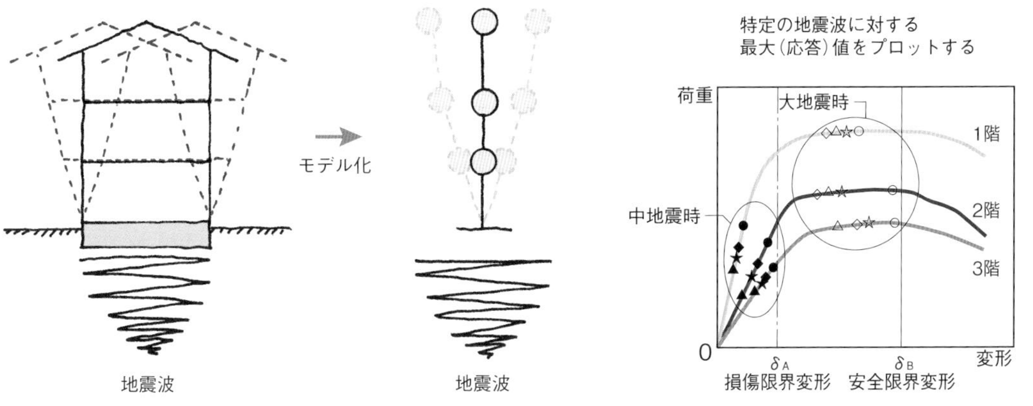

建物を多質点系にモデル化し、地震波を作用させて振動性状を算出する

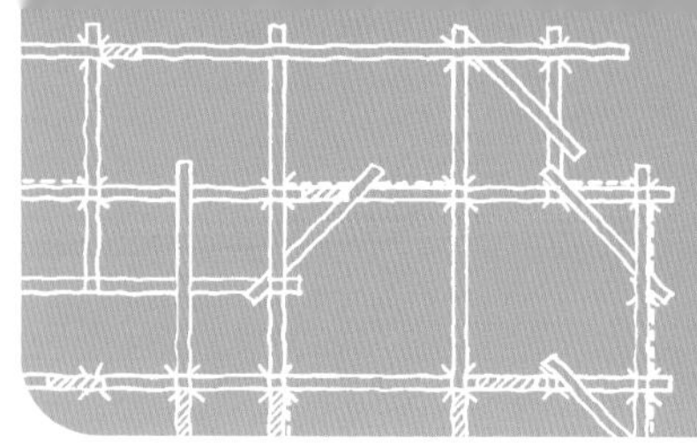

木造の構造計算ルート

POINT
- 構造計算ルートは建物規模と仕様規定により分類
- 高度な計算は高度な審査を受ける必要がある

構造の安全性を確かめる方法

現在、木造建物の構造計算方法は、建物の規模と仕様規定により5種類に分類されている（図）。10m²以下のごく小規模な物置などは計算不要で仕様規定もないが、それ以外は、耐久性に対する規定を満足しなければならない。そのうえで、壁量などの仕様規定によらない場合は、「限界耐力計算」を行って安全性を確認する必要がある。

一般に、4号建築物と呼ばれる木造2階建て以下、延床面積500m²以下かつ軒高9m以下、高さ13m以下の建物は、柱・梁・基礎などの仕様規定を満足するほか、壁量計算・壁配置・柱頭柱脚の接合方法などの検討を行う必要がある。これらの検討は、仕様規定の範疇に入り、構造計算とは言わない。仮に、仕様規定を外れる個所が部分的にあるのなら、「許容応力度計算」によりその部位の安全性を確認すればよい。

3階建て以上になると構造計算を行う必要がある。建物に作用する地震力や風圧力を、各建物の実状に応じて算出し、耐力壁の耐力がそれらを上回るようにするほか、接合部の設計や水平構面の構造を検討する。

3階建て以上で軒高や高さが規定より高い場合は、層間変形角や偏心率・剛性率の検討も必要になるが（ルート2）、偏心率・剛性率の規定を満足しない場合は、「保有水平耐力計算」を行う（ルート3）。あるいは、層間変形角の検討は行わなくても、限界耐力計算により損傷限界および安全限界変位が規定値を満足すればよい（166頁参照）。3階建て以上では、このほかに防火規定も加わる。準防火地域では層間変形角を1／150以下にするという規定が設けられている。

2007年の建築基準法改正では、建物の規模のほかに、計算方法に応じた確認審査の方法も規定された。限界耐力計算や時刻歴応答解析など高度な計算を行った場合や、大臣認定プログラムを使用すると、構造の専門家による審査を受けなくてはならない。

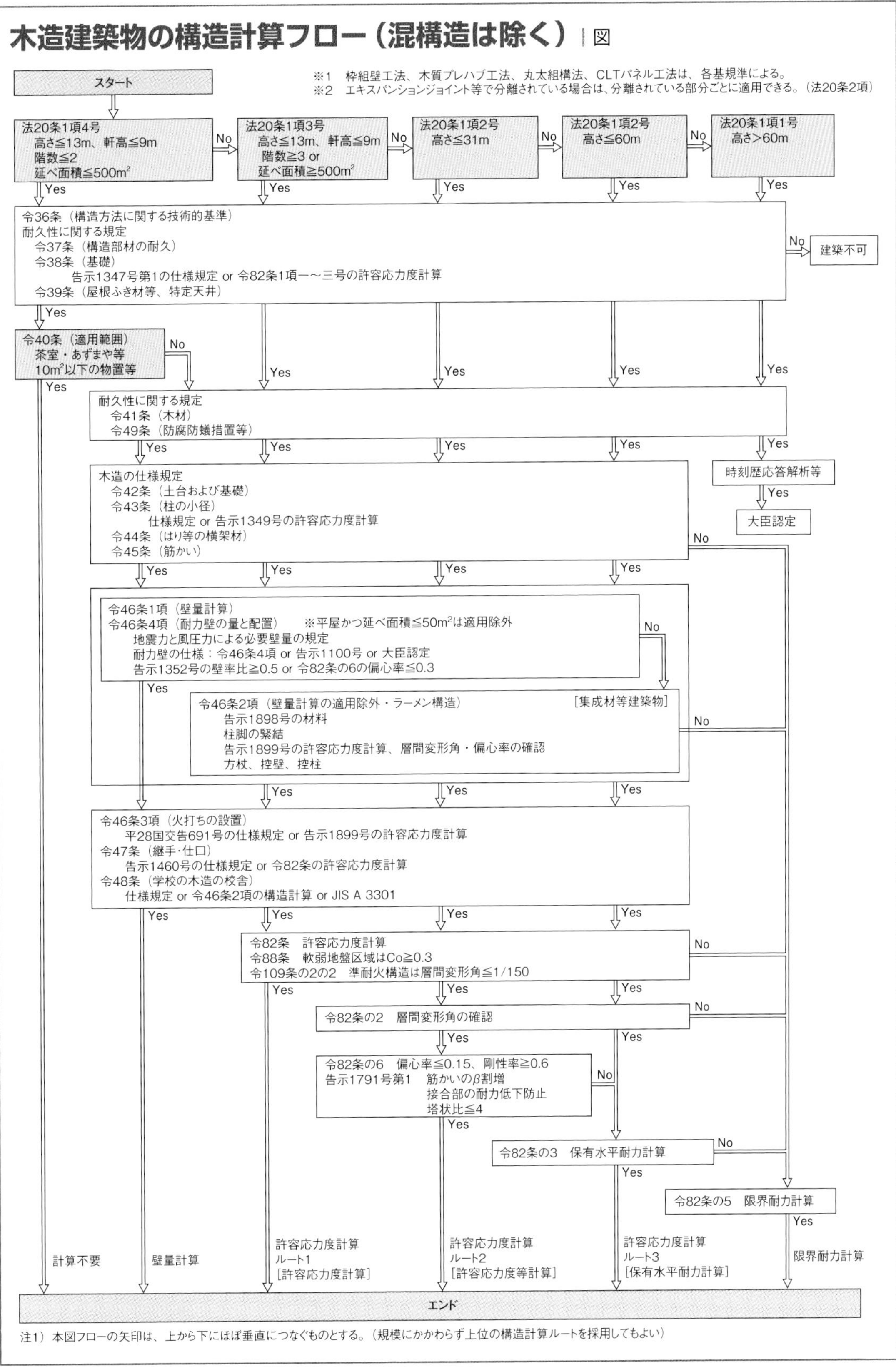

木造建築物の構造計算フロー（混構造は除く）｜図

05 架構計画

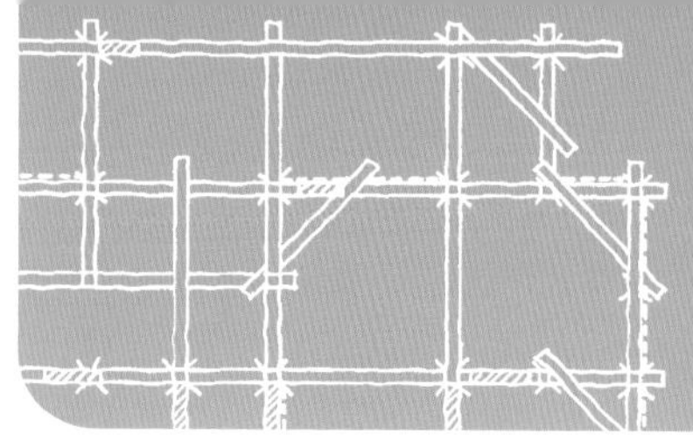

主構面と補助構面

POINT

▶ 構造計画は構面を意識する。主構面と補助構面が明確なら、基礎計画や改修にも対応しやすい

構面を意識した計画

構造計画を行ううえで最も重要なことは、「構面(こうめん)」の意識をもつことである。ここでいう構面とは、鉛直構面のことで、柱が連続して建っている「通り」のことをいう。軸組と考えてもよい。そのうち、1、2階ともに柱が通っている軸組を主構面、1階あるいは2階のみに柱が存在する軸組を補助構面という。

構面は、なるべく一定間隔で配置し、主構面に耐力壁を配置するように意識すると、架構が整理され、構造的にも施工的にも無駄の少ない計画となる。

基礎計画も同様で、地中梁は主構面の下に通すこととし、もし杭が必要な場合は、その地中梁の下に配置するとよい。

このように、基礎も含めて構面を整理しておくと、将来改築する際にも、残すべきところと、移動や除去をしても支障がない部分が明確になり、計画がしやすくなるという利点がある。

主構面の間隔は2間

主構面の間隔は、2間(けん)(約3・64m)を目安にするとよい。これは梁の定尺長さが4mであること、木造は水平構面が柔らかいこと、接合部への応力集中を避けたい、という観点から考えたとき、最も合理的な寸法といえる。

もし、主構面の間隔が2間を超える場合は、梁の断面寸法と仕口の支持耐力や、水平構面の床倍率について、慎重に検討する必要がある。

図を例にとると、長辺方向の主構面は、一、三、七通り、短辺方向は、い、ほ、ち、を通りとなる。この計画では主構面の間隔が両方向とも2間以下で、耐力壁もまんべんなく配置されていることから、水平構面は特別固める必要がないと分かる。

なお、耐力壁の配置方法は、その構面の負担荷重に見合うように、建物の外周部よりも、負担荷重の大きい中間部に壁を多く設ける、あるいは高倍率の壁を配置すると合理的である。

主構面と補助構面 | 図

2階平面図

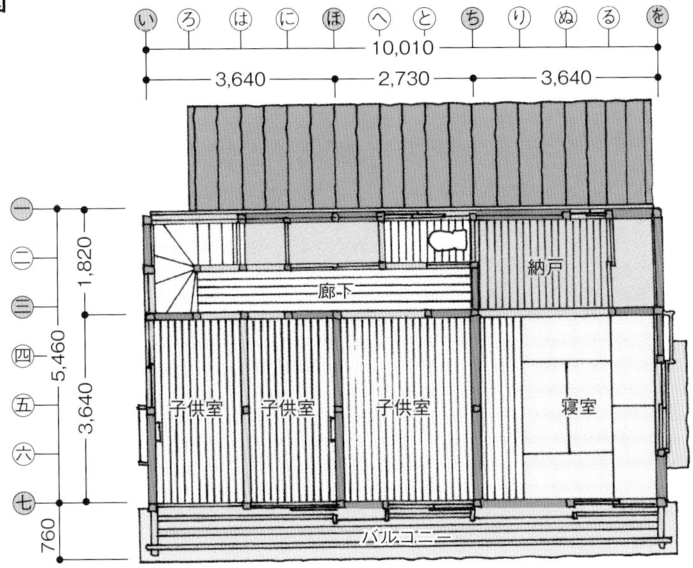

注1　壁量は外周壁のみで充足しているが、水平荷重時の小屋組の変形を抑えるため、ほ通り、ち通りに耐力壁を配置している

注2　1階の㊀'通りの外壁を壁量として見込む場合、その屋根か天井面を固める必要がある

1階平面図

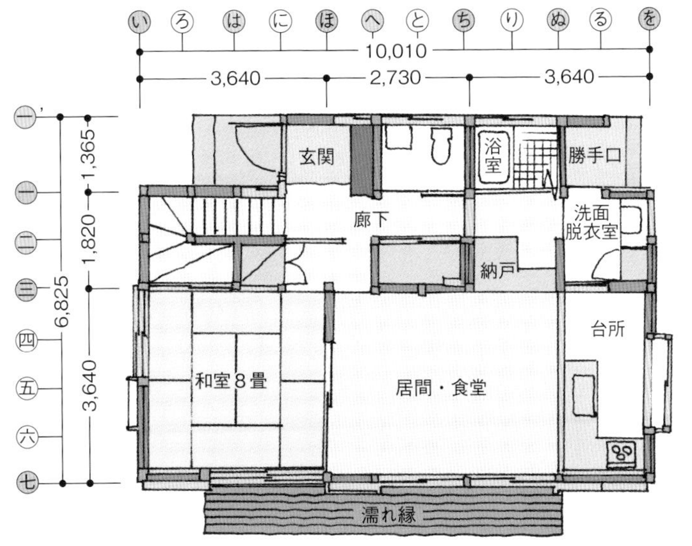

まず、軸組をつくるには図のように柱の通りを連続性のある構面として意識する。次にその構面に耐力壁を配置し、バランスをチェックする

1）平面図で柱の通りを連続した構面とする

2）●の通り芯を主構面（1・2階に通っている構面）とする

3）●の通り芯は補助構面（1階または2階のみに存在する構面）とする

4）各構面内に耐力壁を配置する

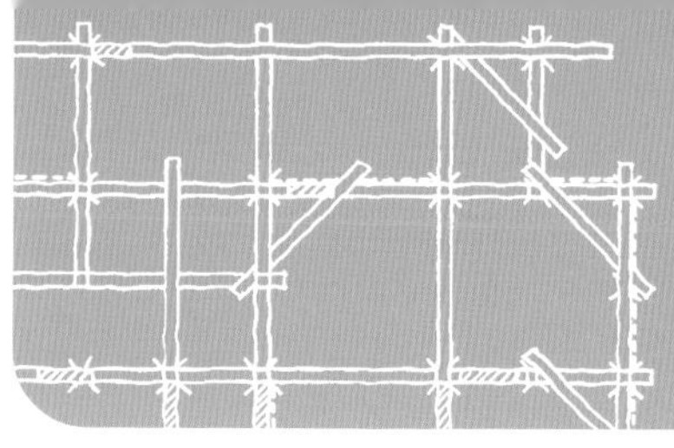

伏図と軸組図

POINT
▶伏図と軸組図は構造計画の良否を判断する図面
▶軸組図で鉛直方向全体の力の流れを把握する

伏図の役割

梁の架け方を平面で示した図面を「伏図」、柱・梁・壁などの構造材のみを立面で示したものを「軸組図」という。これらは構造計画の根本を表すもので、計画の良否はこの図面から読み取ることができる。

伏図は、建物の骨組みを床レベルごとに見下ろした図面である。下層から、基礎伏図、1階床伏図（土台伏図）、2階床伏図、小屋伏図、屋根伏図という。

伏図には、梁の下にある柱や束、上に載る柱や束も示す。梁の下にある柱は梁の支持点、上に載る柱は上からの荷重を示すことになるので、伏図を見ることで梁の断面設計が可能になる。

軸組図の役割

ただし、伏図だけでは屋根から基礎までの鉛直方向全体の力の流れが見えにくいという欠点がある。

たとえば、図1の伏図を見ると、長手方向の床梁はスパンが1間（1・82m）以下で短いため、どこに継手を設けても問題ないように思われる。しかし一通りの軸組図（図2）を見ると、「㋥—㋬間」には床荷重だけでなく、中間に屋根荷重もかかっている。そのため、そこには継手が設けられず、梁の断面寸法も大きくする必要がある、ということが分かる。

あるいは、「㋥—㋭間」にある桁梁の継手をなくし、1、2階ともに柱が通っている㋩から㋬までで（㋭通りの柱がないものとして）桁梁を設計しておけば、2階床梁の負担荷重が軽減され、断面を小さくすることができる、ということも分かる。

軸組図には耐力壁も示しておくと、筋かいの方向はバランスが取れているか、納まりに問題はないか、屋根面まで耐力壁が通っているかなどをチェックすることができる。また、引抜きの検討も行いやすい。

このように、力の流れを把握して、よりよい構造計画とするには、伏図と軸組図の両方が必要なのである。

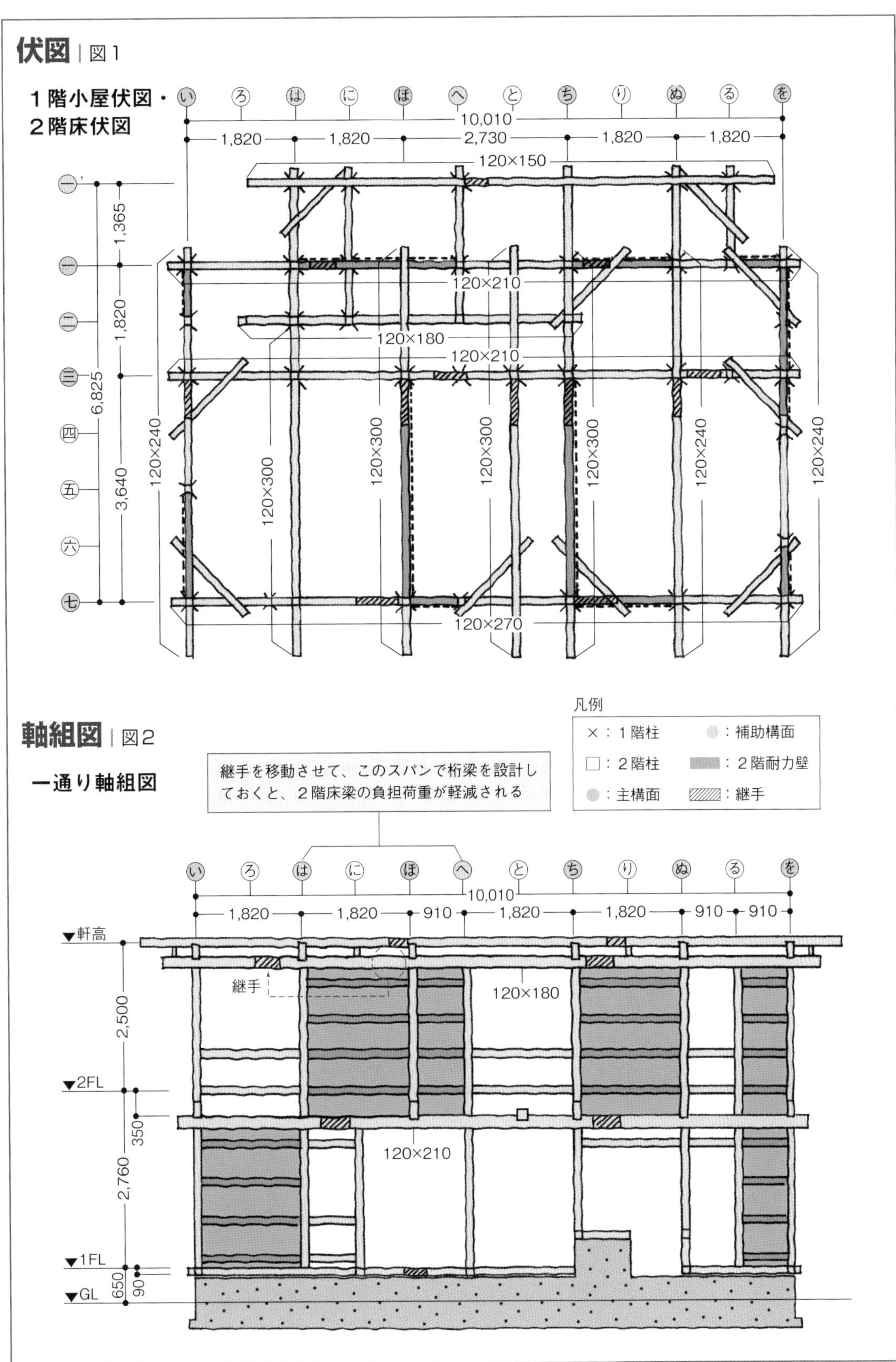
伏図 | 図1
1階小屋伏図・
2階床伏図
い ろ は に ほ へ と ち り ぬ る を
10,010
1,820 1,820 2,730 1,820 1,820
120×150
一'
一
二
三
四
五
六
七
1,365
1,820
6,825
3,640
120×210
120×180
120×210
120×240
120×300
120×300
120×300
120×300
120×240
120×240
120×270
軸組図 | 図2
一通り軸組図
凡例
×：1階柱
□：2階柱
：主構面
：補助構面
：2階耐力壁
：継手
継手を移動させて、このスパンで桁梁を設計しておくと、2階床梁の負担荷重が軽減される
い ろ は に ほ へ と ち り ぬ る を
10,010
1,820 1,820 910 1,820 1,820 910 910
軒高
2FL
1FL
GL
2,500
350
2,760
650
90
継手
120×180
120×210

05
架構計画

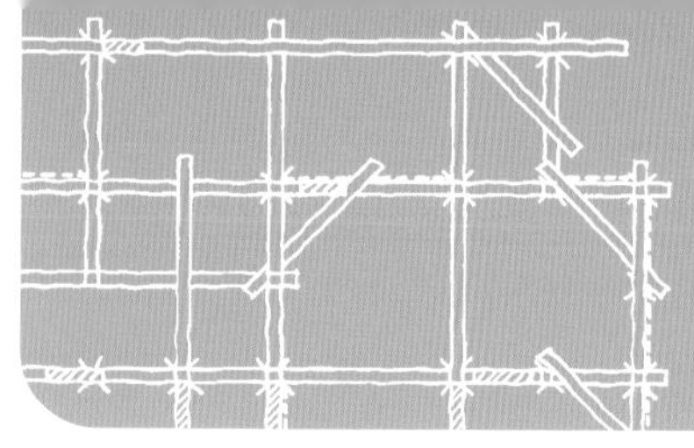

南面開口・狭小間口

POINT

▶ 耐力壁が偏在していると、地震時などに建物がねじれて大被害につながりやすい

耐力壁が偏在するときの注意点

①南面開口

風通しや日当たりなどを確保するため、南側に大きな開口部をとり、寒い北側は開口を最小限にして壁を多く配置する平面計画は、日本各地でよく見られる（図1①）。しかし、このようなプランは、全体では壁量を満足するが、耐力壁が偏在しているため、地震時には南側が大きく傾き、倒壊するおそれがある。

②狭小間口

長屋や町家のように、間口が狭く細長い平面形の建物は、隣地境界となる長辺方向は全面壁となるが、短辺方向はほとんど壁が設けられない（図1②）。特に出入口となる道路側に壁がないため、地震時には短辺方向に大きく傾く。これは、阪神・淡路大震災のときにも多く見られた被害である。

重心・剛心・偏心

建物の重さの中心を重心、かたさの中心を剛心という。重心はほぼ平面形の図心となる。建物のかたさとは、耐力壁の強さ（壁倍率×長さ）をいう。

たとえば、南側も北側も同じ壁量であれば剛心は建物の中心になるが、壁が北側に偏っていれば剛心は北側寄りになる。また、重心と剛心にずれが生じていることを偏心という（120頁参照）。ずれの長さ（偏心距離）は、大きければ大きいほど、水平力が作用したときの建物のねじれも大きくなり、建物が倒壊する危険性も高まる（図2）。

さらに、たとえ偏心が小さかったとしても、外周部に壁がなく中心部に偏在しているプランは、外周部が大きく振られやすい（図3）。特に、木造の水平構面は柔らかいため、耐力壁は極力外周部にも設けるよう注意したい。

狭小間口のように細長い平面形の建物のときなどは、あるブロックごとに建物を分割して（ゾーニング）、それぞれのブロックで壁量と配置のバランスを満足させるのも一案である（図4）。

耐力壁が偏在するプラン｜図1

①大開口（南面）

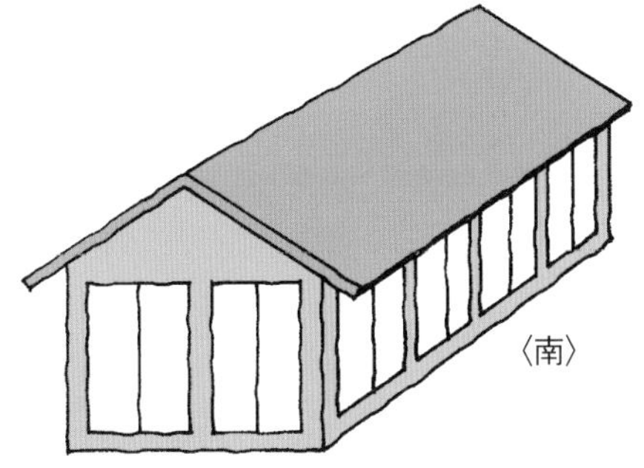

南面を開放的にしたプランは、北側に壁が片寄り、ねじれを生じやすい

②狭小間口

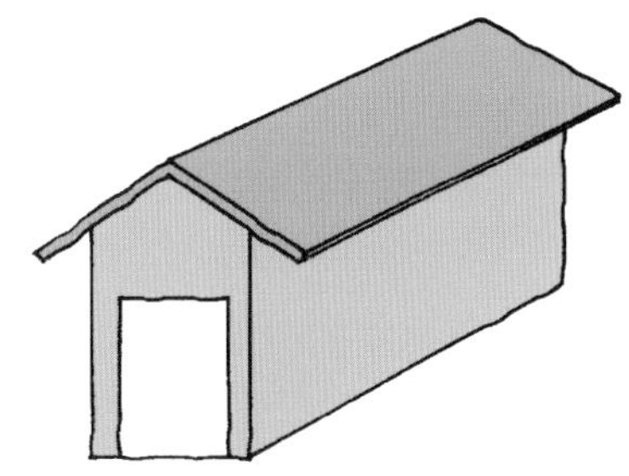

狭小間口となる建物は、出入口のために短辺方向の壁が不足しやすい

壁が偏在したときのねじれ｜図2

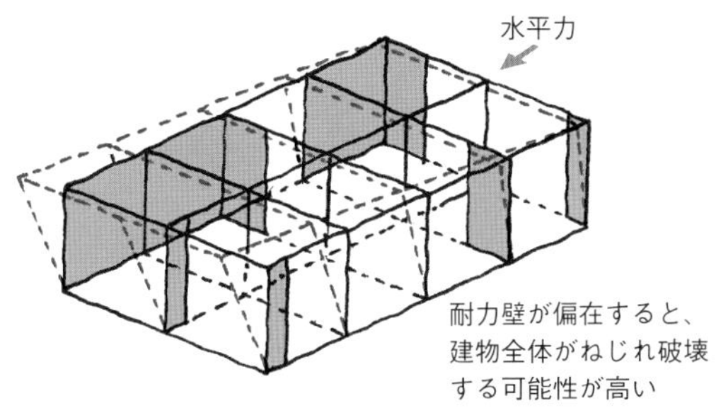

耐力壁が偏在すると、建物全体がねじれ破壊する可能性が高い

1．床面の水平剛性を考慮しながら耐力壁を配置する
2．壁量は十分であっても、ねじれが先行すると倒壊の危険性が高い

中央コアとしたときの変形｜図3

水平力

中央部にのみ耐力壁を配置すると、偏心率は問題ないが、ねじれ剛性が小さいため、偏重量によって建物全体がねじれ破壊する可能性が高い（アクシデンタルトーション）

ゾーニング｜図4

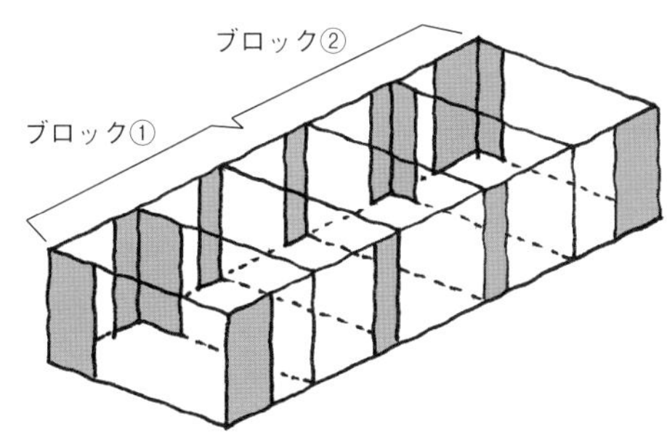

1つの建物をいくつかのブロックに分けて、それぞれの範囲で壁量を満足させ、配置のバランスをとることをゾーニングという。
ブロックの分け方は、建物形状や耐力壁の配置、床・屋根面の水平剛性などを勘案して、力の伝達に無理が生じないように決める

1．ゾーニングを行い、各ブロックごとに壁量を満足させる
2．水平構面の剛性を高める

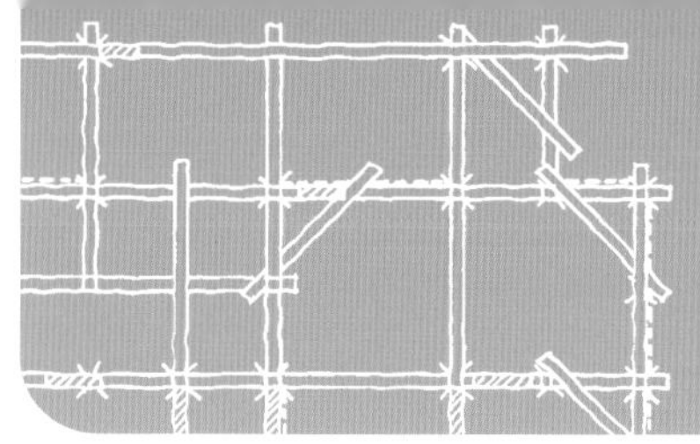

L形・コの字形

POINT ▶複雑な平面形は、長方形ごとにゾーニングして壁量を満足させる。出隅・入隅部は接合に注意

耐力壁の偏在しやすいプラン

耐力壁が偏在しやすい平面形状の代表格に、L形とコの字形がある。これらの平面形は、建物全体で壁量を検討するのではなく、ある程度まとまったブロックに分割して、ブロックごとに壁量を確保し、配置のバランスを取るよう設計する。

①L形

平面形状に突出部があると、水平力が作用したとき、その部分の先端が大きく振られやすい。これは、RC造でもS造でも同じことだが、木造は特に水平構面が柔らかいため、耐力壁の配置に注意が必要になる。

そこで、たとえばL形の平面なら、2つの長方形に分割して、それぞれのブロックで壁量を満足するように計画する（図1①）。ブロックの分け方は、縦方向でも横方向でもよい（図2）。

②コの字形

L形と同様、長方形ごとにブロック分けして壁量を検討する。ブロックの分け方は平面で見て縦方向に三分割してもよいし（図1②）、横方向に三分割してもよい。

壁量の「安全率」に注目

薄い用紙をL形に切り抜くと入隅部から破れやすいように、L形平面のプランも、入隅部に大きな力が作用し、そこから壊れやすい。ゆえに、この部分の接合方法には要注意である。

特に、ゾーニング（174頁参照）によるそれぞれのブロックで壁量の安全率（存在壁量／必要壁量）に大きな差があると、水平力が作用した際の揺れ方が異なる（壁量に余裕があるほうは揺れにくいが、壁量がぎりぎりのほうは揺れやすい）。そのため、地震などが発生すると、境界線付近の接合部が外れる、外壁にひびが入る、雨漏りしやすくなる、などの被害が生じやすい。

どちらも「安全率」が十分ある場合は、水平変形量も小さいので神経質になる必要はないが、各ブロックの安全率が近似するよう計画するとよい。

L形、コの字形プランの構造計画｜図1

①L形

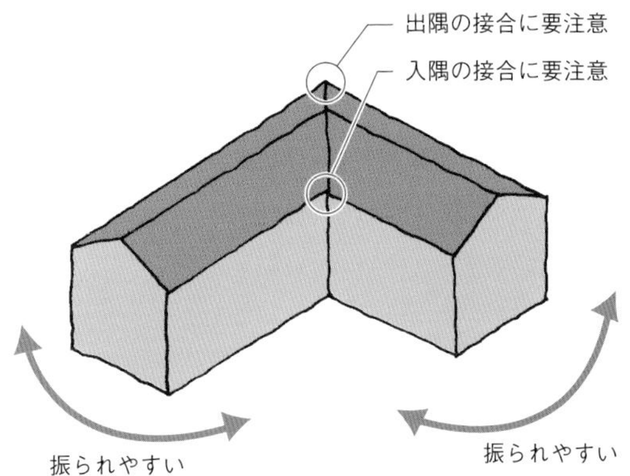

②コの字形

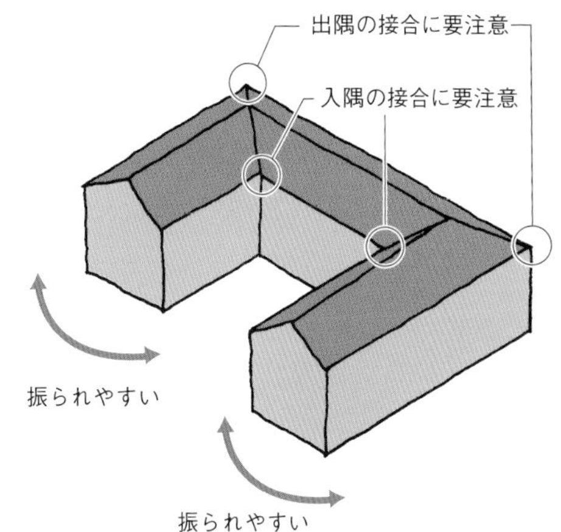

L形でのゾーニングの例

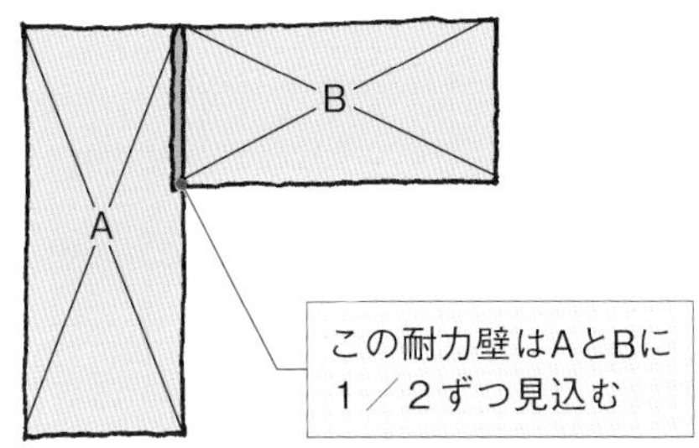

A、Bの2つのブロックに分割して、
それぞれの壁量とバランスをチェックする

コの字形でのゾーニングの例

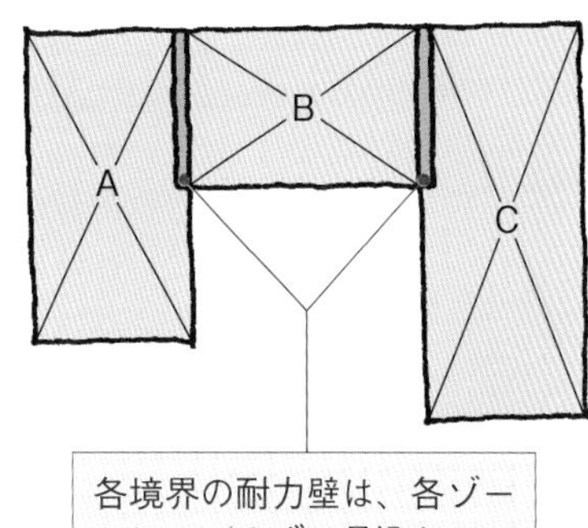

A、B、Cの3つのブロックに分割して、
それぞれの壁量とバランスをチェックする

ゾーニングの方法｜図2

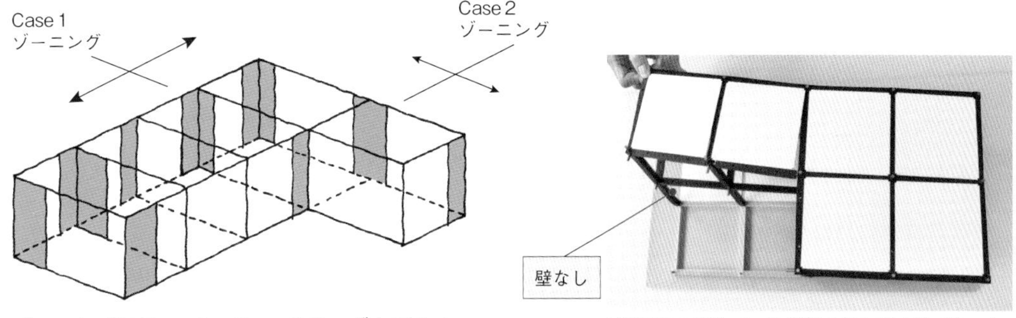

ゾーニングはCase 1、Case 2のいずれでもよい。
平面や屋根形状、立面形状を考慮して判断する

L形平面の建物で、先端部付近に耐力壁がないと、
床面を固めても大きく振られることになる

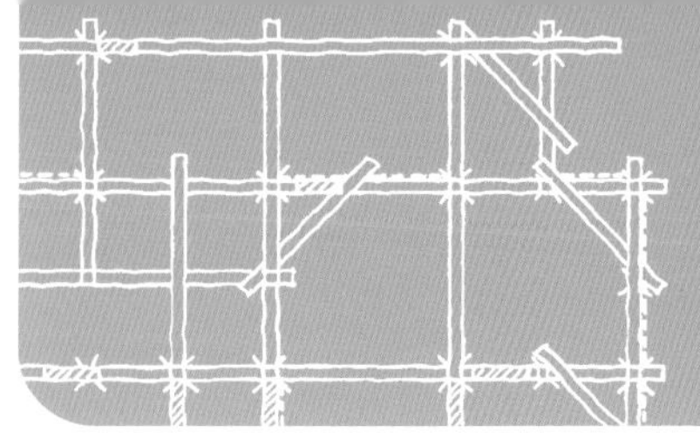

082
架構計画 ⑤

セットバック・オーバーハング

POINT

▶ 1階と2階の耐力壁がずれる場合は、水平構面の連続性と床倍率および接点の接合部に注意

セットバック

部分的に2階が載る建物を「セットバック」という。構造的に見ると、建物から突出した部分は、水平力が作用したときに振られやすいという性質がある。たとえば、1階に比べて2階部分がかなり小さい場合、2階部分が突出部となる。また、ほとんど総2階の建物に下屋が取り付く場合は、下屋部分が突出部となる。これら突出部と接する部分の接合部には大きな力がはたらくので、注意が必要である。

また、プラン上、2階の外壁面には耐力壁があるが、その直下には耐力壁がない場合、2階の耐力壁が負担した水平力を、どのように下屋の外壁面まで伝達するかを考えなければならない。

対策としては、下屋の屋根面または天井面を固める（床倍率を高くする）ほか、1階耐力壁↓下屋屋根面（天井面）↓下屋の耐力壁の各面が連続するように計画する方法が考えられる。

オーバーハング

1階部分より2階部分の面積が大きくはね出した形状を「オーバーハング」という。このプランでは、はね出した片持梁の先端に2階部分の耐力壁を設けることになる。

片持梁の先端には、屋根・外壁・床荷重が常に作用しているが、水平力が作用すると、ここに耐力壁の反力や、縦方向の揺れも加わるため、梁の断面に十分な余裕をもたせておかなければならない。しかも、片持梁の支持点には大きな曲げの力と反力が生じるため、柱のホゾや直交梁による欠損も極力少なくしておく必要がある。

なお、片持梁の断面に余裕をもたせていても、耐力壁の下に柱がなければ、見かけの壁倍率は低くなるため（76頁参照）、2階の壁量は割り増しておきたい。また、2階の耐力壁が負担した水平力が1階の耐力壁までスムーズに伝達されるよう、床面の水平剛性は高めておく必要がある。

セットバックの注意点 | 図1

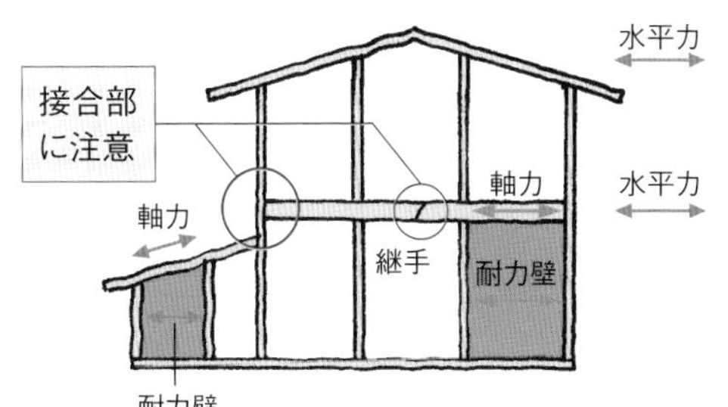

耐力壁構面内の接合部は大きな軸力が発生するので、しっかりと接合する

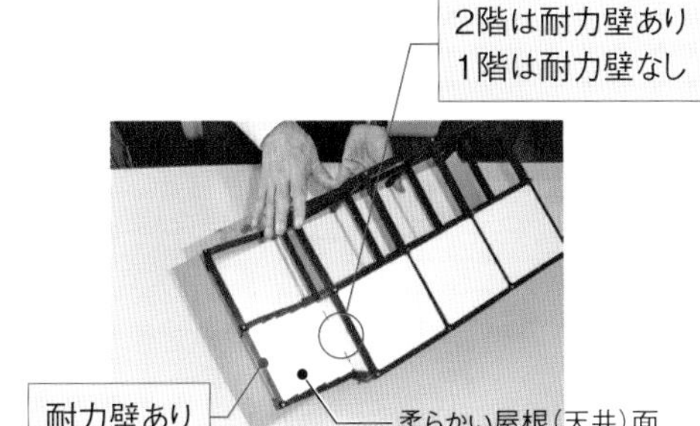

セットバック建物で2階外壁ラインの下に1階の耐力壁がない場合、下屋の屋根面または天井面が柔らかいと、下屋の耐力壁に水平力が伝わらないため、2階が大きく揺すられることになる

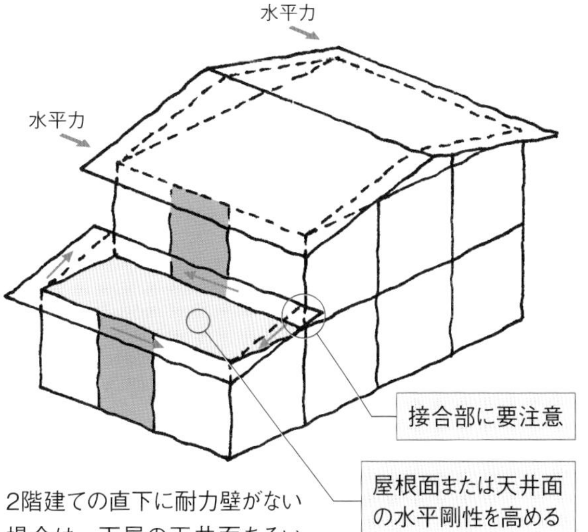

2階建ての直下に耐力壁がない場合は、下屋の天井面あるいは屋根面の水平構面の剛性を高め、接合部にも注意する

オーバーハングの注意点 | 図2

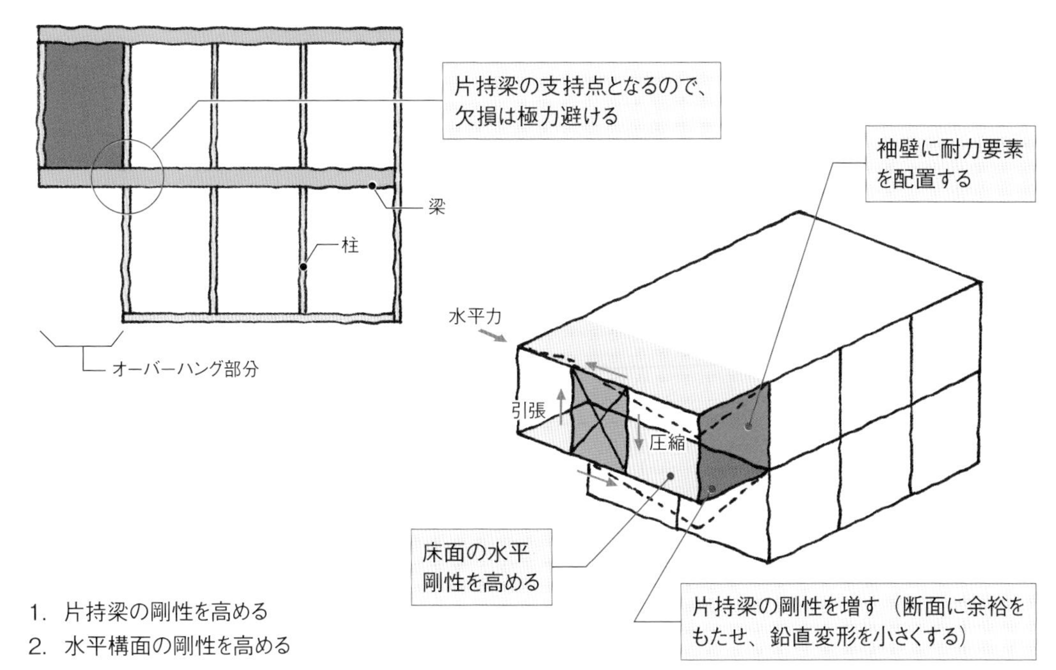

1. 片持梁の剛性を高める
2. 水平構面の剛性を高める

小屋裏・中間床

POINT
▶ 床のあるところには水平力が生じる
▶ 水平力に抵抗するには、床下に必ず耐力壁を設ける

小屋裏にも壁が必要

小屋組の項でも述べたが（130頁参照）、2階の耐力壁は屋根面を伝わってくる水平力に抵抗する。そのため、2階の耐力壁は2階の床面から屋根面まで連続していなければならない。

しかし、木造では往々にして小屋梁から上の部分を2階の構造と切り離して考える人が多く、2階の耐力壁が小屋梁まで、あるいは天井までしかなく、小屋裏にはまったく壁がないという構造計画が少なくない。特に、小屋梁から上をガラスのみとして、屋根が浮いたように見せるデザインなどでは注意が必要である（図1）。

この場合、2階の耐力壁の上に同様の壁を設けるか、透明性を重視するのであれば鉄筋ブレースなどを配置して、屋根面と耐力壁の連続性を確保する。これらの壁は、耐力壁と同じ構面内にあればよい。もし、このような配慮がなく力の流れが途絶えてしまうと、屋根が大きく傾斜することになる。

中間床の下にも壁を

階と階の中間にある床を「中間床」という。一般に、中間床が計画されるプランでは、中間床直下が開放的な空間となり、水平荷重時への配慮に欠けることが少なくない。

たとえば、図2のような中間床を設けた場合、鉛直荷重のみ考えれば、床の下に柱があれば問題ない。しかし、重量があれば、そこには地震力が発生することになるため、水平力に抵抗する耐力壁が床下になければ、水平力が掛かるとフラフラと揺れてしまう。

したがって、床が存在する場所では、鉛直荷重の支持方法だけでなく、水平力に対する支持方法も考え、その下に耐力壁を設けるようにする。もちろん、水平力はX・Y両方向に作用するため、耐力壁は両方向ともに必要となる。

床に段差を設けたいわゆる「スキップフロア」も同様で、段差部分に壁を設けるなどの配慮が必要である。

小屋裏の注意点｜図1

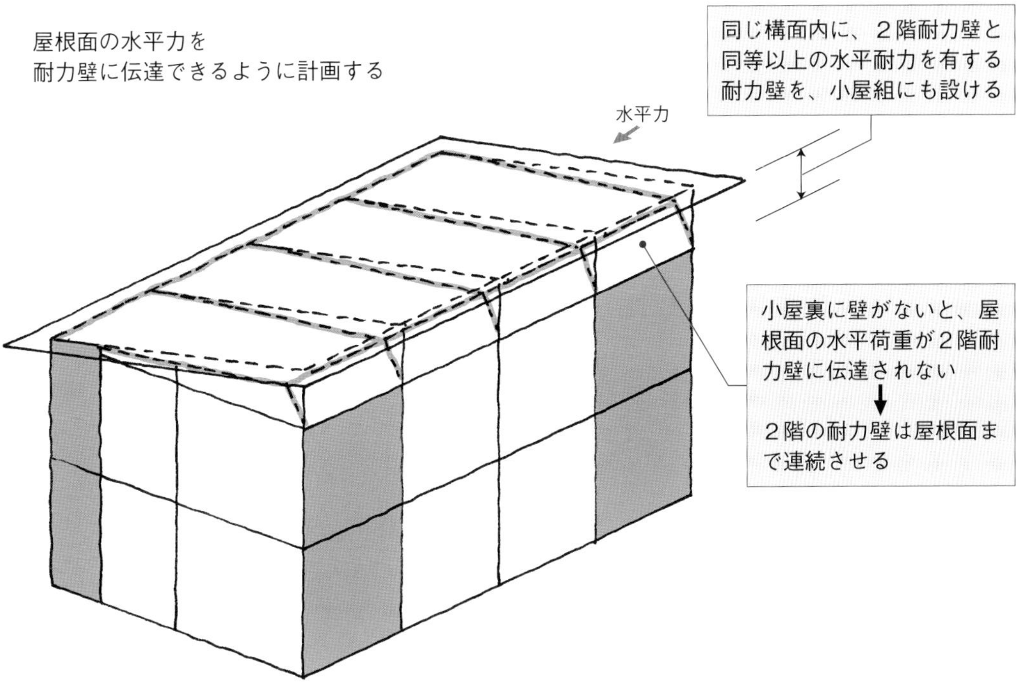

屋根面の水平力を
耐力壁に伝達できるように計画する

同じ構面内に、２階耐力壁と
同等以上の水平耐力を有する
耐力壁を、小屋組にも設ける

水平力

小屋裏に壁がないと、屋
根面の水平荷重が２階耐
力壁に伝達されない
↓
２階の耐力壁は屋根面ま
で連続させる

中間床の注意点｜図2

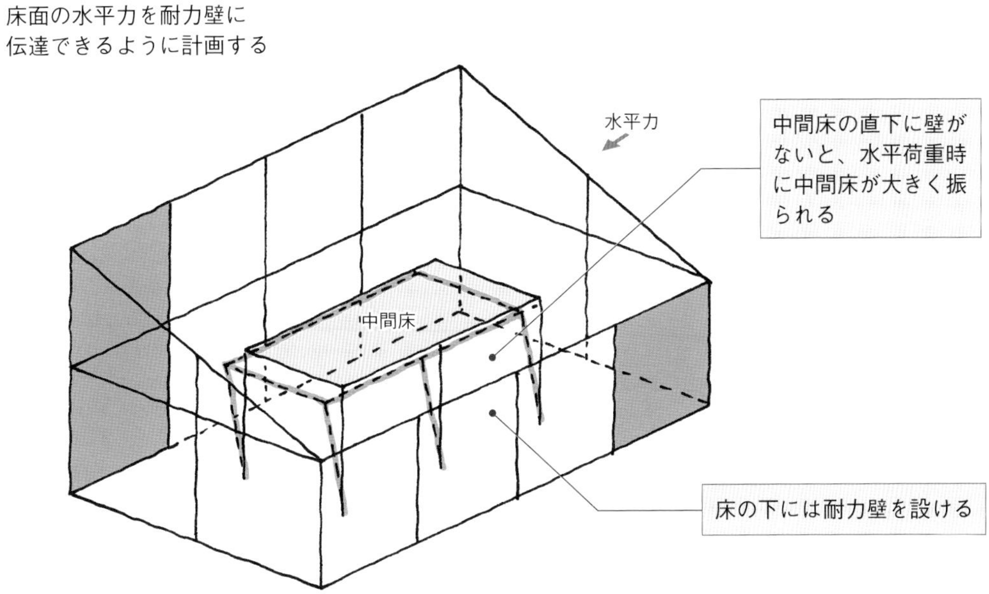

床面の水平力を耐力壁に
伝達できるように計画する

水平力

中間床の直下に壁が
ないと、水平荷重時
に中間床が大きく振
られる

中間床

床の下には耐力壁を設ける

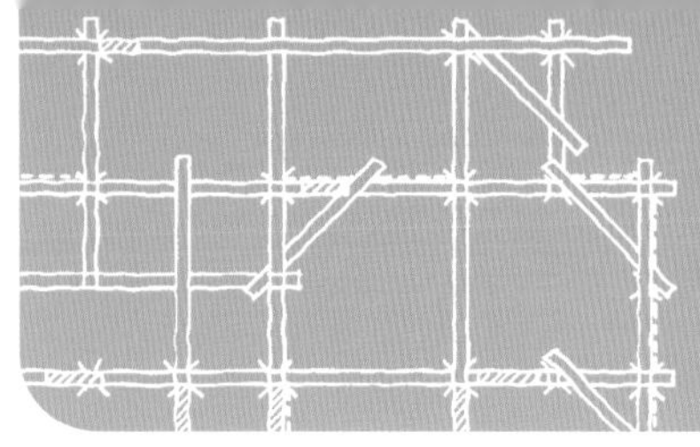

大きな吹抜け

POINT

▶ 大きな吹抜けがあると、水平構面の連続性が途切れる。ゾーニングで耐力壁をバランスよく配置する

建物中央部の吹抜け

建物の中央付近に吹抜けと階段が隣接していると、2階の床面は2つに分断されていることになる（図①）。

180頁でも述べたように、床面には水平力が生じる。仮に、X方向に水平力が作用したとき、分断された2つの床が「つなぎ梁」などで結ばれていれば、左側と右側の水平力のやり取りは可能になる。

しかし、Y方向に水平力が生じると、それはつなぎ梁の幅方向に力がかかることになるため、水平力を伝達できない。これは、柱は鉛直方向（繊維方向）の力に耐えられるが、水平方向の力に抵抗できないので、耐力壁を設けるのと同じことである（101頁参照）。

したがって、このようなプランで水平力に抵抗するためには、それぞれの床下に耐力壁を設けておかなければならない。それぞれのブロックで壁量を満足させ、バランスを確保するように設計を行うのである。

外壁に面した大きな吹抜け

一方、大きな吹抜けが外壁に面している場合（図②）は、その外壁面に耐風処理を行うほか（78頁参照）、水平力の伝達にも配慮する必要がある。

このとき、吹抜けのある外壁面に耐力壁を設けても、この耐力壁に2階床面の水平力は伝わらないので、屋根面の水平力に対してだけ抵抗することになる。やはり、この場合もゾーニングを行い、吹抜け側は平屋、他方は2階建てと考え、それぞれで壁量を確保するように設計する。もし、吹抜けの外壁面に耐力壁がまったくなければ、許容応力度設計を行い、屋根面の水平剛性を確保する必要がある。

吹抜けは、開放的な空間づくりを目的とすることが多いため、吹抜けに面した2階の床下は、柱だけで耐力壁がまったくない状態になりやすい。吹抜けのあるプランでは、床の途切れたライン近辺の下に、必ず耐力壁を設けることを覚えておきたい。

大きな吹抜けがあるプランの構造計画 | 図1

①建物の中央部に大きな吹抜けがある

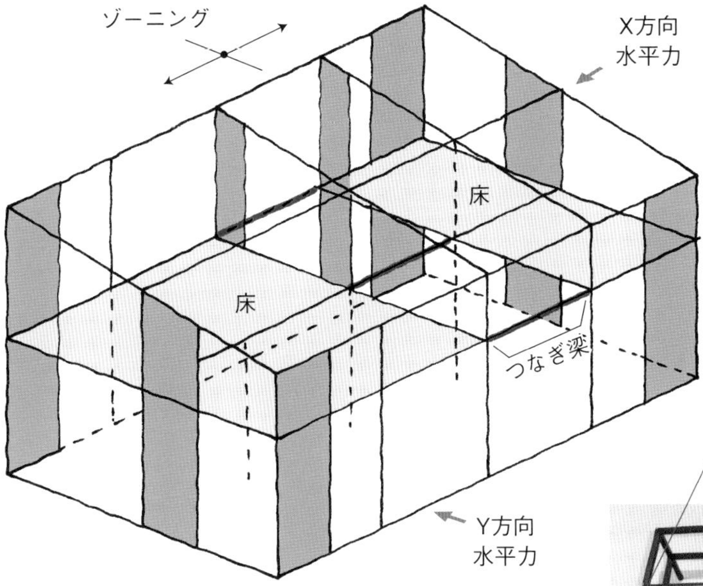

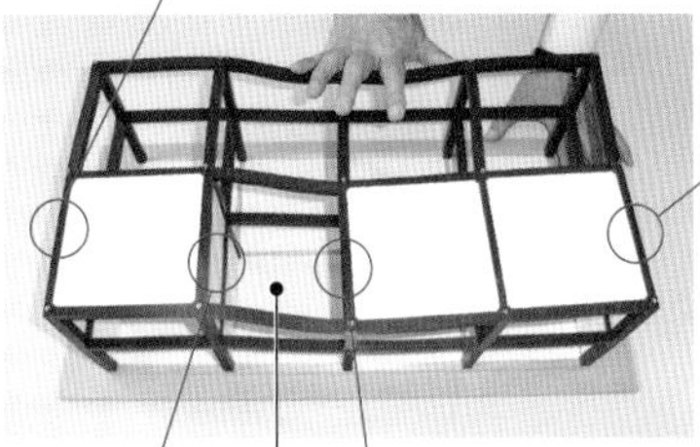

中央部に大きな吹抜けがある場合、吹抜けの右側のブロックに生じた水平力は、左側のブロックにある耐力壁まで伝達されないため、右側の床が大きく揺すられることになる

②外壁面に大きな吹抜けがある

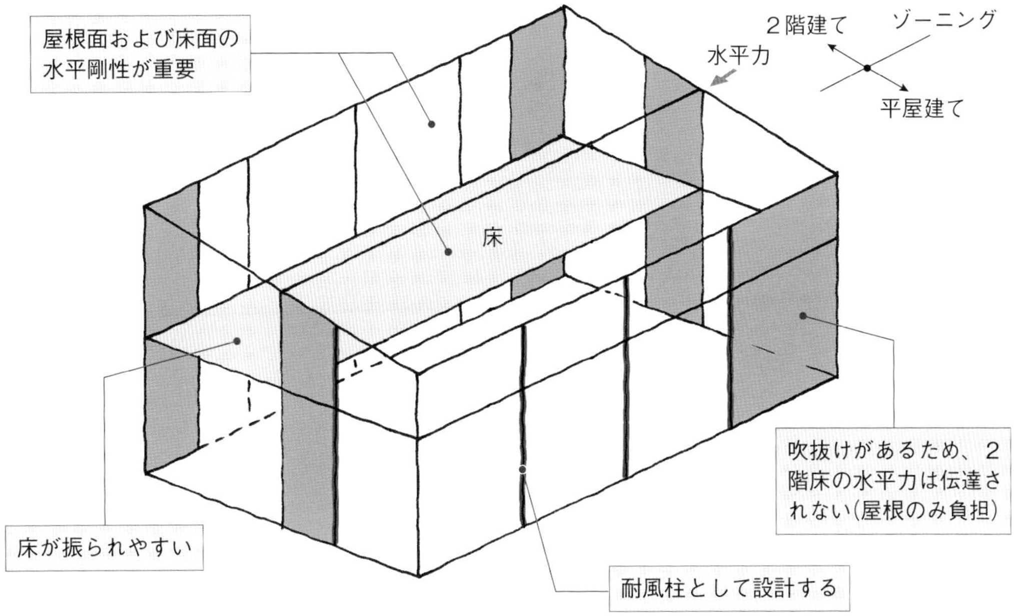

CLTパネルを用いた架構

POINT

▶CLTパネルは、水平力と鉛直力の両方に有効な構造材として新たな活用が期待されている

CLTパネルの特徴

ＣＬＴ（Cross Laminated Timber 直交集成板）は、「心材等品質の劣る木材部分を高品質な建築材料にする」という理念のもと１９９０年代にヨーロッパで開発された木質材料で、日本での本格的な研究は２０１１年頃から開始し、直交集成板のＪＡＳ規格は２０１３年、設計手法等に関する関連告示は２０１６年度に定められた。

ＣＬＴパネルは、厚さ12～50㎜の挽き板または小角材を平行接着したラミナを、繊維方向が直交するように接着積層させたもので、１枚のパネルの厚さは36～450㎜、大きさは約１ｍ×２ｍの一般的なパネルサイズから、３ｍ×12ｍといった大版のものまで製造されている。

そのため、集成材は柱や梁などの軸組材、構造用合板は床・壁などの面材として主に用いられるのに対して、ＣＬＴは軸組材と面材のどちらにも有効な構造材として用いることができる。

CLTパネルを用いた架構

①柱を建てずに屋根付きの駐車スペースが欲しい場合などは、ＣＬＴパネルをはね出すことにより、スッキリとしたデザインとすることができる。

②予め工場で箱型形状のユニットを製作し、現場で積層・組立てる。集合住宅や宿泊施設などへの採用が考えられる。ユニットどうしの接合方法と設備配管のシステム化が課題。

③振動や音を抑えるため、コンクリート床としたい場合に、ＣＬＴパネルを型枠デッキとして用いる。そのまま下階の天井仕上となり、意匠性の向上と工期の短縮を図ることができる。

④鉄骨造のフレームの中に、耐力壁としてＣＬＴパネルを組み込む。接合方法を工夫することにより、制振壁としての効果が期待できる。

いずれにしてもＣＬＴは大版パネルであるため、初期の計画段階から、輸送方法と現場での建て方も十分考慮しておく必要がある。

CLT パネルの構成 | 図1

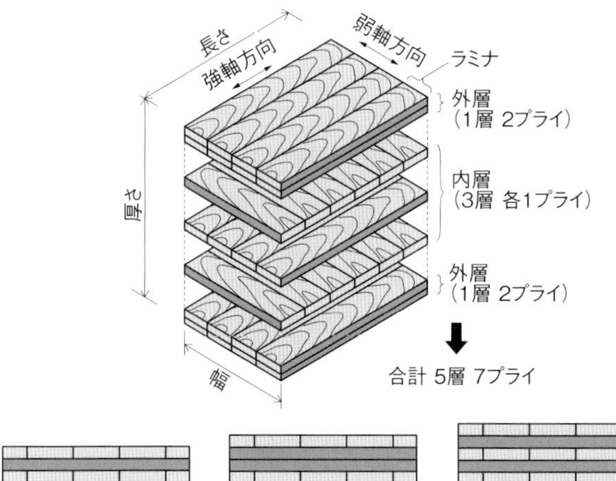

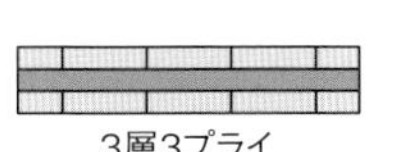
3層3プライ

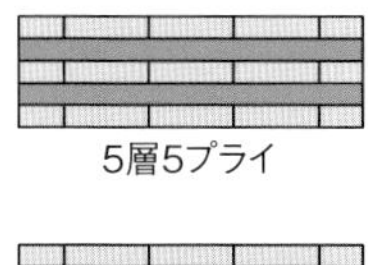
3層4プライ

5層5プライ

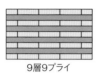

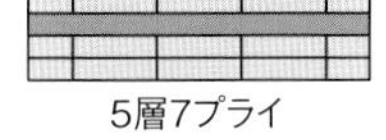
5層7プライ

7層7プライ

9層9プライ

※1プライの厚さは等厚

①小幅パネル架構

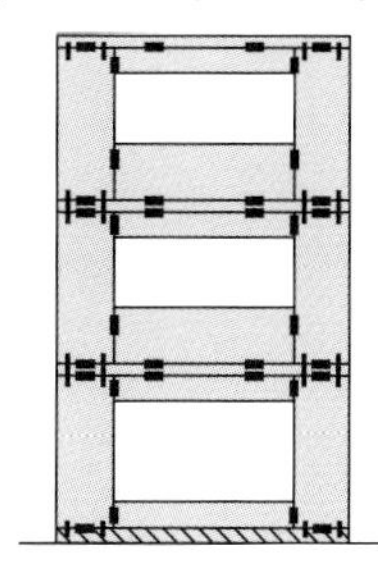

CLTの小幅パネルを用いて、各パネルを引きボルトやせん断金物等で緊結する構造

②大版パネル架構

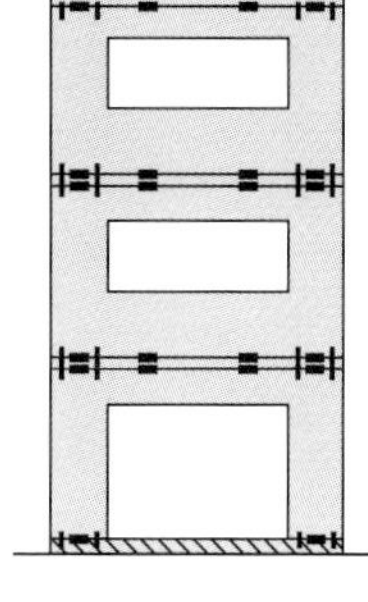

CLTの大版パネルから開口部を切り取り、パネルの周囲を金物で接合する構造

CLT パネルによる架構例 | 図2

①オーバーハング

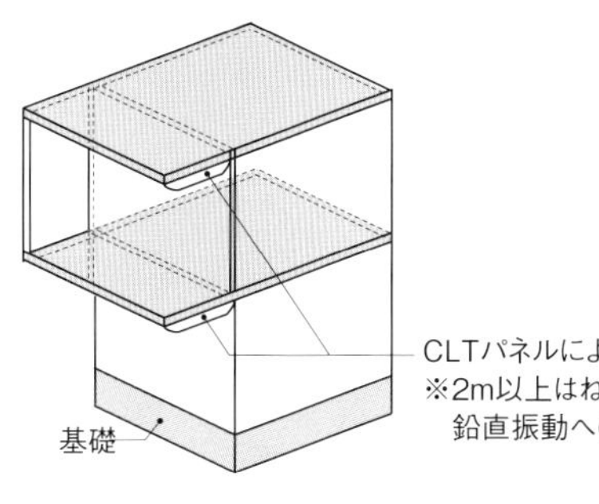

②ユニット

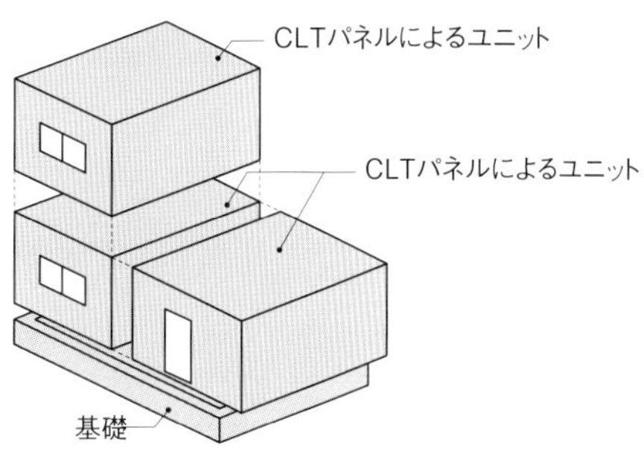

③合成スラブ

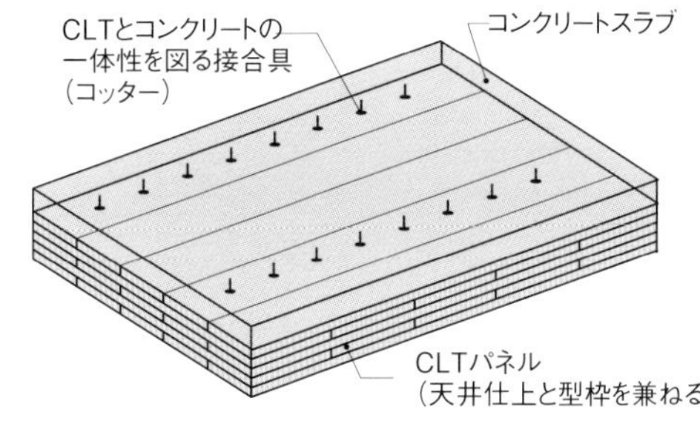

④鉄骨造との組合せ

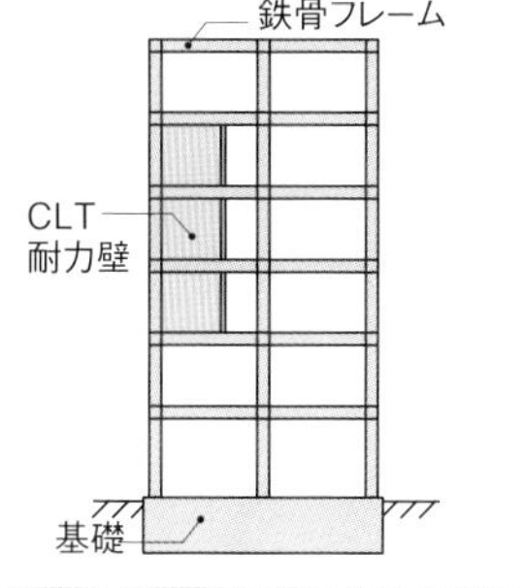

鉄骨フレーム
CLT耐力壁
大地震時の損傷を考慮した設計を行う

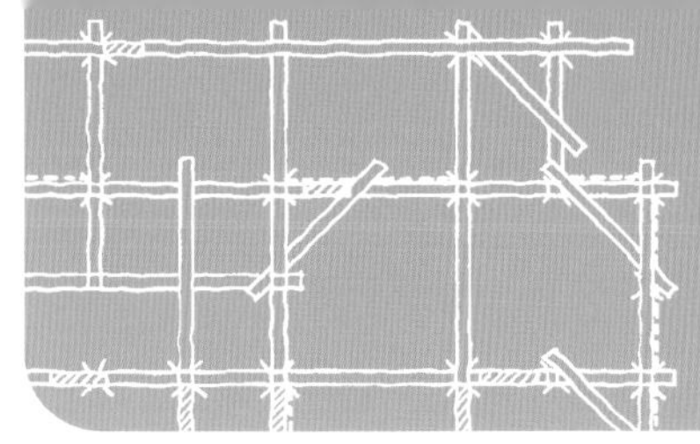

大空間を形成する架構

POINT

▶ 大空間は架構形式のほか、複数の材料を組み合わせるなどして、応力と変形の合理化を図る

代表的な架構形式

学校の校舎や体育館、集会場など、スパンの大きい大空間を形成するものには、以下のような架構形式がある。

①トラス架構

三角形の骨組みは、安定した構造となる。その原理を利用したものが、2本の平行な梁を斜材でつないだ「平行弦トラス」と、水平梁と登り梁を束や斜材でつないだ「山形トラス」である。この構造は、引張材の接合部に注意するほか、トラス梁の支持点に大きな反力が作用するため、柱をRC柱や鉄骨柱にする、控え壁を設ける、トラス柱とする、などの対策が必要になる。

②アーチ架構

梁を円弧状にして、外力に対し圧縮力で抵抗する（曲げがほとんど作用しない）構造。曲線の形状により円弧アーチ、放物線アーチなどがある。この構造は、支持点にスラスト（水平方向に広がろうとする力）が作用するので、その処理方法に注意が必要である。

③吊架構

ケーブルで床梁を吊り上げる構造で、軽量で大スパンを架けられることから、橋梁で頻繁に採用される。ケーブル端部の留め方や、風・雪などの偏荷重に対する抵抗方法に検討が必要。

④折板架構

紙に折り目を付けるとたわみにくくなるのと同じ原理を応用した構造。折り目が平行になるものや、放射状に折るものがある。いかに折り目が広がらないように押えるかがポイント。

⑤スペースフレーム架構

格子梁を2層にして、上下の交点を斜材で結合した立体構造。接合数が多く加工も複雑になるため、一般には、金属系の接合材を用いる。

⑥シェル架構

曲面を構成することで強度を高める構造で、アーチの一種。円錐・球型のドームや、筒型、鞍型などの形状がある。平板の1組の対角線の隅を上げ、他の1組の隅を下げることで曲面を形成するものを「HPシェル」という。

大空間を実現するさまざまな架構形式｜図1

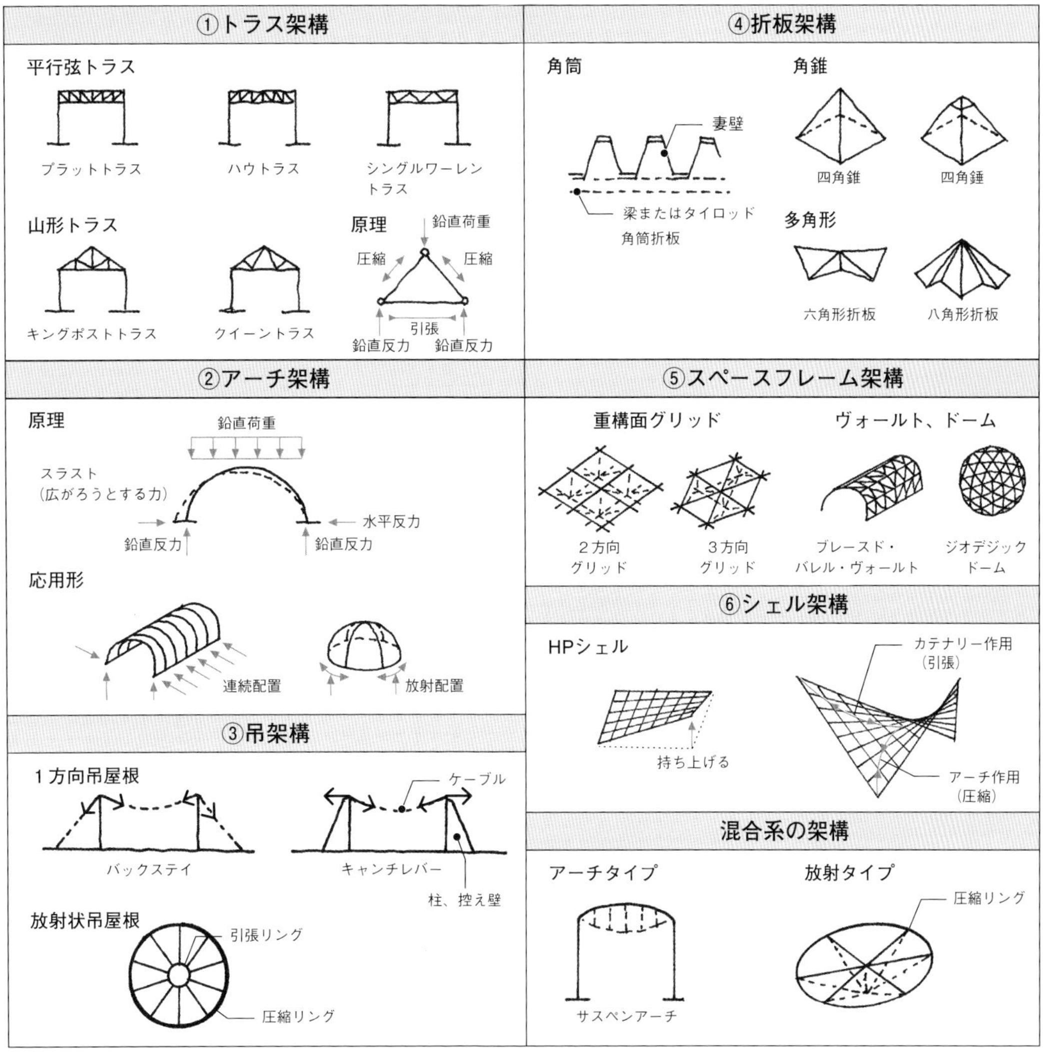

①トラス架構

平行弦トラス

プラットトラス　ハウトラス　シングルワーレントラス

山形トラス

キングポストトラス　クイーントラス

原理

鉛直荷重　圧縮　圧縮　引張　鉛直反力　鉛直反力

②アーチ架構

原理

鉛直荷重　スラスト（広がろうとする力）　水平反力　鉛直反力　鉛直反力

応用形

連続配置　放射配置

③吊架構

1方向吊屋根

ケーブル　バックステイ　キャンチレバー　柱、控え壁

放射状吊屋根

引張リング　圧縮リング

④折板架構

角筒

妻壁　梁またはタイロッド

角筒折板

角錐

四角錐　四角錘

多角形

六角形折板　八角形折板

⑤スペースフレーム架構

重構面グリッド

2方向グリッド　3方向グリッド

ヴォールト、ドーム

ブレースド・バレル・ヴォールト　ジオデジックドーム

⑥シェル架構

HPシェル

持ち上げる　カテナリー作用（引張）　アーチ作用（圧縮）

混合系の架構

アーチタイプ

サスペンアーチ

放射タイプ

圧縮リング

大スパン架構の事例｜図2

①トラス架構の体育館

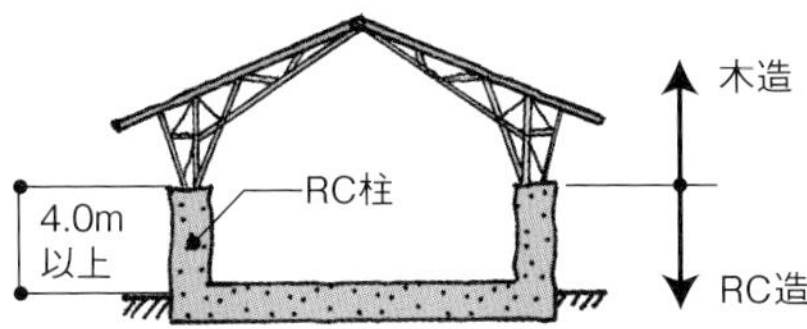

棟部分をピン接合とし、トラス架構の屋根を架けている。トラスの脚部はRC造の片持柱で支持している

②アーチ架構の体育館

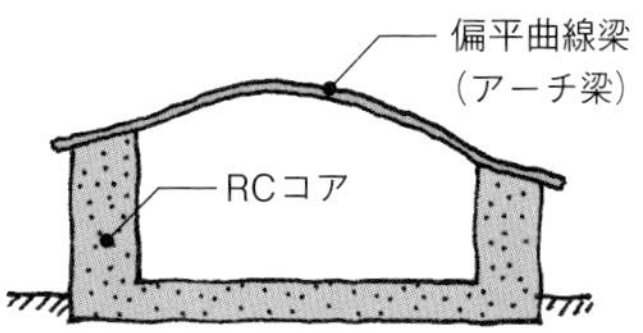

ステージや更衣室などをRC造コアとして両端部に配置し、その上に集成材で偏平曲線梁を架けている。アーチ梁の端部に生じるスラストはすべてRCコアで処理する

免震と制振

POINT
- ▶ 免震・制振は大地震時の損傷を軽減する
- ▶ ただし、中地震対応として必要壁量は確保する

免震構造

免震構造とは、地面と建物の間に緩衝材を入れ、これに地震のエネルギーを吸収させて、建物に直接地震動が伝わらないようにする構造である。

建物の固有周期（192頁参照）と建物に伝わる地震力の関係をみると、固有周期0〜1秒程度までは地震入力が右肩上がりで大きくなるが、2秒を超えると入力は小さくなる傾向にある。超高層ビルの建設が可能なのは、この特性があるからである。建物の周期は高さに比例するため、高層になればなるほど周期は長くなり、地震入力も減少する。

同様に、ゴムなどの周期の長い構造体（免震材）を地面（実際には基礎）と架構との間に挟み、建物の見掛けの周期を長くすると、地震入力は軽減される。そのため、上部構造はゆっくり揺れるが、室内の家具類の転倒や建物の損傷はほとんど生じなくなる。

ただし、注意しなければならないのは、免震構造には、上部構造にある程度のかたさが必要だということである。上部構造が受ける地震力が小さいからといって耐力壁などを減らすと、上部構造の周期は長くなり免震材と共振して揺れが増幅するおそれがある。免震構造は、建物重量が重くてかたいRC造には適しているが、軽くて柔らかい木造では、揺れすぎないように制振材を組み合わせることも多い。

制振構造

制振構造とは、大きな揺れに対して「制振ダンパー」などがエネルギーを吸収し、建物の損傷を軽減する構造である。具体的には、筋かいに「粘性ダンパー」を組み込んだり、2枚組みの鉄板がずれる時の摩擦を利用したりする。制振は大きく揺れたときに有効なため、中地震時にはほとんど能力を発揮しない。そのため、耐力壁は基準の必要壁量を確保しておく必要がある。制振材はあくまで大地震時の対応と考えておきたい。

耐震構造｜図1

免震構造｜図2

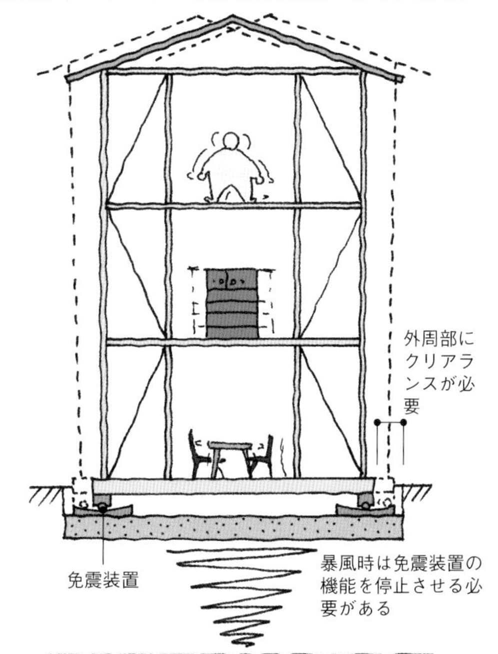

制振構造｜図3

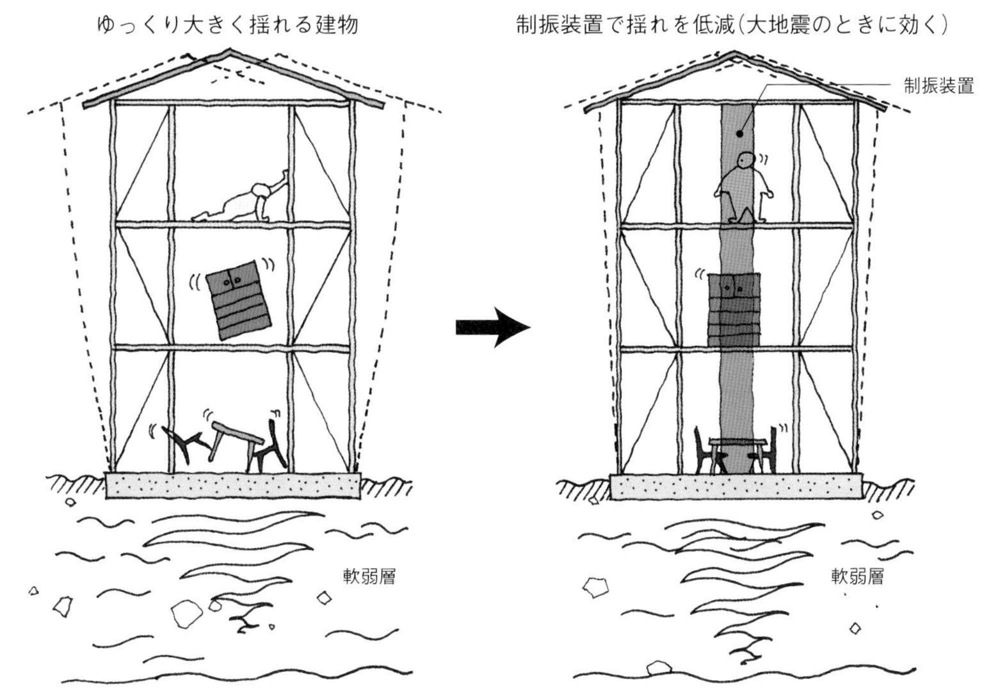

05 架構計画

088
改修

耐震診断・耐震補強

POINT
▶ 耐震診断は接合状況と腐朽部材の把握がカギ
▶ 改修の際は構造・意匠・施工性を総合的に判断

耐震診断の種類

既存建物の耐震性を検証することを耐震診断という。耐震診断の目的は、大地震時における建物の倒壊を防ぐことである。木造住宅における耐震診断の方法には、①建築技術者でなくてもできる「簡易診断」、②建築技術者が行う「一般診断」、③さらに高度な構造的知識を必要とする「精密診断」の3種類がある。

①は、主に建築年や建物形状などを見るもので、大雑把な傾向を掴む程度。②が最も汎用性のある診断方法で、部材の老朽度などを加味して壁量計算と同等の検証を行い、地盤や基礎の状況も把握する。③は、壁量計算または許容応力度計算に相当する検討を行うものと、保有水平耐力計算、限界耐力計算、時刻歴応答解析（166頁参照）に相当する検討を行うものがある。

部材の老朽度や接合状況は、現地調査で1階の床下や天井裏を覗いて判断する。

耐震補強の方法

耐震診断の後、耐震性向上のための改修を行うことを耐震補強という。

耐震性を向上させる方法には、①強度の増大を図る、②大変形への追随性を確保する、③地震力を低減する、の3種類がある。

①は、耐力壁を増設するのが一般的である。②は、既存の耐力壁や柱の接合部を補強する、腐朽部材を交換する、基礎に鉄筋を入れるなどの方法がとられる。ただし、接合部は補強個所が多くなりがちなので、仕上材を剥して施工する必要がある。

③は、免震・制振装置を設置したり、屋根や外壁の仕上げを軽量化して地震力を低減する方法である。建物を免震化する場合は、建物全体をジャッキアップし、基礎を剛強にしなければならないため、大掛かりな工事となる。

なお、耐震改修は構造面だけでなく、居住性やデザイン、施工性・コストなどを総合的に考える必要がある。

耐震診断のチェックポイント｜図1

項　目	チェックポイント
地盤・基礎	ひび割れ→不同沈下、鉄筋の有無 基礎形式と配置（上部構造との対応）
建物形状	平面形状→L、T、コの字、大きな吹抜けなど 立面形状→セットバック、オーバーハングなど 屋根形状→切妻、寄棟、入母屋など
耐力壁の配置	偏っていないか 距離が離れていないか（床面との対応）
耐力壁の量	建物重量に見合った量があるか 天井面で切れていないか（壁の強さに関係） 小屋筋かいはあるか
接合方法	柱と土台・梁、継手の方法 アンカーボルトの有無、配置
老朽度	湿気がちではないか（水廻り、1階床下、小屋裏） 部材が腐っていないか シロアリの被害はないか

構造を把握するには、天井裏と床下を見る
梁の架け方、壁の構造、柱梁どうしの接合部に問題はないか
基礎形状・状態、土台、束などの状態をチェック

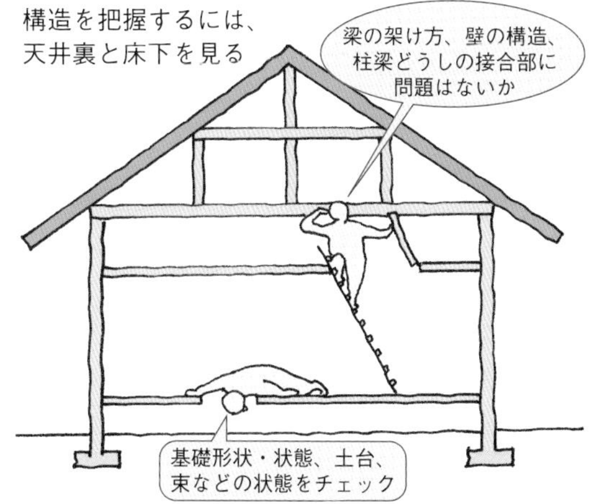

耐震補強の例｜図2

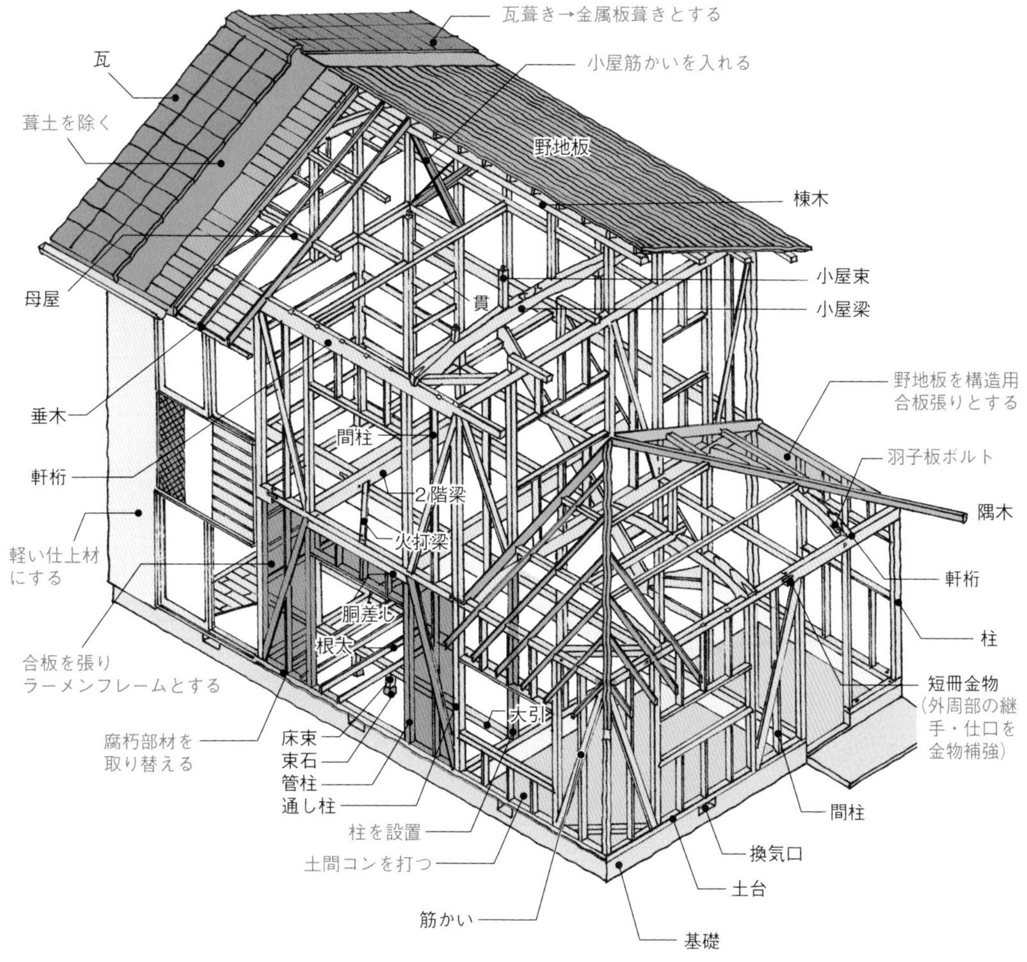

瓦葺き→金属板葺きとする
小屋筋かいを入れる
瓦
葺土を除く
野地板
棟木
小屋束
小屋梁
母屋
貫
垂木
野地板を構造用合板張りとする
間柱
羽子板ボルト
軒桁
2階梁
隅木
火打梁
軽い仕上材にする
軒桁
胴差し
柱
根太
合板を張りラーメンフレームとする
短冊金物（外周部の継手・仕口を金物補強）
大引
腐朽部材を取り替える
床束
束石
管柱
通し柱
間柱
柱を設置
換気口
土間コンを打つ
土台
筋かい
基礎

Column

木造で高層建築物を造る

高層建物に生ずる応力｜図1

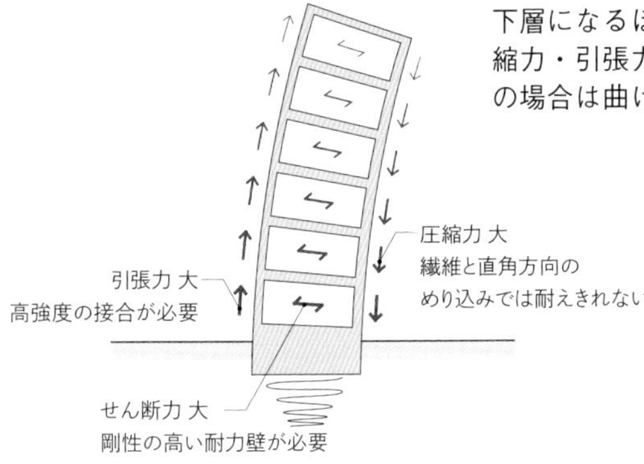

下層になるほど水平力（せん断力）も軸力（圧縮力・引張力）も大きくなる。ラーメン架構の場合は曲げ応力も大きくなる。

高層木造の主な架構方式｜図2

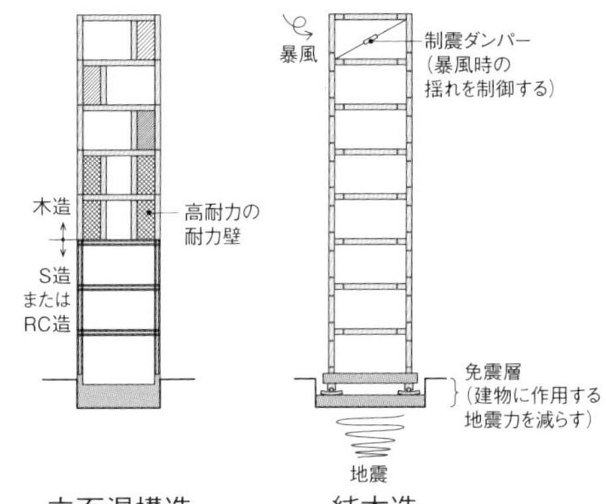

高層木造の接合例｜図3

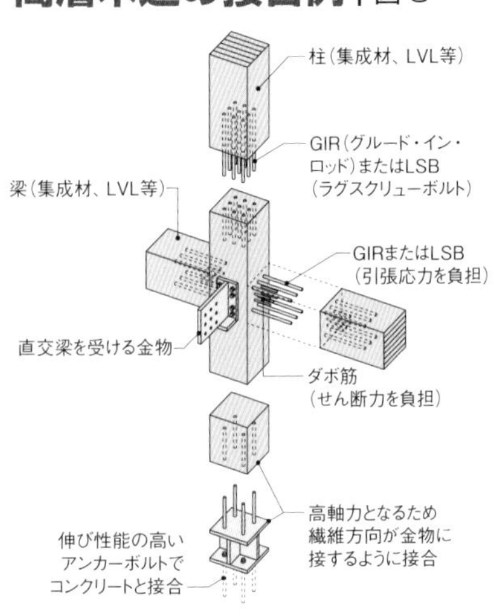

軸組部材は集成材やLVLなど寸法および強度が安定したものを採用し、接合部はボルト等の鋼材と接着剤を併用して強度を高める。水平構面は遮音性への配慮もあり、CLTパネルの上にコンクリートを打つこともある（P184～185参照）。

高層木造の特徴

木材利用促進の観点から、近年では都市部に木造の高層建築物も建てられるようになった。

構造的にみると、高層化は重量が積み重なることになるため、常時荷重はもちろんのこと、地震荷重も増大する（図1）。したがって、下層階の柱は太い断面が必要になるほか、高倍率の耐力壁や高強度の接合方法が求められる。

そのため、下層階を強度の高い鉄筋コンクリート造や鉄骨造とした混構造を採用したり、免震や制振構造を取り入れて地震力の入力を低減するなどの工夫を行っているものが多い（図2）。

また、大きな軸力に抵抗するために、柱を優先して通す接合方法が採用されていることも特徴的である（図3）。

そのほかに、耐火性能も併せた材料の選択や、材料の輸送方法・現場での建て方に配慮した部材のユニット化も考える必要がある。

06
軽視できない地盤・基礎

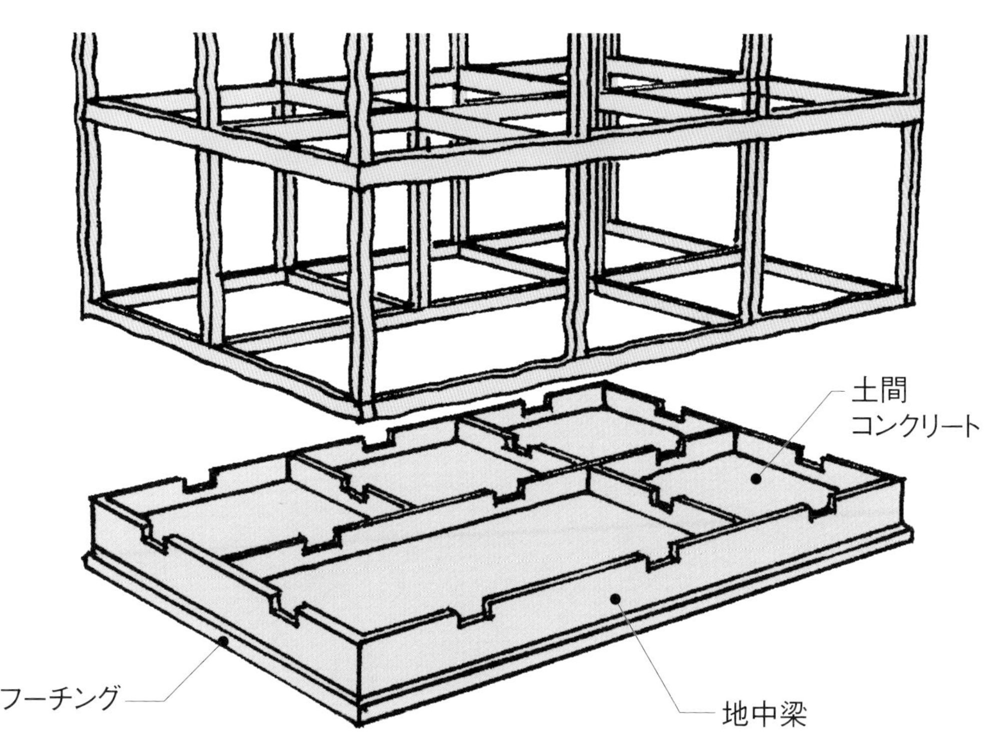

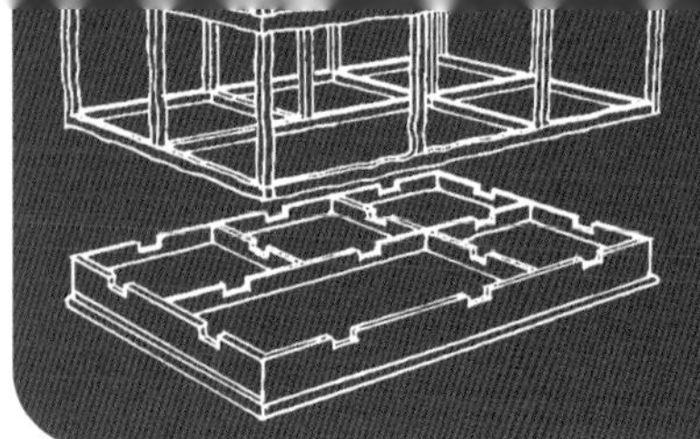

089
基礎の役割

基礎に生じる鉛直・水平荷重

POINT

▶ 基礎は建物を支え、不同沈下を防ぐ。計画に当たっては地盤と上部構造の特色を踏まえる

鉛直荷重に対する抵抗

基礎は、地盤と建物をつなぐ重要なパイプ役である。建物重量などの鉛直荷重や、地震力などの水平荷重を地盤へ伝達し、不同沈下を防ぐ役割を担う(図1)。

地盤の支持力は地耐力と呼ばれる。これは、1㎡当たりの地盤が耐え得る荷重のことで、地盤調査の結果から推定される。この地耐力よりも、建物の重量を地面に接する面積(底版面積)で除した値(接地圧という)が小さければ、その基礎は本来の性能を発揮することができる。たとえば、地耐力の小さい軟弱地盤に設ける基礎であれば、1階の床下全面にコンクリートの底版を設ける「ベタ基礎」が適していることになる。底版の面積が広くなれば接地圧も小さくなるからだ。

ただし、基礎は底版を設けただけでは、ひび割れが起こりやすく不同沈下も生じやすい。立上りや地中梁を格子状に設けることで、初めてその剛性を高めることができる(図2)。

なお、基礎が上部構造からの荷重を受け止めるためには、地中梁や立上りも上部構造と関連付けて配置しなければならない(図3)。主構面(170頁参照)を規則的に配置すれば、自ずと基礎もすっきり整理されてくるはずだ。

水平力に対する抵抗

一方、水平力は、土台と基礎立上りの接触面に発生する摩擦と、設置されたアンカーボルトにより、上部構造から基礎へと伝達される。そして、伝達された水平力は、基礎の底版と地盤との接触面に生じる摩擦と、根入れ部分の土圧によって地盤へ伝達される。したがって、少なくとも外周部には基礎の根入れが必要となる。

そのほか、高さ方向に細長い建物の場合は、水平荷重時に転倒する危険性がある。このとき、基礎には常時荷重による反力のほかに、転倒による反力が加わるので、短期荷重についても地耐力の検討を行う必要が出てくる。

基礎の役割｜図1

①鉛直荷重に対する抵抗

・建物の荷重を地盤に伝達する
・長期の不同沈下を防止する

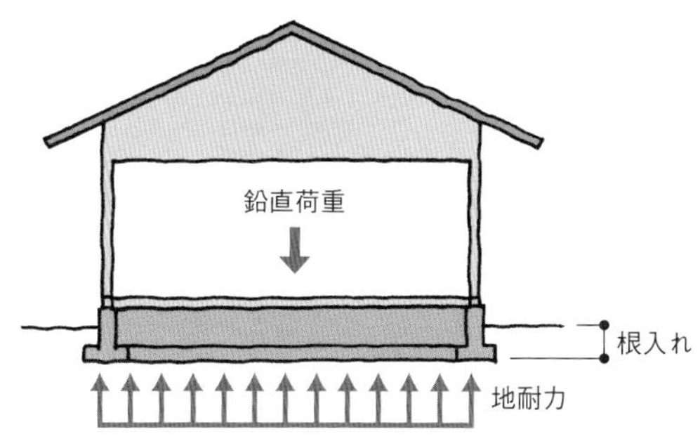

②水平荷重に対する抵抗

・アンカーボルトを介して水平力を地盤に伝達する
・不同沈下を防止する

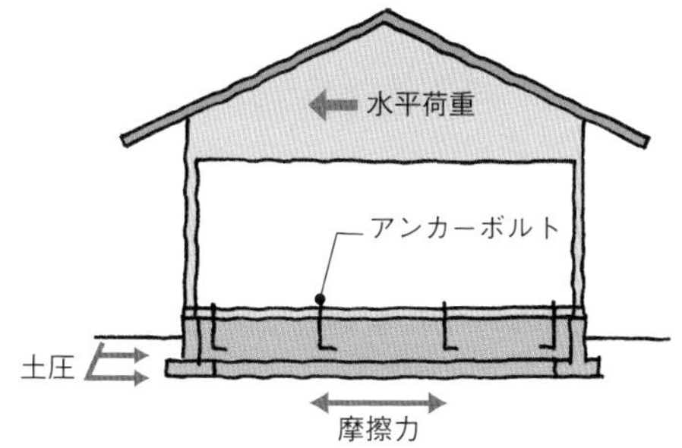

重量Wに対し、地耐力（地盤の支持力、または耐力）が同等かそれ以上であることが必要条件。木造住宅の場合、一般に地耐力が一様に50kN／m²以上だと基礎がどのような形状でもよい

基礎の立上りの必要性｜図2

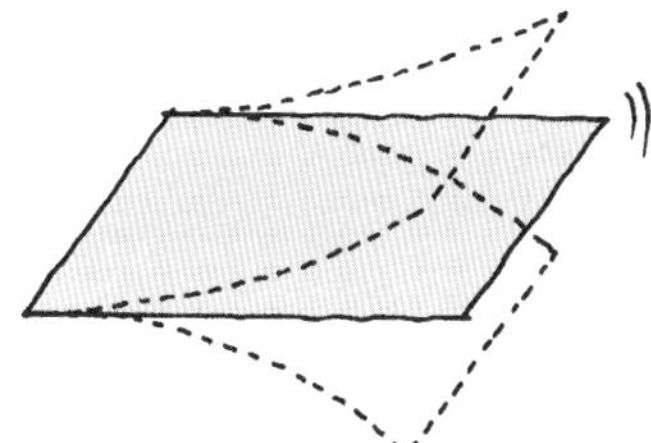

枠のない紙は安定しない（かたくて平らな机の上に置けば安定する）

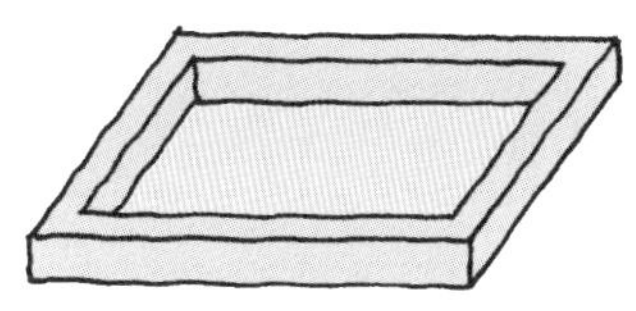

四周を枠で囲むとしっかりする。枠で囲まれた面積が小さいほど強くなる

障子紙と桟をイメージすると分かりやすい。紙が底版（スラブ）で、桟の役割を果たすのが地中梁

基礎は平面計画と連動させる｜図3

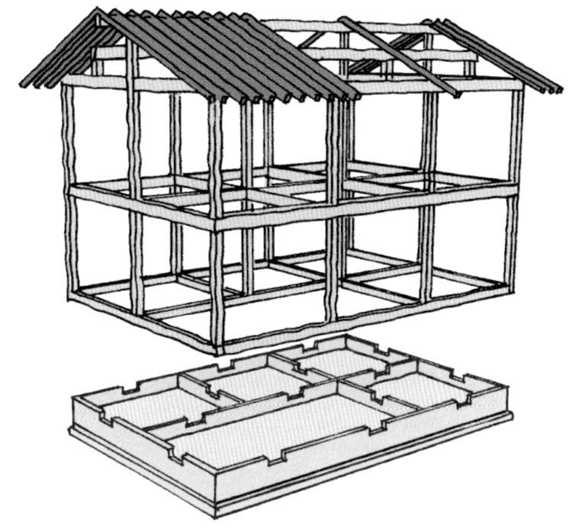

基礎の形状は、建物の上部構造の平面計画と連動させる必要がある

06 地盤・基礎

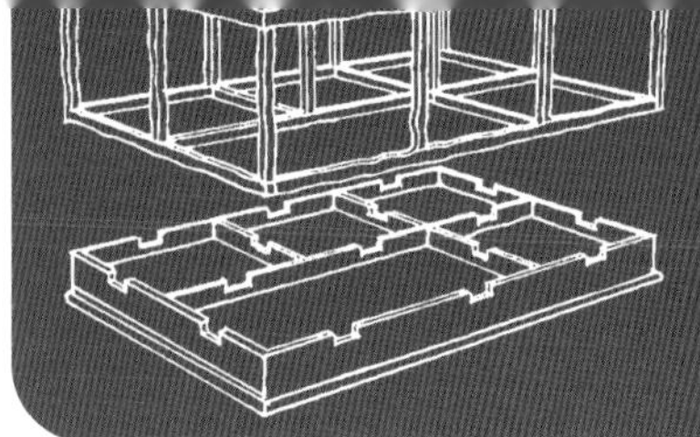

090
基礎の種類

布基礎・ベタ基礎・杭基礎

POINT
▶ 直接基礎は根入れと底版面積を確保する
▶ 杭基礎は地盤改良の一種で支持杭と摩擦杭がある

木造住宅に採用される基礎には、①直接基礎、②柱状改良または杭基礎の2つの形式がある。

直接基礎の種類

直接基礎は、主要な柱の下にのみ底版を設ける独立基礎、主要な通りに連続して底版を設ける布基礎、1階の床下全面に底版を設けるベタ基礎の3種類に分けられる。直接基礎は地盤に接する底版の面積が広いほど、反力（接地圧）が小さくなる。したがって、地耐力が高い地盤では独立基礎や布基礎でよいが、地耐力が低い地盤では、ベタ基礎を採用するとよい。

一般に木造住宅では、建物重量が軽いので、軟弱層があっても、その位置が浅く、厚みも1m程度のときは、表層部にセメント系固化材などを混ぜて地盤改良をしたうえで、直接基礎とすることもある。

基礎の立上りや根入れ部分は「地中梁」となるため、必ず連続させて、人通口などで切断しないように注意する（226頁参照）。また、外周部は凍上（とうじょう）（霜柱で建物が浮き上がる）を防ぐため、凍結深度よりも根入れを深くしなければならない。

杭基礎の種類

杭基礎には、柱状改良や鋼管杭、摩擦杭がある（図3）。

柱状改良とは、セメント系固化材を地中に杭状に混ぜていくもので、深層改良とも呼ばれる。地質によっては固化材が固まりにくかったり、有害物質を発生するおそれがあるため、事前に試験を行い固化材の種類や配合量を決定する。鋼管杭は、肉厚が薄く径も細いので、軟弱層が厚い場合や腐食しやすい地層では、厚いものを使用するなどの配慮が必要である。

一般に、杭基礎は杭先端の地盤支持力と、杭の周面摩擦力で建物を支持する。しかし、軟弱層が厚すぎて強固な支持層まで杭を設けるのが非現実的な場合は、杭を凸凹形状にして摩擦力を増した摩擦杭を採用することもある。

布基礎 | 図1

地中深くからコンクリートを立ち上げるため、梁のせいが高くなり、鉛直方向の剛性が高まる。梁の平面配置がきちんと閉じていれば、水平方向の剛性も高くなる。ただし、床下に土が現れる場合、湿気対策が必要になる

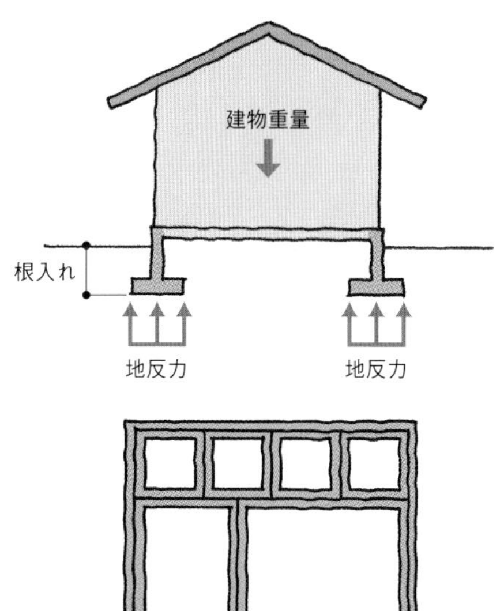

荷重を「枠」で受けると考える

ベタ基礎 | 図2

床下全面をコンクリートで覆い、基礎全体で地盤に力を伝える。使用するコンクリート量は多いが、土を根切る量（基礎をつくるために土を掘る量）や、型枠使用量が少ないため、施工はしやすい

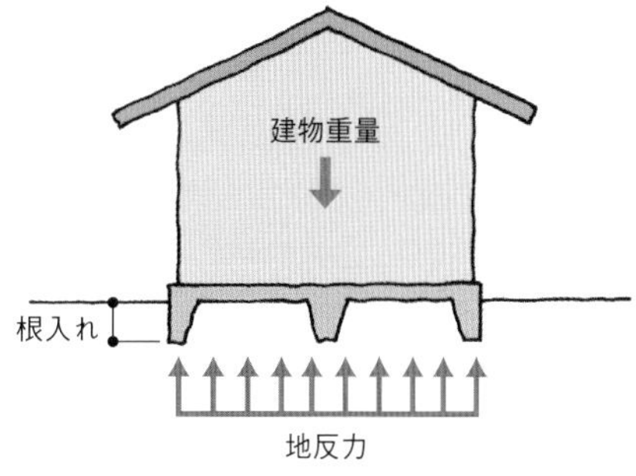

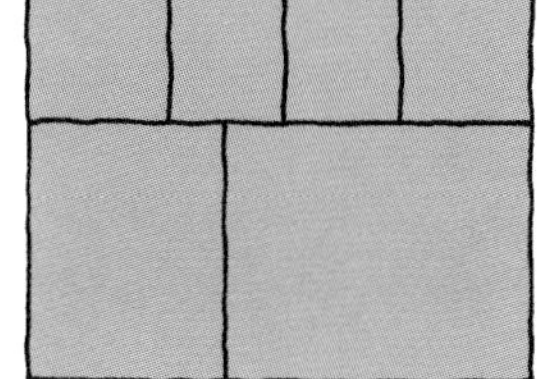

荷重を「面」で受けると考える

杭基礎 | 図3

杭（支持杭）、柱状改良

軟弱層が続く場合、固い支持地盤まで杭を打ち、建物の基礎を支える。柱状改良は、地盤の中にセメントペーストを混入して、土の中に杭をつくっていく

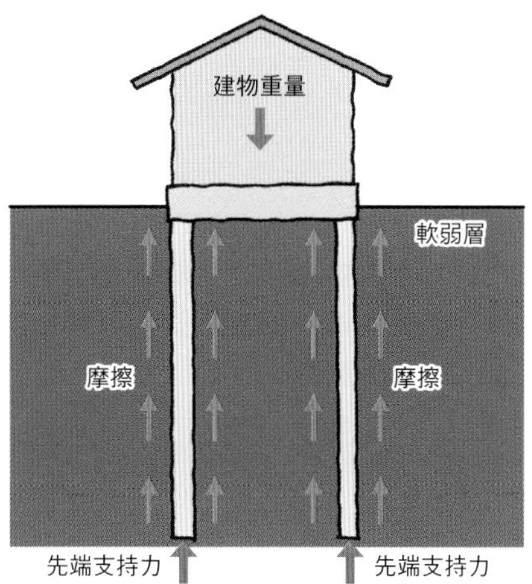

摩擦杭

摩擦杭は頑丈な支持地盤まで杭を埋めこまない。杭と土の間に発生する摩擦力で、上部の建物にかかる荷重を支える

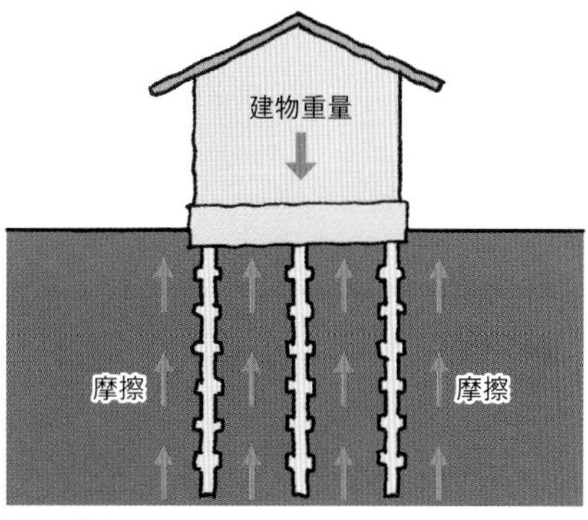

実際の設計では、杭基礎のみとすることは少ない。布基礎やベタ基礎でいったん建物重量を受け、その下に杭を設けるかたちが多い。
木造住宅は重量が軽いため、ここで設ける杭基礎は、どちらかというと地盤改良的な扱いとなる。鉛直荷重を支持するのみで、水平抵抗力は期待しない

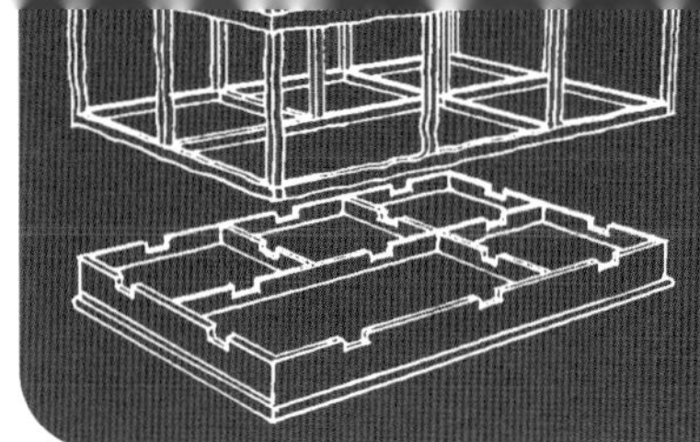

地形・地質と地盤の種別

POINT
- ▶ 敷地の大まかな地形・地質を把握する
- ▶ 地盤の種別は振動特性により3種類に分けられる

地形と地質

日本は、複雑な地盤構成をもつ国である。日本の地形を大まかに分類すると、①山地、②丘陵・台地、③低地の3つに分けられる（図）。

①山地

一般に安定した地盤であるが、長期にわたる地殻変動のため、複雑な地形や地盤になっているところもある。急傾斜地や風化した砂質地層、堆積した表層地盤では土砂崩壊が生じやすい。

②丘陵・台地

丘陵は平地と山地の中間的な地形で、標高300m程度以下のものをいう。台地は丘陵より標高が低く、平坦で面積が広い。ローム、シラス、砂礫などで構成され、いずれも比較的安定した地盤である。ただし、崖の周辺では地滑りに注意が必要である。

③低地

主として、堆積年代の浅い泥炭層、泥層、粘土層、シルト層、砂層、砂礫層などの沖積層で構成されており、一般に弱い地盤である。地下水位も浅いため、液状化現象や地割れ・陥没などの地盤変動が大きい。低地には、谷状低地（台地に挟まれた谷状の低地）、自然堤防（河川の氾濫によってできた微高地）、後背湿地（自然堤防の背後にできた沼沢状の低湿地）、三角州（河川の堆積物によって河口にできた三角状の低地）などがある。

地盤の種別は3種類

建物に作用する地震力を算出する際は、地盤の振動特性も考慮しなければならない。地盤種別は地盤周期により3種類に分けられる（表）。

第1種地盤は、岩盤などいわゆる硬質地盤で周期が短い。第3種地盤は軟弱層が厚く沈下しやすい著しく軟弱な地盤で、周期が長く揺れやすい。特定行政庁などで地盤種別が指定されている場合もある。第2種地盤は1種と3種の中間で普通地盤と呼ばれる、硬質に近いものから軟弱なものまで、含まれる範囲が広いのが特徴である。

地形と地質 | 図

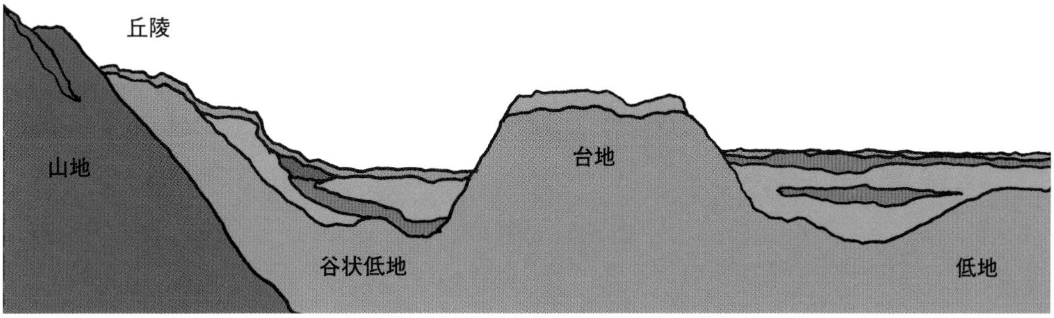

山地：地殻どうしのぶつかり合いで大きな圧力を受けて隆起。岩盤のように固く、安定した地盤だが、急傾斜地の表層部に堆積した土の土砂崩れに注意

丘陵：山地と平地の中間。比較的安定した地盤といえる

台地：平坦で面積が広く、ロームやシラスなどの火山灰が堆積していることが多い。比較的安定した地盤

低地：一般に地盤としては弱い部類に入る。河川によって堆積した土砂や、泥、粘土、砂礫などで構成されていることが多い。地下水位も浅いため、地割れや液状化現象、陥没などの地殻変動も起こりやすく、大地震の際の被害のほとんどは低地にみられる

地盤の種別 | 表

（昭和55建告1793号第２）

地盤の種別		地盤周期 Tg ［秒］
第１種地盤	岩盤、硬質砂礫層、その他主として第３紀以前の地層によって構成されているもの または地盤周期などについての調査もしくは研究結果に基づき、これと同程度の地盤周期を有すると認められるもの 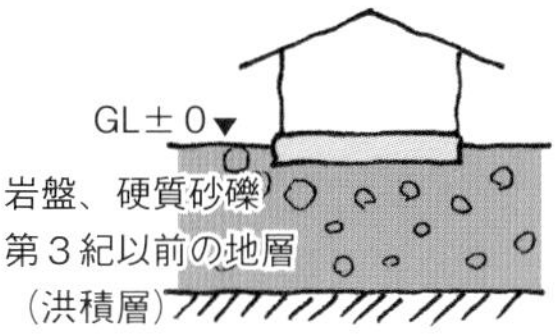	Tg ≦ 0.2
第２種地盤	第１種地盤および第３種地盤以外のもの	0.2＜ Tg ≦0.75
第３種地盤	腐植土、泥土その他これらに類するもので大部分が構成されている沖積層（盛土がある場合においてはこれを含む）で、その深さがおおむね30m以上のもの 沼沢、泥海などを埋め立てた地盤の深さがおおむね３m以上あり、かつこれらで埋め立てられてからおおむね30年経過していないもの または地盤周期などについての調査もしくは研究結果に基づき、これらと同程度の地盤を有すると認められるもの 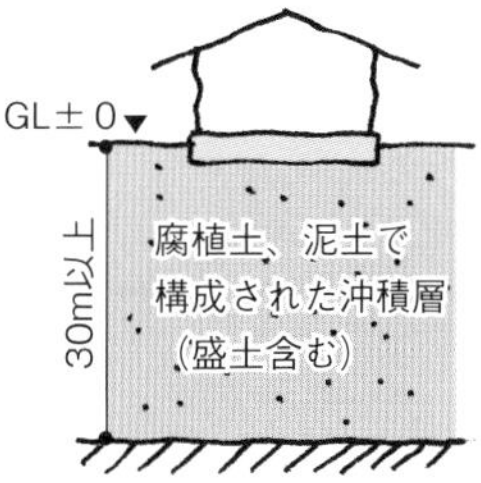 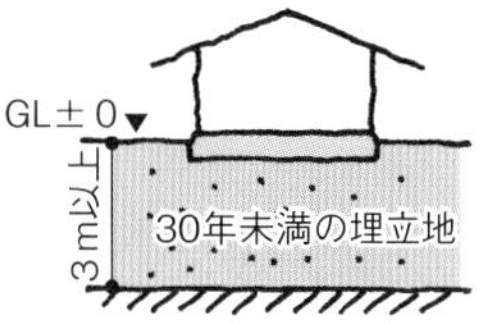	0.75 ＜ Tg

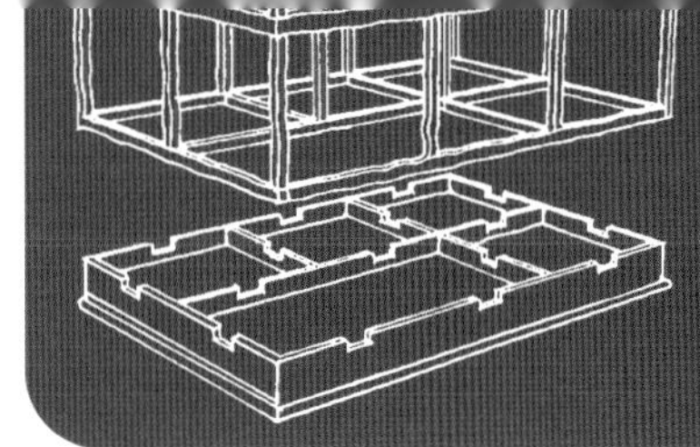

092
地盤②

被害を受けやすい地盤

POINT
▶軟弱地盤や不均一な地盤は要注意。基礎を剛強にして不同沈下を防止したい

こんな地盤に注意

軟弱層が厚い地盤や、地層構成が不均一な地盤は、建物に被害を及ぼしやすい。そのような地盤の代表例には、以下のものがある（図）。

①造成地

切土と盛土が混在している場合が多く、盛土部分の沈下や滑りが不同沈下の原因となりやすい。

このような地盤への対策は、盛土の厚さによって、表層改良か杭の設置を検討する。ただし、盛土への建物の掛かりが少ない場合は、基礎の剛性を高めることで対応できることもある。

②水田や湿地に盛土を行った造成地

造成年数が30年未満の埋立地は、盛土の沈下が進行中のおそれがある。このような地盤は、引き込み配管が破損したり、重量に偏りのある建物が載ると不同沈下を引き起こしやすい。

対策としては、基礎の剛性を高める、表層改良を行う、杭を設置するなどが考えられる。

③擁壁のある造成地

擁壁の上部に近接して建物を建てると、擁壁を押し出す力が作用する。擁壁を補強すると大がかりな工事となるので、建物荷重が擁壁に影響を与えない範囲内に基礎を設けるなどの対策をとる。

④沖積層が深い

東京の下町のように、沖積層と呼ばれる軟弱層が30ｍ以上も続くような地盤では、地震の揺れが増幅され、特に剛性が低い木造住宅は大きな被害を受けやすい。

基本的な対策は②と同じだが、杭を強固な支持地盤まで到達させるのは困難なので、節杭などの摩擦杭を採用することが多い。

⑤液状化現象

地盤が液状化すると、土中の水が噴出し地盤が沈下して、建物が大きく傾くおそれがある。

ただし、液状化を防ぐのは難しいので、住宅程度の建物では、被害を軽減する比較的小規模な対策をとる。

注意したい地盤｜図

① 切土と盛土が混在している地盤

予想される現象
- 盛土部分の沈下量が大きく不同沈下を生じやすい
- 盛土部分と切土部分で地盤の揺れが異なる（盛土部分の揺れのほうが大きい）
- 雨水の浸透により、盛土層が滑りやすくなる

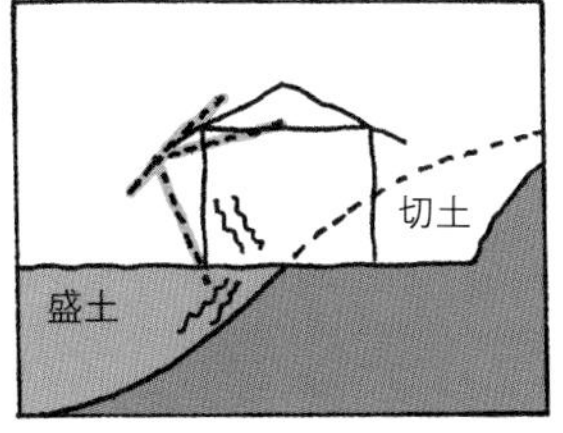

対策
- 盛土部分を地盤改良する
- 盛土部分に杭を打設する
- 基礎、地中梁の剛性を増し、不同沈下を防ぐ

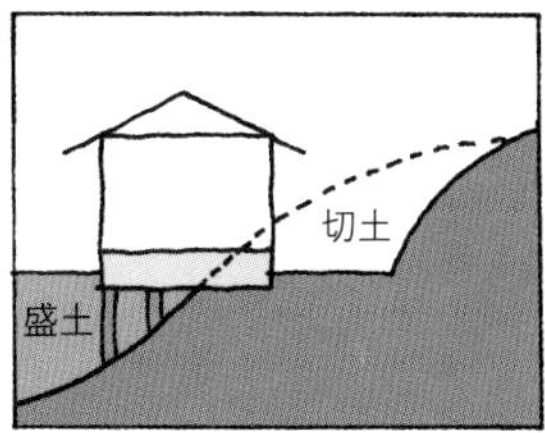

② 水田や湿地の上の盛土で沈下が進行中の地盤

予想される現象
- 圧密沈下量が大きくなる
- 引き込み管の破損を生じる可能性がある
- 建物の沈下量に偏りがある場合、不同沈下が起こりやすい

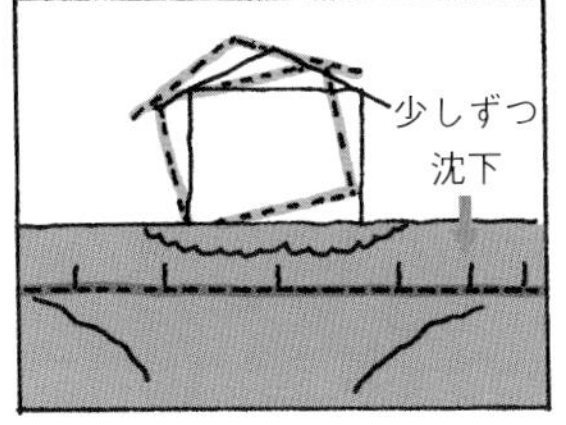

対策
- 基礎、地中梁の剛性を増す
- 杭または柱状改良により、良好な地盤に支持させる
- 軟弱地盤の層厚が薄い場合、表層改良を行う

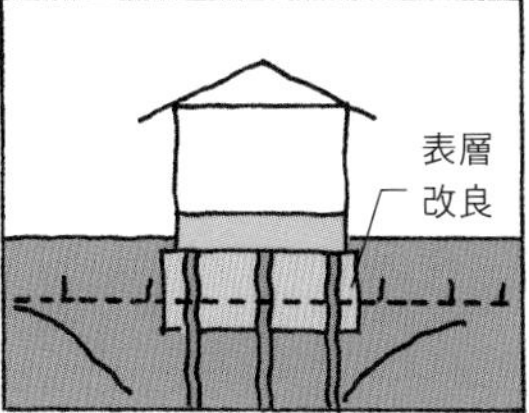

③ 不安定な擁壁

予想される現象
- 地震や雨水により擁壁が水平に移動すると、建物が傾く
- 地震が雨水により擁壁が崩壊すると、建物に大きな損傷を与える可能性がある

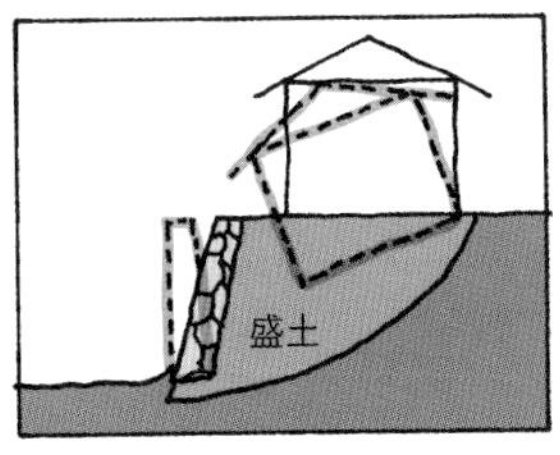

対策
- 杭または柱状改良と基礎、地中梁の剛性を増し、不同沈下を防ぐ
- 擁壁を補強（アースアンカーなど）または新設する

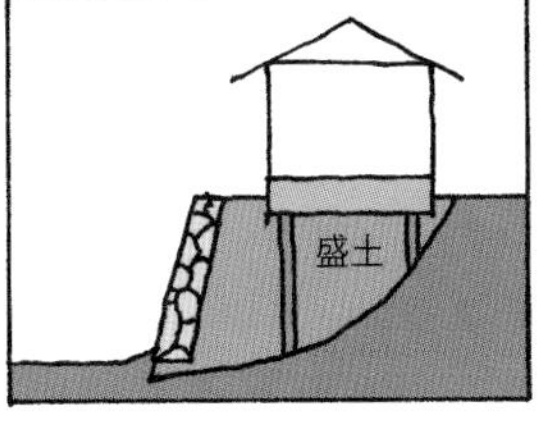

④ 深い沖積層の上の地盤

予想される現象
- 圧密沈下量が大きくなる
- 引き込み管の破損のおそれがある
- 地盤の揺れの固有周期が長く、周期が増大してくると共振現象を起こす。建物の損傷も進行する

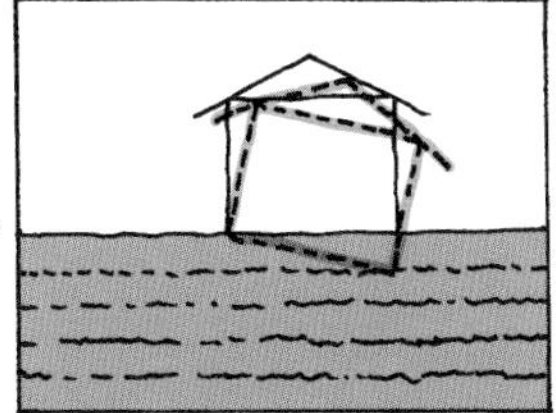

対策
- 基礎、地中梁の剛性を増し、不同沈下を防ぐ
- 摩擦杭などで支持させる
- 壁を増して建物の強度と剛性を増し、固有周期を短くすることと耐力向上によって共振現象に対処する

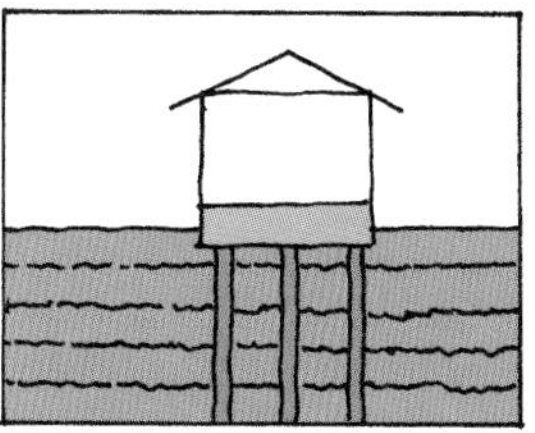

⑤ 液状化のおそれのある地盤

予想される現象
- 地下水位が高く緩い砂質地盤では、地震時に地下の水圧が高くなり、砂の粒子間の結合と摩擦力が低下し、砂層が液状化する。これにより建物の傾斜、転倒または沈下が生じる

対策
- 基礎、地中梁の剛性を増し、不同沈下を防ぐ
- 杭基礎の採用や地中梁で囲まれる面積を小さくして、剛性を高めた基礎とする
- 表層改良や柱状改良などの地盤改良をする

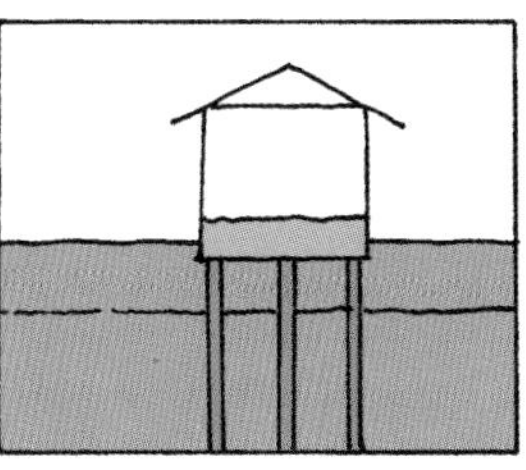

06 地盤・基礎

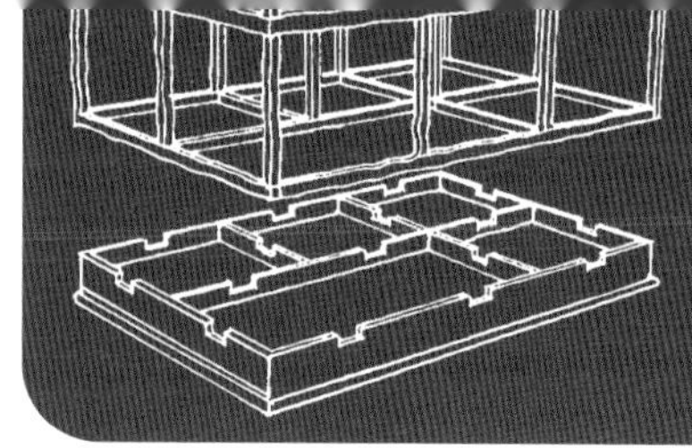

093
地盤③

擁壁のある造成地

POINT
▶擁壁には鉛直荷重と水平荷重がかかる。建物が近接する場合は「影響線」より下に基礎を設ける

擁壁にかかる力

擁壁には、土圧と載荷重（土の上に載る建物などの荷重）が作用する。これらの荷重は鉛直方向、水平方向、双方に作用するが、擁壁の高さが高いほどその力は大きくなる。特に水平力は擁壁を押し倒そうとするため、基礎の底版を広げて土も含めた鉛直荷重を増やしたり、根入れを深くして、水平力に抵抗する（図1）。

擁壁の設計段階で設計者が見込む建物荷重は、大きなバラツキがある。木造2階建て程度の荷重を見込んでいる場合もあれば、平屋建て程度しかみていない場合もある。ひどいときは、地盤上に載る建物荷重をまったく考慮していないこともある。古い擁壁にいたっては設計条件すら不明である。

建物荷重を見込んでいなかったり、見込んだ荷重より重い建物を擁壁近くに建設すると、そこから擁壁を押し出す力がはたらいて、建物まで傾斜するおそれがある。逆に、擁壁にかかる荷重を考慮していることが明らかで、建物重量がそれより軽いのであれば、擁壁に近接して建物を建設することも可能である。ただし、擁壁の背面土が埋戻しあるいは盛土で、締め固めが不十分だと、不同沈下の原因となるので、改良などの対策が必要になる。

現実的な対応策

擁壁を鉄筋コンクリートやアースアンカーで補強するのも一案だが、コストがかかるため、現実的には、建物荷重が擁壁に影響を与える範囲に基礎を設けないようにすることが多い。

具体的には、①「影響線」よりも下に基礎を設けるようにする（図2）、②擁壁からなるべく離して建物を計画する、③杭基礎とする（擁壁が底版を有する場合は杭が底版に当たらないように注意）、などの方法が考えられる。

影響線の角度は、地盤の種類に応じて決められている。盛土などの軟らかい地盤では角度が小さく25°、硬い岩盤では60°などとなっている。

擁壁にはたらく力｜図1

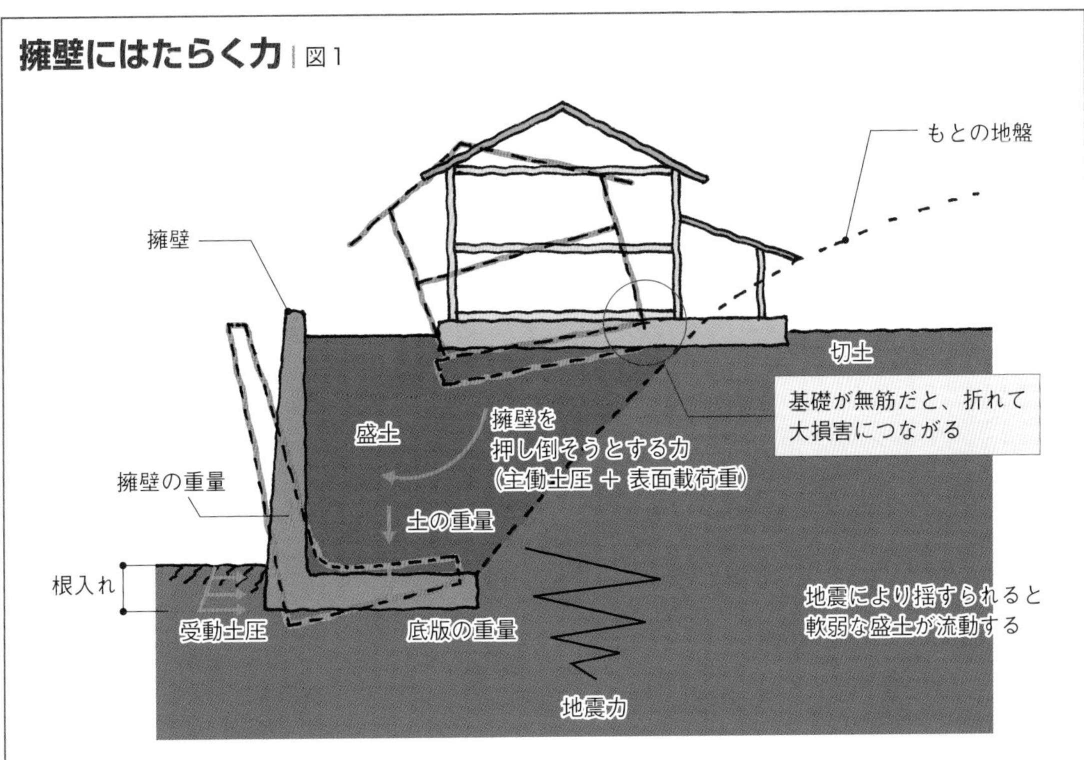

擁壁付近に建設する建物の基礎計画｜図2

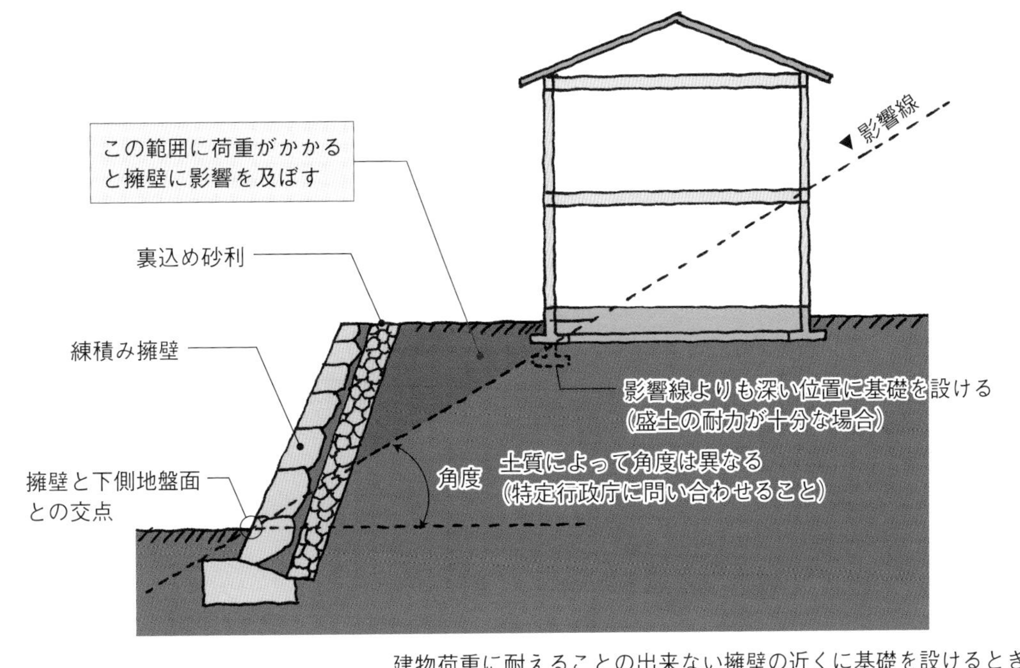

建物荷重に耐えることの出来ない擁壁の近くに基礎を設けるときには、擁壁のはらみ出しを防ぐため、基礎を図のように設ける

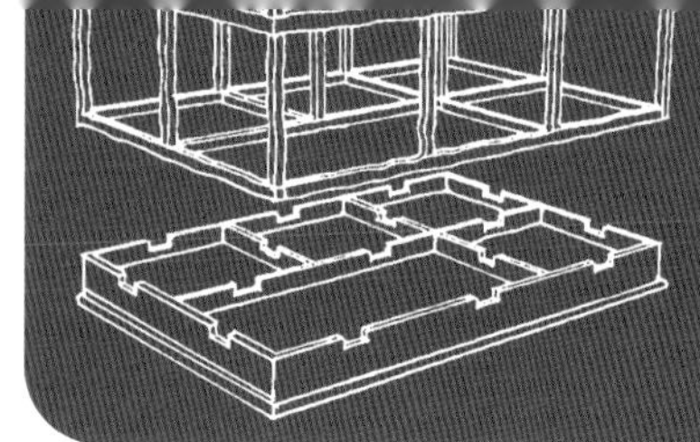

094
地盤④

液状化現象

POINT
- 液状化は地下水位が浅く緩い砂層で生じやすい
- 木造住宅は根入れを深くしたベタ基礎で対応

液状化発生のメカニズム

地震による地盤の液状化は、比較的地下水位が浅く緩い砂層が揺すられることで、地盤が液体状に流動化して起こる。地盤中の粒子は、普段は接して安定しているが、粒子間には隙間が多いため、振動が加わると砂が水中で泳ぐような状態となり、やがて比重の重い砂は沈み、上には水が溜まる（図）。

液状化が発生する地震動は、震度5程度以上、地盤条件は、①地下水位が浅い（地表面から10m以内）、②緩い砂層が地表面から20m以浅に堆積している、③砂は粒径がそろった細砂や中砂でN値（206頁参照）が20～30未満、などとされており、一般に、海岸に近い地域や河川・沼などの埋立地で発生しやすい。

液状化による被害

液状化による被害が注目されたのは、昭和39年の新潟地震のときで、RC造のアパートにおいて、建物自体には損傷がないまま、足下から転倒する被害が生じた（写真）。

海岸に近い地域では、その他の地震でもたびたび液状化現象が発生しているが、地盤が先に壊れることから、建物自体の損傷はほとんど見られない。しかし、新潟地震のように激しい液状化が起こると、建物自体に転倒のおそれがあることを覚えておきたい。

床下を束石としている木造住宅では、液状化が起こると、束石が沈んで床が宙に浮くことがあるが、基礎をベタ基礎にしていればこれを防げる。また、基礎外周部の根入れを深くして、建物直下の砂の流動を少しでも抑えられれば、これも有効である。

杭基礎とするのも一案だが、液状化が懸念される地盤では支持層までが深い場合が多く、コスト高になるため木造ではあまり採用されない。同様に、砂を締め固めたり、水を抜くなど、液状化の発生を防ぐ対策はいくつかあるが、これらの対策は大規模になるため、一住宅規模では対応できない。

液状化の模式図 | 図

①液状化発生前の状態

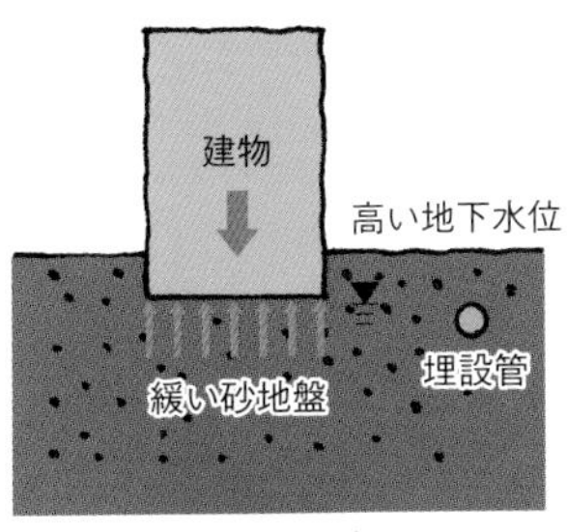

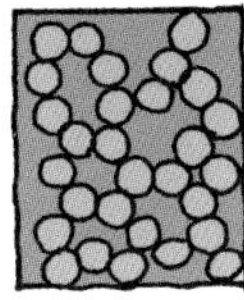

砂粒子が荷重を伝達し安定した状態にある

②液状化した状態

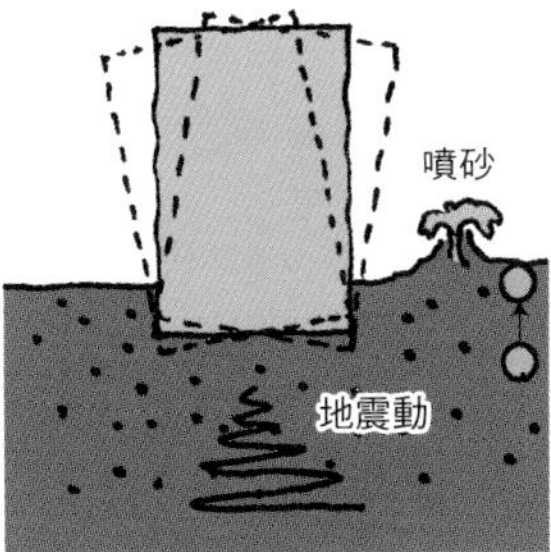

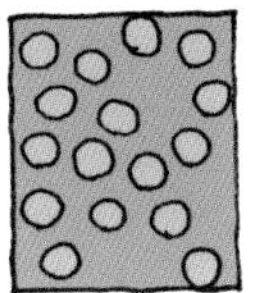

土中の間隙水圧が急激に増加し、砂粒子は浮遊した状態になる

③液状化が終了した状態

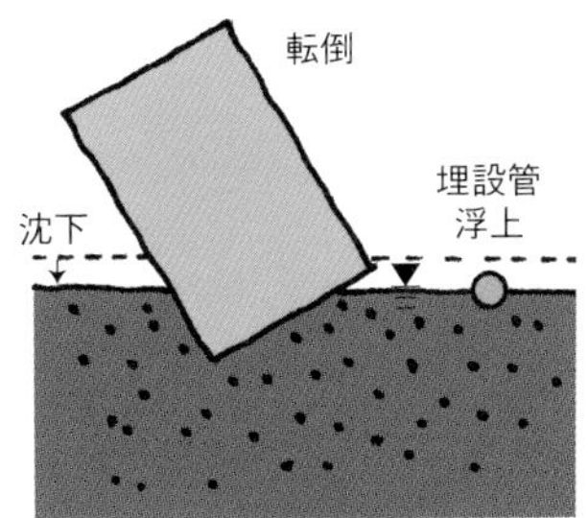

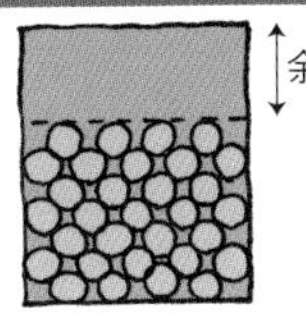

余剰間隙水は砂と共に排出される。砂質土は繰り返しせん断応力の作用前より密に詰まった状態になる

その地盤が液状化するかどうかは、地盤調査により推察できる

液状化現象の被害例 | 写真

上部構造の損傷がないまま転倒したRC造のアパート
（1964年新潟地震、提供：朝日新聞社）

液状化により浮上したマンホール
（2011年東北地方太平洋沖地震）

噴砂口
（2011年東北地方太平洋沖地震）

束石が沈下した木造住宅
（1983年日本海中部地震、提供：秋田市）

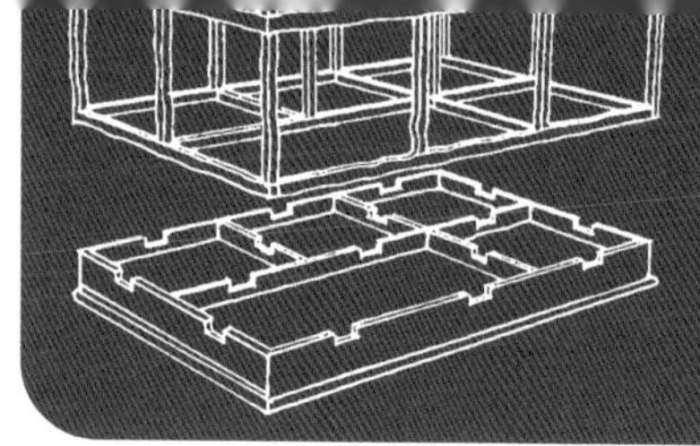

地盤調査の種類

POINT
▶木造住宅で採用される地盤調査の方法は4種類。地盤性状と建物規模を考慮して選択する

木造で採用される地盤調査

建物を建設する前は、必ずその敷地の地盤調査を行わなければならない。地盤や杭の許容支持力を確認するための調査方法には、表1のようなものがある。なかでも、木造住宅で採用される方法としては、標準貫入試験（ボーリング調査）、スクリューウエイト貫入試験（SWS試験）、表面波探査法、平板載荷試験などが代表的である（表2）。

①標準貫入試験

構造種別を問わず、国内で最も多く行われている調査方法である。ボーリング孔内で行うサウンディングの1つで、おもりを落下させてロッドを打ち込み、30㎝貫入するのに要した落下回数で地盤の締まり具合を調査する。同時に、地盤中の土を採取できるため、土質の構成や地下水位も確認できる。

②SWS試験

おもりを載せた試験機で地盤の締まり具合を測定する方法。調査可能な深さは5～10mくらいまで。詳しい土質構成までは分からないが、敷地内で数カ所調査できるという利点がある。調査結果に誤差が出やすいため、重量構造物には適さないが、建物重量が軽い木造住宅には適している。

③表面波探査法

物理探査法の一種で、起振器で地盤に人為的な振動を与え、その振動の伝わり方で地盤の締まり具合を測定する方法。土質は分からないが、埋設物の有無は分かる。この方法は、調査と同時に、調査会社が基礎設計のアドバイスや地盤に対する保証も行っていることがあるため、利用する設計者は多い。

④平板載荷試験

基礎を設置する深さまで試掘を行い、載荷板に荷重を作用させて沈下量を測定、支持力を判定する。載荷面から数mの深さまでしか判定できないため、それより深い地層に軟弱層が存在する地盤や傾斜地盤などには適さない。近隣のボーリングデータなどで地層構成を把握している場合に採用する。

地盤調査の方法 | 表1

（平13国交告1113号第1）

①ボーリング調査… ロータリーボーリング、ハンドオーガーボーリング
②標準貫入試験
③静的貫入試験…… スウェーデン式サウンディング試験［※］、コーンペネトロメーター、オランダ式二重管コーン貫入試験
④ベーン試験
⑤土質試験………… 物理試験、力学試験
⑥物理探査………… PS 検層、常時微動測定、表面波探査法
⑦平板載荷試験
⑧載荷試験
⑨杭打ち試験
⑩引抜き試験

※サウンディングとは、原位置において抵抗体を地中に挿入し、貫入・回転・引抜などの抵抗から、土質の性状を調査する手法のこと。なお、2020年10月よりJIS規格における名称は「スクリューウエイト貫入試験」となった。

小規模建築物に適用される代表的な地盤調査方法の特徴 | 表2

名　称	標準貫入試験	スクリューウエイト貫入試験	表面波探査法	平板載荷試験
調査方法	おもりを落下させてロッドを貫入させる。30㎝貫入するのに要した打撃回数を測定する	おもりを載せてロッドを回転させながら貫入する。25㎝貫入するのに要した半回転数を測定	起振器などで地盤に振動を与え、その伝播速度を測定	地表面に荷重を作用させ、沈下量と反力（圧縮応力度）の変化を測定
側点数	1点程度	3～5点	4～5点	1点程度
調査深度	60m程度	10m程度	10m程度	0.6m程度（載荷板直径30㎝）
取得データ	N値 土質	載荷重Wsw 半回転数Nsw	――	荷重⊿P 沈下量⊿S
結果の利用	支持力 内部摩擦角 粘着力 （液状化の可能性）	一軸圧縮強さ（粘性土） 標準貫入試験のN値 支持力 （沈下量）	支持力	地盤反力係数 Kv＝⊿P／⊿S 許容支持力
長　所	・測定深さの範囲が広い ・土を採取し、土質が確認できる ・地下水位が確認できる ・硬い地層にも貫入できる	・試験装置および試験方法が容易 ・敷地内で複数点測定できる（軟弱層の平面および断面分布が把握できる）	・障害物の有無が分かる ・平面的な分布	・地盤の支持力を直接判定できる
短　所	・軟弱層における微細な判定はできない ・側点数が少ないので平面的な分布が把握できない ・打撃音が生じる ・コストがやや高い	・土質や水位の把握が難しい ・硬い地層は貫入不可 ・周面摩擦の影響を受ける	・専門家でないと判断できない ・土質や水位は測定不可	・深度方向の調査が困難 ・影響範囲が載荷板幅の1.5～2.0倍程度あり、実大建物における影響範囲より狭い ・土質や水位は測定不可

06 地盤・基礎

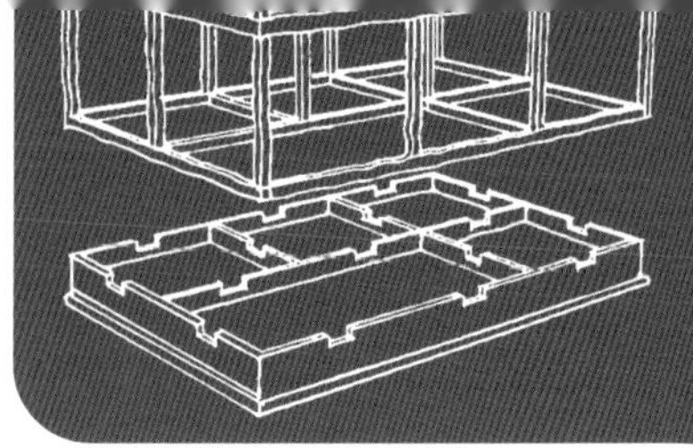

096
地盤調査 ②

標準貫入試験

POINT

▶ N値、土質・地層構成、地下水位の調査が可能。地盤・杭の支持力を算出する基本データとなる

調査方法

地盤調査方法の代表格である標準貫入試験は、ボーリング孔内で行うサウンディングの1つで、ボーリング調査とも呼ばれる。

敷地内にやぐらを組み、専用のサンプラー(試料採取用器具)をロッドの先端に付ける。そこに、63・5kgのおもりを75cmの高さから自由落下させ、地盤に30cm貫入させるのに要した落下回数を測定する。この値をN値といい、これが地耐力や杭の支持力などを算出する基本データとなる。また、サンプラーから試料を採取できるため、地層構成や地下水位が分かるほか、土の強度や粘着力、内部摩擦角などの強度特性を調査する土質試験も行える。

費用がやや高額なため、調査個所は敷地内で1カ所程度となるのが一般的で、平面的な土質分布は把握できない。

試験データの見方

標準貫入試験の調査結果は、図2のようなボーリング柱状図で表される。「標尺」とは、地表面からの距離を表すもので、1m間隔で示される。標高、深度、層厚などは土質が変わるごとに記す。土質の表示は、名称や記号のほか、土の色や軟らかさ、粒子の大きさなどが記される。地下水位や試験用の試料採取レベルは、折れ線グラフの中に示すこともある。

表の右側にはN値が数値と折れ線グラフの2種類で示される。折れ線が左寄りであればN値が小さく軟らかい地層、右側に寄っていれば硬い地層ということになる。

ただし、粘性土の場合は、地耐力は十分でもN値は低く測定される。試験は動的・局所的であるため、粘土地盤では簡単に貫入してしまうが、実際の建物荷重は地面に対して面的に広がりをもった荷重であるので、容易に沈むことはない。たとえば、N値5の場合の地耐力は、ローム層なら100kN/m²程度見込めるが、砂質土では50kN/m²程度となる。

標準貫入試験の装置 | 図1

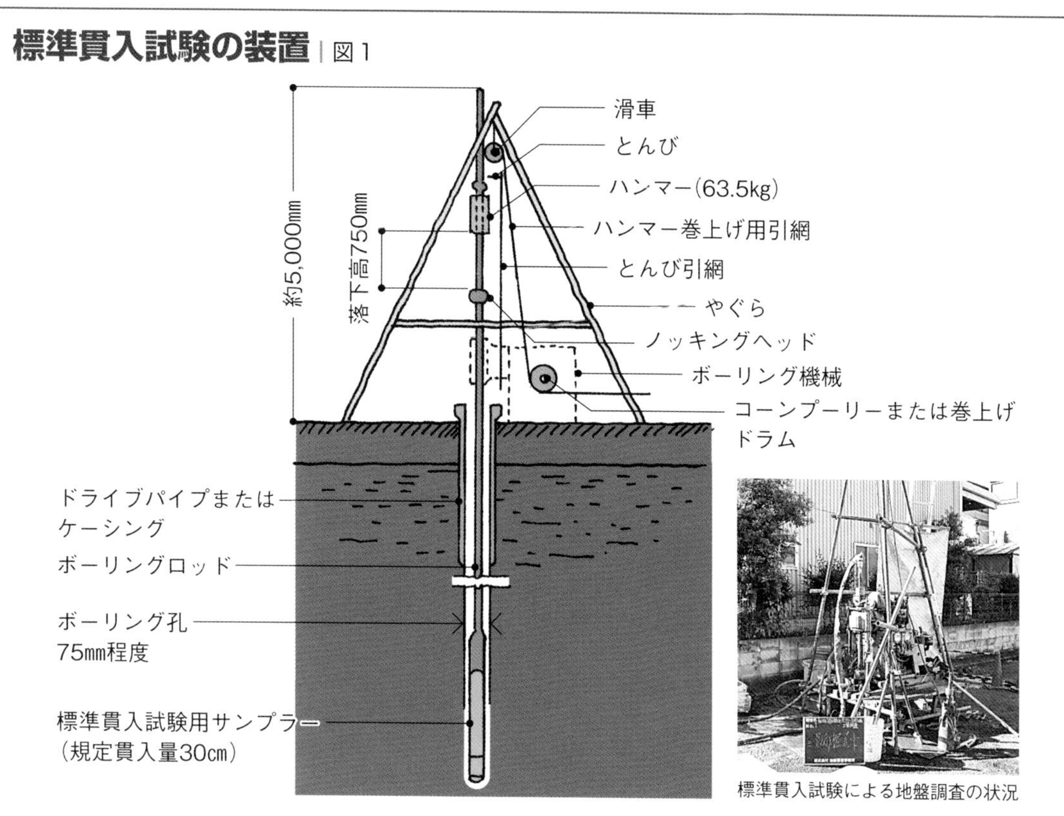

標準貫入試験による地盤調査の状況

標準貫入試験のデータ例 | 図2

標尺(m): 0, 1, 2, 3, 4, 5, 6, 7, 8, 9, 10, 11, 12, 13, 14, 15

標高(m)	深度(m)	孔内水位(m)	層厚(m)	試料採取位置(m)	土質記号	色調	土質名	記事	コンシステンシー相対密度および
−0.020	0.00								
−0.820	0.80		0.80			暗褐色	埋土	(ローム質土)	―
−5.820	5.80		5.00			茶褐色	ローム	下部粘土分若干含む	軟らかい〜中位
−6.620	6.60		0.80			灰茶褐色	粘土	粘着力強い	非常に軟らかい
−7.720	7.70		1.10			乳褐色	粘土	粘着力強い	非常に軟らかい
−11.220	11.20		3.50			乳黄色	粘土	下部砂分少量混入	軟らかい〜中位
−11.770	11.75		0.55			暗青灰色	細砂		中位
−13.470	13.45		1.70			青緑色	砂レキ	レキ径2〜50mm	締まっている〜非常に締まっている

標準貫入試験 貫入深度(m)	N値	10cm毎の打撃回数 10	20	30
1.15				
1.45	6.0	1	2	3
2.15				
2.45	5.0	1	2	2
3.15				
3.50	3.4	1/11	1	2/14
4.15				
4.48	3.6	1/9	1/9	2/15
5.15				
5.45	4.0	1/9	1/8	2/13
6.15				
6.45	1.0	1/30		
7.15				
7.58	1.4	1/23	1/20	
8.15				
8.50	3.4	1/12	1/11	2/12
9.15				
9.45	6.0	2	2	2
10.15				
10.45	6.0	2	2	2
11.15				
11.45	15.0	4	5	6
12.15				
12.45	54.0	16	18	20
13.15				
13.45	49.0	11	15	23

N値グラフ目盛: 10 20 30 40 50

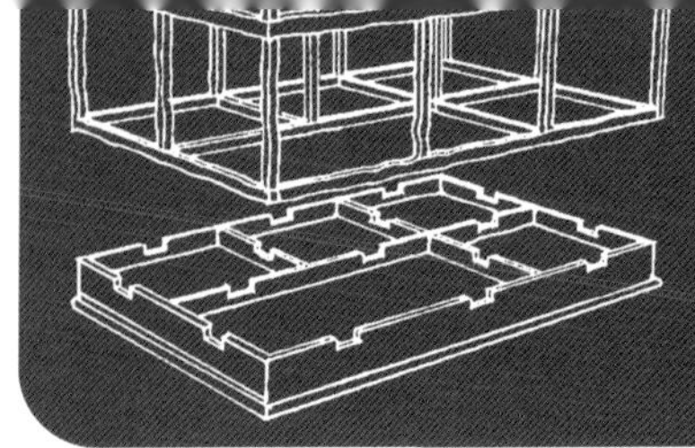

スクリューウエイト貫入試験

POINT

▶ 半回転数（Nsw）は地耐力、自沈層厚さは沈下量に関係。自沈層は、位置・厚さ・荷重に注目

調査方法

スクリューウエイト貫入試験（SWS試験）は、1kNのおもりを載せた試験機のロッドを回転させることで、地盤の締まり具合を測定する（図1）。ロッドには25cmごとに目盛が付いているが、調査は、その目盛が地中に1目盛分貫入するのに要した半回転数を測定する（半回転とはロッドのハンドルを180°回すこと）。

おもりは250Nが3枚、100Nが2枚、おもりを載せる台（載荷クランプ）が50Nで合計1kNとなる。すべてのおもりを載せても沈下しなければ回転を与えて測定するが、おもりを載せただけで沈下した場合（自沈という）は、そのまま沈下が止まるまで様子を見る。

練習すれば素人でもできる簡便な試験だが、土質構成や地下水位は分からない。ただし、地盤の支持力を算定する目的で、ロッドの先端に付着した土や、回転時に手に伝わる感触で、土質が粘性土か砂質土かの判定は行う。

試験データの読み方

地耐力は、①地盤の支持力、②沈下量の2点が決定要素となる（図2）。

①地盤の支持力の算定

SWS試験の結果から算出する支持力の算定式は、土質によりさまざまな提案がなされている。ただ、いずれの算定式も、1m当たりの半回転数（Nsw）から地耐力を求めるので、測定した25cm当たりの半回転数を1m当たりに換算しなければならない。

②沈下量の推定

地盤の沈下には、荷重がかかるとすぐに生じる「即時沈下」と、長時間にわたり粘性土中の水分が抜け出して生じる「圧密沈下」の2種類がある。沈下量の推定は非常に難しいが、ある算定式によると、基礎底面から2mまでの範囲に自沈層があった場合は沈下量が大きく、2mより深い位置にあった場合は沈下量が小さい傾向が見られる。これは土が上部に載っている分、地盤が圧縮されているためである。

スクリューウエイト貫入試験の装置 | 図1

ロッドの先端には、貫入するためのスクリューポイントが取り付けられている

調査可能な深さは、5～10mくらい

スクリューウエイト貫入試験による地盤調査状況

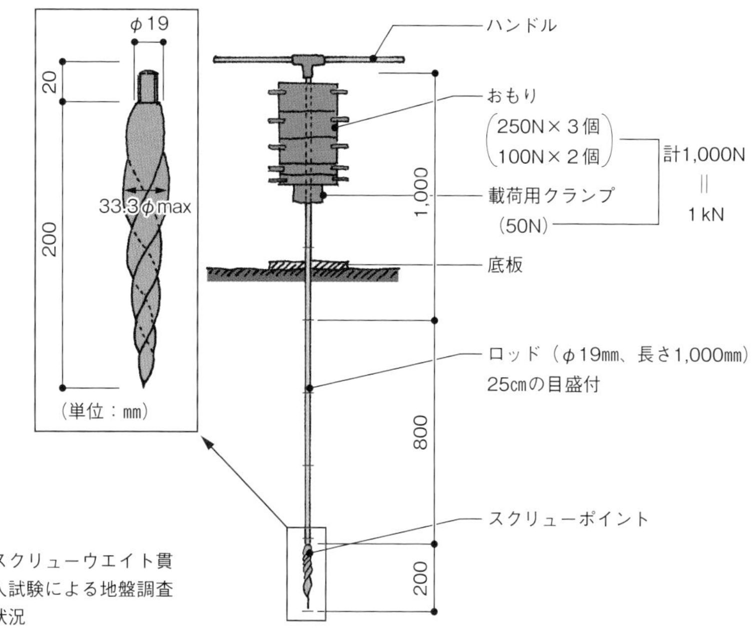

スクリューウエイト貫入試験のデータ例 | 図2

荷重 Wsw (kN)	半回転数 Na	貫入深さ D (m)	貫入量 L (cm)	1m当りの半回転数 Nsw	換算 N値	記事			推定柱状図	荷重 Wsw (kN) 0.00 0.25 0.50 0.75	貫入量1m当りの半回転数 Nsw 0 50 100 150 200 250
						音感・触感	貫入状況	土質名			
1.00	2	0.25	25	8	3.4			粘性土			
1.00	1	0.50	25	4	3.2			粘性土			
0.75	0	0.75	25	0	2.3		ジンワリ	粘性土			
1.00	0	1.00	25	0	3.0		ジンワリ	粘性土			
1.00	0	1.25	25	0	3.0		ジンワリ	粘性土			
1.00	2	1.50	25	8	3.4			粘性土			
1.00	2	1.75	25	8	3.4			粘性土			
1.00	1	2.00	25	4	3.2			粘性土			
1.00	2	2.25	25	8	3.4			粘性土			
1.00	0	2.50	25	0	3.0		ジンワリ	粘性土			
1.00	0	2.75	25	0	3.0		ジンワリ	粘性土			
1.00	1	3.00	25	4	3.2	ジャリジャリ		粘性土			
1.00	8	3.25	25	32	4.6	ジャリジャリ		粘性土			
1.00	4	3.50	25	16	3.8	ジャリジャリ		粘性土			
1.00	0	3.75	25	0	3.0		ジンワリ	粘性土			
1.00	1	4.00	25	4	3.2			粘性土			
1.00	2	4.25	25	8	3.4			粘性土			
1.00	2	4.50	25	8	3.4			粘性土			
1.00	0	4.75	25	0	3.0		ジンワリ	粘性土			
1.00	0	5.00	25	0	3.0		ジンワリ	粘性土			
1.00	36	5.25	25	144	11.6	ジャリジャリ		礫質土			
1.00	60	5.50	25	240	15<	ジャリジャリ	打撃	礫質土			

平13国交告1113号第2(3)では、自沈層が認められた場合は沈下量の検討を要求している

06 地盤・基礎

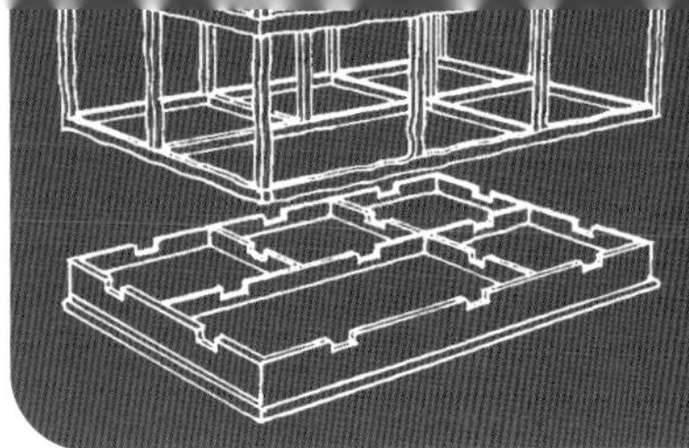

098
地盤調査④

地盤による基礎形式の選択

POINT
▶ 基礎形式は地耐力、軟弱層の有無と厚さ、平面的バラツキ、施工性、コストから総合的に判断

告示が規定する基礎

告示１３４７号では、地耐力に応じた基礎形式を規定している（表）。地耐力が30kN／m^2以上であれば布・ベタ・杭いずれの基礎形式でもよいが、20kN／m^2未満の場合は、杭基礎、その中間ならベタか杭基礎とする、とある。ただし、この規定はかなり大雑把な最低基準であるため、実務に当たっては地層構成や施工性なども考慮した総合的な判断が必要になる。

基礎形式決定までのプロセス

図のフローチャートは、ＳＷＳ試験の結果から得られた地層構成と、表層改良の有無により基礎形式を決定するまでの一例である。

まず、地層構成が平面的に均質であるか否かを判断する。均質な地盤だった場合は、地耐力や軟弱層の厚さを考慮して基礎形式を決定する。

たとえば、地耐力が50kN／m^2以上の良質地盤が５ｍ以上続く場合、その地盤は木造住宅程度の荷重に対して十分な耐力を有していると判断できる。沈下のおそれはほとんどないため、外周部のみに基礎梁を設けたベタ基礎としてもよい。ただし、基礎梁で囲まれた面積は60m^2以下にする（基礎形式１）。

地耐力が30kN／m^2程度の場合は、支持力は十分であるが、地質的にはやや軟弱な地盤で沈下の可能性がある。この場合は、基礎梁を格子状に設けて基礎の剛性を高める（基礎形式２）。仮に沈下したとしても、不同沈下ではなく等沈下となるようにするためである。

自沈層がある場合は、その厚さが１ｍ以下であれば、表層改良で対応する。また、基礎下から２ｍより深く、１kNのおもりがゆっくり沈下するときは、改良を行わずに基礎形式２としてもよい。不均質な地盤で軟弱層が厚い場合は、基礎梁を格子状に設けた杭基礎とする（基礎形式３）。

なお、基礎梁で囲まれた面積は20m^2以下を目安とする。

基礎の形式｜表

（平12建告1347号）

長期許容応力度	杭基礎	ベタ基礎	布基礎
f ＜ 20kN／m²	○	×	×
20kN／m² ≦ f ＜ 30kN／m²	○	○	×
30kN／m² ≦ f	○	○	○

木造住宅の基礎形式決定までのフローチャート｜図

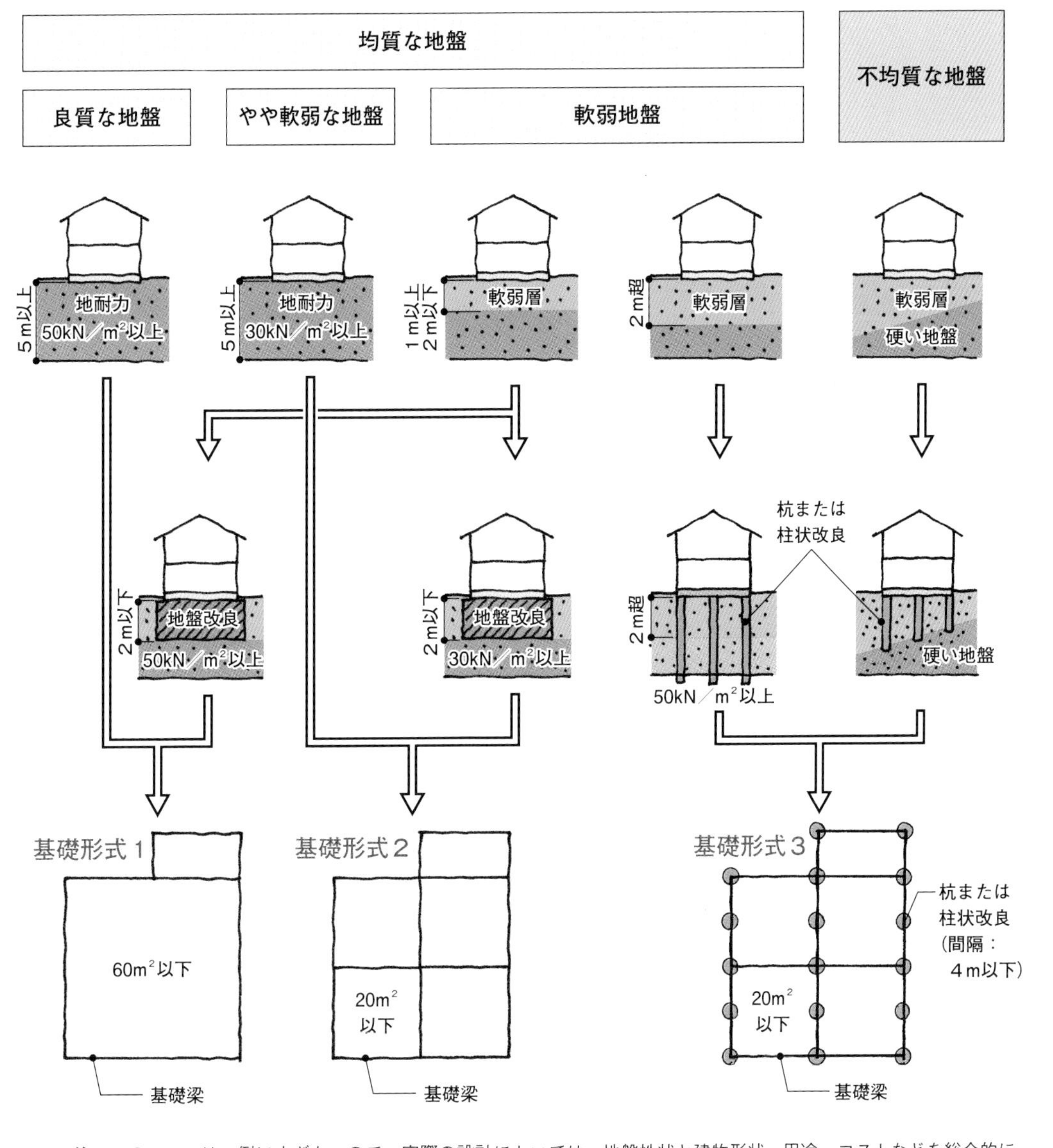

注　このフローは一例にすぎないので、実際の設計においては、地盤性状と建物形状・用途・コストなどを総合的に判断する必要がある

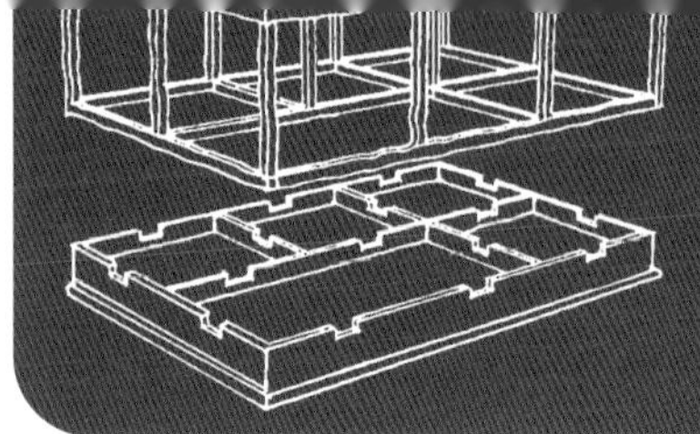

099
地盤改良①

表層改良と柱状改良

POINT

- 固化材は土質に応じて種類と添加量を決める
- ムラなく混ざるよう施工管理に注意する

地盤改良

敷地の土に固化材を混ぜて地耐力を高める工法を地盤改良という。これには、地表面から2mくらいの範囲を改良する「表層改良」と、杭状に改良体をつくる「柱状改良」がある。

固化材にはセメント系のものを用いることが多いが、敷地が有機質土や腐植土だと固化材が固まりにくいおそれがある。そこで、特殊な土質に対応した固化材もあるため、事前に土を採取し、固化材の種類や混合量を室内土質試験により決定することが望ましい。

施工後の強度の確認は、コアを採取して圧縮試験を行うのがベストだが、試験費用や期間を要するため、小規模な住宅ではメーカーの実績から安全率を見込み、添加量を割り増すのが現実的である。なお、養生期間は最低でも3日以上とする。

表層改良

表層改良は、敷地にセメント系固化材を散布し、バックホウで土と混ぜ合わせる工法である（図1）。一般に、固化材1袋を使用する範囲に敷地をブロック分けし、ムラなく攪拌する。十分に混ざったら、その上を重機が往来するなどして締め固める（転圧する）。

改良可能な深さは、バックホウの届く範囲から、地表2m程度である。平面的な改良範囲は、建物外周から改良深さ程度余分に見込んでおくのが望ましい。改良後の地耐力は50kN／m²以上が目安となる。

柱状改良

柱状改良は、地面を筒状に掘りながら液状の固化材（スラリー）を入れ、土と攪拌して固める工法である（図2）。改良体の直径は600㎜程度が多い。

改良体の配置は、杭状に地中梁の下に設ける方法と、地中梁とは関係なく約2m間隔で均等配置し、地盤全体の密度を高める方法がある。後者は本数が増えてコスト高になるため、一般には前者の杭状配置とすることが多い。

表層改良（浅層混合処理工法）｜図1

施工手順

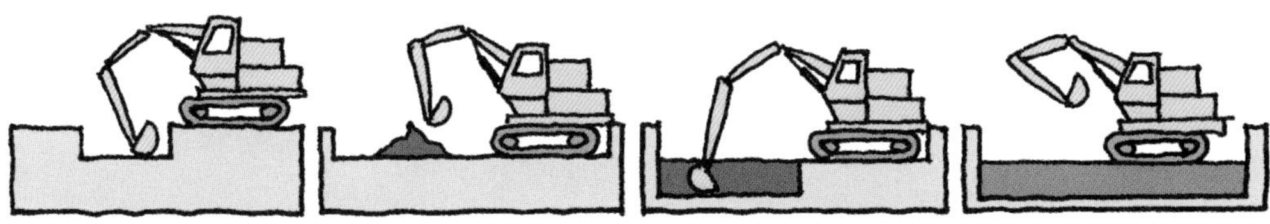

①土のすき取り
基礎底版深さまでショベルですき取り、その土を仮置きする

②固化材の散布
改良する原地盤に対して、固化材を所定量添加する

③混合攪拌
原地盤土と固化材とがよく混ざるように混合攪拌する

④締固め・転圧
混合攪拌された改良土を締め固める（転圧する）

柱状改良（深層混合処理工法）｜図2

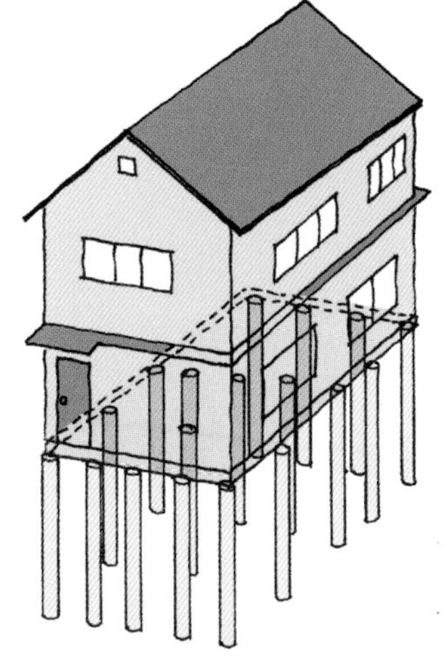

柱状改良後の敷地状況

施工手順

改良体1本当たりの支持力は、先端地盤の支持力と杭周辺に生じる摩擦から求められる。固化材の添加量は、この支持力以上になるように決定する

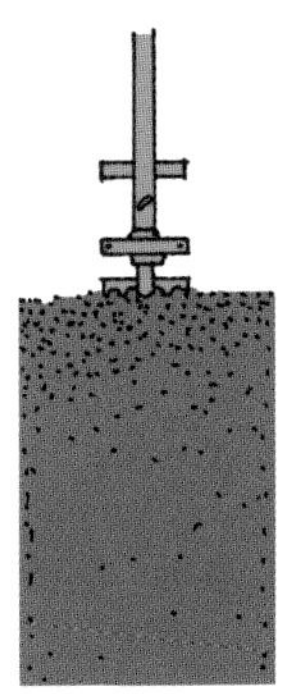

①所定の位置に攪拌装置をセットする

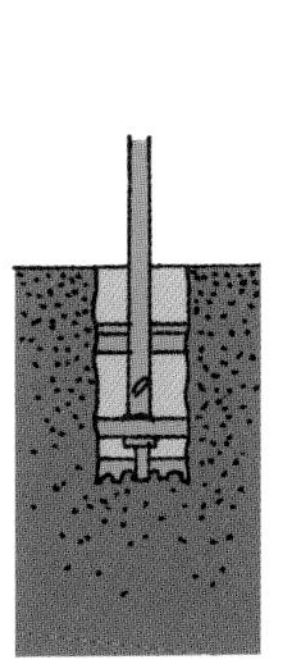

②固化材（スラリー）を注入しながら掘進・混合攪拌を行う

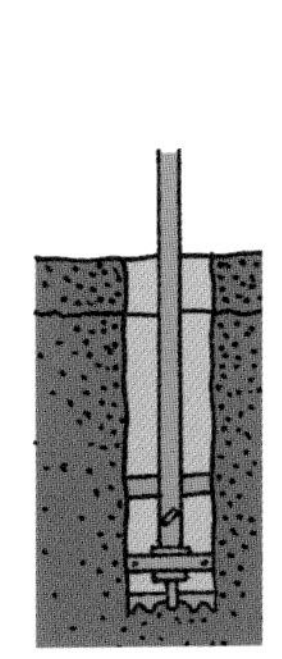

③所定深度まで掘削・混合攪拌が完了したら、固化材（スラリー）の注入をやめ、定着攪拌を行う

④攪拌装置を引き上げて完了

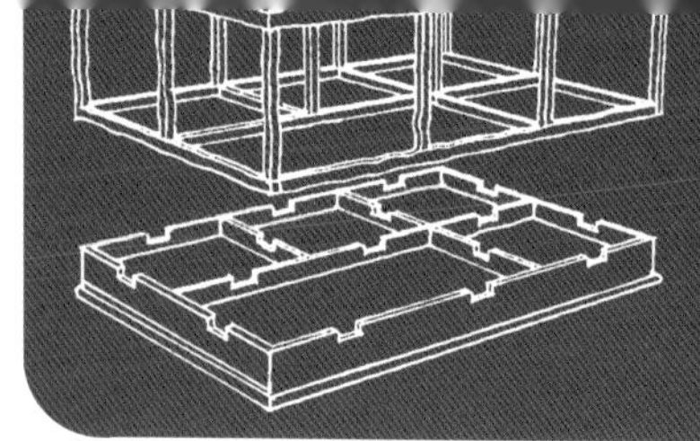

100
地盤改良 ②

鋼管杭と摩擦杭（節杭）

POINT

▶ 杭工法は地盤性状やコストのほかに、敷地状況に応じて施工機械の大きさや運搬にも配慮する

一般に、木造住宅で採用される杭基礎には、鋼管杭と摩擦杭（節杭）がある。これらは、杭の形状や施工法により、支持力の算定式が決められている。

鋼管杭

鋼管杭の種類は豊富だが、住宅用では100～150㎜程度の細径のものが使用されることが多い。長さは7m程度。木造の建物重量は軽いため、杭とはいえ実際には地盤改良的な扱いとなり、鋼管の肉厚も4.5㎜程度の薄いものが中心である。敷地が有機質土や酸性土などの場合は、鋼管の肉厚を厚くするなどの配慮が必要である。また、液状化のおそれがある軟弱土の場合は、杭が座屈したり、水平力を受けると折れる危険性が高いため、他の工法に変更するか、径を太くするなどの配慮が必要になる。

杭の形状には、「ストレート型」、先端に翼を付けて支持力の向上を図った「拡底型」、中間にも翼を付けて摩擦力の向上を図った「多翼型」などがある（図1）。

施工の方法には、杭を直接打ち込んでいくタイプ（打撃工法）、先に掘削してから杭を埋設するタイプ（プレボーリング工法）、掘削しながら埋設していくタイプ（回転圧入工法）の3種類があるが、現在は排出土が少なく、騒音も小さい、狭小敷地にも対応可能な回転圧入工法が主流である（図2）。打撃工法は杭の支持力は高くなるが、騒音の問題があるため最近はほとんど行われない。

摩擦杭（節杭）

節杭は、軟弱層が20m以上続くような敷地に採用される工法で、杭周面の摩擦力を増すために、凸凹形状に突起を付けた杭を用いる。杭は、RC製のものが多い。径は細い部分で300～500㎜、節の間隔は約1m、長さは4～8m程度である。施工は、プレボーリング工法で、周面摩擦力の増加と掘削孔の崩壊を防ぐため、セメントミルクなどの固定液を併用する（図3）。

鋼管杭の主な形状（住宅用）｜図1

①ストレート型

杭先端に掘削歯を取り付けて回転圧入する

②拡底型

杭先端に切削歯や螺旋状の翼が取り付けられている

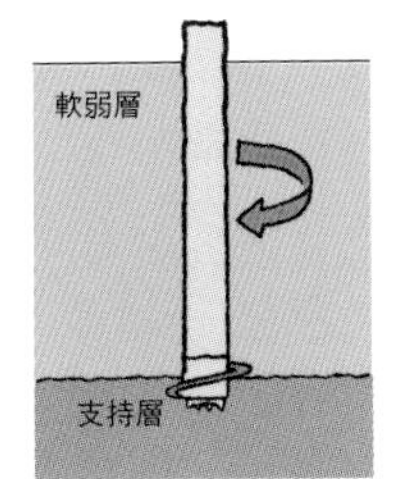

③多翼型

拡底型の杭体中間に螺旋状の中間翼が取り付けられている。中間層の周辺摩擦を高めて、支持力を確保する

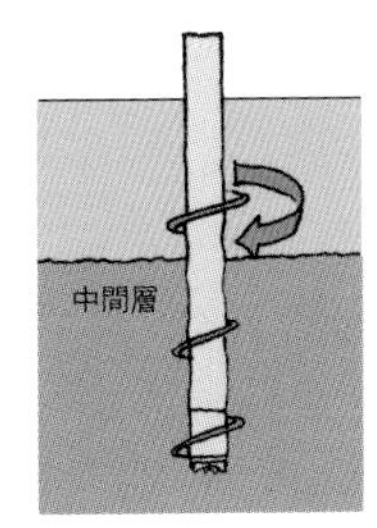

鋼管杭の施工手順（回転圧入工法）｜図2

①杭の吊り込み

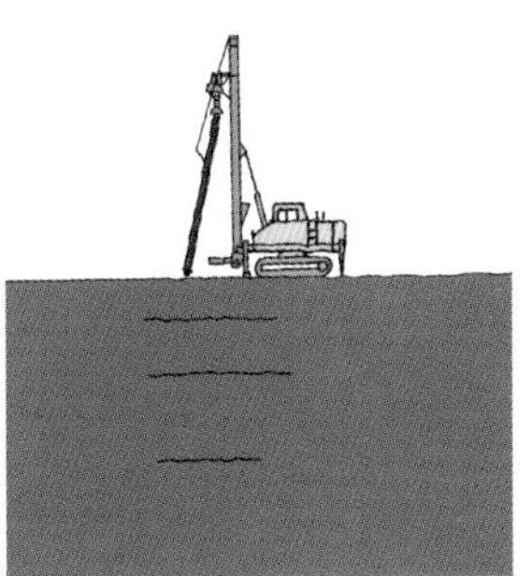

杭心に合わせて杭をセットする

②回転埋設

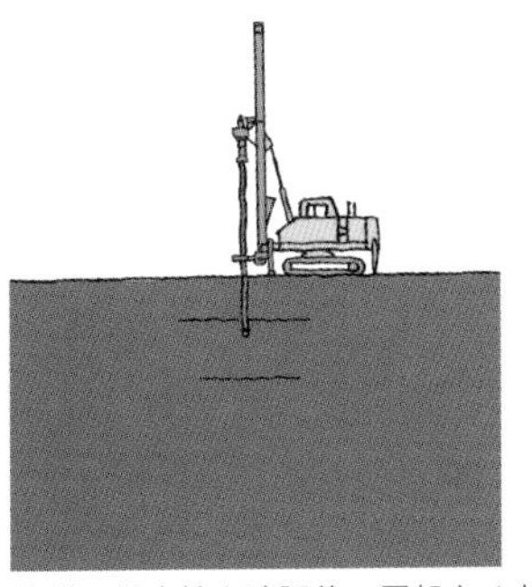

杭材の鉛直性を確認後、回転させながら杭を埋設する

③施工完了

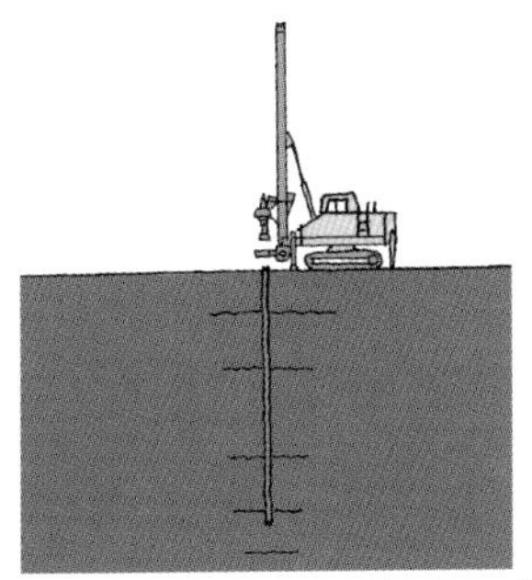

施工データを観測し、支持層への杭先端部の到達と支持層への根入れを確認し、施工完了

節杭の施工手順｜図3

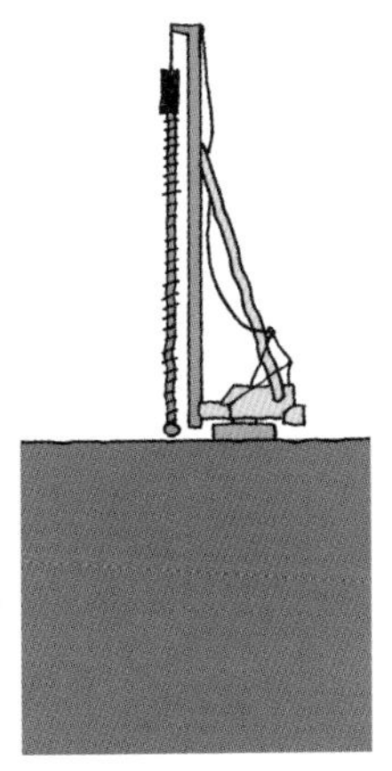

①鉛直度の確認をして、所定の位置にオーガを建て込む

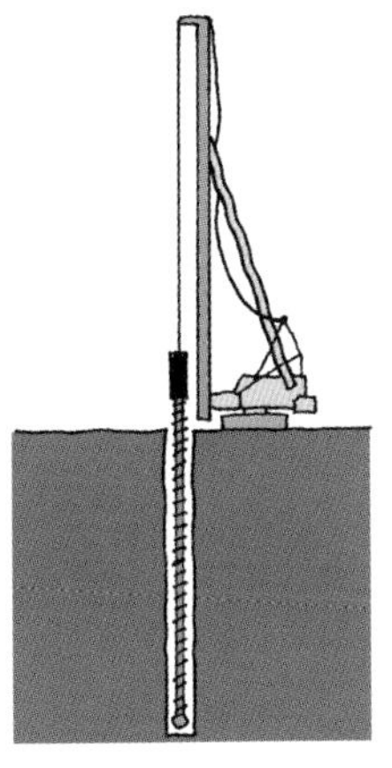

②所定の深さまで掘削した後、オーガを上下反復して、掘削孔を造築する

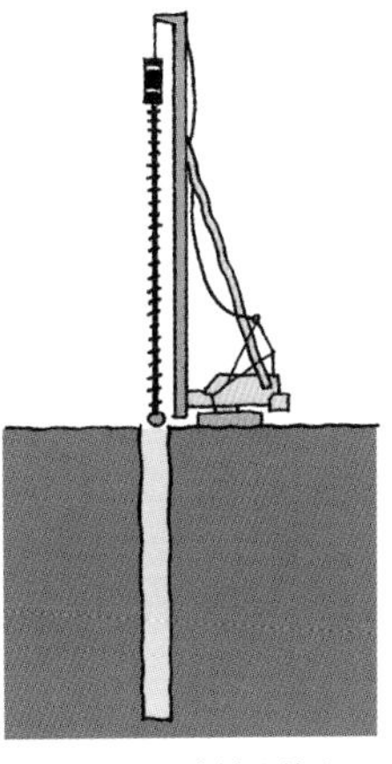

③杭周辺に固定液を注入して孔壁の崩壊を防いだあと、オーガを引き抜く

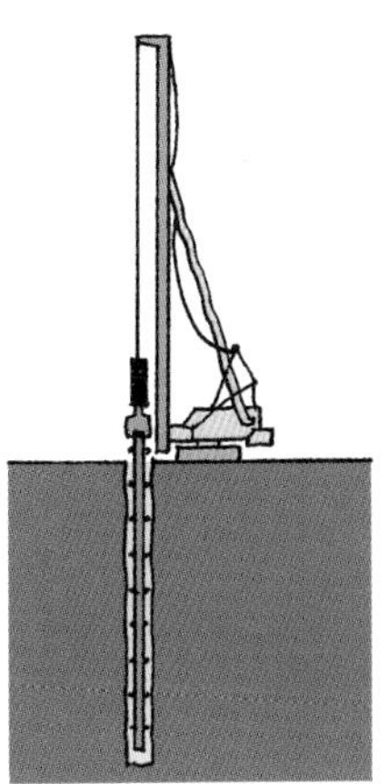

④杭の自沈または駆動機による回転力を与えて杭を定着させる

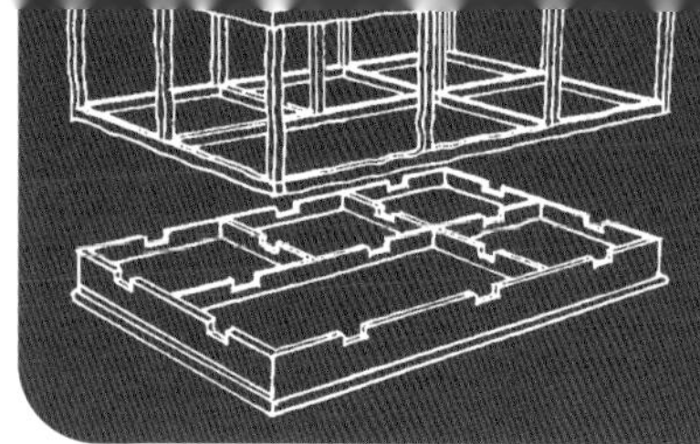

地業の方法

POINT
- ▶ 地業で床付け面を保護し、地表面を締め固める
- ▶ 打継ぎ面がGLより低い場合は、止水処理を行う

地業とは

地盤を締め固めて建物の即時沈下を防止するための作業を地業という。特に緩い砂地盤、水分の多い粘性地盤で重要になる。

かつては、割栗石と呼ばれる岩石を打ち割った小塊状の石材を並べて地面を締め固めていた。これは「割栗地業」と呼ばれ、手作業で小端立てにした石（楔状に交互に敷き込む）の上に、目つぶしおよび上端均しの砂利を入れて突き固めた（図1①）。

しかし現在では、ほとんどの現場で、砕石を使用した「砕石地業」が行われている。砕石とは岩石や大きな玉石を破砕した砂利のことで、最近では解体現場などから出たコンクリート塊を破砕し、不純物を取り除いた再生砕石を用いることもある。砕石は敷き並べる際に空隙が生じやすいため、十分な突き固めが必要となる（図1②）。

なお、根切りを行った場合は、あらかじめ外周部に溝を掘り、釜場を設けて水を排出する。これは、雨水により床付け面が荒らされるのを防止するためである（図2）。

止水の必要性

通常、基礎の立上り部分はコンクリートを打ち継ぐ。その打継ぎ面が地表面より高い位置にあれば、特別な止水処理は必要ない。しかし、打継ぎ面が地表面より低い位置にくる場合は、建物内部に水が浸入しないよう何らかの止水処理を行う必要がある（図3）。

主な止水工法としては、外防水工法、内防水工法、止水板防水工法がある。その他、打継ぎ面をつくらない、コンクリート一体打ち工法もある。ただし、この工法は、立上り内側の型枠の固定方法が難しいなど、施工管理に注意すべき点が多い。これ以外にも、地表面から打継ぎ面の下まで砂利を敷き、水を浸透させることで建物から水を遠ざける処理法がある。

なお、地盤面より下は湿気がこもりやすいため、十分な換気に注意したい。

割栗地業と砕石地業｜図1

割栗地業
締め固める
目つぶし用の砂利
割栗石
砕石地業
砕石には自然砕石、再生砕石があるが、構造的にはどちらでもよい
砕石

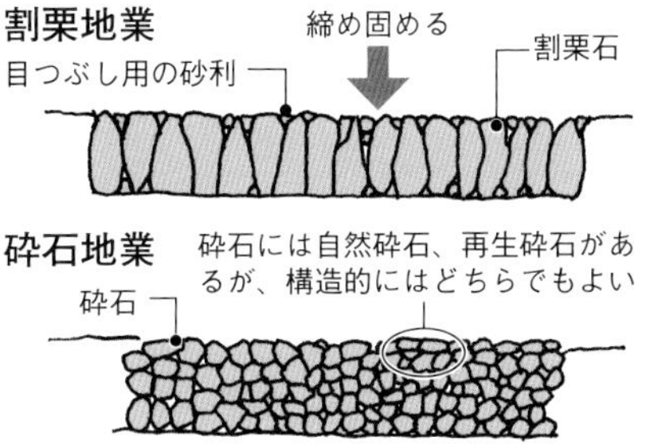

地業が終わると、捨てコンクリートと呼ばれる無筋コンクリートを打設する。これは、基礎や型枠の墨出し、型枠・鉄筋の受け台として設けるもの。表層改良をした場合は、改良に伴って整地もされるため、地業なしで直接捨てコンを打設することも多い

砕石を敷いた後はランマー等でよく締め固めを行う

釜場による水の排出｜図2

平面
溝
根切り範囲
釜場
(500□程度)
排水ポンプで溜まった水を排出する
断面
地表面
溝
(200〜300程度)
根切り面

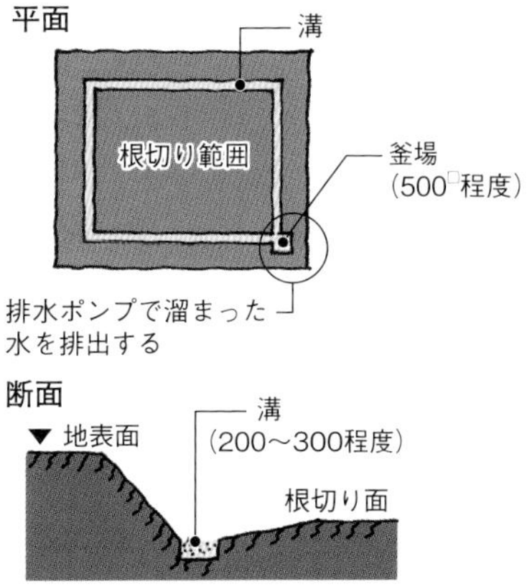

打継ぎ面と止水方法｜図3

①打継ぎ面が地表より高い場合（一般的なベタ基礎）

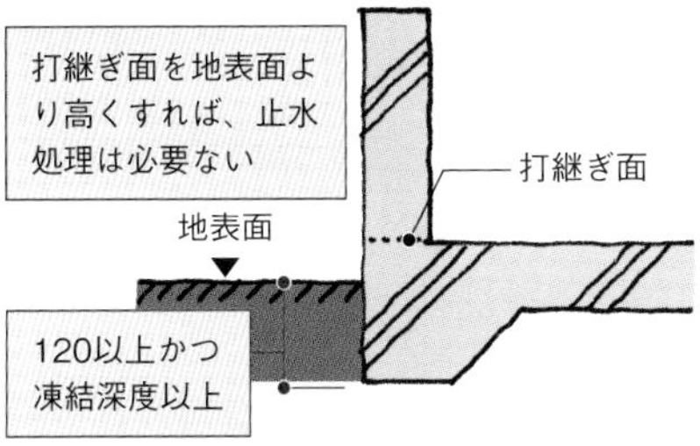

打継ぎ面を地表面より高くすれば、止水処理は必要ない
打継ぎ面
地表面
120以上かつ凍結深度以上

②外防水工法

地表面
防水シート
打継ぎ面
立上り部の躯体打設後、外部から打継ぎ面に防水シートをセメントペーストで貼り付けるか、または塗布する

③内防水工法

地表面
打継ぎ面
目地、シーリング材
コンクリート打継ぎ面に目地を設け、水膨張ゴム弾性シーリング材を施す

④止水板防水工法

地表面
打継ぎ面
止水板
ゴム製の板を打継ぎ面の中央に配置して水の浸入を防ぐ。打継ぎや止水板の施工に不備があると、かえって鉄筋の腐食を招く可能性がある

⑤コンクリート一体打ち工法

内側型枠の固定方法が難しいため、施工精度が問題となる
地表面
型枠
コンクリート噴出し部

⑥建物外周部に砂利を回す方法

地表面
砂利
打継ぎ面
捨てコンクリートまたは粘性土
地表面から打継ぎ面の下まで砂利を敷いて水の通りやすい道をつくる。②〜⑤の工法を併用することで防水効果が高まる

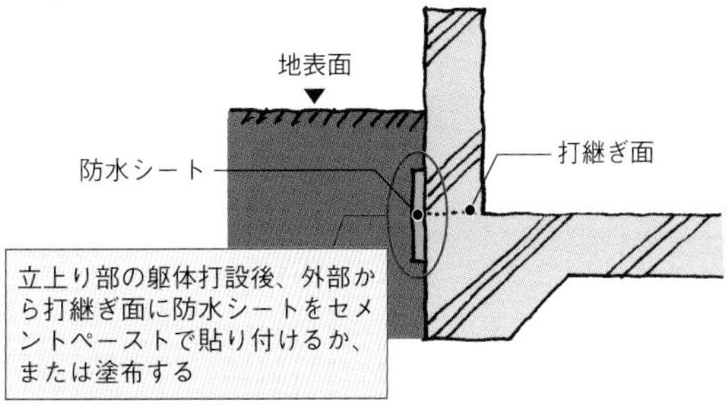

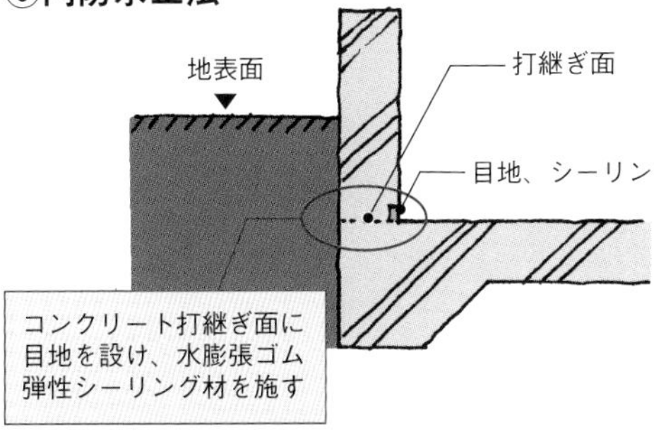

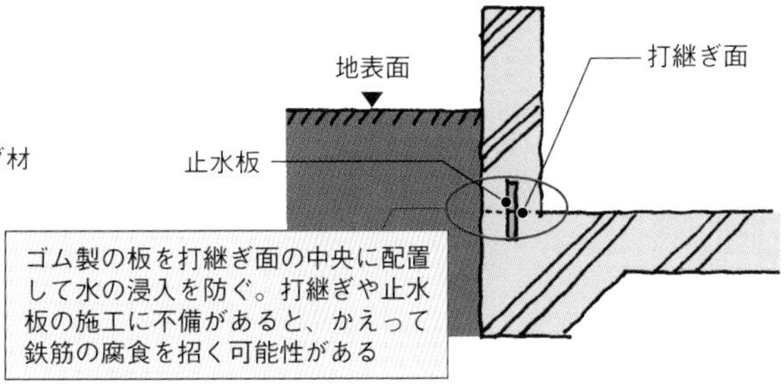

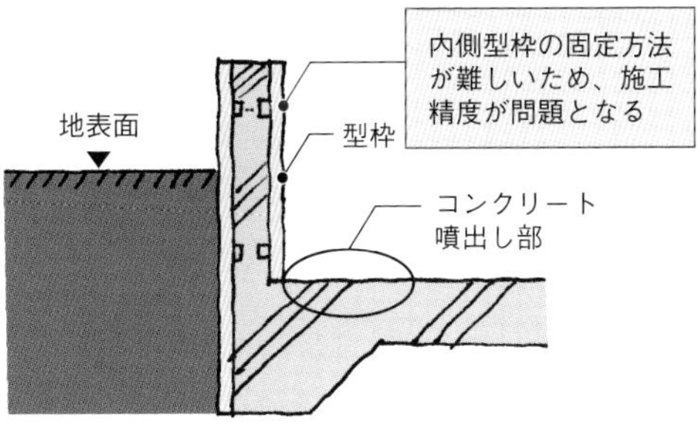

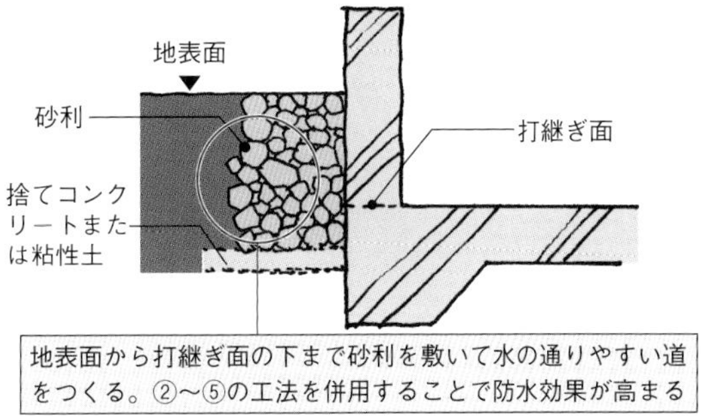

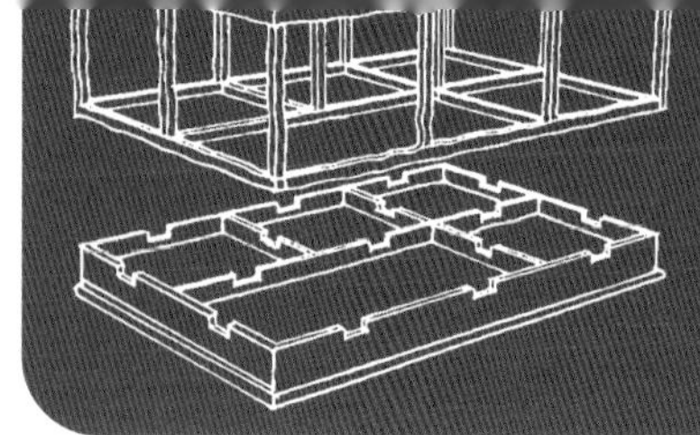

独立基礎

POINT
▶ 地耐力≧100kN／m²の均質地盤なら独立基礎も可。主要な柱下に基礎を設け、地中梁でつなぐ

独立基礎の設計

建設予定地の地層構成が均一で、地耐力が100kN／m²以上あるような硬い地盤であれば、主要な柱の下にのみ基礎底版を設ける独立基礎も可能である。

ただし、主要な通り（主構面、170頁参照）には地中梁を廻して基礎どうしをつなぎ、地震時に足元がバラバラに動かないようにする必要がある。

独立基礎の底版は、その上に載る柱から伝わる荷重・基礎の自重・底版の上に載る土の重量の総和を、底版の面積で除した値（接地圧）が、地耐力以下になるように大きさを設定する。

底版には、地盤から接地圧に対する反力が作用する。この荷重は下から上方向にはたらくが、同時に自重と底版の上に載る土の重量は下方向に作用するため、これを差し引いた値が底版の設計荷重となる。底版の配筋は、柱を支点とした片持梁として応力を求め、決定する。なお、底版に作用する荷重は、地反力から底版の自重とその上に載る土の重量を差し引いた値となる。これは上向きの力となるので、曲げ応力は図①のようになる。この応力に抵抗するのがベース筋で、格子状に配筋する。通常は柱が中心にくるように正方形の底版を設けるが、隣地境界との関係などから、底版の端部に柱が載るような場合は、偏心荷重により応力が割り増されることに注意する。

地中梁の設計

地中梁は、独立基礎から外れた位置にある柱の荷重を基礎に伝達する役割を担う。そのため、独立基礎を支持点とした（連続）梁に上から荷重が作用することになり、図②のような曲げ応力が生じる。この曲げ応力に対して抵抗するのが下筋および上筋である（228頁参照）。

また、曲げ応力と同時に生じるせん断力に対しては、地中梁の縦筋が抵抗する。したがって、上筋と下筋に絡むように縦筋にはフックを設ける必要がある（228頁参照）。

独立基礎の設計｜図

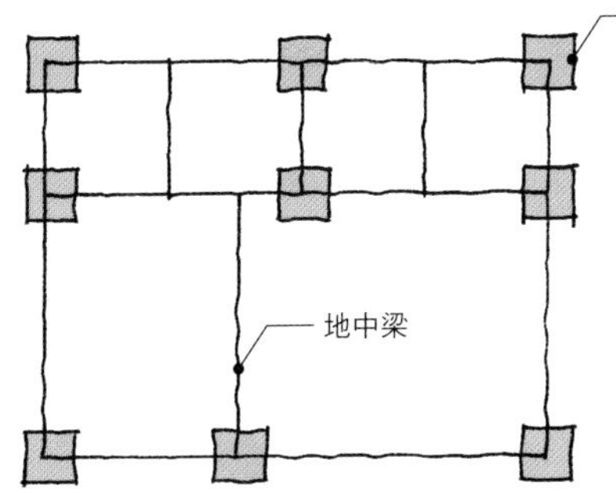

・地耐力≧100kN／m²
・主要な柱の下にのみ、フーチングを設ける

①フーチングの設計

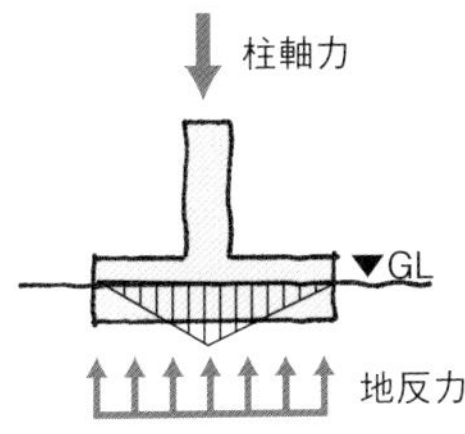

柱を支点とした片持スラブが下からの荷重に耐えられるよう設計する

②地中梁の設計

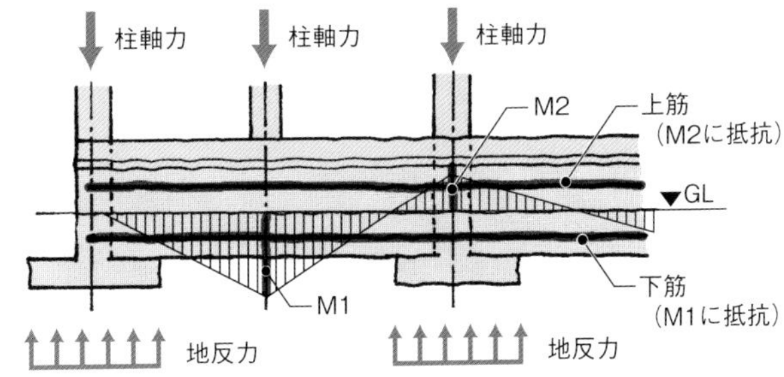

フーチングのある点を支点として上からの荷重に耐えられるように設計する

③独立基礎の配筋

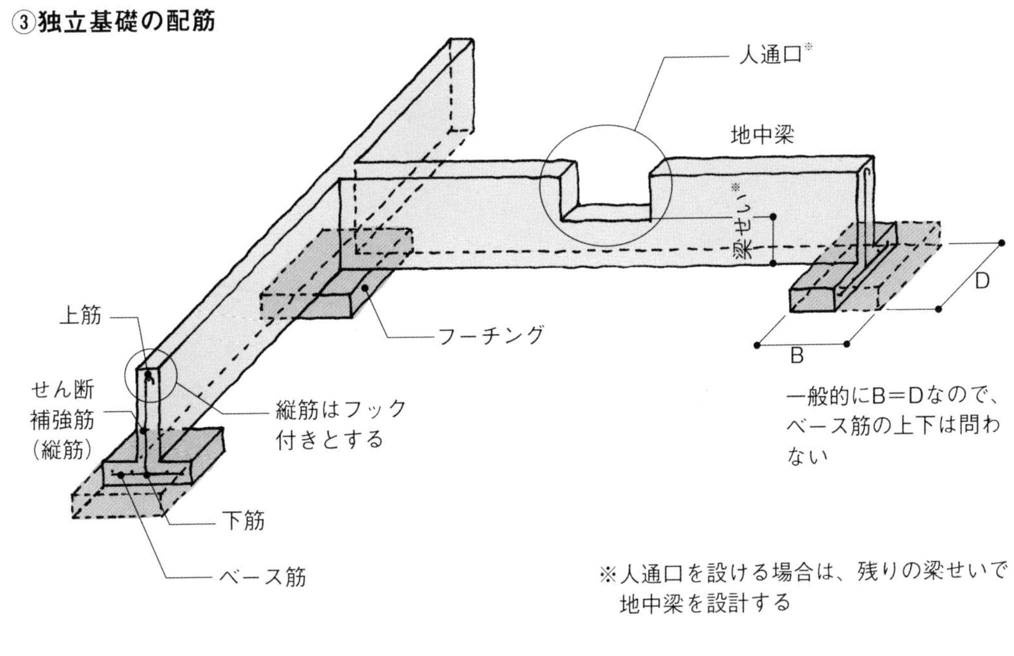

※人通口を設ける場合は、残りの梁せいで地中梁を設計する

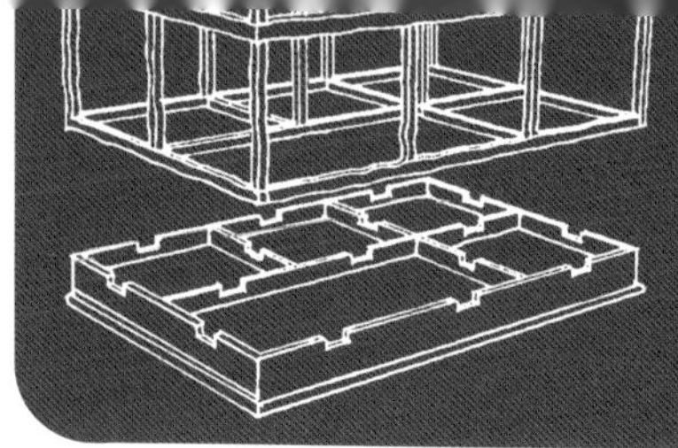

103
基礎の設計 ②

布基礎

POINT

▶ 地耐力≧30kN／m²の地盤なら布基礎も可。主要な通りの下に格子状に設け、一体性を確保する

布基礎の設計

布基礎は、地耐力が30kN／m²以上あるような、比較的良質な地盤であれば採用可能である。基礎の底版は、主要な通りの下に連続的に設ける。底版と基礎の立上りをワンセットで布基礎または基礎梁と呼ぶが、設計に際しては、基礎梁で囲まれた面積が20m²以下になるように配置して、基礎の一体性を確保する。

また底版は、建物重量（基礎の自重・土の重量を含む）を底版の面積で除した値（接地圧）が、地耐力以下になるよう、その幅を決める。厳密には、布基礎のある通りが負担している荷重が重ければ、底版の幅は広くする必要がある。逆に、通りの負担荷重が軽ければ、底版の幅は狭くてもよい。具体的には、布基礎どうしの間隔が広くなる建物の南側や中央部では、負担荷重が重くなるので、底版の幅を広くする。

布基礎の断面は、構造的には底版（フーチング）と立上り（地中梁）に分割できる。通常は、逆T形状となるが、隣地境界との関係などでL形状となることもある。

フーチングの配筋を決めるときは、地中梁を支点とする片持梁として応力を求める。設計荷重は、地反力からフーチングの自重とその上に載る土の重量を差し引いた値となる。この力は上向きとなるため、曲げ応力は図①のようになる。

地中梁の設計

地中梁の配筋を決めるときは、1階の柱位置を支点とする梁として応力を求める。設計荷重は、地反力から基礎自重（フーチングに載る土も含む）を差し引いた値となる。これは上向きの力となるので、曲げ応力は図②のようになる（独立基礎とは逆方向になる）。これらの応力に対しては、端部の下筋と中央の上筋が抵抗する。

せん断力については、独立基礎と同様に縦筋が抵抗するため、フック付きとして上下の主筋に絡める。

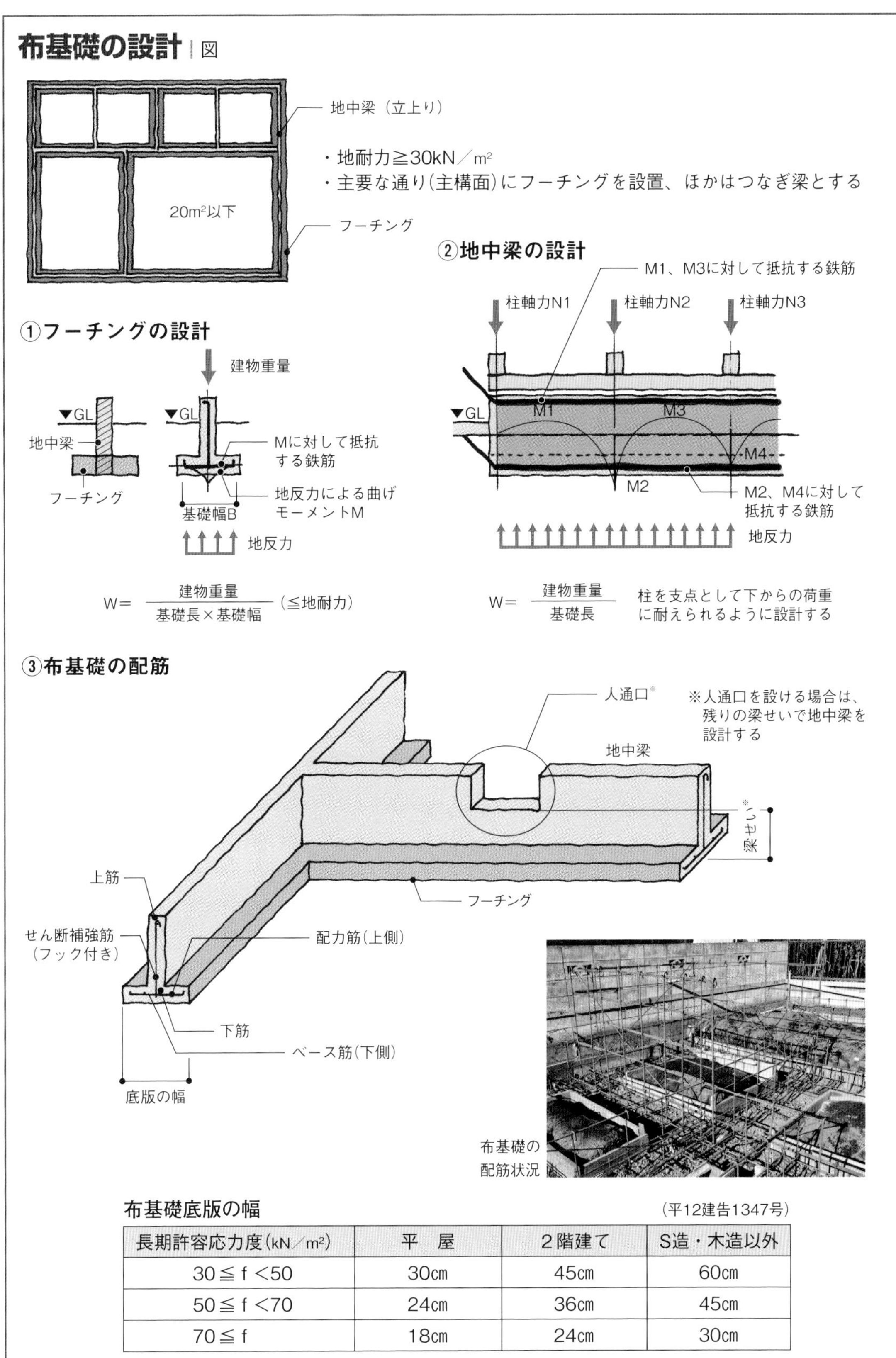

布基礎底版の幅 （平12建告1347号）

長期許容応力度(kN／m²)	平　屋	2階建て	S造・木造以外
30≦f＜50	30cm	45cm	60cm
50≦f＜70	24cm	36cm	45cm
70≦f	18cm	24cm	30cm

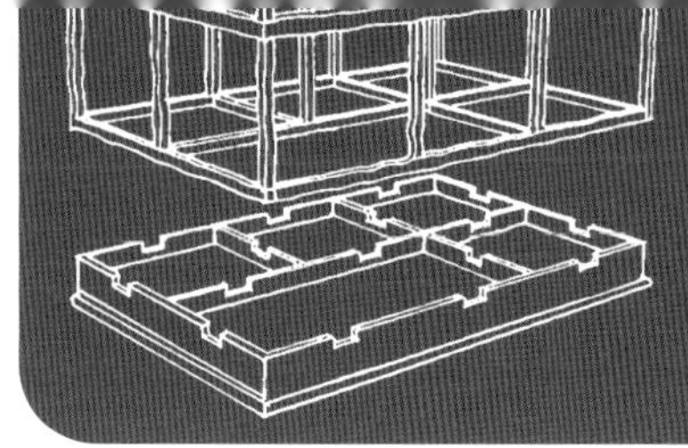

104
基礎の設計 ③

ベタ基礎

POINT

▶ 耐圧版は地中梁に囲まれた面積ごとに設計。地耐力が十分で均質な地盤では独立基礎・布基礎に準じる

ベタ基礎の設計

ベタ基礎は、地耐力が20kN／m²程度の軟弱地盤でも採用可能な基礎である。1階の床下全面に底版を設けたうえで、外周部および主要な通りの下に地中梁を連続的に設ける。敷地に不同沈下のおそれがある場合は、地中梁で囲まれた面積が20m²以下になるように配置して、基礎の剛性を高める（98頁参照）。

ベタ基礎における底版は、「基礎スラブ」「耐圧版」などと呼ばれる。耐圧版は、建物重量（基礎の自重を含む）からスラブ自重を差し引いた荷重が設計荷重となり、上向きに作用する。

地中梁によって囲まれたスラブには、端部下側と中央上端に曲げ応力が生じるが、最も応力が大きくなるのは短辺方向の端部下側である。したがって、短辺方向の鉄筋は下側、長辺方向の鉄筋は上側に配筋するとよい。

また、耐圧版の配筋や厚さを設計するときは、地中梁によって囲まれた面積ごとに検討を行う。設計に影響を与える主な項目は、荷重のほかにスラブ厚さ、スラブの短辺と長辺の長さである。なかでも、短辺長さの影響は特に大きい。一般的な木造住宅の基礎は、スラブ厚15㎝でシングル配筋（図④）とすることが多いが、その場合の短辺長さは4m以内が限度である。4mを超える場合は、厚さを18㎝以上とし、ダブル配筋（格子状の鉄筋が2段になる）にするなどの対策が必要になる。

ただし、地耐力が50kN／m²以上の均質な地盤（212頁の基礎形式1）のときは、地中梁により囲まれる面積が大きくても、通常と同じスラブ厚と配筋でよい。なぜなら、地盤の支持力が十分あるため、本来は独立基礎あるいは布基礎にしてもよく、その必要幅も小さくて済む状態だからである。したがって、必要幅以外の範囲は、1階の床だけを受けるために設けた土間コンクリートということになる。

なお、ベタ基礎の地中梁は、布基礎と同様の設計を行う。

ベタ基礎の設計｜図

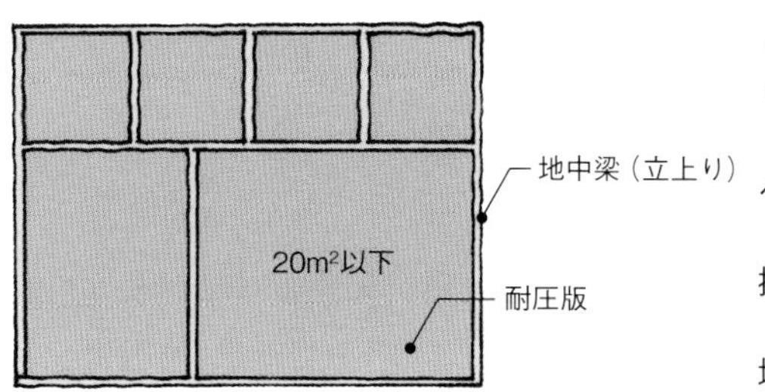

・地耐力≧20kN／m²
・全面に耐圧版を設ける

ベタ基礎は布基礎よりも接地面積が「大」
↓
接地圧＝建物重量／基礎面積　が「小」
↓
地耐力が小さくてもOK（基礎の鉛直剛性は地中梁で確保する）

①耐圧版の設計

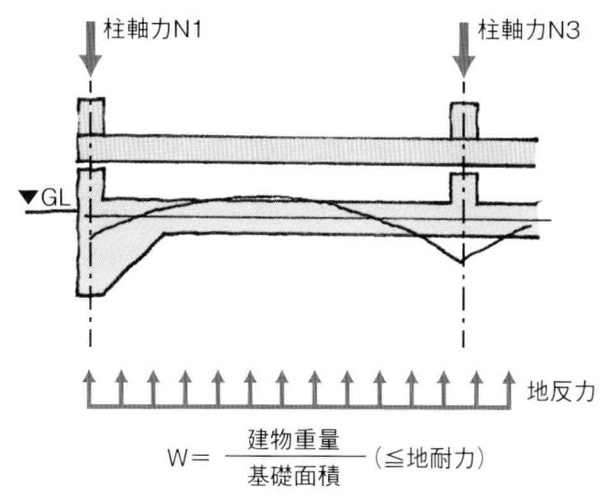

$$W = \frac{建物重量}{基礎面積}（≦地耐力）$$

②地中梁の設計

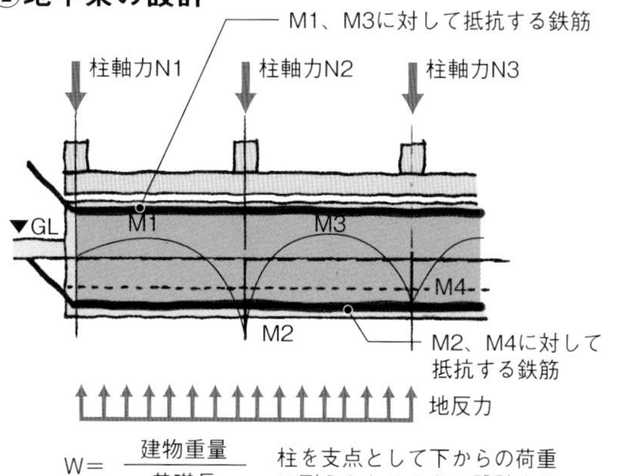

$$W = \frac{建物重量}{基礎長}$$

柱を支点として下からの荷重に耐えられるように設計する

③スラブの応力

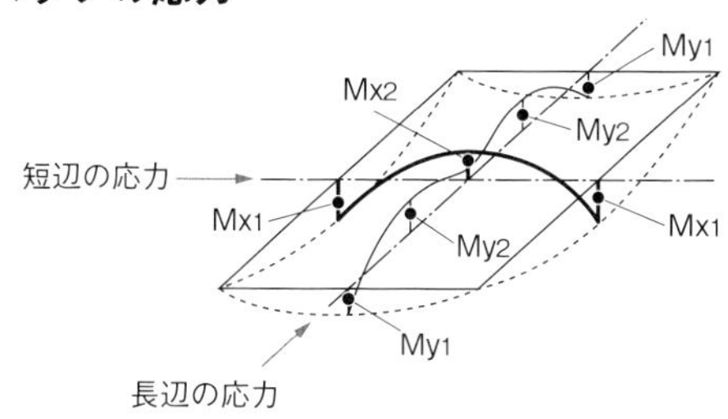

曲げ応力の大きさは
Mx1>Mx2>My1>My2
→短辺方向の下側が最大応力となるので、シングル配筋のときは、短辺方向を下筋とする

④ベタ基礎の配筋

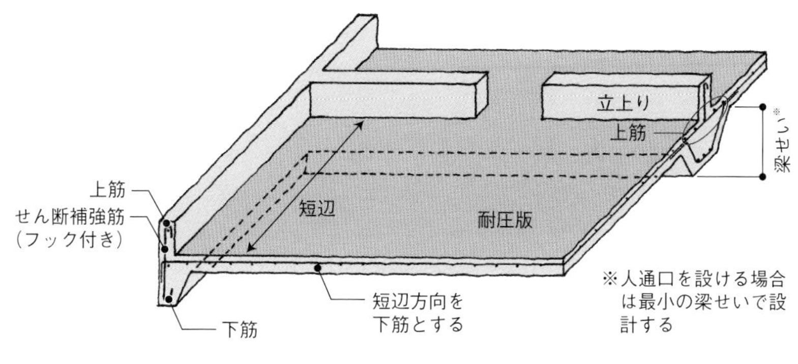

※人通口を設ける場合は最小の梁せいで設計する

ベタ基礎の配筋状況

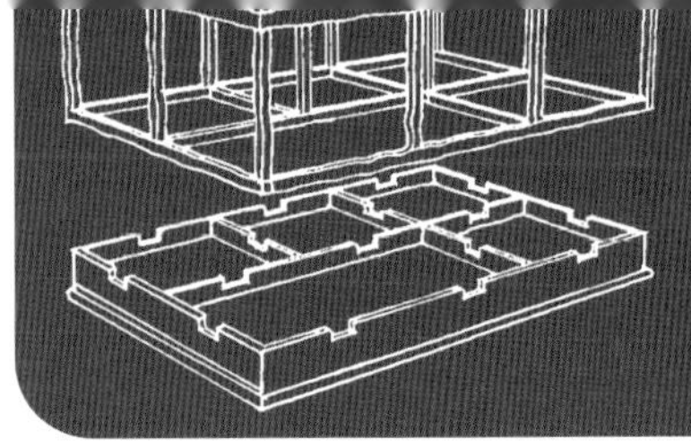

105
基礎の設計 ④

点検口、換気口の位置

POINT
▶ 切欠きは極力避け、梁の連続性を確保する。開口廻りは補強筋でひび割れを防止する

開口は慎重に設ける

基礎に設ける点検口や換気口は、基礎梁を切り欠くことになるため、基礎の耐力を著しく低下させる。その設け方には十分注意しなければならない。

①耐力壁の下に設ける場合

人が通るための点検口の幅は600㎜が一般的である。したがって、柱間1800㎜以上の耐力壁の中央に設けることを原則とする。柱間が900㎜だと基礎梁の残りが150㎜以下になり、耐力壁が負担したせん断力を基礎に伝達できなくなるため、そこに点検口を設けてはならない（図1①）。

②開口部の下に設ける場合

基礎梁には曲げ応力やせん断力が生じるが（220〜224頁参照）、点検口などで分断されると、底版のみでこの応力に抵抗しなければならない。したがって、点検口は曲げ応力の小さいところに設けるか、片持梁として設計できる範囲に設ける（図1②③）。

その範囲を検討すると、柱間が300㎜を超える場合は、原則として点検口を設けることはできない。しかし、どうしても必要な場合は、耐圧版の下に地中梁を設けるなどして、基礎梁を連続させる（224頁参照）。

木材でも切欠きがあればその部分から割れやすくなるように、コンクリートも開口があれば、その隅角部から斜めにひび割れが入りやすくなる。開口周辺には、縦・横のみならず斜め方向にも補強筋を入れて、ひび割れを防止する必要がある（236頁参照）。

梁貫通孔廻りの補強

基礎梁を貫通する孔には、給水管・排水管・電気配線などもある。50〜100㎜程度の小さな丸孔であれば特別補強する必要はないが、径が100㎜を超える孔は、斜め筋などを入れて貫通孔廻りを補強する（図2）。

貫通孔の大きさは基礎梁のせいの1／3以下とし、かつ基礎梁の主筋のかぶりを確保するため、梁の上端および下端から200㎜以上離すようにする。

点検口・換気口の設け方｜図1

①耐力壁の下に設ける場合

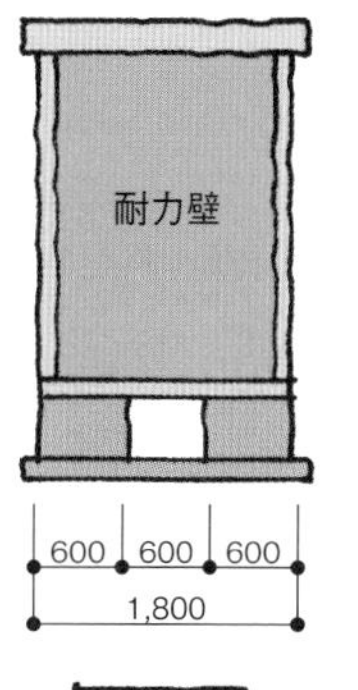

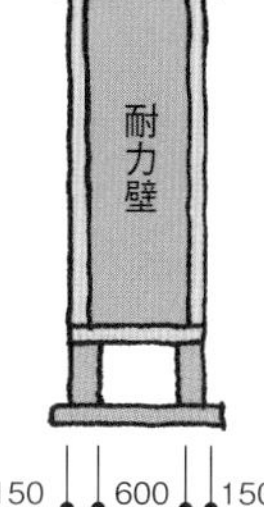

地中梁の残りが150mmしかないので、耐力壁が負担しているせん断力(地震力や風圧力)が基礎まで伝達されない

ポイント

点検口は
①耐力壁の中央に設ける
②耐力壁の負担せん断力を基礎に伝達する(点検口が設置可能な耐力壁長は1,800mm以上とする)

②開口部に設ける場合(a)

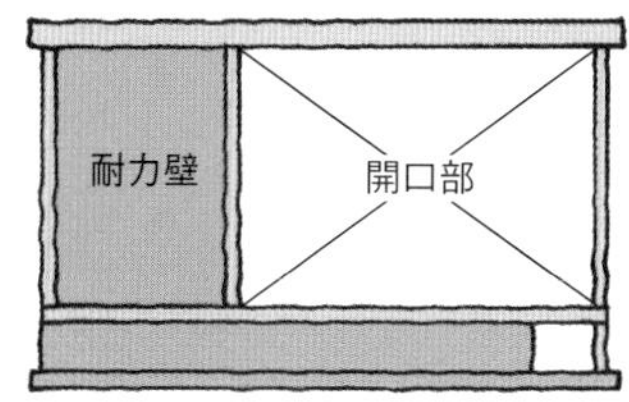

荷重図

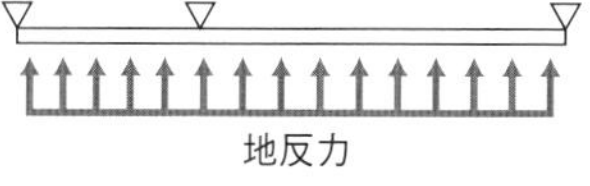

曲げモーメント図

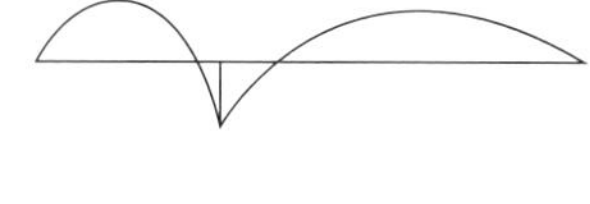

せん断力図

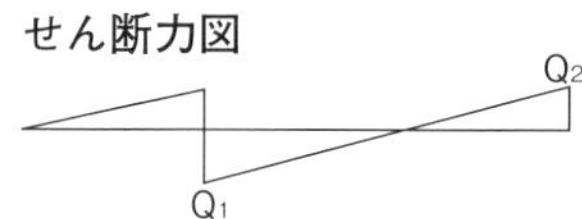

曲げ応力を処理するには「せい」が必要
せん断力を処理するには「幅」が必要

ポイント

点検口は
・曲げ応力が0に近く
・せん断力がフーチングのみで処理できるところに設ける

③開口部に設ける場合(b)

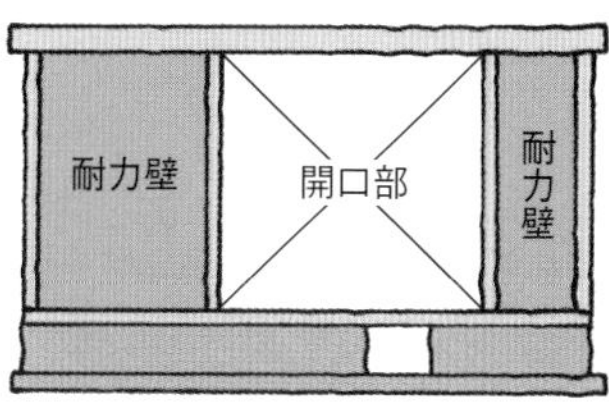

荷重図

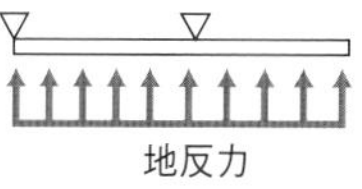

曲げモーメント図

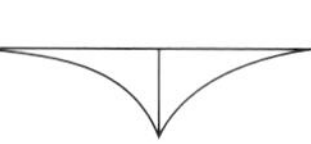

せん断力図

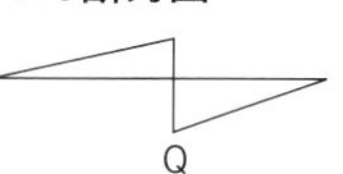

ポイント

片持梁として曲げおよびせん断力を処理する

梁貫通孔の補強要領｜図2

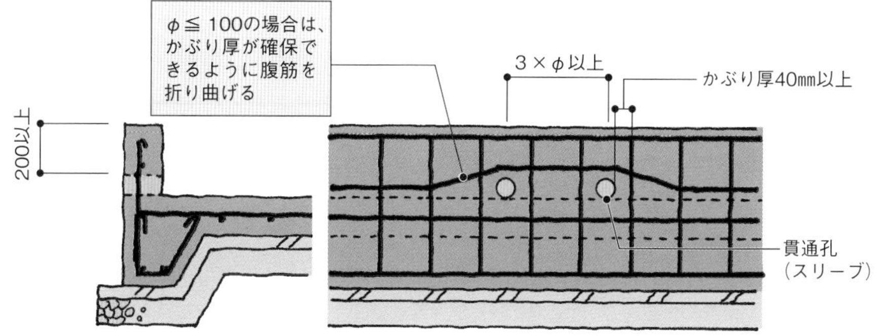

1）スリーブ径は梁せいDの３分の１以下とする　φ≦D／３
2）スリーブの間隔は径の3倍以上とする
3）スリーブからの鉄筋のかぶり厚は40mm以上確保する
4）スリーブは梁の上端および下端から200mm以上離すこと

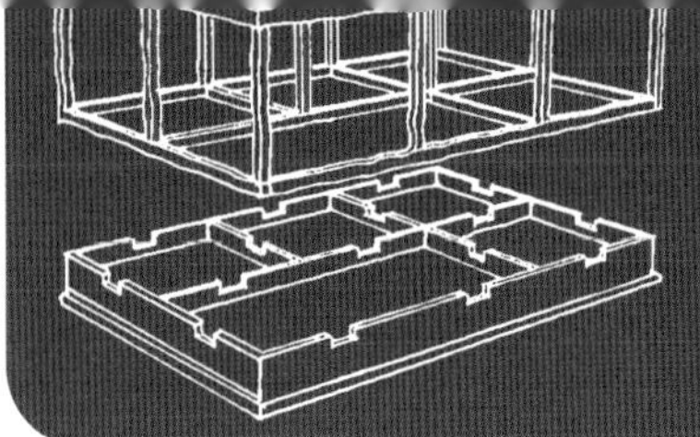

その仕組みと鉄筋の役割

POINT ▶鉄筋はコンクリートの弱点である、引張とせん断に抵抗してひび割れを防ぐ役割をもつ

鉄筋コンクリートとは

コンクリートは圧縮力に強く、引張力に弱いという性質をもっている。そのため、無筋のコンクリートは外部から力を受けた場合、引張側にひび割れを生じやすく、非常に脆い破壊を起こす危険性が高い。その欠点を補うため、引張に強い性質をもつ鉄筋を入れたものが鉄筋コンクリートである（図1）。

鉄筋は、引張力を負担する重要な役割を担うため、コンクリートの断面中においては引張力が生じる部位に有効に配置する必要がある。

また、鉄筋は配置される部位ごとに構造的な役割と名称が異なる（図2）。基礎梁の上下端に水平に配置される鉄筋は、地反力によって基礎梁に生じる曲げ応力に抵抗するため「曲げ補強筋」という。これは「主筋」とも呼ばれ、構造上最も重要な鉄筋といえる。これに対し、立上り部分の縦筋は「せん断補強筋」という。コンクリートの破壊形式には、曲げ破壊とせん断破壊があるが、そのうち、せん断破壊は非常に脆い破壊となる。それを防ぐために設けるのが、せん断補強筋なのである。せん断補強筋が本来の性能を発揮するためには、コンクリートとの間に定着力を確保するため、径の4倍の長さのフックを付ける。フックを設けていないと、コンクリートの断面だけでせん断力に耐えなければならない。

配筋のポイント

鉄筋が有効にはたらくために、注意すべき点がいくつかある。特に、①鉄筋の定着・継手長さ、②鉄筋どうしのあき、③鉄筋のかぶり厚さ、の3項目は重要だ。①については、隅角部や交差部では、必ず片方の鉄筋をL形に折り曲げるか、L形の補強筋を入れて、定着長さを確保する。定着長さが確保されていないと、隅角部にひび割れが入りやすくなり、基礎の一体性が損なわれるおそれがある。②は、コンクリートとの付着を確保するために重要である（③については232頁参照）。

鉄筋コンクリートの仕組み｜図1

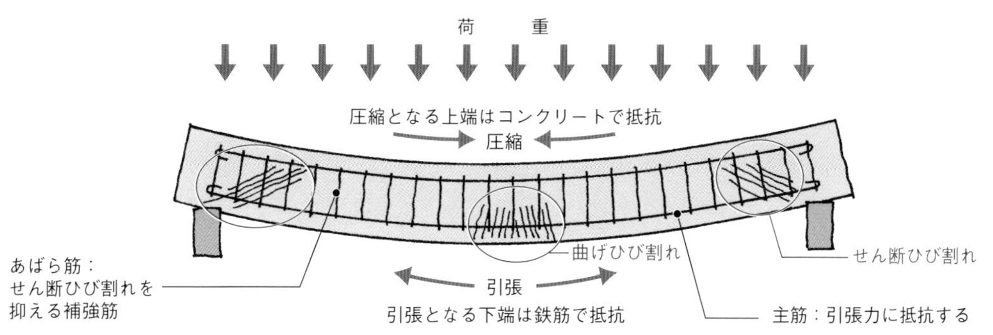

部位別の鉄筋の名称と役割｜図2

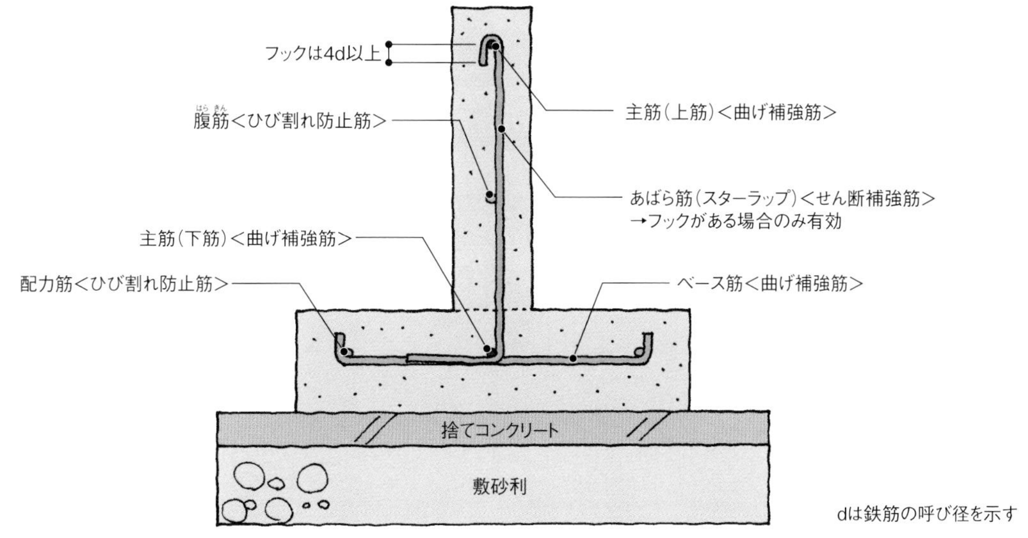

交差部の補強｜図3

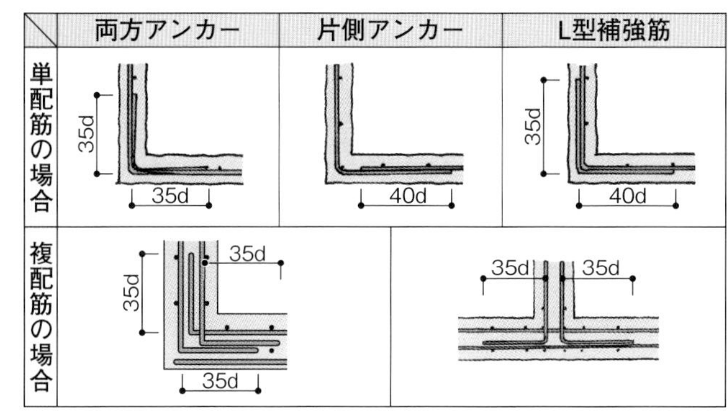

立上りの配筋。コーナー部は片方の鉄筋を折り曲げて、直交梁に定着している

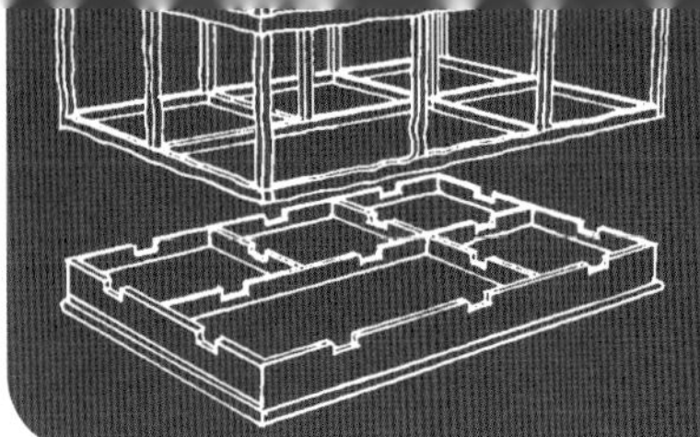

水セメント比とスランプ

POINT
- コンクリートの品質向上には、少ない水分量が第一
- スランプは15㎝以下としたい

コンクリートの材料と調合

良質なコンクリートとは、施工性がよく、硬化した後に所要の強度や耐久性を有するものをいう。コンクリートはセメント・骨材・水などの材料から構成されるが、そのうち、水と空気の量が少ないほど、密実で強度も耐久性も高いコンクリートができる（図1・2）。逆に、水量が多いと施工性はよくなるが、硬化時における乾燥収縮量が増え、ひび割れが生じやすくなり、耐久性が低下する。

コンクリートの品質を示す代表的な指標は、基準強度、スランプ、水セメント比である。基準強度とは、コンクリートの圧縮基準強度Fcのことで、たとえば、Fc21とは4週間（28日）養生したコンクリートの圧縮強度が、1㎟当たり21Nであることを示す。スランプとは、まだ固まっていないコンクリート（フレッシュコンクリート）の硬さを示すもので、スランプコーンにコンクリートを詰め、コーンを引き抜いたときの下がり寸法で確認する（図3）。値が小さいほど硬く、山の崩れ方から、骨材が分離していないかなどもチェックできる。

水セメント比とは、水とセメントとの重量の比率で、水が多いほど大きな値となる（図2）。

理想的なコンクリートの配合

コンクリートの標準的な配合はJIS規格により、基準強度Fc21の場合、スランプ18㎝、単位水量185kg／m³前後、水セメント比は60％前後とされている。しかし、耐久性を高めるには、以下のような配合としたい（表）。

①スランプは15㎝を標準
②単位水量は175kg／m³以下
③水セメント比は50％以下

木造の基礎は、比較的単純な形状で鉄筋量も少ないため、スランプが低くても施工は可能である。低スランプとすることで単位水量や水セメント比の減少も図れ、ひいてはコンクリートの耐久性を高めることができる。

よいコンクリート｜図1

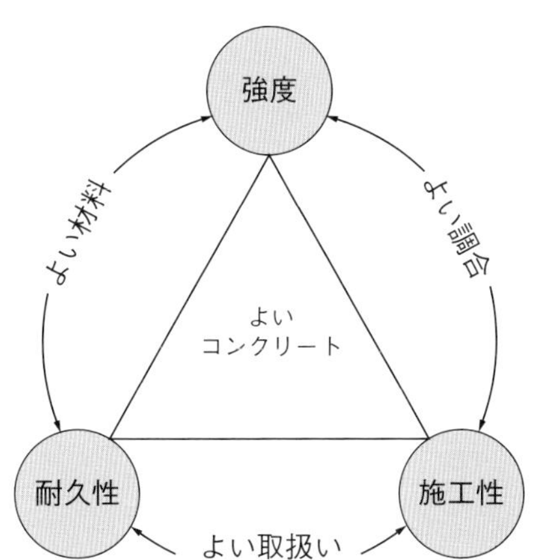

コンクリートの構成｜図2

コンクリート

モルタル

混和剤（材）	空気	水	セメント	細骨材（砂）	粗骨材（砂利）

細骨材：全重量のうち、90%以上が5㎜のふるいを通るもの

粗骨材：全重量のうち、90%以上が25㎜のふるいを通るもの

セメントペースト　骨材

水セメント比（水とセメントの重量比）

水：175kg/m³
セメント：300kg/m³
→W/C＝58.3%

スランプ試験の要領｜図3

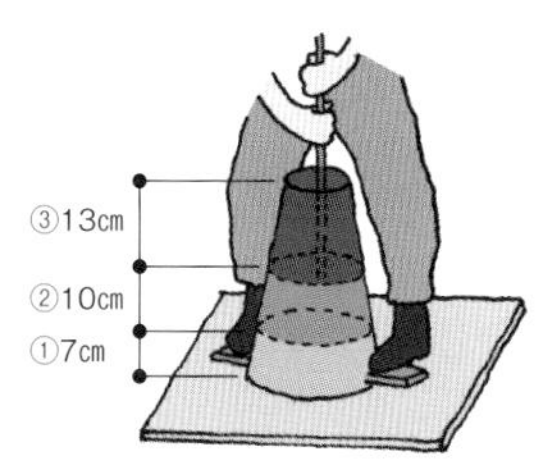

1. スランプコーンの内面を湿布でふいてから、コーンが浮き上がらないように踏みつける
   - ・試料は3層に分けてほぼ同量入れる（分け方の目安は左図の①〜③）
   - ・突き棒で各層を25回均等に突く
   - ・突き終わったら上面を平らに均す

2. スランプコーンは片寄らないように静かに垂直に引き上げる（引き上げる時間は2〜3秒）
   スランプ（元の高さからの中央部の下がり）を0.5cm刻みで測定する

3. 突き棒で板をトントン叩いて、コンクリートの崩れる状態を見る

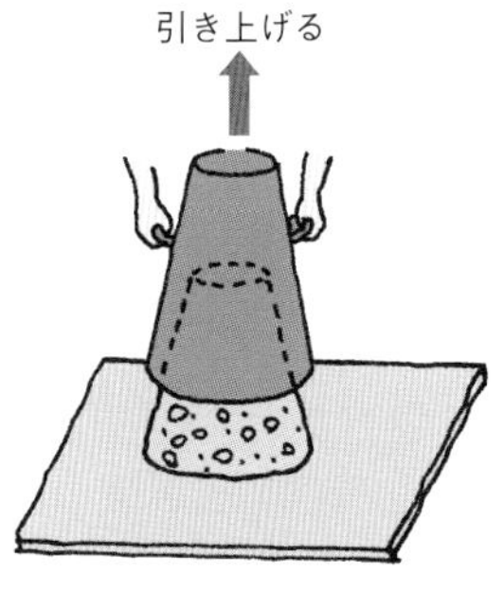

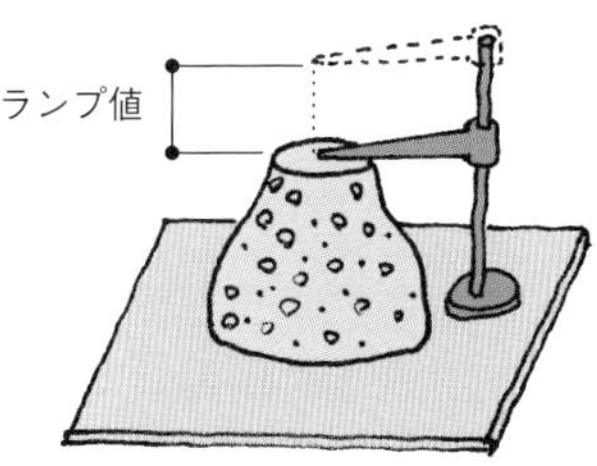

よいコンクリート

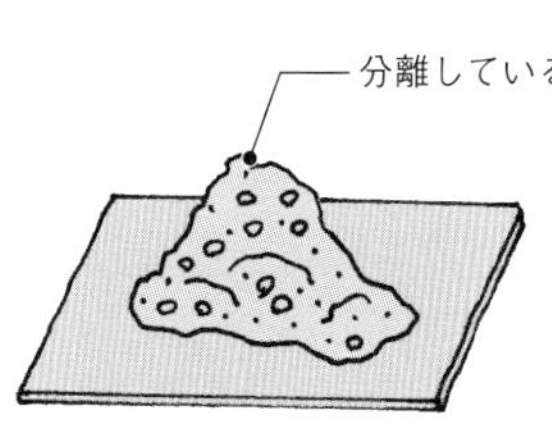

悪いコンクリート

コンクリートの配合例（Fc21、水分量のみ着目）｜表

	スランプ	単位水量	水セメント比
JIS規格	18㎝	185kg／m³	60%
推奨値	15㎝	175kg／m³	50%

耐久性を高めるための水分量の目安

①JISのスランプに対する許容誤差は±2.5㎝。スランプを18㎝とすると、最大許容値が20㎝を超えてしまう。そこで、スランプは15㎝を標準とする
②単位水量は175kg／m³以下が望ましい
③水セメント比は50%以下が望ましい

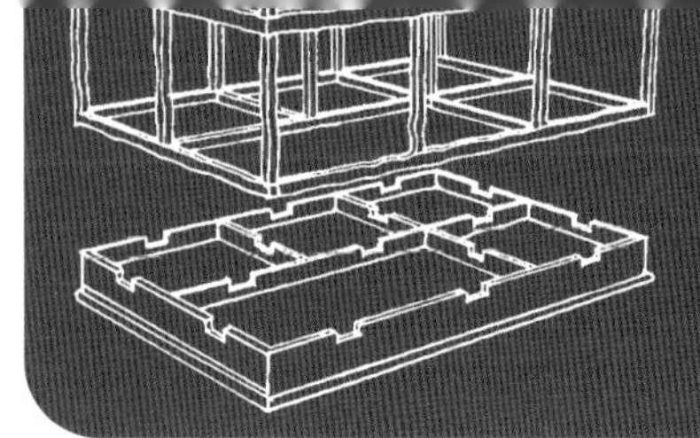

中性化とかぶり厚さ

POINT

▶ コンクリートの中性化は耐久性に影響する。水セメント比を小さくして、かぶり厚さを確保すること

かぶり厚さ

かぶり厚さとは、鉄筋コンクリート内部の鉄筋の表面からコンクリート外端部までの距離のことである。建築基準法施行令では、構造材の部位や仕上げの状況によりその最低値が規定されている（表）。また、『建築工事標準仕様書・同解説　鉄筋コンクリート工事（JASS5）』（日本建築学会）では、施工誤差を見込んだ推奨値も示している。かぶり厚さの構造的な役割は、以下のとおりである。

①コンクリートと鉄筋の付着を確保して、一体性を保つ

②コンクリートの中性化による鉄筋の腐食を防ぎ、耐久性を確保する

③火災時に鉄筋の温度上昇を防ぎ、耐火性能を確保する

木造住宅の基礎においては、特に①と②が重要になる。

コンクリートの中性化

コンクリートはアルカリ性の物質だが、炭酸ガスなどの影響で表面から徐々に中性化する（図1）。中性化自体は、コンクリートの強度に影響しないが、中性化が内部の鉄筋にまで達すると、空気に触れた鉄筋に錆が発生し、その錆が進行すると鉄筋が膨張してコンクリートにひび割れが入り、やがては亀裂や剥落につながる。

コンクリートの中性化を進める要因の1つに、水セメント比がある。前項（230頁参照）でも述べたように、コンクリートの水分量が多いと硬化後の乾燥収縮量も大きくなり、ひび割れが入りやすくなるからである。

図2は、水セメント比と中性化速度の関係を示したものだが、たとえば、基礎の耐用年数を50年とすると、JASS5が許容するW／C＝65％では中性化は3.4㎝進行するのに対し、W／C＝50％では2.4㎝で留まる。土に接しない部位の最低かぶり厚さは3㎝であるから、W／C＝65％では鉄筋が錆び、コンクリートが早く寿命を迎える危険性が高くなる。

かぶり厚さの規定｜表

設計かぶり厚さおよび最小かぶり厚さの規定（JASS5）

部位			設計かぶり厚さ（mm）	最小かぶり厚さ（mm）
土に接しない部分	柱 梁 耐力壁	屋内	40以上	30以上
		屋外	50以上	40以上
土に接する部分	柱・梁・床・壁・布基礎の立上り		50以上	40以上
	基礎		70以上	60以上

注　数値は耐久性上有効な仕上げがない場合（計画供用期間は標準及び長期）

かぶり　かぶり　かぶり

↔：かぶり厚さを示す

コンクリートの中性化が進行すると…｜図1

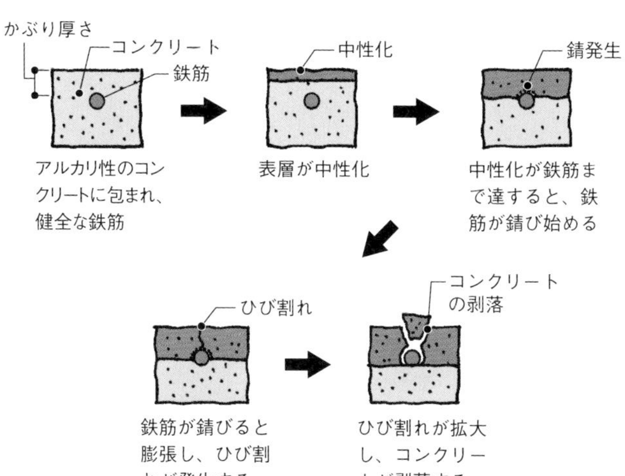

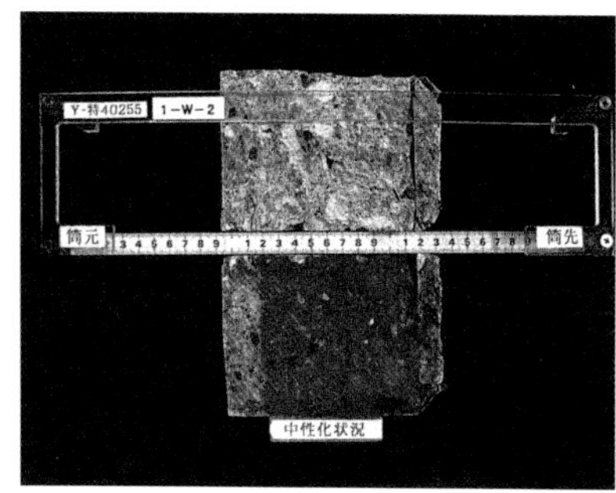

フェノールフタレインによるコンクリートの中性化深度測定。下半分のうち、無着色部分が中性化していることを示す

水セメント比と中性化の進行速度｜図2

（岸谷式にて中性化率R＝1.17とした場合）
W／C：水セメント比を示す

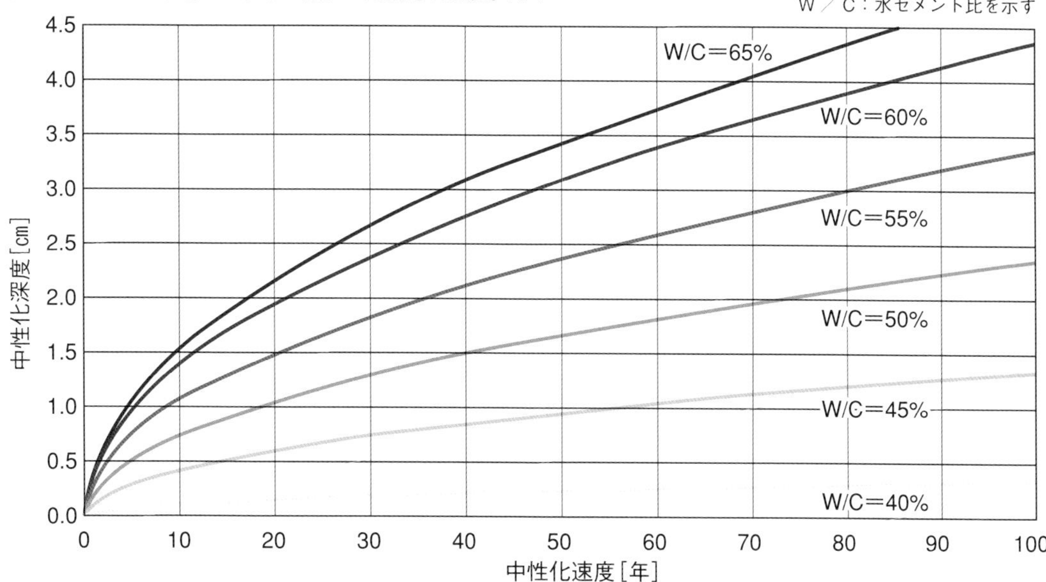

コンクリートの耐久性、ひいては強度を維持するためには、かぶり厚さを確保することと、水セメント比を小さく抑え、密実なコンクリートを打つことが重要になる

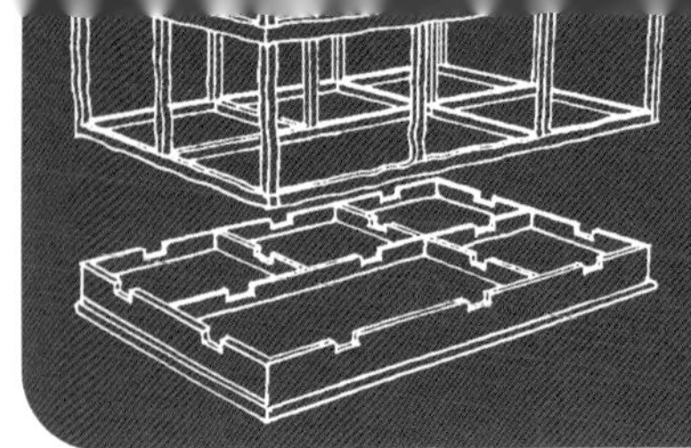

打設と養生

POINT

- コンクリートと鉄筋の付着を確保する
- 打設後は急激な乾燥と初期凍結を防止する

液状のコンクリートを型枠内に流し込むことを打設という。鉄筋コンクリートは、鉄筋とコンクリートが密着して初めてその性能が発揮される。密着性を得るためには、流すのではなく、「打ち込む」ことが重要になる（図）。

打設前の注意点

まず、型枠が打設時の衝撃や振動で動かないように固定することが重要である。また、鉄筋のかぶり厚さを確保するため、スペーサーを設置したり、結束線が鉄筋の外側にはみ出さないように押さえるようにする。そのほか、型枠内の清掃を行ったうえで、コンクリートの急激な乾燥を防ぐため型枠を湿らせておいたり、型枠に塗る剥離剤が鉄筋に付着しないように注意する。

打設中の注意点

打設時においては、コンクリートの分離を防ぐため、コンクリートの練り混ぜから打設完了までの所要時間を守り、横流しはしないようにする。均一なコンクリートとなるよう、まんべんなく流し込み、木槌による叩き、バイブレータなどによる締め固めを行い、空隙やジャンカをなくすようにする。

また、スラブおよび立上り天端のタンピング（コテで軽く叩きながら押さえる）を十分に行い、沈みクラックを防ぐことも重要である。

そのほか、後打ち部分の鉄筋にコンクリートが付着しないようにする。もし付着したときは、ワイヤブラシなどですぐに除去する。

なお、積雪時や降雨時は凍結や水分量の増加を防ぐため、打設しないこととする。

打設後の注意点

打設後はコンクリートの急激な乾燥と初期凍結を防ぐことが第一である。

そのためには、型枠の存置期間を守り、暑中はシートおよび散水養生を行って、急激な乾燥を防ぐようにする。

また、寒中はシートなどで覆っておくと、保温効果がある。

コンクリート打設の要点｜図

・コンクリートの横流しはしない
・フーチング打設時、立上り鉄筋へのコンクリートの付着を防止する(付着した場合はすぐに除去)
・鉄筋の結束線は押さえて、はね出さないようにする

かぶり厚さの重要性
①付着割裂防止（構造耐力の確保）
②火災時の鉄筋の温度上昇防止（耐火性能の確保）
③中性化による鉄筋の腐食防止（耐久性の確保）

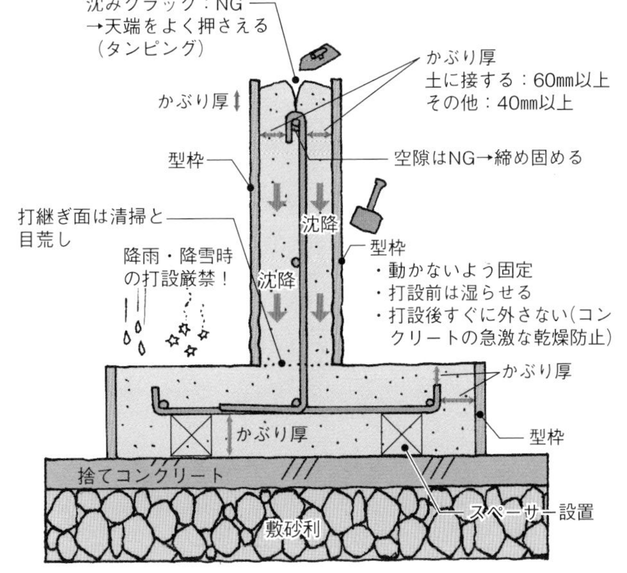

バイブレータで振動を与えながら、密実なコンクリートを打設する。
スペーサーは、打設時の重みで鉄筋が動くのを防ぐように配置する

基礎ができるまでのフロー｜表

施工手順	注意事項
①根切り	・支持層の確認
②地業・捨てコンクリート	・十分な転圧
③墨出し	・寸法および開口位置の確認 ・下端のスペーサー設置
④配筋	・鉄筋の径、本数、間隔の確認 ・フック、定着長さの確保 ・結束線のはね出しを押さえる
⑤型枠	・動かないように固定 ・かぶり厚さを確保(側面のスペーサー設置)
⑥ベースコンクリート打設	・型枠内の清掃と湿潤養生(特に夏季。急激な乾燥を防ぐ) ・立上り鉄筋にコンクリートが付着しないように注意(すぐに除去する) ・コンクリートの横流しはしない ・コンクリートの打継ぎ間隔に注意 ・天端はタンピング、コテ押さえを行う
⑦養生	・シートなどで養生(夏季は急激な乾燥を防ぐ。冬季は凍結を防ぐ)
⑧アンカーボルトセット	・定着長さを確保(治具で固定)
⑨立上りコンクリート打設	・打継ぎ面、型枠内の清掃 ・その他、ベースコンクリート打設時と注意点は同じ
⑩養生	・シートおよび散水養生 ・脱型(存置期間)は右表による

コンクリートの配合計画
スランプ15㎝以下（水分量を少なく）

練り混ぜ開始から打設終了までの所要時間
外気温25℃以上：90分以内
外気温25℃未満：120分以内
注）プラントから現場までの経路を確認しておく

**型枠の存置期間
（普通ポルトランドセメント）**

平均気温	15℃以上	5℃以上	0℃以上
存置期間	3日以上	5日以上	8日以上

公共建築工事標準仕様書(国土交通省大臣官房官庁営繕部)より

06 地盤・基礎

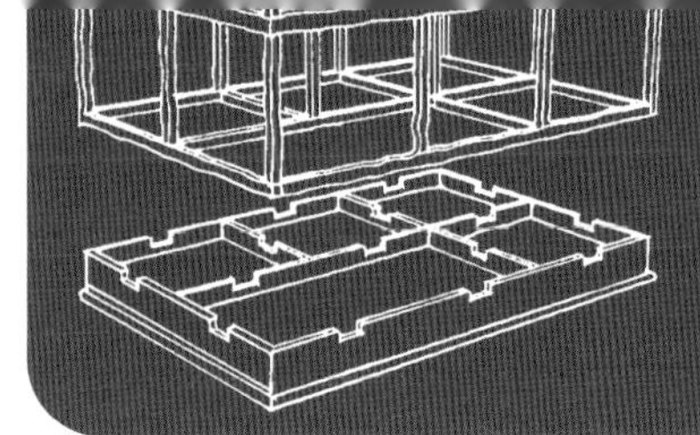

110
鉄筋コンクリート⑤

ひび割れ対策

POINT
▶ひび割れは設計上の配慮不足によるものと、打設方法や養生の問題によるものがある

ひび割れの原因と予防

ひび割れは、コンクリートの耐久性を著しく低下させる。ひび割れの種類を大別すると、設計ミスに起因するものと、施工不良によるものに分けられるが、いずれも事前に配慮しておけば防止できるものばかりである（図）。

設計に起因するひび割れには、まず不同沈下によるものが挙げられる。事前に地盤調査を行ったうえで、基礎計画は慎重に行いたい。そのほか、換気口廻りの補強筋不足が原因となることもある。

施工不良に起因するひび割れとしては、材料、打込み方法、養生方法、のいずれかに問題がある場合が多い。材料の問題は、事前に配合計画書を確認すれば防ぐことができる。

打込み方法が問題になる代表例は、かぶり不足、ジャンカ、打継ぎ不良（コールドジョイント）である。ジャンカとは、コンクリートが「鬆（す）」になっている状態をいう。隅角部や通気口付近は型枠内にコンクリートが回りにくく、ジャンカができやすいため、打設時の突き固めは念入りに行う必要がある。また、コールドジョイントとは、生コンを運ぶポンプ車の入れ替わる間隔が開き過ぎて、先に打ったコンクリートが固まり、後打ち（あとうち）コンクリートとの一体性が減じるものをいう。これを防ぐには、連続的に打設できるよう、時間配分や打設順序を打設前にしっかり考えておくことが重要である。

養生の問題のうち、乾燥収縮によるひび割れはコンクリートの宿命ともいえる。これを防ぐには、水分量を少なくするとともに、型枠の存置期間をなるべく長くして散水養生を行うなど、急激な乾燥を防ぐことが第一である。

また、面積が広くなるほど収縮ひび割れも大きくなるので、基礎の立上りを約4m間隔で格子状に設けるのも一案である。

やむを得ずひび割れが発生した場合は補修を行う。補修を要するひび割れ幅の目安は、0.3㎜以上である。

ひび割れ対策｜図

ひびの割れ状況	原因	予防・対策
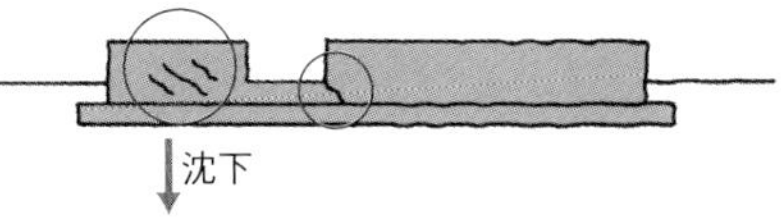 沈下 一方向の斜めひび割れ	地盤の不同沈下	・地盤調査を行ったうえで基礎計画を行う ・上部構造の重心位置にも配慮する 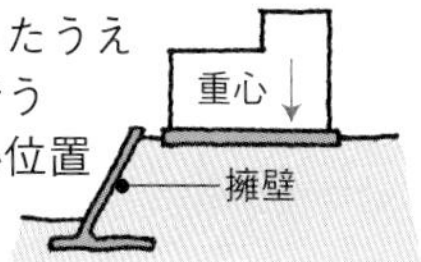 重心 擁壁 （例）セットバックさせる
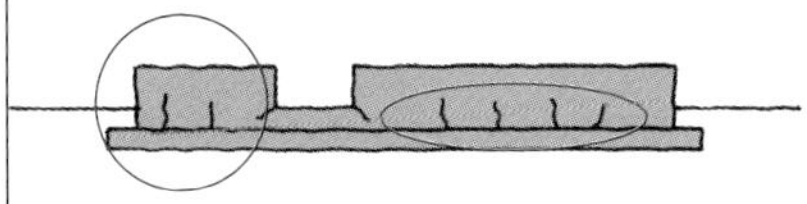 ほぼ規則的なタテのひび割れ	乾燥収縮	・水分量を少なくして密なコンクリートを打設する
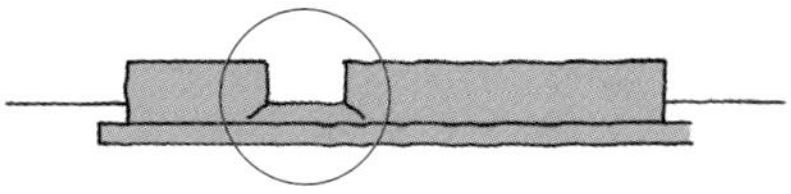 開口部の隅部から斜めのひび割れ	乾燥収縮	・開口部補強筋を入れる 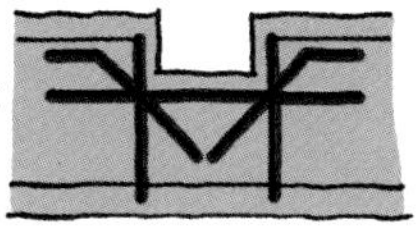
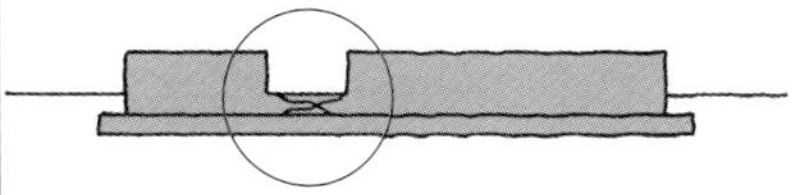 開口部の下で斜めに交差するひび割れ	開口部のせん断剛性不足	・地中梁のせいを確保する ・立上り筋（スターラップ）を細かく入れる
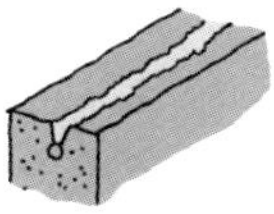 沈みクラック	打設不良と養生不足	・打設時にバイブレータをかけたり叩きを行い、空気を放出させる ・打設後コテで押さえる
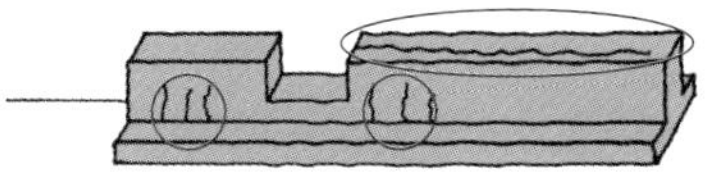 鉄筋に沿ったひび割れ	かぶり厚不足	・かぶり厚の確保 ・打設時に動かないように鉄筋を結束する
 網目状のひび割れ 不規則なひび割れ	・骨材不良 ・セメント不良 ・練り混ぜ過ぎ ・長い運搬時間 ・混和材の不良	・よい材料を使う（配合計画） ・練り混ぜ過ぎない →運搬時間を短くする
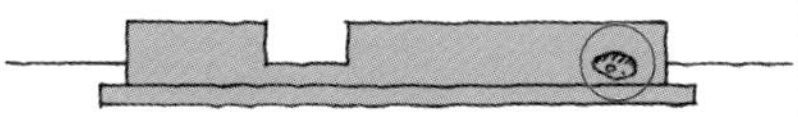 ジャンカ	打設不良	・打設時に横流しをしない ・打設時によく叩く

索引

ア

カ

サ

山辺豊彦（やまべ・とよひこ）

1946年石川県生まれ。'69年法政大学工学部建設工学科卒業。青木繁研究室を経て、'78年山辺構造設計事務所設立、現在に至る。2022年現在は（一社）日本建築構造技術者協会 関東甲信越支部 東京サテライト顧問、（一社）住宅医協会 理事。主な著書に、『絵解き　住まいを守る耐震性入門』（監修・風土社）、『渡り腮構法の住宅のつくり方』（共著・建築技術）、『ヤマベの木構造』『ヤマベの耐震改修』（エクスナレッジ）など

世界で一番やさしい　木構造
増補改訂版

2022年12月15日　初版第1刷発行

著　者　山辺 豊彦

発行者　澤井 聖一

発行所　株式会社エクスナレッジ
〒106-0032
東京都港区六本木7-2-26
https://www.xknowledge.co.jp/

問合せ先　編集　Tel 03-3403-1381／Fax 03-3403-1345
info@xknowledge.co.jp
販売　Tel 03-3403-1321／Fax 03-3403-1829